A pesquisa do André, tanto em *Os outros da Bíblia* como, agora, em *Aqueles da Bíblia*, simplesmente mudou minha forma de ler e entender a revelação de Deus nas Escrituras. Saber dos pormenores acerca das culturas de outros povos que influenciaram Israel, bem como enxergar as várias nuances da formação do povo de Deus no Antigo Testamento, é quase como descobrir uma nova Bíblia. Com sabedoria, André nos conduz pelos corredores da história de Israel e nos mostra aqueles detalhes que não captamos em nossa leitura bíblica. Recomendo com entusiasmo.
– **Rodrigo Bibo de Aquino**, *criador do Bibotalk*

Com a chegada de *Aqueles da Bíblia*, a Editora Thomas Nelson Brasil encerra um trio de publicações que forma, a partir de agora, minha recomendação recorrente aos alunos. São duas as obras com a pena de André Reinke: o presente volume e *Os outros da Bíblia*. Ao lado de *E Deus falou na língua dos homens*, de Paulo Won, os três livros são tudo que eu gostaria que qualquer aluno lesse.
– **Victor Fontana**, *mestre em teologia pela Trinity Evangelical Divinity School (Flórida)*

Aqueles da Bíblia é uma obra construída com cuidado e zelo, apresentando temas e questões relacionadas ao estudo e à compreensão da caminhada do povo de Deus na Bíblia, especialmente em seu aspecto histórico. O livro vem preencher uma lacuna sobre o assunto na produção em língua vernácula. Nele, encontram-se a erudição e o testemunho do Evangelho. Trata-se de uma obra indispensável para quem pretende compreender a revelação de Deus na história.
Advento, 2020
– **Prof. Dr. Flávio Schmitt**, *professor e coordenador do Programa de Pós-Graduação em Teologia da Faculdades EST (São Leopoldo, RS)*

A história de Israel é fascinante. Desde Abraão até as sucessivas destruições e reconstruções, o povo da Bíblia — aqueles que foram personagens do texto sagrado — viveu um enredo digno de qualquer grande gênero épico. Quem disse que o povo escolhido por Deus para ser *lux gentium* viveria uma realidade sem dramas? André Reinke, em seu estilo cativante de escrita e com sua pesquisa bem fundamentada, nos conduz, na sequência de *Os outros da Bíblia*, ao centro da Terra Prometida, aos fatos concernentes ao Israel étnico ao longo dos tempos bíblicos. É uma leitura essencial a todos aqueles que almejam compreender não somente a Bíblia Hebraica, como também as origens daqueles que estão entre nós ainda hoje.

– **Paulo Won**, *teólogo, autor de* E Deus falou na língua dos homens

Considero *Aqueles da Bíblia* e *Os outros da Bíblia*, ambos do mesmo autor e da mesma editora, obras fundamentais para os estudos bíblicos. O texto que o leitor encontrará neste livro é fruto de muita pesquisa historiográfica, cultural e teológica, realizada com excelência, sem jamais abrir mão da história bíblica e do compromisso com a verdade. A escrita de André Daniel Reinke é envolvente e agradável, algo difícil de se conseguir em um projeto que precisa lidar com informações provenientes de diversas linhas de interpretação da história do povo bíblico de Israel. É com grande satisfação que recomendo este livro ao público, com a expectativa de que seja utilizado como obra de referência em escolas bíblicas, igrejas, seminários e faculdades de teologia.

– ***Israel Mazzacorati Gomes***, *mestre e doutorando em Teologia pela Faculdades EST (São Leopoldo, RS). Professor do Seminário Teológico Servo de Cristo (São Paulo, SP), produtor e apresentador da Rádio Trans Mundial e pastor da Igreja Batista Água Viva (Vinhedo, SP)*

AQUELES
DA BÍBLIA

ANDRÉ DANIEL REINKE

AQUELES DA BÍBLIA

HISTÓRIA, FÉ E CULTURA
DO POVO BÍBLICO DE ISRAEL
E SUA ATUAÇÃO NO PLANO DIVINO

Copyright © 2021 por André Daniel Reinke

Todos os direitos reservados por Vida Melhor Editora LTDA.

Os pontos de vista desta obra são de responsabilidade de seus autores e colaboradores diretos, não refletindo necessariamente a posição da Thomas Nelson Brasil, da HarperCollins Christian Publishing ou de sua equipe editorial.

Publisher	*Samuel Coto*
Editores	*André Lodos Tangerino*
Copidesque	*Bruno da Hora*
Revisão	*Daila Fanny e Shirley Lima*
Diagramação, projeto gráfico e capa	*André Daniel Reinke*

Dados Internacionais de Catalogação na Publicação (CIP)
(BENITEZ Catalogação Ass. Editorial, MS, Brasil)

R294aReinke, André Daniel

1.ed.   Aqueles da bíblia : história, fé e cultura do povo bíblico de Israel e sua atuação no plano divino / André Daniel Reinke. – 1.ed. – Rio de Janeiro : Thomas Nelson Brasil, 2021.
416 p.; 15,5 x 23 cm.

ISBN : 978-65-56891-75-0

1. Arqueologia. 2. História. 3. Israel. 4. Narrativas bíblicas. 5. Teologia cristã. I. Título.

01-2021/29   CDD 296.0901

Índice para catálogo sistemático:
1. Arqueologia : Narrativas bíblicas : Israel   296.0901
Bibliotecária responsável: Aline Graziele Benitez CRB-1/3129

Thomas Nelson Brasil é uma marca licenciada à Vida Melhor Editora LTDA.

Todos os direitos reservados à Vida Melhor Editora LTDA.
Rua da Quitanda, 86, sala 218 — Centro
Rio de Janeiro — RJ — CEP 20091-005
Tel.: (21) 3175-1030
www.thomasnelson.com.br

Sobre as ilustrações da capa e dos capítulos

As ilustrações para a capa e a abertura de capítulos revelam a dificuldade da arqueologia na pesquisa em Israel. Há resquícios abundantes para alguns períodos (como as monarquias divididas), enquanto nenhum para outros (como o êxodo) e pouco para longos séculos (como no tempo de domínio persa). A minha decisão para este livro foi usar apenas a cultura material realmente encontrada em Israel ou a ela relacionada, razão pela qual não ilustrei descrições bíblicas (como a Arca da Aliança) nem usei símbolos posteriores (como a Estrela de Davi, de origem medieval). A proposta é tentar se aproximar da realidade histórica do antigo Israel, e não tanto daquela que imaginamos. Então, estas são as peças ilustradas:

Ofertante de Mari: busto de ofertante encontrado em Tell Hariri (Síria), datado de 2350–2200 a.C. Não é hebreu, mas corresponde às tradições do tempo dos migrantes na região do entorno da narrativa bíblica.

Escravo egípcio: escravo produzindo tijolos no Egito, em mural encontrado na tumba de Rekmire, vizir de Tutmosis III (1479–1425 a.C.), a oeste de Tebas. Não é israelita, mas a figura está trabalhando na atividade à qual a Bíblia se refere.

Bezerro: bezerro de ouro encontrado em Biblos (Líbano), de 2000–1600 a.C. Esse tipo de ídolo foi encontrado em vários locais e períodos de Israel, correspondendo às mesmas estatuetas encontradas em Samaria, Jasor e Ugarit, e descrito no texto bíblico (Êxodo 32:1-6).

Altar de chifres: encontrado em Megido, do tempo de Salomão (século X a.C.). É do mesmo modelo encontrado em outros locais de Israel e corresponde às descrições bíblicas dos altares do templo em Jerusalém (Êxodo 29:12; 37:25; 1Reis 1:50-51; Jeremias 17:1).

Esfinge entre lótus: marfim encontrado em Samaria, do século IX a VIII a.C. Trata-se de um tradicional "querubim" nas culturas orientais. Este é ilustrado em estilo fenício.

Falcão: imagem em uma face de moeda da Judeia, referente ao período persa (cerca de 333 a.C.). A outra face da moeda traz um lírio, frequente símbolo judaico. O falcão era um símbolo de Jerusalém.

Cornucópia dupla: imagem em uma face de moeda de João Hircano (135–104 a.C.). A cornucópia, de inspiração grega, também está presente nas moedas modernas do atual Estado de Israel.

Menorá: imagem esculpida no Arco de Tito, ilustrando o saque do templo de Jerusalém, em 70 d.C.

SUMÁRIO

Agradecimentos	10
Prefácio	11
Introdução	15
Capítulo 1: Aqueles entre os outros	35
Capítulo 2: Os migrantes	59
Capítulo 3: Os escravos	93
Capítulo 4: Os anarquistas	131
Capítulo 5: Os monarquistas	167
Capítulo 6: Os separatistas	201
Capítulo 7: Os exilados	247
Capítulo 8: Os revolucionários	291
Capítulo 9: Os oprimidos	337
Conclusão: Aqueles entre nós	393
Referências	407

Agradecimentos

Em primeiro lugar, agradeço à minha esposa, Eliana Grimm, pelo apoio e o companheirismo em nossa vida compartilhada. Ao Rodrigo Bibo de Aquino, pela parceria no *BiboTalk* e por oportunizar a minha participação nesse importante ministério; por extensão, aos companheiros Alexandre Miglioranza, Victor Fontana, Israel Mazzacorati e Paulo Won, pela contribuição nas gravações dos episódios da série *Aqueles da Bíblia*. Aos meus colegas do Programa de Pós-Graduação da Faculdades EST, Thiago Almeida, que contribuiu com os estudos sobre o desenvolvimento do hebraico e do grego; Marcelo Saldanha, pela análise dos conceitos de cultura e identidade cultural; e Arthur Metz, pela leitura atenta e crítica dos manuscritos. Aos meus professores da Faculdades EST, Wilhelm Wachholz e Flávio Schmitt, pelo incentivo à produção intelectual e, especialmente, a esta obra. A César Motta Rios e Alexandre Ferreira, pela contribuição sobre o período helenista da Judeia. Este trabalho não teria sido o mesmo sem a participação desses especialistas dispostos a compartilhar seus saberes.

PREFÁCIO

O convite para uma conversa madura

Prefaciar um livro é sempre uma combinação de privilégio e responsabilidade. O autor, em confiança, nos delega a responsabilidade de apresentar sua obra na expectativa de que nossas palavras possam abrir caminho para o texto, encorajar a leitura e animar o debate que o livro propõe. Ciente de tal responsabilidade, desta vez me impus um desafio adicional: o de ser capaz de, em poucas palavras, após a leitura, despertar o interesse de leitores experientes e críticos pela obra. Queria verificar a intensidade do impacto da leitura em mim, observando o potencial de atração para o livro, presente em minhas palavras, sobre um grupo de leitores.

Assim, ao concluir a leitura, chamei um pequeno grupo para ouvir o meu compartilhar sobre o que havia acabado de ler em *Aqueles da Bíblia*: história, fé e cultura do povo bíblico de Israel e sua atuação no plano divino. Ao concluir minha breve apresentação, perguntei: "O que acharam da proposta deste livro?" E eles responderam: "Quando podemos começar a leitura?" É com esse ânimo que desejo encorajar a leitura desta oportuna e excelente obra.

André D. Reinke, de uma forma lúcida, profunda e respeitosa, nos conduz a um debate sobre a relação entre o registro bíblico e a História. Seu objetivo é nos propor o que ele chama de "um novo imaginário" que nos permita olhar o relato histórico da Bíblia de uma forma responsável, reconhecendo os pontos difíceis, até mesmo conflitantes, e evitando respostas "rápidas e fáceis" que determinadas leituras buscam oferecer, mas que, de forma objetiva, em nada cooperam para um tratamento respeitoso, sério e consistente do texto bíblico.

De forma cautelosa e num ritmo gradual, o autor nos leva a rever as concepções históricas que, com frequência, não nos permitem ver as nuances e os aspectos fragmentados do registro histórico contido na Bíblia. Muitas vezes, motivados até mesmo por razões apologéticas, nos prendemos a sistemas que impedem a leitura dessa história, considerando seus aspectos dinâmicos e processuais.

Este livro oferece "lentes com graus corrigidos", ajudando-nos a olhar para a historicidade do texto bíblico levando em conta a contribuição do debate historiográfico atual, sem capitular, de forma acrítica, aos resultados das pesquisas. Muito pelo contrário, esta obra nos possibilita compreender as perguntas e alegações do debate sobre a validade histórica do registro bíblico, ajudando-nos a questionar seus pressupostos e o peso de suas conclusões.

Muitas vezes somos levados a evitar as questões difíceis e criamos algumas "bolhas de conforto epistemológicos", que nos permitem, por certo tempo, desconsiderar algumas questões, mas esse é um caminho perigoso e preguiçoso. Fechar os olhos não impede que a realidade siga seu curso ou que, cedo ou tarde, aquilo que buscamos evitar volte a bater à nossa porta, trazendo o "incômodo" de suas perguntas, de suas alegações e de suas "certezas". Nesta obra, André D. Reinke nos oferece um caminho, uma proposta de como lidar com esse contínuo processo de questionamento sobre a validade histórica do registro bíblico.

É um caminho trabalhoso, mas não creio que tenhamos alternativa. Este livro convida a nos empenhar, de forma diligente, em um esforço contínuo pela busca de um debate honesto, que ouça com atenção tanto as teorias historiográficas, em seu constante processo de revisão, como os testemunhos do relato bíblico e o testemunho do povo da Bíblia.

Diálogos dessa natureza não lidam com questões de fácil resolução e nem sempre são feitos com a humildade necessária, o que se torna um obstáculo adicional para a qualidade da conversa. Mas devemos nos preparar para travar diálogos honestos, maduros e verdadeiros.

Tais diálogos devem ter a marca da autenticidade cristã, que, como nos adverte John Stott,[1] caracteriza-se por:

a) uma relação de autenticidade: pois valoriza as relações pessoais que nos permitem conhecer e ser conhecidos;

b) humildade: aumentando o respeito mútuo;

c) integridade: ouvir permite desfazer as falsas imagens em relação aos outros, perceber os problemas reais e conhecer suas convicções;

d) crescer em sensibilidade: conduzindo a uma postura de escuta com o real interesse de entender o outro.

Este livro oferece recursos para uma conversa madura em muitos níveis, ajudando-nos a dialogar com as teorias historiográficas referentes ao valor histórico do texto bíblico, a conversar profundamente sobre as possibilidades e os limites dos sistemas que norteiam nossas leituras da história bíblica, a desenvolver uma perspectiva dinâmica da história do povo da Bíblia, renovando nossa perspectiva da história da salvação.

Ao concluir estas breves linhas, espero que você esteja tão animado a se lançar na leitura deste livro quanto aquele pequeno grupo de jovens com quem compartilhei os resultados de minha primeira leitura. Sou grato a Deus pela disposição do André Daniel Reinke de se empenhar nesse difícil trabalho de nos auxiliar no processo de amadurecimento de nossa fé. Um processo que não evita as questões difíceis, mas que lida com elas de tal forma que nos ajuda a aprofundar o sentido de maravilha e gratidão presentes nessa linda história de salvação.

– Ziel J. O. Machado
Vice-reitor do Seminário Servo de Cristo (SP);
pastor na Igreja Metodista Livre — Concílio Nikkei (SP)

---

1 STOTT, John. *A missão cristã no mundo moderno*. Viçosa, MG: Ultimato, 2010. p. 87-90.

INTRODUÇÃO

A maneira como imaginamos os textos da Bíblia influencia profundamente a nossa compreensão. Muitas cidades brasileiras têm bairros judeus onde vive o asquenaze ortodoxo, conhecido pelo seu arraigado monoteísmo, comportamento ético impecável e profunda devoção à Torá. Como ele é descendente dos personagens bíblicos, é natural que passemos a imaginar Abraão ou Esdras como ele. Claro, não acreditamos que os nossos heróis da fé se vestissem da mesma maneira, mas tendemos a considerar suas crenças e práticas navegando no mesmo rio. Então, acontece aquilo que um historiador considera o maior dos pecados: o *anacronismo* — ou seja, atribuir a uma época ou personagem ideias de outro tempo.

Essa imaginação anacrônica pode orientar a direção da interpretação na leitura da Bíblia. Se considerarmos os patriarcas de modo a vê-los como monoteístas, em sentido estrito, e obedientes aos mandamentos divinos (ainda nem instituídos), ficaremos confusos com a narrativa de Raquel roubando os ídolos do lar de seu pai e trazendo-os consigo para a nova vida em Canaã (Gênesis 31:19,30-35). Da mesma maneira, se continuarmos a aplicar a mente do judeu asquenaze moderno à cabeça do salmista Asafe, por exemplo, precisaremos traduzir a assembleia dos deuses como uma reunião de "seres celestiais" no entorno de Iahweh (Salmos 82:1). O problema é que os autores desses hinos e de outros, como Salmos 97:7 ou Salmos 29:1, não tinham a convicção do judeu ortodoxo de hoje, tampouco a sua bagagem cultural e teológica. O próprio texto bíblico nos mostra isso, mas, às vezes, acabamos ajustando a narrativa bíblica à nossa teologia sistemática.

Penso que alguns equívocos ocorrem em função de todo o imaginário construído sobre a chamada *história de Israel*. Por que insisto no termo *imaginário*? Não porque essa história seja inventada, mas porque toda divisão histórica é uma manipulação, uma análise que torna o passado uma ficção do presente.[1] Pegamos os textos bíblicos e aplicamos uma divisão temporal; depois, passamos a compreender o passado dentro dessa organização, que serve ao propósito de nosso tempo. Assim, a partir de alguns marcos, dividimos a história de Israel em patriarcas, depois êxodo, então juízes e, finalmente, monarquia unida, reinos divididos, exílio e restauração. Tal divisão não é aleatória, mas tem sua razão de ser. Ilustramos essas divisões em tabelas cronológicas. Também criamos mapas para demonstrar a localização das tribos como se fossem estados de uma federação. Delimitamos o mapa do império de Davi e Salomão, dos reinos divididos e assim por diante. Dessa forma, naturalizamos uma perspectiva de unidade a percorrer a história bíblica, desde Abraão até o apóstolo João. Trata-se de uma sensação de perenidade não intencional que cruza nossa leitura sem nos darmos conta.

Penso que toda essa estrutura para a leitura bíblica é válida e necessária — afinal, eu mesmo escrevi e ilustrei um *Atlas Bíblico* nesses moldes.[2] Entretanto, acredito ser válida uma escrita da história de Israel a partir de outra perspectiva para perceber nuances "escondidas" da narrativa bíblica. Proponho, então, partir da hipótese de Israel como um povo em construção, transformação e até mesmo reinvenção, pois a Bíblia revela situações mais fragmentadas do que imaginamos. Como consequência, precisamos considerar que o reino de Davi e Salomão foi apenas um lapso de poucas gerações no meio de uma história constante, marcada por separações e distinções. A pluralidade é a marca do povo descrito pela Bíblia. As experiências sociais e religiosas de Abraão foram completamente distintas daquelas vividas por Moisés, Davi ou Esdras, as quais, igualmente, diferem entre si.

---

1 CERTEAU, Michel de. *A Escrita da História*. Rio de Janeiro: Forense Universitária, 1982. p. 20-21.
2 REINKE, André Daniel. *Atlas Bíblico Ilustrado*. 2. ed. São Paulo: Hagnos, 2018.

INTRODUÇÃO

Para entender a minha proposta, explico o dilema que vivi quando escrevi o livro *Os outros da Bíblia*.³ O problema com o qual me deparei era qual nome dar para o povo de Deus. A dificuldade estava no fato de ter disponíveis pelo menos três denominações diferentes: *hebreu*, *israelita* ou *judeu*. Dependendo do momento histórico, um não se aplicava ao outro. Um judeu era israelita, mas o israelita não era necessariamente judeu. Decidi manter o termo *judeu* apenas para os descendentes de Judá, da tribo do sul, e *israelita* exclusivamente para os membros do reino do norte, Israel. Isso serviu para marcar a diferença que eu pretendia ressaltar naquele momento.

Tal classificação não será suficiente para este livro, no qual a cronologia entrou como base para a narrativa. O problema está no fato de o termo *judeu* ter sido historicamente usado apenas depois do período helenista (século III a.C.), quando existia uma província grega chamada *Judeia*,⁴ cujos habitantes eram chamados *judeus* e estavam ligados a um estilo de vida mais tarde denominado *judaísmo*. Antes disso, o termo mais próximo ao dos textos bíblicos seria *judaíta*, com o mesmo tipo de sufixo aplicado a *efraimita*, *manassita*, *gadita*, *levita* e outros substantivos correspondentes às tribos de Israel, os *israelitas*. O mesmo ocorreu com o território em que eles viviam: nos tempos do Antigo Testamento, era Canaã, depois *Eretz-Yisrael* ("terra de Israel") ou apenas *Israel*; no Novo Testamento, havia *Judeia*, *Samaria* e *Galileia*; mas, após a revolta de Simão bar Kochba, em 135 d.C., o imperador Adriano a renomeou como *Palestina*, em referência aos filisteus, como medida punitiva.⁵

Não se trata de uma simples questão de palavras impostas. Tais substantivos estão relacionados a grupos específicos e a momentos históricos determinados. Perceber que nenhuma nomenclatura pode ser usada de maneira irrestrita para o povo da Bíblia, em qualquer tempo ou local, me fez refletir acerca do problema da construção da identidade de Israel. Como eles se constituíram ao longo dos séculos? Sofreram mudanças nas crenças e na sua identidade cultural? Houve conflitos nessa construção identitária? Algo diferenciava o judeu Paulo do

---

3 REINKE, André Daniel. *Os outros da Bíblia*: história, fé e cultura dos povos antigos e sua atuação no plano divino. Rio de Janeiro: Thomas Nelson Brasil, 2019. p. 16-17.
4 PAUL, André. *O judaísmo tardio*: história política. São Paulo: Paulinas, 1983. p. 94-95.
5 RANDALL, Price. *Manual de arqueologia bíblica Thomas Nelson*. Rio de Janeiro: Thomas Nelson, 2020. p. 18-19.

judaíta Davi, ou ambos do efraimita Samuel e do levita Moisés? Qual continuidade e descontinuidade havia entre eles e o mesopotâmico Abraão? Uma personalidade bíblica de determinado tempo não reflete uma unidade cultural monolítica. Mas, na prática, acabamos por "pasteurizar" a cultura daquele povo, como sendo una e constante. Explico: vemos seu início em Abraão e, a partir dele, uma espécie de identidade matriz replicada em todos os descendentes. Assim, teríamos uma cultura hebraica fundada no patriarca, que, aos poucos, foi sendo acrescida de novos detalhes, mas sempre mantendo a fidelidade àquela matriz original. Porém, é isso que o texto bíblico aponta? Penso que não, e esse engano pode ter raiz na nossa imaginação. Volto ao início desta introdução: a maneira como imaginamos o texto bíblico influencia a compreensão que temos dele.

Minha proposta é fazer um resgate histórico das narrativas da Bíblia sob um novo imaginário. Mas, ao falar de história de Israel, entramos em um campo complicado. Antes de seguir nessa reflexão, vou apresentar alguns questionamentos das pesquisas científicas a respeito da Bíblia e de seu conteúdo.

Questionamentos à historicidade do texto bíblico

Um livro publicado na Alemanha, em 1955, teve grande sucesso no mundo evangélico, sendo reimpresso várias vezes nas décadas seguintes: trata-se do clássico *E a Bíblia tinha razão*.[6] Nessa obra, o jornalista Werner Keller fez um levantamento de descobertas arqueológicas que confirmam a historicidade de eventos narrados no Antigo Testamento, desde o dilúvio até o tempo dos apóstolos. Considerando que, naquela década, ainda se viviam os efeitos da relativização da Bíblia pelo liberalismo teológico do século XIX, a obra foi um alento.

Um exemplo do entusiasmo foi a descoberta da fortaleza de Megido, onde foi desenterrado um conjunto de cavalariças. Na ocasião, a fortaleza foi imediatamente associada a Salomão, construtor de Megido, segundo a narrativa bíblica (1Reis 9:15), cujos estábulos acabaram ligados à carraria do seu exército (1Reis 10:26).[7] Entretanto, arqueólogos

---
6 KELLER, Werner. *E a Bíblia tinha razão*. 10. ed. São Paulo: Melhoramentos, 1979.
7 KELLER, 1979, p. 190-191.

INTRODUÇÃO

se debruçaram sobre o achado e acrescentaram à investigação diversas técnicas de datação, entre elas a do carbono-14. A conclusão lançou por terra a cronologia atribuída ao achado: as ruínas de Megido não correspondiam ao tempo de Salomão, mas, sim, a um século posterior, talvez ao reinado de Acabe ou depois dele, algo ligado ao Reino do Norte.[8] Esse é um exemplo de achado arqueológico associado a uma determinada narrativa bíblica, a ser desautorizado depois.

Outro questionamento frequente à narrativa bíblica tem sido a respeito da dimensão do reinado e da riqueza de Salomão, pois não foram encontrados vestígios de um reino tão poderoso para aquele período em Canaã. Ou seja, alguns arqueólogos nada têm a dizer sobre Salomão ou Davi, considerando-os figuras lendárias.[9] Aliás, quanto mais antigo o evento descrito pela Bíblia, mais problemas para a historiografia. O êxodo, por exemplo, tem sido questionado pela falta de evidências extrabíblicas e de rastros arqueológicos nos locais de passagem do povo no Sinai durante a caminhada pelo deserto.[10] Afinal, se tomarmos ao pé da letra os 600 mil homens a pé, mais as mulheres e crianças (o que alguns estimam em 3 milhões de pessoas), e que todos os adultos dessa multidão morreram em uma faixa bastante restrita do deserto, algo deveria ser encontrado. Mas, até agora, não foi.

Tais questões levaram os historiadores do Israel Antigo a se posicionarem frente ao uso ou não da Bíblia como uma fonte histórica segura. Basicamente, são três posturas acadêmicas: a escola maximalista, a minimalista e a alternativa. A escola *maximalista* defende o conteúdo da Bíblia como inteiramente histórico. Os pesquisadores dessa escola usam o texto bíblico como base e orientação para as pesquisas arqueológicas, as quais são usadas para confirmar a veracidade da Bíblia. A escola *minimalista* tem uma postura diretamente oposta à maximalista: para ela, não há a menor possibilidade de a Bíblia ser uma fonte confiável, e não deve ser usada como base para escrever a história antiga de Israel. Para essa escola, o Antigo Testamento foi produto muito tardio em relação aos eventos narrados, razão pela qual teria perdido

---

8 FINKELSTEIN, Israel; SILBERMAN, Neil Asher. *A Bíblia não tinha razão*. São Paulo: A Girafa, 2003. p. 194-199. Uma curiosidade sobre esse livro: o título original é The Bible Unearthed, [A Bíblia desenterrada], mas os editores brasileiros optaram por um título mais polêmico, remetendo à obra anterior de Keller. As traduções publicadas mais recentemente mantêm a fidelidade ao título original.
9 FINKELSTEIN; SILBERMAN, 2003, p. 200.
10 BERLESI, Josué. *História, arqueologia e cronologia do Êxodo*: historiografia e problematizações. São Leopoldo: Sinodal; EST, 2008. p. 70.

sua historicidade. A outra escola que se denomina *alternativa* está mais alinhada com o que a teologia chama de "hermenêutica histórico-crítica". Essa escola continua considerando boa parte do Pentateuco como escrita na monarquia tardia (final do século VIII a.C.), mas cujo texto foi produzido a partir de documentos anteriores e tradições orais de Israel e Judá, acrescidos da ideologia dos redatores finais. É por isso que ela faz uma leitura regressiva dos textos bíblicos, tentando reconstruir o contexto de escrita e refletir sobre as duas histórias em questão: a do conteúdo (o que aconteceu no passado) e a da redação (o que o motivou a escrever naquele momento).[11]

Enfim, está em andamento um debate muito profundo a respeito do antigo Israel. Nesse processo, tem havido a busca de novas fontes para a reconstrução de sua história, compondo uma nova historiografia, que continua utilizando o texto bíblico, mas recorre a ele como fonte secundária.[12]

As teorias historiográficas de ocupação de Canaã

Assim como as escolas se dividem na forma de utilização da Bíblia como fonte histórica, as hipóteses para o surgimento e a presença de Israel em Canaã também seguem princípios distintos em relação à narrativa bíblica. Aqui explico algumas teorias básicas, as quais se dividem em dezenas de variáveis.

A primeira e mais antiga é a *Teoria da Conquista Relâmpago*. Ela está associada ao arqueólogo William F. Albright (1891–1971) e a seus seguidores nos Estados Unidos e em Israel. Ela se baseia em uma interpretação popular sobre a entrada de Israel em Canaã, na qual a chegada de Israel teria sido com uma "conquista-relâmpago", uma espécie de *blitzkrieg* ocorrida no século XIII a.C., a qual destruiu diversos centros urbanos cananeus de uma única vez. Hoje, essa teoria está descartada pelos estudiosos porque a destruição da maioria dos sítios arqueológicos não pode estar relacionada cronologicamente aos eventos descritos no livro de Josué.[13]

---
11   KAEFER, José Ademar. *A Bíblia, a arqueologia e a história de Israel e Judá*. São Paulo: Paulus, 2015. p. 11-25.
12   Há um bom resumo da nova historiografia em torno do antigo Israel em REIMER, Haroldo. *O antigo Israel*: história, textos e representações. São Paulo: Fonte, 2017. p. 17-36.
13   RICHELLE, Matthieu. *A Bíblia e a arqueologia*. São Paulo: Vida Nova, 2017. p. 88.

A segunda é a *Teoria da Infiltração Pacífica*, defendida por Albrecht Alt, cuja ideia central apresentava os israelitas como diversos povos nômades assentados em Canaã ao longo de séculos, até formarem as tribos de Israel. Esses grupos imigrantes teriam chegado pacificamente, sempre em negociação com os reis das cidades cananeias. Além disso, as tribos teriam se desenvolvido de modo isolado, cada uma com soluções próprias frente aos dominadores da terra. Seria apenas bem mais tarde, no segundo estágio de ocupação, que teriam ocorrido ataques dessas tribos contra seus antigos senhores.[14]

A terceira, a *Teoria da Revolta dos Camponeses*, foi proposta por George E. Mendenhall e desenvolvida por Norman K. Gottwald. Essa teoria tem afinidade com os dois modelos pregressos, partindo do pressuposto de que Israel era originalmente composto de cananeus nativos, um campesinato oprimido pelos suseranos das cidades de Canaã. As realidades socioeconômicas daquele tempo seriam propensas a rebeliões: cidades com estados centralizados, mantendo a burocracia e o exército fortemente armado, cobrando impostos e obrigando a prática de trabalhos forçados pelas populações submissas do campo. O que teria engatilhado a revolta seriam antigos escravos do Egito, adoradores de uma divindade libertadora chamada Iahweh, autores de uma rebelião contra o poderoso faraó e recém-chegados de um longo êxodo pelo deserto até Canaã. Assim, teria havido uma identificação dos cananeus oprimidos locais com os antigos escravos do Egito e sua conversão à religião de Iahweh. O culto da nova divindade teria fornecido o símbolo (a tradição do êxodo) para a rebelião dos camponeses contra seus senhores, tomando cidades e assumindo o controle político de Canaã. Essa rebelião teria dado origem a Israel como Estado organizado.[15]

Outra hipótese aventada é a *Teoria do Colapso*, segundo a qual a origem de Israel ou de um "proto-Israel" estaria na proliferação de aldeias nas montanhas a partir de 1200 a.C., quando aconteceu o colapso da agricultura nas planícies. Os grupos de cananeus marginalizados pelas cidades teriam gradativamente se estabelecido nas montanhas. Essa hipótese é oriunda da arqueologia e se dá pelo fato de se haver encontrado um aumento significativo de populações nos sítios localizados nas

---

14 ALT, Albrecht. *Terra prometida*: ensaios sobre a história do povo de Israel. São Leopoldo: Sinodal, 1987. p. 72-88.
15 GOTTWALD, Norman K. *As tribos de Iahweh*: uma sociologia da religião de Israel liberto, 1250-1010 a.C. São Paulo: Paulinas, 1986. p. 220-225.

montanhas a partir daquele século. Israel, nesse caso, teria emergido como uma cultura cananeia montanhesa. Essa hipótese não descarta a assimilação de outros grupos que chegaram depois.

Uma derivação é a *Teoria Cíclica*, segundo a qual os habitantes das montanhas centrais de Canaã subsistiram durante séculos como pastores de rebanhos e lavradores, em ciclos alternados de subsistência sedentária e pastoril. Nesse caso, Israel seria uma evolução desse processo, e não necessariamente o produto de um colapso econômico nas planícies.[16] Israel Finkelstein é um arqueólogo dessa teoria. Para ele, os dois reinos hebreus (Israel e Judá) cresceram em paralelo, sem jamais terem sido um reino unificado. A região montanhosa de Israel ao norte teria sido habitada por sedentários e pastores durante muito tempo, cuja combinação de atividades resultaria na sua força econômica. Tais grupos teriam formado reinos, obtendo uma oportunidade de ascensão nos períodos intermediários do Egito ou da Mesopotâmia, quando nenhum império controlava Canaã. Tal vácuo de poder permitiria a emergência do Reino de Israel como potência regional no início do século VIII a.C.[17] Ainda segundo Finkelstein, a destruição de Damasco e Israel pelos assírios seria determinante para a ascensão de Judá, mais ao sul. A partir da queda de Samaria (721 a.C.), Jerusalém teria recebido sobreviventes do norte e crescido em população e economia, ocasião em que teria dado início à produção ou compilação dos textos da Bíblia Sagrada. Portanto, para Finkelstein, Judá reescreveu a história de acordo com a sua experiência religiosa, promovendo a dinastia davídica como a detentora de um reino anteriormente unificado que jamais existiu. Isso significaria, portanto, que os reinos de Israel e de Judá teriam sido fundidos em um grande mito criado pelos judaítas durante a escrita do Antigo Testamento.[18]

---

16 PROVAN, Iain; LONG, V. Philips; LONGMAN III, Tremper. *Uma história bíblica de Israel*. São Paulo: Vida Nova, 2016. p. 224.
17 FINKELSTEIN, Israel. *O reino esquecido* – Arqueologia e história de Israel Norte. São Paulo: Paulus, 2015. p. 191-194.
18 FINKELSTEIN, 2015, p. 194-196.

Em defesa do texto bíblico

As conclusões de Finkelstein não são exatamente um consenso, como ele, por vezes, faz entender. Suas conclusões não são aceitas pela maioria dos arqueólogos do Israel Antigo. Muitos pontos de suas teses têm sido debatidos, contando com defensores, mas também com uma quantidade significativa de críticos.[19] A discussão é ampla, mas tento reunir a seguir algumas considerações em defesa da Bíblia e de sua narrativa a respeito da história de Israel.

Sobre a narrativa ideológica

Determinados estudos da historiografia tendem a tratar o texto bíblico como fruto de uma arte criativa, uma narrativa tardia (realizada muito tempo depois dos acontecimentos narrados) e com motivação ideológica, cujo resultado não teria muita relação com o fato ocorrido no passado. Daí a desconfiança para com a Bíblia, chegando ao ponto de colocá-la de lado na pesquisa histórica e arqueológica de Israel.[20] Entretanto, há quem critique tal postura. Iain Provan, por exemplo, tem uma opinião bastante negativa sobre alguns ramos da ciência, especialmente pelo constante revisionismo. Para ele, os historiadores não mostram consistência: em um momento, dão preferência aos dados extrabíblicos e desacreditam a informação bíblica; em outro, invertem essa postura. Provan também não consegue perceber com clareza o critério usado para definir em quais pontos a Bíblia deve ser posta em dúvida e em quais ela é confiável.[21]

Provan questiona os historiadores pela inconstância a respeito do uso dos textos bíblicos, em um vaivém entre confiança e desconfiança, por vezes usando critérios duvidosos para selecionar textos considerados verdadeiros e destacá-los de outros "falsos". Ou seja, não há clareza nas razões para aceitar um testemunho bíblico em detrimento de outro igualmente bíblico. Outro problema levantado por ele é o fato de muitos dos pesquisadores não aplicarem o mesmo "princípio de verificação" em documentos extrabíblicos.[22] Ou seja, ele não rejeita a leitura

---
19 RICHELLE, 2017, p. 139-149.
20 PROVAN; LONG; LONGMAN III, 2016, p. 23.
21 PROVAN; LONG; LONGMAN III, 2016, p. 61.
22 *Princípio de verificação* é o ato de conferir em outro documento antigo se determinada narrativa é verdadeira ou não. Essa concordância é buscada em outros textos antigos ou dados arqueológicos como uma espécie de *checklist*.

crítica do texto bíblico, mas gostaria que todos os textos antigos fossem postos em dúvida na mesma proporção da Bíblia.

Você pode se perguntar: mas qual é a razão para se duvidar de um fato histórico registrado em textos da Antiguidade, seja da Bíblia, seja de outra fonte? Esse questionamento é necessário porque frequentemente os cronistas reais exageram as qualidades e vitórias de seus chefes. Um exemplo é a afirmativa de Sargão II de ter conquistado Samaria, capital de Israel. O problema é que tanto os textos bíblicos (2Reis 17:1-6) como as crônicas babilônicas afirmam a conquista por Salmanaser V, seu predecessor, poucos meses antes. Ou seja, comparando os diferentes documentos antigos, podemos concluir quanto os escribas de Sargão II procuravam enaltecer seu rei, atribuindo-lhe uma vitória que não foi sua.[23] Por isso, os historiadores sempre colocam (ou deveriam colocar) qualquer registro sob suspeita, por revelar apenas um aspecto do fato ocorrido.

Precisamos sempre lembrar que todo texto é escrito sob uma cosmovisão ou ideologia, bem como por um ponto de vista particular. Todo escritor organiza e seleciona um fato para propiciar uma narrativa coerente e com objetivos bastante específicos. Não se registra uma história apenas por registrar, ela serve a algum propósito. Mas isso não significa que todo testemunho do passado não seja honesto por ter sido escrito com alguma motivação política ou religiosa. Não há necessidade de considerar relatos ideológicos como necessariamente falsos apenas por serem usados para reforçar a política do monarca.[24] Isso vale para a Bíblia e também para todos os documentos escritos na Antiguidade, na Idade Média, na Modernidade ou em tempos atuais. Ou seja, não é aconselhável jogar fora o testemunho bíblico apenas pelo fato de seus autores terem tido motivações pessoais para registrar o passado. Todos os redatores o fizeram e fazem até hoje.

O problema da cronologia e do anacronismo

Um problema que muitas vezes passa despercebido é o desconhecimento relativo à cronologia das narrativas bíblicas. Não se sabe quando viveram os patriarcas, não há uma data para o êxodo, tampouco para os eventos de entrada em Canaã narrados em Josué. Os juízes também são

---
23 PROVAN; LONG; LONGMAN III, 2016, p. 109.
24 PROVAN; LONG; LONGMAN III, 2016, p. 113-114.

alvo de grande controvérsia. Em suma, não temos uma datação segura para qualquer evento anterior aos reinos divididos de Judá ou Israel. As datas de nossas tabelas e de nossos guias bíblicos são hipóteses pelas quais, muitas vezes, ocorrem embates, como se fossem em defesa da própria revelação divina.

Para estabelecer o calendário da História Antiga, tem sido usada uma comparação entre os calendários assírios, babilônicos e egípcios. Assim, o resultado é uma cronologia razoável, mas não isenta de discussão. É mais fácil situar um acontecimento histórico da Antiguidade quando ele menciona um eclipse lunar ou solar, o que permite a verificação mais precisa com o auxílio da astronomia. Mas isso raramente acontece. Enfim, toda a questão é bastante controversa. Para se ter uma ideia do problema cronológico que envolve a Bíblia, considere que o primeiro evento narrado para o qual temos o ano exato é a Batalha de Carcar, em que esteve envolvido o rei Acabe, de Israel, em 853 a.C. Outra data conhecida é 841 a.C., ocasião em que o rei Jeú, de Israel, entregou tributos para o rei assírio Salmanaser III.[25] Ou seja, todas as datas anteriores, constantes nas tabelas cronológicas de Bíblias e comentários, são apenas estimativas.[26]

Há outro problema cronológico extra quando se trata de textos muito antigos, como as narrativas patriarcais. Eles passaram por um longo processo de transmissão oral antes de sua escrita, produzindo um "passado rememorado" diferente do que pretende uma historiografia moderna. Por exemplo: menciona-se que Abraão colocou Ismael nos ombros de Hagar e os mandou para o deserto, onde ela o deixou para morrer, pois não queria ver seu sofrimento (Gênesis 21:14-20). Toda a descrição é de uma criança muito pequena, quase um bebê. Mas tomando por base os anos mencionados em textos anteriores, a conclusão é que Ismael tinha 14 anos (compare Gênesis 16:16 com 21:5). A narrativa não coincide com a idade estimada. Outros exemplos: Midiã e Ismael são tios-avós de José, mas ele encontra caravanas de povos nômades de midianitas e ismaelitas (Gênesis 37:26-28); Amaleque é neto de Esaú (Gênesis 36:12), ou seja, tataraneto de Abraão, mas os amalequitas aparecem derrotados em uma batalha da qual Abraão

---

25 PROVAN; LONG; LONGMAN III, 2016, p. 304.
26 Passei por algumas situações em relação a esse problema. Certa vez, questionaram-me algumas datas publicadas na cronologia do meu *Atlas*, contrapondo a outras bibliografias. Como explicar para o leitor que tanto as minhas datas como as publicadas em outras obras são apenas estimativas?

participou (Gênesis 14:7); na jornada do êxodo, o sábado e a Arca da Aliança aparecem antes de terem sido ordenados no Sinai (Êxodo 16:25,34). Isso acontece porque as narrativas orais tendem a condensar muitos anos, ou mesmo séculos, em suas histórias, até serem registradas por escrito. Por isso, não se deve forçar a cronologia do texto bíblico no sentido literal contemporâneo.[27]

Outra dificuldade reside no fato de muitos cálculos da história bíblica serem baseados no tempo de reinado de cada monarca. Mas não sabemos, por exemplo, se o cronista iniciava a contagem do reinado no ano novo ou na coroação do rei. Outro problema são os números de "quarenta anos": eles se referem a uma contagem exata ou eram apenas um longo tempo do qual o redator não sabia a quantidade? Além disso, há fatores literários ou teológicos, pois, muitas vezes, os escribas arredondavam os dados para facilitar a memorização, como a lista dos reis israelitas desde Jeroboão I até Jorão (que reinaram, respectivamente, 22, 2, 24, 2, 12, 22, 2 e 12 anos). O curioso na lista é o fato de que todos os reis que foram alvo de julgamento profético tiveram sucessores com exatos dois anos de governo. Ou seja, é possível que tenhamos aqui uma leitura teológica do passado, sem necessariamente ser uma referência exata de tempo. Enfim, os números dos reis são misteriosos e não sabemos exatamente quais são os critérios de seus registros. Por isso, não devemos nos preocupar muito com eles.[28] Quando justapomos uma cronologia bíblica desconhecida com datações igualmente questionáveis da arqueologia, podemos estar atribuindo uma cronologia totalmente equivocada a determinado evento bíblico. Por isso, vale sempre o conselho da prudência.

Finalmente, há o problema do anacronismo típico de textos tardios (escritos muito tempo depois dos eventos). Por exemplo, a Bíblia afirma que Terá e sua família partiram de Ur "dos caldeus" (Gênesis 11:31). Ur era uma das mais antigas cidades da Mesopotâmia, mas os caldeus, nome étnico dos babilônios, surgiram na região apenas a partir do século IX a.C. e ascenderam ao poder regional a partir do século VII a.C. com Nabopolassar e Nabucodonosor II, na Babilônia. Portanto, a Ur seria "dos sumérios" no tempo de Abraão. Claro que esse é um preciosismo do tipo mais positivista possível. O fato é que a informação não

---

27 LASOR, William S.; HUBBARD, David A.; BUSH, Frederic W. *Introdução ao Antigo Testamento*. São Paulo: Vida Nova, 1999. p. 48-49.
28 PROVAN; LONG; LONGMAN III, 2016, p. 370-371.

está errada: ela corresponde ao tempo em que o autor transcreveu a narrativa ou o copista atualizou o texto, enquanto estava no exílio, época em que Ur estava sob o domínio babilônico.[29] O mesmo aconteceu na afirmação de Abraão ter perseguido seus inimigos até Dã (Gênesis 14:14). Ora, naquele tempo, a cidade se chamava Lesem, mas já era Dã na época do autor ou copista do texto.[30] Seria como eu informar que a minha avó emigrou da Alemanha para a cidade de Panambi (interior do Rio Grande do Sul) em 1919. Naquela época, a localidade era um distrito de Cruz Alta e seu nome era Neu Württemberg. Minha narrativa não estaria errada; eu apenas teria usado o termo conhecido dos leitores de hoje sem a necessidade de explicar onde fica esse lugar de nome complicado.

A situação atual das pesquisas

Uma das principais críticas ao texto bíblico está na falta de provas arqueológicas a respeito do reino poderoso atribuído a Davi e Salomão. De fato, esse tipo de postura merece atenção, pois não se trata de uma simples "teoria conspiratória" de historiadores ateus. Penso que duas situações devem ser consideradas em um caso desse tipo, valendo como exemplo para outras ocorrências do registro bíblico: 1) o estado atual das pesquisas; e 2) o estado atual da nossa compreensão do texto antigo.

Primeiro, o estado atual das pesquisas. Antes de aceitar as diretrizes dos revisionistas e negar qualquer historicidade ao texto bíblico, é preciso lembrar que "inexistência de prova não é prova de inexistência". Não se deve chegar a conclusões apressadas sobre o que não foi encontrado até agora, pois algumas das áreas mais importantes relacionadas aos reinados de Davi e Salomão estão situadas debaixo do Monte do Templo, local proibido a qualquer tipo de investigação arqueológica.[31] Portanto, não há conclusão sobre o período. Aqui é bom lembrar um conceito importante para a ciência histórica: ela sempre se coloca como defensora de uma *verdade em suspenso*, ou seja, uma verdade sujeita a apresentação de prova e contestação. É o que Paul Ricoeur chama de *representância*, uma retificação sem-fim do discurso histórico segundo novas descobertas ou novos olhares sobre os vestígios do passado.[32]

---

29 VOGELS, Walter. *Abraão e sua lenda*: Gênesis 12,1–25,11. São Paulo: Loyola, 2000. p. 28.
30 MILLER, Stephen M.; HUBER, Robert V. *A Bíblia e sua história*: o surgimento e o impacto da Bíblia. Barueri: Sociedade Bíblia do Brasil, 2006. p. 17.
31 PROVAN; LONG; LONGMAN III, 2016, p. 348-350.
32 RICOEUR, Paul. *Tempo e narrativa*. Volume 3: O tempo narrado. São Paulo: WMF Martins Fontes, 2010. p. 263.

Por essa razão, a ciência histórica não apresenta uma narrativa detalhada para o Israel Antigo, mas pequenas pistas esparsas. O que existe são as hipóteses, como as mencionadas no início desta introdução para a origem dos israelitas — e hipótese, no português das ruas, é um chute bem dado.

Segundo, entra a questão do estado atual da nossa compreensão do texto bíblico. Podemos estar tomando como matematicamente exato um texto que não tem tal intenção. Nós mesmos dizemos aos nossos filhos "Eu já falei um milhão de vezes pra não mexer nisso". A ênfase não está no número, e sim na intensidade, e consideramos malcriação da criança se ela responder "Não foi um milhão de vezes". Isso é uma hipérbole, uma narrativa exagerada para dar ênfase. Frequentemente, os antigos usavam a hipérbole para produzir um efeito no leitor e estabelecer uma ideia. Heródoto foi claramente exagerado ao descrever o exército persa com 5.283.220 soldados.[33] Na Bíblia, há um exemplo claro de exagero na afirmação de Josué, de que "tomou toda a terra" (Josué 11:23). Logo adiante, o mesmo autor afirma que "falta muita terra para conquistar" (Josué 13:1-6), fato confirmado no início de Juízes, em que a situação é descrita com tons bem mais sombrios. Narrativas antigas fazem uso frequente de hipérboles quando reis afirmam ter derrotado seus inimigos "em um piscar de olhos", ou ter exterminado completamente determinados povos. Há acontecimentos históricos por trás das hipérboles, mas é impossível reconstruir seus detalhes apenas com os textos. Além disso, os autores bíblicos estão mais interessados no significado do relacionamento de Deus com seu povo do que em fornecer detalhes para o interesse dos historiadores contemporâneos.[34]

Então, tomando essas duas situações — o estado atual da pesquisa e a nossa compreensão da Bíblia —, tenho para mim a necessidade de não chegar a conclusões apressadas nessa ou naquela direção. Não ataco um historiador ao questionar o texto bíblico, nem um teólogo ao defendê-lo até o mínimo detalhe. Há dúvidas demais para tomar uma posição absoluta em qualquer caso. Embora eu creia na Bíblia como Palavra revelada, não tenho muita certeza das traduções ou dos complexos significados dos originais, nem se estamos fazendo uma leitura adequada de um texto emergido de um passado tão longínquo. Defendo a Bíblia, mas não necessariamente a interpretação que fazemos dela.

---

33 HERÓDOTO. *História*. Livro VII, CLXXXVI.
34 LONGMAN III, Tremper. *O mundo perdido do dilúvio*: teologia, mitologia e o debate sobre os dias que abalaram a terra. Rio de Janeiro: Thomas Nelson Brasil, 2019. p. 42-47.

Em função dessa complexidade, deixo aqui o conselho de Agostinho (354-430 d.C.), pois é preciso agir com prudência e não fincar pé em interpretações dessa ou daquela natureza, como se o meu entendimento da Bíblia fosse a verdade eterna. Sempre considero a possibilidade de estar errado em minha conclusão:

> E se lermos alguns escritos sobre assuntos obscuros e muito ocultos aos nossos olhos, mesmo divinos, que possam, salvando a fé na qual estamos imbuídos, apresentar várias opiniões, não nos lancemos com precipitada firmeza a nenhuma delas, para não cairmos em erro. Talvez uma verdade discutida com mais cuidado venha destruir aquela opinião. Desse modo, não estamos lutando em favor da opinião das divinas Escrituras, mas pela nossa, de tal modo que queremos que seja das Escrituras a que é nossa, quando devemos querer que seja nossa aquela que é a opinião das Escrituras.[35]

A intenção teológica da narrativa bíblica

Agora, pretendo tratar de uma das mais importantes questões a respeito das narrativas da Bíblia: a sua intencionalidade. O texto bíblico é formado por narrativas cênicas que entrelaçam palavras, imagens e cenários para conduzir o leitor a um entendimento teológico. São histórias sutis, que chamam a atenção para determinados aspectos persuasivos. As narrativas também são sucintas, pois os narradores tendem a usar o mínimo de pinceladas em seu trabalho. Para Provan, "A questão central é que relatos bíblicos *devem ser primeiro apreciados como narrativas antes de ser usados como fontes históricas*".[36] São textos condizentes com o estilo do Antigo Oriente, cujas estruturas literárias tratam inclusive de milagres e da intervenção divina em batalhas — algo inaceitável para a historiografia científica, pois não é passível de verificação. Enfim, os escritores bíblicos não estão interessados em relatar um acontecimento para os seus leitores reconstruírem o fato do passado, mas pretendem que eles sejam capazes de interpretar o significado daquele fato e compreender uma mensagem teológica.[37] Ou seja: o interesse do autor bíblico é mostrar a ação de outro sujeito implicado, e esse sujeito é Deus. Ele está atrás de cada personagem, espaço, narrador, tempo e enredo, e isso faz toda a diferença.

---

35 AGOSTINHO, Bispo de Hipona, 354-430. *Comentário ao Gênesis*. Capítulo XIX, 37.
36 PROVAN; LONG; LONGMAN III, 2016, p. 148-150.
37 LONGMAN III, 2019, p. 32.

Em função dessa intenção teológica, o autor bíblico narra apenas o que interessa a tal propósito. No meio disso, muitos detalhes considerados fundamentais por um historiador do nosso tempo ficam pelo caminho. Por exemplo, quando o cronista bíblico avalia um rei como bom ou mau, ele toma uma posição ideológica. O que define o sucesso do governo? Economia, política ou religião? Veja a descrição bíblica da monarquia judaíta de Acaz, Ezequias e Manassés (2Reis 16—21), reis sob a sombra imperialista da Assíria. Acaz e Manassés são tratados como maus, promotores de idolatria, enquanto Ezequias é considerado o rei bem-sucedido, pois foi reformador do culto a Iahweh e confiou em Deus quando se viu atacado. Podemos perceber a intencionalidade por trás da narrativa: mostrar a fé do povo de Judá e de seus governantes, criticando a monarquia pela sua relação com o culto e a idolatria. Mas não estão em pauta a política externa ou a economia. Por outro lado, se olharmos para esses dois tópicos, e não para a religião, a avaliação poderia mudar: Acaz foi autor de grande desenvolvimento em Judá, colocando seu reino nas rotas do comércio internacional; Ezequias revoltou-se contra a Assíria e teve seu reino devastado pela guerra; e Manassés reintroduziu Judá no cenário econômico do Oriente Próximo, alcançando imensa prosperidade.[38] Um jornalista contemporâneo não teria dúvidas em exaltar as qualidades administrativas de Acaz e Manassés, enquanto acusaria Ezequias de misturar religião com política, pagando caro por isso. Nada disso importa para o autor bíblico: para ele, vale o relacionamento dos reis e do povo com Iahweh.

A Bíblia como um testemunho

A Bíblia não é um apenas um livro de doutrina ou história, mas um registro da experiência de um povo com Deus. Como memória da fé, a melhor categoria para caracterizar seu vasto conteúdo de narrativas, leis, cânticos, evangelhos e outros gêneros é a do *testemunho*. As narrativas bíblicas são o testemunho de gente que recebeu Deus em sua vida e, descobrindo sua impressionante realidade, precisou comunicar aos outros tal descoberta. Daí o caráter de *querigma* ou "proclamação" da Bíblia. Ela trata de afirmar uma verdade, e essa verdade tem Deus como conteúdo — o Deus revelado a Israel e, fundamentalmente, por meio de Jesus Cristo. Além disso, a Bíblia também registra os peca-

---
38 KAEFER, 2015, p. 24.

dos e a miséria do ser humano, mas sempre reiterando sua dignidade e o fato de ser alvo do amor divino. Resumindo: a Bíblia descreve a história da salvação, desde a criação até a vinda do Reino de Deus.[39] E, disso, história e arqueologia não podem nem devem dar conta.

Dessa relação com Deus, também advém a multiplicidade de experiências registradas na Bíblia, um mosaico para o qual colaborou uma "nuvem de testemunhas" (Hebreus 12:1). Nesse sentido, a Bíblia é um livro plural, unindo uma imensa quantidade de vozes, até mesmo dissonantes — como no caso dos Evangelhos —, o que nunca incomodou a Igreja. Pelo contrário: ela rejeitou toda tentativa de unificar seus textos, escolhendo manter a tensão entre os testemunhos de Mateus, Marcos, Lucas e João. O mesmo aconteceu com narrativas como Josué e Juízes, aparentemente contraditórias, e os conselhos de Provérbios contrapostos ao pouco entusiasmo de Eclesiastes. A Bíblia manteve, lado a lado, as vozes de profetas antimonárquicos com escribas reais, sustentou tanto poetas como guerreiros, ouviu igualmente governantes e escravos. Todos, independentemente da origem, têm voz nas Escrituras. A sistematização moderna, por vezes, tenta domesticar e normatizar a evidente pluralidade da Bíblia.[40] Mas ela é livre de nossas pretensões de aprisionamento, ela é Palavra soberana de Deus.

O testemunho histórico da salvação

O historiador Marc Bloch, de origem judaica, membro da resistência francesa na Segunda Guerra Mundial e fuzilado pela Gestapo em 1944, escreveu uma interessante reflexão em seu último livro, não concluído, em função de sua morte precoce. Para ele, a paixão nutrida pela história na sociedade ocidental tem raízes no cristianismo. É uma religião de historiadores, cujos livros sagrados são livros de história, e cujas liturgias comemoram episódios da vida terrena de Deus. Além disso, é no rastro da história entre a Queda e o Juízo Final que se situa o eixo central de toda a meditação cristã.[41] Marc Bloch não poderia ter sido mais preciso. A Bíblia nos apresenta uma narrativa teológica, mas uma teologia na qual Deus invade a história com sua presença transformadora, revelando-se a homens e mulheres em sua jornada terrena.

---
39 BRACKEMEIER, Gottfried. *A autoridade da Bíblia*: controvérsias — significado — fundamento. 2. ed. São Leopoldo: Sinodal, Centro de Estudos Bíblicos, 2003. p. 23.
40 Ibidem, p. 24, 28.
41 BLOCH, Marc. *Apologia da história*, ou, O ofício de historiador. Rio de Janeiro: Zahar, 2001. p. 42.

Está presente no Antigo Testamento na forma de teofanias — as manifestações divinas em lugares, coisas ou pessoas: uma montanha fumegante, uma nuvem em coluna, um profeta falando em seu nome. No Novo Testamento, essa invasão vai até as últimas consequências: Deus se faz homem em Jesus Cristo e submete-se à realidade concreta da vida, passando ele mesmo pelo sofrimento. O autor de Hebreus chega à incrível afirmativa de que Cristo, o homem perfeito, é *aperfeiçoado* pelo caminho da cruz (Hebreus 2:10)! Segundo o apóstolo Paulo, Cristo é glorificado por duas obras: a criação, ato divino inverificável dos primórdios, e a redenção, ato humano executado na contingência da história (Colossenses 1:16-20).

Então, concluindo: a Bíblia é uma história, mas uma história da salvação. Ela contém um acúmulo de informações históricas e culturais, mas sua finalidade reside na mensagem, não uma mensagem caída do céu, mas uma "Mensagem da Salvação encarnada em uma história humana":

> Esta [a Bíblia] não é um documento de história profana. É uma "história sagrada", no sentido mais original da expressão. É como "sagrada" que tem valor. A história bíblica não é a história egípcia ou romana. Tem uma dimensão a mais: é uma história salvífica. Quase podemos inverter os termos: "história salvífica" ou "salvação histórica". [...] É uma história que faz sobressair, como em uma ampliação fotográfica, o relevo divino dos acontecimentos não divisados pelo cronista dos arquivos reais.[42]

Então, a história é importantíssima para a leitura e interpretação da Bíblia. Cremos na invasão divina da história e, por isso, a contribuição da ciência que sobre ela se debruça é imprescindível. Os eventuais confrontos de parte da historiografia devem ser levados a sério porque podem nos ajudar a compreender melhor o útero no qual a mensagem bíblica foi gestada. Por outro lado, a historiografia não deve ser considerada um valor absoluto, porque estamos tratando de uma ação divina que, a rigor, não pode ser aferida segundo os métodos científicos. Como cristãos, vivemos em uma espécie de dicotomia: Deus se manifesta na história, mas é impossível provar sua ação com as técnicas da história. Ele se fez presente, mas somente pode ser percebido pelos olhos da fé. Precisamos nos equilibrar sobre esses dois pontos aparentemente contraditórios.

---

42 CROATTO, José Severino. *História da salvação*: a experiência religiosa do povo de Deus. 2. ed. São Paulo: Paulinas, 1968. p. 19-20.

Quem foram aqueles da Bíblia?

Chegamos ao propósito deste livro. Há muitas histórias escritas sobre Israel. Algumas são reproduções daquilo que está diretamente afirmado na Bíblia, sem considerar as entrelinhas da linguagem antiga de seu texto. Outras questionam abertamente a narrativa bíblica e propõem outras hipóteses para tal história. Há obras buscando um meio termo, levando em conta a arqueologia e discussões teológicas aprofundadas. De qualquer maneira, existem excelentes materiais disponíveis, e eu consultei muitos deles.

Mas eu gostaria de ir além. Penso que podemos buscar uma *nova forma de contar* essa história. Não proponho inovações de conteúdo, pois muito já foi escrito sobre o assunto. O que tento fazer é revisitar a história de Israel mantendo uma história bíblica — disso, não abro mão. Provan, citado neste capítulo, defende uma história de Israel tomando como base a Bíblia porque a considera o melhor documento para destrinchar tal história. Isso não significa que se deva fazer uma simples paráfrase do texto, mas ele deve ser levado a sério como testemunho histórico. Também significa que esse texto deve ser lido como uma fonte primária, um documento em estado bruto, e não com as deficiências típicas de algumas leituras "fundamentalistas". Como já vimos, há questões complexas a serem consideradas a respeito da literatura antiga. Nesse sentido, é preciso buscar o testemunho dos textos extrabíblicos e dos dados arqueológicos, os quais podem dar uma visão melhor sobre a história do Antigo Israel.[43]

Um passo importante para revisitar essa história, tantas vezes contada e recontada, está nos termos utilizados. Proponho uma *nova imaginação* somada às imaginações tradicionais, aquelas que compõem a "ficção" atual da historiografia de Israel.[44] Ou seja, minha ideia é construir uma narrativa diferente como exercício de reflexão, partindo, inclusive, de novas nomenclaturas. Para começar, o título deste livro: *Aqueles da Bíblia* em vez de algo como *História de Israel*. Há muito mais do que "Israel" no relato bíblico, e não pretendo delimitar conceitos logo no título. Pelo mesmo motivo, abandono as divisões tradicionais dessa história e utilizo as características gerais do povo em dado momento histórico, pois eles foram migrantes, escravos, monarquistas, exilados,

---
43 PROVAN; LONG; LONGMAN III, 2016, p. 157-159.
44 Sempre é bom lembrar: estou usando "ficção" como narrativa, como reconstrução do passado por meio técnicas literárias, não como "mentira". Vide Michel de Certeau, citado no início deste capítulo.

entre outros. Enfim, o povo da Bíblia viveu experiências intensamente diferentes e determinantes para a construção de sua identidade. Por isso, o título deste livro e de seus capítulos busca provocar certo estranhamento, uma provocação para forçar nossa vista em direção a novas percepções da história.

Israel foi um povo em formação ao longo dos 1.900 anos da narrativa bíblica. Ele não saiu do ventre de Sarai culturalmente pronto, mas foi forjado no relacionamento com diferentes espaços geográficos e nos encontros culturais com muitos outros povos. Explicarei como isso funciona no primeiro capítulo, intitulado "Aqueles entre os outros". Depois, apresentarei o início dessa jornada ao examinar "Os migrantes", uma família vagando pelo mundo em busca da terra prometida por Deus. O terceiro capítulo traz "Os escravos", o amontoado de clãs escravizado pelo faraó e alvo da libertação do mesmo Deus de seus antepassados. Depois, "Os anarquistas" abordará a entrada desse povo na terra e seu posterior cotidiano em Canaã. O capítulo "Os monarquistas" mostrará o curto tempo de unidade das tribos à emergência de uma centralidade religiosa e política completamente inovadora. "Os separatistas" tratará da ruína do projeto monárquico unificado e do longo período das duas coroas, um tanto caóticas, até seu ocaso. O sétimo capítulo, "Os exilados", tratará das formas como a tribo remanescente sobreviveu e se reinventou, espalhada entre as nações. O capítulo "Os revolucionários" contará como Judá voltou para a terra prometida em estado de pobreza e dependência até se rebelar contra o novo império dos helenistas, constituindo um reino teocrático também fadado ao fracasso. Finalmente, "Os oprimidos" mostrará o tempo de submissão diante de Roma, no qual aqueles da Bíblia estavam divididos em diversos grupos em interação ou conflito. A cada capítulo, procuraremos refletir sobre a pergunta fundamental deste livro: quem foram aqueles da Bíblia?

Procuro demonstrar as mudanças significativas na própria identidade desse povo ao longo da história narrada pela Bíblia, assim como sua compreensão da revelação divina. Entretanto, há um fio condutor em todas essas fases: a presença de Deus. Em cada momento, em cada transição, em cada adaptação ou assimilação, Iahweh caminhou junto deles como um Deus migrante, um Deus libertador, um Deus reinante — até mesmo andando e sofrendo com quem propôs conduzir —, mas, fundamentalmente, um Deus que se revela como Salvador.

Capítulo 1
AQUELES ENTRE OS OUTROS

O capítulo 11 de Hebreus apresenta a lista tradicionalmente chamada de heróis da fé. O autor do livro começa nos presenteando com um conceito: "A fé é a garantia dos bens que se esperam, a prova das realidades que não se veem" (Hebreus 11:1). Depois, ele desfila as atitudes daqueles heróis, cuja fé os impele rumo a uma promessa invisível, mas forjadora de perseverança na caminhada em direção à pátria a ser encontrada no horizonte do desconhecido. Quem é chamado para a fé enverda em uma jornada cujo destino não conhece, não vê, mas sabe estar preparado por Deus. A vida desse peregrino é um livro por escrever, aberto ao inimaginável e à transformação.

Na busca por uma pátria, que o texto de Hebreus revela ser uma cidade eterna, aquelas pessoas marcharam pela contingência da história. Viveram experiências distintas, pois os eventos enfrentados foram diversos: um sacrifício a ser oferecido, um mar a ser atravessado, um filho a parir, um espião a esconder... Os próprios personagens descritos têm características múltiplas. Havia agricultores (Abel), piedosos (Enoque), migrantes (Abraão), escravos (José), legisladores (Moisés), prostitutas (Raabe), guerrilheiros (Gideão), reis (Davi), profetas (Samuel), entre outros. Finalmente, os próprios resultados da fé foram variados: alguns conquistaram reinos, fizeram justiça, amordaçaram boca de leões, foram curados de doenças e apresentaram valentia na guerra; outros sofreram escárnio, prisão, martírio sob torturas horrendas, vivendo como párias no mundo (Hebreus 11:33-37). Mas um fato une todas essas experiências: elas foram movidas pela fé em uma promessa cujos protagonistas não veriam se concretizar (Hebreus 11:39-40), promessa que se materializou somente em Jesus Cristo. Para o autor de Hebreus, aqueles heróis eram peregrinos no mundo, andando com Deus para algo que ainda viria a ser. Suas identidades estavam em formação. Caminharam juntos, viveram em comunidades e desenvolveram uma rica cultura registrada nos textos da Bíblia. Pois é exatamente a complexa cultura desses antigos heróis da fé que procuramos compreender neste livro.

Toda pesquisa parte de perguntas. As minhas estão situadas no campo entrecruzado entre teologia, história e antropologia. Como se desenvolve uma cultura? Como nasce, cresce e se fortalece? Parece-me que há uma dificuldade a ser contornada nessa compreensão: já sabemos o final da história. Então, tendemos a olhar para Abraão e ver nele a constituição de um judeu do final do Antigo Testamento. Afinal, ambos são aparentemente da mesma linhagem. Tendemos a imaginar uma cultura do povo bíblico de Israel como constituída *a priori*, uma espécie de "essência" parida em Abraão e desenvolvida em um caminho unívoco em direção a tudo aquilo imaginado como um sistema de crenças e valores de um Israel bíblico acabado. Em outras palavras: imaginamos Abraão com as mesmas crenças monoteístas, a mesma liturgia e ética de Moisés, Davi ou Esdras.

É correto imaginar tais personagens dessa maneira? Para citar apenas um exemplo: Abraão já tinha um entendimento monoteísta? Ele considerava Shadday o único Deus existente, ou era a divindade que o chamou para deixar seus deuses em uma nova jornada de vida e fé? Seu referencial ético era o mesmo de seus descendentes? Será que toda a população israelita tinha a mesma "formação teológica"? Essas reflexões são necessárias para evitar o problema do anacronismo, já mencionado na introdução.

Segundo a Bíblia, os israelitas eram descendentes de Abraão e, portanto, parte de um mesmo grupo étnico. Mas o texto bíblico nos mostra uma unidade política avançando ao longo dos séculos? Esse é um problema que pretendo averiguar. Ao que tudo indica, a unidade do povo de Israel é a exceção; o padrão, ao longo de toda a sua história, é a fragmentação. Isso não significa ausência de identidade, pelo contrário.

É uma identidade em construção. O espírito de unidade, de pertencimento a uma mesma coletividade, seja étnica ou do tipo nacional, é extremamente trabalhoso e difícil de ser alcançado e mantido.

A construção de uma identidade cultural

O que define alguém como brasileiro? Como norte-americano? Como francês, italiano, senegalês, japonês ou australiano? Estamos falando de culturas contemporâneas, claro. Mas essa reflexão é interessante para percebermos a complexidade da questão. É extremamente difícil definir os limites de uma cultura. Apesar de olharmos para um chinês e para um jamaicano e sabermos de imediato pertencerem a culturas distintas, não é simples definir o que cada uma delas significa por si somente.

Há mais um problema na questão da identidade cultural. A afirmação das identidades nacionais modernas é datada. Surgiu em um momento histórico específico. Por exemplo, sérvios, bósnios e croatas eram parte de uma única nação, a Iugoslávia, até pouco tempo atrás. Afirmaram suas próprias identidades depois da ruína daquele país. Etnicamente, são muito próximos, mas outros elementos entraram em jogo. A "redescoberta do passado" foi parte da construção de uma identidade, que ocorreu em um momento tenso de ruptura da antiga fidelidade nacional. Essas construções culturais emergem justamente em função de alguma crise, contestação ou conflito.[1] A história do Uruguai também serve de exemplo. Seu território foi alvo de tentativas de colonização tanto pelos portugueses como pelos espanhóis, e depois entrou nas disputas entre os recém-independentes Brasil e Argentina. A língua predominante do Uruguai foi o espanhol, embora houvesse um rio separando uruguaios e argentinos, enquanto os pampas sem fronteiras naturais os distanciavam dos brasileiros. Entretanto, apesar de argentinos e uruguaios certamente listarem muitas diferenças culturais e linguísticas entre si, um observador externo como o brasileiro encontrará dificuldade para distinguir uns dos outros fora do contexto de seu país de origem.

---

1 WOODWARD, Kathryn. Identidade e diferença: uma introdução teórica e conceitual. In.: SILVA, Tomaz Tadeu da (org.). *Identidade e diferença*: a perspectiva dos estudos culturais. Petrópolis: Vozes, 2000. p. 11-12.

Os Estados modernos têm procurado criar um imaginário cultural único, uma ideia de nacionalidade fixada na mente de seus cidadãos por meio de hinos nacionais, feriados cívicos, bandeiras, educação escolar e muitas outras estratégias. Esse nacionalismo moderno é produto de um imenso aparato estatal sem precedentes na história humana, no qual atuaram poderosos sistemas de comunicação envolvendo mídia impressa, rádio e televisão. Sem as possibilidades tecnológicas de hoje, não seria possível levar 200 milhões de pessoas residentes em um vasto e diverso território como o Brasil a se entenderem como parte de uma mesma identidade ou "unidade coletiva" chamada nação brasileira.

O problema que procuro enfrentar aqui é um pouco diferente. Como podemos tratar de uma identidade coletiva de tipo "nacional" no Mundo Antigo? Não existiam nações no sentido usado hoje. Antes da emergência das nações modernas, a regra dos impérios e até mesmo dos reinos regionais era a heterogeneidade. As elites governantes diferiam profundamente do povo que governavam, marcado pelos mais diversos particularismos. Por exemplo: quase tudo em termos de costumes e crenças separava um burguês de Milão de um pastor da Sicília no século XVIII.[2] Ambos foram colocados debaixo de um mesmo padrão cultural pelo nacionalismo italiano, o qual uniu a ferro e fogo entidades políticas independentes e dialetos variados. E estamos falando de dois séculos atrás. Imagine as diferenças entre a burocracia educada e privilegiada do palácio do faraó em contraposição ao camponês iletrado lavrando os campos reais.

Os conceitos de cultura e identidade cultural

Retomemos o conceito de cultura. A palavra "cultura" vem da matriz latina *colere*, que tem o significado amplo de "cultivar, habitar, proteger e honrar com veneração". Do seu radical, derivavam dois desdobramentos: *colonus*, que traz um conceito de habitação, e *cultus*, remetendo a cultivo, cuidado e também honra ou adoração.[3] No meu livro *Os outros*

---
[2] THIESSE, Anne-Marie. *A criação cultural das identidades nacionais na Europa*. Tradução de Sérgio A. Souza. Mimeo. (s.d.). Disponível em: <www.scribd.com/doc/44700319/2-Anne-Marie-Thiesse-A-Criacao-Cultural-Das-Identidades-Nacionais-Na-Europa-Www-gtehc-pro-Br>. Acesso em: 31 out. 2019. p. 14. Um bom texto da mesma autora, que resume bem a questão da ficção criadora das identidades nacionais, está em THIESSE, Anne-Marie. Ficcções criadoras: as identidades nacionais. *Anos 90*, Porto Alegre, v. 9, n. 15, 2001, p. 7-23. Disponível em: <seer.ufrgs.br/anos90/article/view/6609/3932>. Acesso em: 31 out. 2019.
[3] BRANDT, Leonardo. *O poder da cultura*. São Paulo: Peirópolis, 2009. p. 17-18.

da Bíblia, explorei esse conceito de cultura a partir da explicação dada pelo historiador e teólogo Justo González. Provavelmente derivando de sua raiz latina, ele define que

> cultura é, em essência, o modo pelo qual um grupo humano qualquer se relaciona entre si e com o ambiente circundante. Por isso, ela tem o que bem poderíamos chamar de um elemento externo e outro interno.[4]

O elemento externo da cultura é a resposta aos desafios impostos pelo meio ambiente; já o elemento interno é construído pela linguagem no convívio entre seus indivíduos. González retoma o jogo latino com as palavras cultura, cultivo e culto a fim de situar os conceitos no ambiente bíblico de nossa referência. A cultura seria a soma do cultivo com o culto. A característica externa da cultura é marcada pelo cultivo — a forma como o alimento é extraído da terra por meio da coleta de frutas, caça e pesca ou da agricultura. A maneira de sobreviver (de adquirir o alimento) acaba estabelecendo elementos importantes a compor uma cultura.[5] Somente nesse dado podemos visualizar diferenças significativas nas culturas, pois a forma de cultivar será obrigatoriamente diferente se o grupo humano viver em uma região tropical africana ou no clima congelante da Sibéria.

O elemento interno da cultura é a dimensão semiótica que permite a determinado grupo a comunicação entre si. Isso inclui gestos e símbolos com significados, definindo determinado idioma. Na linguagem, desenvolvem-se a explicação e a interpretação do meio ambiente em que o grupo vive, passando a refletir sobre as origens da existência material ao seu redor. Assim, o grupo se vê diante de um mistério. De onde veio aquilo tudo? Qual é a origem do mundo? As explicações vêm na forma de mitos, como, por exemplo, a narrativa da divindade que deu o milho aos indígenas mesoamericanos e os ensinou a plantar. As explicações míticas do mundo resultam em um culto, justamente a resposta de homens e mulheres maravilhados com o sentido da vida e da realidade. O culto é, então, a interpretação e o que dá sentido simbólico à realidade.[6]

---

4   GONZÁLEZ, Justo L. *Cultura & Evangelho*: o lugar da cultura no plano de Deus. São Paulo: Hagnos, 2011. p. 37.
5   GONZÁLEZ, 2011, p. 38-39.
6   GONZÁLEZ, 2011, p. 40-47.

Esse é, em linhas gerais, um conceito de cultura. Mas vamos adiante: uma vez que há muitas culturas pelo mundo, como o indivíduo vê a si mesmo como parte de uma cultura? Como ele se identifica com ela, e não com outra qualquer? Aqui, precisamos compreender algumas diferenças entre a própria cultura e a identidade cultural, embora sejam conceitos muito próximos. A identidade cultural é como alguém se percebe parte de uma cultura. Nesse caso, entra em cena a consciência: enquanto a cultura pode existir de maneira inconsciente, pois ela geralmente depende de respostas humanas à contingência da vida, as estratégias de identidade operam com normas conscientes e baseadas em oposições simbólicas.[7] Em outras palavras: eu estou inserido em determinada cultura, a qual carrega uma série de características. Mas eu somente tomo consciência dessa cultura quando me deparo com outra pessoa se comportando de maneira diferente. Então, acontece um "choque cultural" e eu me percebo diferente, ou percebo a diferença no meu interlocutor. Por exemplo, somente descobri que era parte de uma "subcultura germânica" dentro da cultura gaúcha quando descobri que meus colegas de escola comiam a salada de alface com sal, e não com açúcar (sim, pasme!). Por isso, o principal fator da construção de uma identidade cultural é o outro.

A identidade pela diferença

Identidades são criadas pela marcação de diferenças do próprio grupo em relação a outros grupos. Para isso, são usados meios simbólicos de representação. Essas formas de diferença são estabelecidas por meio de sistemas classificatórios, dividindo grupos opostos. Assim, a identidade depende de uma comparação entre nós e eles, entre mim e o outro. A identidade não é o oposto da diferença; ela depende da diferença.[8] Isso não significa que há apenas confrontos em relação aos outros com os quais nos encontramos; também ocorrem similaridades. Por isso, é muito importante dar atenção ao contexto relacional dos processos identitários. É uma relação dialética com o outro, como afirma o historiador Ciro Flamarion Cardoso:

---

7 CUCHE, Denys. *A noção de cultura nas ciências sociais*. Bauru: EDUSC, 1999. p. 176.
8 WOODWARD, 2000, p. 39-40.

Não há, porém, identidade social ou étnico-cultural em si, nem unicamente para si. A identidade envolve sempre uma relação com outros: identidade e alteridade estão em relação dialética indissolúvel e necessária, pois a identidade depende de uma diferenciação tanto quanto de uma identificação. O processo construtor da identidade se dá sempre num contexto relacional.[9]

Um exemplo. Eu me defino como brasileiro em relação a outras nacionalidades. Vamos tomar minha "brasilidade" contraposta ao uruguaio. Como brasileiro, não há muito a dizer sobre mim mesmo: o fato de ter nascido no Brasil e ter um CPF não é uma característica cultural, isso serve apenas como controle social. Entretanto, quando começo a traçar diferenças, estabeleço a identidade: falo português, enquanto o uruguaio fala espanhol. Essa é uma grande distinção, embora muito menor em comparação com o japonês. Mas, ao tratar de outros elementos, a situação pode mudar. Sou brasileiro, mas especificamente gaúcho. Se colocar em pauta a alimentação, como gaúcho estarei mais próximo do uruguaio do que do baiano, embora este seja da mesma nacionalidade que eu. Note como é complexa a definição de uma identidade cultural, pois depende de muitas variáveis e apresenta fronteiras bastante elásticas. Posso ter elementos de identificação ou de diferenciação conforme uma circunstância específica.

Vamos a um exemplo bíblico. No famoso encontro entre Abraão e Melquisedeque (Gênesis 14:17-24), acontece um caso típico de troca cultural. Geralmente nos esquecemos disso, mas aquele foi um encontro de três personagens; o rei de Sodoma também estava envolvido. Abraão estava na presença de dois reis de uma cultura cananeia, distantes poucos quilômetros um do outro. Com o primeiro, houve identificação, e Abraão até assumiu o nome do Deus de Melquisedeque como um nome válido para o Deus que o chamou. Já com o rei de Sodoma, a atitude foi de completa rejeição: "nada tenho contigo". No mesmo encontro, houve uma identificação e uma diferenciação para com a outra cultura.

---

9 CARDOSO, Ciro Flamarion. Etnia, nação e Antiguidade: um debate. In.: *Fronteiras e etnicidade no Mundo Antigo*: V Congresso da Sociedade Brasileira de Estudos Clássicos, Pelotas, 15 a 19 de setembro de 2003. Pelotas, RS: UFPEL; Canoas, RS: Editora da ULBRA, 2005. p. 91-92.

A identidade e os alimentos

A cultura permite ao homem adaptar-se ao seu meio, mas também adaptar o meio ambiente ao próprio homem, às suas necessidades e aos seus projetos. A cultura torna possível a transformação da natureza.[10] Ao extrair e transformar o alimento da terra, o homem coloca em ação uma série de rituais, símbolos e classificações, que também se insere na produção de significados de uma cultura. A forma como a comida é preparada cria uma identidade cultural. Para o antropólogo Claude Lévi-Strauss, a cozinha é uma linguagem pela qual discursamos sobre nós mesmos e nosso lugar no mundo. A forma como organizamos a comida importa muito: aquilo que definimos como prato principal ou sobremesa, e especialmente o que é cozido ou o que é cru. As culturas desenvolvem rituais associados ao consumo de alimentos, os quais definem quem somos. Você já ouviu a expressão "Nós somos o que comemos". Mas a alimentação também envolve tabus sobre o que não deve ser comido e, nesse sentido, "Nós também somos o que não comemos". Isso pode significar a proibição de bebidas alcoólicas e carne de porco entre muçulmanos, ou de alimentos não kosher entre judeus. Outros grupos sociais constroem oposição entre carnívoros e vegetarianos, por exemplo. Por isso, para Lévi-Strauss, comida não é boa apenas para comer, mas também para pensar.[11]

Comer revela hábitos, mas também preconceitos ou solidariedade. Conheço pessoas que viajam pelo mundo e comem apenas McDonald's onde quer que estejam. Elas têm medo de intoxicação. Eu e minha esposa preferimos provar tudo o que a cultura local oferece, especialmente na rua, já que nos grandes restaurantes está presente a tendência de "internacionalizar" a cozinha, ou seja, de diluir os sabores típicos no mar da mesmice. Vale o risco de eventualmente passar mal, porque boa parte da cultura de um povo se conhece pelo consumo de sua comida.

A identidade e os forasteiros

A ordem social de determinada cultura pode ser mantida por oposições binárias, como a divisão entre os habitantes locais e os forasteiros.[12] Essas oposições também estão associadas à contraposição do sujo com o limpo. Mas atenção: não se deve pensar o "sujo" no sentido de

---
10 CUCHE, 1999, p. 10.
11 WOODWARD, 2000, p. 42-44.
12 WOODWARD, 2000, p. 46.

algo negativo-absoluto, mas como aquilo que ofende a ordem. A sujeira é apenas uma matéria fora do lugar. Não há nada de errado na terra encontrada no jardim, mas, se ela estiver no chão da cozinha, passa a ser sujeira. A oposição binária funciona como uma forma de organizar o ambiente, estabelecer uma relação entre ordem e desordem. Nesse caso, as categorias de limpo e sujo, assim como a distinção entre local e forasteiro, seriam produtos de sistemas culturais que buscam produzir a ordem.[13] Daí deriva o problema com os forasteiros em diversas culturas, principalmente os migrantes em massa, oriundos de tragédias sociais ou naturais: eles desestabilizam a ordem local. Essa é, aliás, a grande crise envolvendo as migrações contemporâneas, as quais podem provocar desestabilização econômica de quem as recebe.

Olhando da perspectiva dos forasteiros, há também uma resistência cultural conforme as condições históricas de cada momento. O forasteiro tem um sistema cultural de origem, o qual sofrerá influência da nova cultura em que ele está inserido. Seu sistema cultural sofre transformações mesmo quando o grupo de imigrantes se considera totalmente fiel à tradição antiga. A cultura imigrada não consegue ficar reduzida à sua origem, pois está vivendo dentro de outro ambiente cultural dominante. Entretanto, os que fazem a transição cultural não são os próprios imigrantes, mas os seus filhos, a geração nascida sob duas culturas distintas. Esses indivíduos são "biculturais", pois têm uma cultura em casa e outra na rua.[14] O que acaba sendo produzido, então, é uma cultura sincrética, mestiça, chamada por alguns autores de "bricolagem", integrando, em um mesmo sistema, elementos emprestados de culturas aparentemente distantes. Na hipótese da bricolagem, seria mantido o cerne da cultura original (os elementos essenciais na ótica da coletividade imigrada), agregando elementos emprestados da nova cultura em contato.[15]

Esse fator de cultura original, agregando elementos emprestados de outras culturas, é interessante para a nossa perspectiva bíblica. Muitas vezes, o povo da Bíblia é uma minoria inserida em culturas dominantes como o Egito, a Babilônia, a Pérsia ou Roma — e estamos falando de culturas milenares, poderosíssimas. Esse fator provocou, como veremos, uma série de influências importantes para a sua constituição.

---
13   WOODWARD, 2000, p. 47.
14   CUCHE, 1999, p. 232.
15   CUCHE, 1999, p. 233-234.

A identidade e a linguagem

Língua e cultura estão estreitamente ligadas. Aliás, essa é uma das mais complicadas questões antropológicas: a linguagem é um produto da cultura, pois é criação da ação comunicativa de um povo; por outro lado, é parte da cultura, um de seus elementos constitutivos; mas ainda é uma condição da cultura, pois é por meio dela que se adquire uma cultura (afinal, as crianças são educadas por meio da linguagem). Além disso, a linguagem também tem uma arquitetura muito semelhante à própria cultura. Assim, a linguagem pode ser considerada uma fundação para receber as estruturas da cultura em seus diversos aspectos.[16]

A cultura produz sentido de identidade e diferença por meio da linguagem. Isso significa que as identidades não estão disponíveis na natureza, prontas para serem descobertas, tratando-se de produtos culturais e sociais. Há ainda outro problema: a linguagem vacila, pois os sistemas simbólicos são estruturas instáveis. É isso que defendem pós-estruturalistas como Jacques Derrida.[17] Seguindo essa linha interpretativa, as identidades, uma vez constituídas pela linguagem, são também marcadas por indeterminação e instabilidade. Por exemplo, a "identidade brasileira" não pode ser entendida fora de um processo de produção simbólica e discursiva. O "ser brasileiro" não tem um referente natural ou fixo, não é um absoluto existente antes da linguagem e fora dela.[18]

A identidade e o poder

As criações de identidade também estão sujeitas às relações de poder. A cultura não é uma herança geneticamente transmitida de geração a geração, mas uma produção histórica resultante da interação entre os grupos sociais. Essas interações, muitas vezes, são desiguais, podendo produzir hierarquização. É o que significa falar de "cultura dominante", quando impérios tentam inculcar determinados conceitos e até mesmo crenças nas culturas dominadas. Entretanto, a dominação nunca é total, pois muitos indivíduos resistem e mantêm boa parte de seus valores.[19] Um exemplo de resistência a culturas dominantes foi a emergência do tradicionalismo gaúcho no final dos anos 1940, no Rio

---

16 CUCHE, 1999, p. 94-95.
17 SILVA, Tomaz Tadeu da. A produção social da identidade e da diferença. In.: SILVA, Tomaz Tadeu da (org.). *Identidade e diferença*: a perspectiva dos estudos culturais. Petrópolis: Vozes, 2000. p. 76-78.
18 SILVA, 2000, p. 80.
19 CUCHE, 1999, p. 143-146.

Grande do Sul. Essa reação "resgatou" a tradição campeira do criador de gado e a popularizou, justamente em um tempo de crise identitária dos sul-rio-grandenses, em face da urbanização e da crescente globalização do Brasil.

Na Antiguidade, o maior exemplo de manipulação, criação, ameaça e tentativa de destruição de identidades provém do Império Romano.[20] Os romanos conseguiram agrupar em sua estrutura uma série de sociedades completamente distintas: desde antigos impérios burocráticos orientais até organizações sociais quase pré-históricas da Gália e da Bretanha. A primazia cultural e econômica ficou com os grandes centros urbanos mediterrâneos. "O Império Romano era um império de cidades e, ao mesmo tempo, o império de uma cidade."[21] Roma procurou construir uma identidade imperial unindo artificialmente elementos latinos e gregos, fazendo nascer a cultura greco-romana, um ideal criado pelas elites romanas.[22] Mas a completa imposição não acontece na prática: embora a máquina romana tenha expandido sua cultura na forma de escolas, construções e leis, houve resistência. Os elementos romanos jamais conseguiram sobrepor-se às culturas dominadas, o que se torna evidente pela sobrevivência de línguas locais como a egípcia, a língua celta e a aramaica.

A identidade e a esperança

Finalmente, uma pessoa ou um grupo não têm sua identidade fundamentada apenas nas suas experiências do presente e do passado. O que esperamos do futuro também nos define. Como afirma Paul Ricoeur:

> Os símbolos dominantes da nossa identidade derivam não só do nosso presente e do nosso passado, como também das nossas expectativas do futuro. Faz parte da nossa identidade estar aberta à surpresa, a novos encontros. Aquilo que chamo a identidade de uma comunidade ou de um indivíduo é também uma identidade prospectiva. A identidade está em suspenso. Assim, o elemento utópico é, em última análise, um componente da identidade. Aquilo que chamamos a nós próprios é também aquilo que esperamos e aquilo que, não obstante, não somos.[23]

---

20 GUARINELLO, Norberto Luiz. Império romano e identidade grega. In.: FUNARI, Pedro Paulo; OLIVEIRA, Maria Aparecida de (orgs.). *Política e identidades no mundo antigo*. São Paulo: Annablume; Fapesp, 2009. p. 148.
21 GUARINELLO, 2009, p. 149.
22 GUARINELLO, 2009, p. 158.
23 RICOEUR, Paul. *Ideologia e utopia*. Lisboa: Edições 70, 1991. p. 503.

Ou seja, há uma identidade prospectiva situada no futuro, tanto para um indivíduo quanto para uma comunidade. Essa identidade está vinculada à imaginação como uma capacidade de constituir algo, não no sentido de escapismo. Essa imaginação é capaz de aproximar a ideologia e utopia através do passado, do presente e do futuro dessa identidade, operando basicamente por meio de símbolos. Não se trata de uma passagem simples e direta do passado para o futuro, mas de uma verdadeira expectativa em relação àquilo que não se é no presente. Por isso, essa identidade prospectiva pode ser aberta a surpresas e novos encontros, a verdadeiras utopias, as quais transcendem a realidade em que vivemos.[24] Aspiramos ser algo que não somos: isso também constrói uma identidade.

Claro que muitas utopias afastam da realidade e podem significar a fuga de uma política impiedosa, por exemplo. No aspecto mais positivo, muitas utopias são ficções buscando ser realizadas, podendo abalar a ordem estabelecida e, por meio das metáforas, apontar para outra realidade possível. Esse possível está lá adiante, como um sinal no futuro, sempre prospectivo — "a utopia ensina que o futuro está aberto".[25] Que exemplo melhor do que a expectativa messiânica dos judeus a impulsionar sua própria identidade na esperança posta no futuro, na utopia de um reino perfeito, estendendo a bondade de Iahweh de Jerusalém até os confins da terra? Sim, a esperança do futuro foi um modelador da identidade do povo de Deus narrado pela Bíblia.

Resumindo: a identidade cultural emerge justamente da diferença com o outro, o forasteiro, forjando símbolos diferenciadores por meio da linguagem, o que se manifesta inclusive em formas alimentares e tabus os mais diversos, além de relações de poder entre sociedades assimétricas. Nesses encontros, não prevalece apenas o confronto, mas também a assimilação. Toda identidade cultural, portanto, é o produto de um contexto histórico em constante transformação.

---

[24] TAYLOR, George. Identidade prospectiva. p. 127-148. In.: NASCIMENTO, Fernando; SALLES, Walter. *Paul Ricoeur*: ética, identidade e reconhecimento. São Paulo: Loyola; Rio de Janeiro: PUC-Rio, 2013. p. 129-130.
[25] Ibidem, p. 144.

Deus e as identidades culturais

O processo de construção da identidade cultural oscila entre dois movimentos: o de estabilização e o de desestabilização. A tendência das culturas é fixar-se em uma tradição, mas, ao mesmo tempo, é impossível permanecer nela.[26] Esse é seu paradigma. A cultura está em constante processo de transformação, mesmo de forma lenta e gradual (como no Mundo Antigo), ou rápida e revolucionária (como no Mundo Contemporâneo). Claro que todos esses conceitos passam por um debate acadêmico longe de terminar. Vivemos em um mundo instável e fluido, e as ciências sociais também refletem tal paradigma. Por isso, as principais características da pesquisa em torno das identidades culturais são a polissemia e a fluidez, havendo diversas definições e reinterpretações, muitas vezes contraditórias.[27] Entre essas interpretações, há uma linha de pesquisa que reduz toda identidade exclusivamente à escolha individual, compreendendo o caráter variável das identidades, mas enfatizando excessivamente o paradigma da efemeridade.[28] Tudo muda o tempo todo, não havendo espaço para condicionantes biológicos, entre outros. Claro, estou sendo simplista aqui, mas nós vemos o reflexo disso nas discussões de gênero, por exemplo. Penso que a crise de conceitos aumenta quando contrapomos os estudos da antropologia e de outras ciências humanas com aquilo que a teologia defende, pelo menos a teologia conservadora. É isso que tentarei explicar agora.

Os limites da cultura

Voltemos ao teólogo Justo González na questão dos limites da cultura, assunto que abordei também no livro *Os outros da Bíblia*. Vou retomar o tema de forma resumida. Toda cultura é propósito de Deus no momento em que ele concedeu ao homem e à mulher o domínio sobre a natureza (Gênesis 1:26), dando-lhes a ordenança de cultivar e guardar o Jardim (Gênesis 2:15). Assim, a humanidade opera em conformidade com a imagem de Deus, dominando e transformando o ambiente como um ato criativo de amor. Desde a origem, a humanidade é responsável

---

26 SILVA, 2000, p. 84.
27 CUCHE, 1999, p. 146.
28 CUCHE, 1999, p. 181.

pelo mundo criado, como cultivadora da lavoura plantada por Deus.[29] Isso tem acontecido por todo o mundo, em qualquer lugar em que um grupo humano se estabelece e cultiva a terra para sua subsistência, produzindo cultura. A variedade e a pluralidade das culturas são vontade e bênção divinas.

Mas há também uma influência nefasta na cultura: o problema do pecado. Deus havia posto um limite na criação, uma árvore da qual não era permitido comer (Gênesis 2:17). Portanto, há atos e criações culturais proibidos, limites definidos por Deus para o que o ser humano e sua cultura podem ou não fazer. Ser mordomo da criação implica ter autoridade, liberdade e criatividade, mas esse domínio pode ter resultados perversos se usado à revelia de Deus. Com a entrada do pecado no mundo, com a rejeição dos limites impostos por Deus, ocorreu uma série de rompimentos: entre Deus e a humanidade e entre os próprios humanos, quando os mais fortes passaram a dominar os mais fracos, guerreiros exploraram camponeses, homens oprimiram mulheres, a indústria exauriu a natureza e assim por diante.[30] É justamente na perspectiva dos limites impostos por Deus — a definição de pecado — que me parece estar o rompimento entre um pensamento antropológico secular (de cosmovisão humanista) e o teológico (da cosmovisão cristã). Para a cosmovisão cristã, a humanidade está sujeita à lei universal determinada por Deus, lei que dirige o universo e estabelece regras para a moralidade humana. Ou seja, a humanidade é serva do Criador, e o pecado é um invasor indesejado, razão pela qual deve ser combatido. Já no humanismo, a humanidade é definida pela liberdade, entendida como autonomia. Homens e mulheres são autônomos e têm liberdade a partir da lei de si mesmos, uma vez que estão sós no universo, sem Deus ou leis universais.[31] Por isso, para os humanistas, cada cultura define o que é pecado ou não, cada identidade é construída a partir da própria decisão e da própria vontade, independentemente de noção de certo ou errado externa a ela. O cristianismo vai opor-se frontalmente a essa ideia.

---

29 GONZÁLEZ, 2011, p. 51-58.
30 GONZÁLEZ, 2011, p. 60-67.
31 Os conceitos sobre as cosmovisões cristã e humanista estão mais bem detalhados em WOLTERS, Albert M. *Creation Regained*: Biblical Basics for a Reformational Worldwiew. 2. ed. Grand Rapids: Eerdmans, 2005.

Este, portanto, é o conceito que seguirei neste livro para compreender a formação da identidade do povo da Bíblia: as identidades culturais são variáveis, culturalmente construídas em cumprimento do propósito divino de produção de diversidade. Entretanto, esse processo também está marcado pelo pecado, a deturpação humana resultante da Queda. Há liberdade de criação e transformação até onde as fronteiras divinas permitem, mas transgredir tais limites é pecado. Quando o povo cruzava essas fronteiras, os profetas bíblicos o acusavam, clamando por seu arrependimento e retorno a Iahweh.

O hibridismo cultural como modelo teórico

Alguns antropólogos e linguistas têm defendido que não existem fronteiras culturais nítidas entre os povos. Ou seja, há certa continuidade cultural atravessando todas as fronteiras. No mundo contemporâneo, tal continuidade se torna cada vez mais perceptível em função dos efeitos da globalização.[32] Para compreender esse processo produtor de semelhanças e dessemelhanças entre as culturas, o historiador Peter Burke defende o uso do termo *hibridismo*, emprestado da biologia. O hibridismo é um cruzamento de espécies diferentes, resultando em um novo ser, híbrido, o qual ultrapassou os limites anteriormente estabelecidos e formou uma nova derivação. Burke aplica esse conceito às interações culturais entre os povos. Já tratamos desse conceito ao final do livro *Os outros da Bíblia*, e o retomarei aqui de forma mais detalhada.

Apesar de ser um conceito usado para explicar o movimento cultural na globalização contemporânea, os historiadores da Antiguidade têm percebido um processo semelhante no seu objeto de estudo, especialmente nas relações de domínio entre o centro de um império e sua periferia. Um bom exemplo dessa hibridização é o helenismo, resultado de um processo de integração entre o centro da cultura grega e a periferia oriental dominada pelo Império Macedônico. No caso do helenismo, mais do que uma simples imposição dos valores gregos, houve um processo de ultrapassagem e cruzamento de limites, formando uma nova cultura chamada helenista, justamente a fusão do elemento grego

---

32 BURKE, Peter. *Hibridismo cultural*. São Leopoldo: Unisinos, 2009. p. 14.

com os orientais. No caso dos historiadores do Renascimento, percebe-se algo semelhante nas contribuições bizantinas, judaicas e muçulmanas ao movimento ocorrido na Itália dos séculos XIV ao XVI.[33] Isso não é negativo, pelo contrário. Apenas um cruzamento grandioso de culturas poderia produzir um gênio como Leonardo da Vinci.

O hibridismo é verificável em várias circunstâncias, o que pode ser percebido na cultura material dos povos. As culturas produzem muitos objetos híbridos, os quais demonstram as trocas havidas durante a sua própria formação. Temos exemplos interessantes na arquitetura. As igrejas espanholas do século XV possuem ornamentos típicos das mesquitas; já as mesquitas construídas na Índia, tempos depois, aparecem com decorações de templos hindus. As igrejas de Cuzco (Peru) foram construídas sobre as rochas dos fundamentos de templos incas.[34] Aliás, nas igrejas católicas do Peru, é comum encontrar imagens e pinturas com elementos quéchuas, como a Santa Ceia celebrada por Cristo e os apóstolos em uma mesa servida com *cuy* (porquinho-da-índia) e milho, em vez dos tradicionais cordeiro e pão ázimo.

O hibridismo também é percebido em elementos imateriais, como música, linguagem e festas. Há casos de influências múltiplas, como o *reggae*, criado na Jamaica com elementos britânicos, africanos e norte-americanos.[35] A linguagem também demonstra os processos de hibridização pela assimilação de palavras oriundas de outras línguas. Isso é explícito na Europa, onde ocorreram muitas trocas linguísticas por causa das guerras e migrações.[36] Daí ser comum encontrar uma profusão de palavras de base latina em línguas do eixo anglo-saxão, como o inglês e o alemão. Os gaúchos, a título de exemplo, dada a posição geográfica de seu território, contam com muitas palavras de origem espanhola em seu vocabulário, muitas delas não compreendidas em outros estados do Brasil.

Variedade de situações

As situações mais intensas de hibridismo estão presentes na condição da migração, quando grupos se transferem de uma cultura para outra. Há muitos exemplos, mas fiquemos com apenas dois: os gregos que

---

33 BURKE, 2009, p. 20.
34 BURKE, 2009, p. 24.
35 BURKE, 2009, p. 28-31.
36 BURKE, 2009, p. 33.

deixaram Constantinopla e se integraram na Itália, em 1453; e os italianos e alemães que migraram para as Américas no século XIX. Além de grupos, existem os migrantes individuais, convertidos ou capturados para viver em outra cultura.[37] Pense aqui no caso dos profetas Daniel e Ezequiel no exílio babilônico, ou no exemplo de Jeremias, levado ao Egito no mesmo período. A condição dos migrantes nos lembra que as trocas culturais não acontecem em pé de igualdade. O missionário jesuíta pregando na poderosa China fez uma série de concessões ao apresentar sua fé; já o missionário dominicano no Peru e no México tinha na retaguarda um imenso poder imperial. No primeiro caso, foi necessária muita negociação; no segundo, houve a condição de impor o cristianismo. Nas situações em que determinada cultura se impõe, surgem os mecanismos de defesa, como os indígenas americanos traduzindo os santos católicos para suas divindades.[38] Esse é o caso, por exemplo, da Virgem de Guadalupe (México).

Também há diferença de "força" entre as tradições. Algumas culturas desenvolveram tendência à assimilação; outras, nem tanto. A cultura hindu é bastante aberta a novas incorporações, ao contrário da cultura islâmica. Há zonas geográficas de trocas, como as grandes metrópoles, regiões portuárias de fluxo de comerciantes e migrantes, além das fronteiras, onde diversas culturas se encontram. Também podemos pensar em "países de fronteira", como a Turquia, uma espécie de intermediária entre o islã e o cristianismo. Caso semelhante foi o da Espanha, em disputa entre cristãos e muçulmanos durante a Idade Média, o que resultou em uma cultura com uma curiosa influência árabe.[39]

A cultura dos povos da Bíblia pode ser pensada a partir do entendimento dessa intensa influência externa. Israel estava encravado no cruzamento de três continentes, em um local de trânsito intenso; esteve em contato com as mais diversas culturas, além de ter sido deportado como minoria para dentro de potências econômicas e culturais. Enfim, as possibilidades de trocas e influências foram múltiplas ao longo de toda a sua história.

---

37 BURKE, 2009, p. 36.
38 BURKE, 2009, p. 66-67.
39 BURKE, 2009, p. 68-73.

Variedades de reações

As culturas, especialmente as mais antigas, acabam por adotar diferentes estratégias ante os encontros culturais. Uma delas é a *resistência*, a defesa das fronteiras e a manutenção dos contrastes. Isso aparece quando alguma lei proíbe o elemento estrangeiro por ferir tradições locais. Esse parece ser o grande problema na Europa em relação aos imigrantes muçulmanos, que chegam em grandes levas por causa da crise no Oriente Médio. Outra estratégia adotada pelos nativos é a *segregação*, quando se busca defender os valores internos sem fechar as fronteiras para o estrangeiro. Vejam-se, por exemplo, as discussões no Brasil sobre a invasão da festa do *Halloween*, considerada por muitos um elemento estranho à nossa cultura. Finalmente, uma terceira forma de lidar com a entrada do elemento estrangeiro é a *adaptação*, permitindo a reutilização de partes da cultura importada.[40] Um exemplo desse caso pode ser a Jovem Guarda, que assumiu o rock internacional dos anos 1970, em uma versão abrasileirada.

Além das reações coletivas ou estatais, temos também as individuais. A história registra muitos casos de tradutores das culturas, os indivíduos deslocados, membros de comunidades periféricas que, por algum motivo, acabaram transferindo sua lealdade de uma cultura para outra.[41] Esses "seres híbridos" são capazes de explicar costumes e ideologias de um povo para o outro, e, muitas vezes, acabam se tornando os principais tradutores entre duas línguas. Um personagem bíblico possivelmente híbrido foi o apóstolo Paulo, criado como judeu em um mundo greco-romano.

Variedades de resultados

Os resultados também são variados nesse processo de encontros culturais. Burke defende o conceito de hibridização pela tendência de síntese dos opostos na criação de uma nova ordem cultural, emergente do encontro entre duas culturas diferentes. A metáfora da "cristalização" funciona da mesma maneira: as culturas se encontram e, depois do caos, se solidificam, tornando-se rotina, para, então, voltar a resistir

---
40 BURKE, 2009, p. 81-91.
41 BURKE, 2009, p. 97.

a mudanças posteriores.[42] Esse é um processo muito lento, razão pela qual o indivíduo, muitas vezes, não sabe ou não percebe em que medida sua própria cultura foi produto de encontros anteriores. Há gaúchos sem consciência da origem guarani do chimarrão ou da procedência turca da bombacha. Nada é "original" do Rio Grande do Sul, mas acaba formando uma cultura "original". Isso não vale apenas para o meu estado, mas para todo o Brasil e também para o mundo.

Às vezes, precisamos tomar uma chacoalhada para perceber a influência em nossas culturas. Provavelmente com essa intenção, o antropólogo Ralph Linton produziu um texto bem-humorado descrevendo o começo do dia de um homem norte-americano, usando invenções do mundo inteiro e de diferentes épocas, como a moeda da Líbia, a cerâmica da China, o garfo da Europa medieval. Esse homem também consome frutas e alimentos originários de vários cantos do planeta. O texto se encerra assim:

> Acabando de comer, nosso amigo se recosta para fumar, hábito implantado pelos índios americanos e que consome uma planta originária do Brasil; fuma cachimbo, que procede dos índios da Virgínia, ou cigarro, proveniente do México. Se for fumante valente, pode ser que fume mesmo um charuto, transmitido à América do Norte pelas Antilhas, por intermédio da Espanha. Enquanto fuma, lê notícias do dia, impressas em caracteres inventados pelos antigos semitas, em material inventado na China e por um processo inventado na Alemanha. Ao inteirar-se das narrativas dos problemas estrangeiros, se for bom cidadão conservador, agradecerá a uma divindade hebraica, numa língua indo-europeia, o fato de ser cem por cento americano.[43]

Esse exemplo nos demonstra em que medida as culturas promovem encontros e influências mútuas, produzindo resultados os mais variados, mas trazendo elementos que podem espalhar-se para muito além de suas próprias fronteiras.

---

42 BURKE, 2009, p. 114.
43 LARAIA, Roque de Barros. *Cultura*: um conceito antropológico. Rio de Janeiro: Zahar, 2006. p. 107-108.

História do Israel Antigo: identidades em construção

Por que tratamos desses conceitos culturais? Porque queremos compreender a construção da identidade cultural do Israel narrado na Bíblia. A utilização de um modelo como o do hibridismo não pretende enquadrar o texto bíblico; serve apenas para iluminar o que a Bíblia nos mostra. Israel era uma cultura em construção, uma identidade que vinha sendo desenvolvida ao longo dos milênios. Ela não nasceu pronta em Abraão, mas passou por um longo processo histórico de mudanças, algumas continuidades e muitas crises, resultando em assimilações ou rejeições. A identidade cultural de Israel não se constituiu sob uma linearidade histórica serena, mas dentro de profunda imprevisibilidade, grandes viradas, tragédias, adaptações, constante fragmentação e raros momentos de unidade. Apesar disso, houve também uma continuidade. A identidade cultural do Israel Antigo teve como início a instituição de uma diferença em relação aos outros povos. Deus criou todas as nações, mas Israel era a *herança do Senhor* (Isaías 19:25). O povo hebreu foi portador da revelação divina especial, para o bem da humanidade, razão pela qual foi chamado de *reino sacerdotal* (Êxodo 19:5). Havia algo em Israel a projetar o futuro de todas as nações, o que foi construído e percebido ao longo de muitos séculos.

Uma identidade cultural entre outras

Israel vivenciou um longo processo de formação identitária. Assimilou elementos culturais dos outros ao seu redor, sofreu inúmeras influências, mas também manteve a singularidade, forjando características fundamentais que fazem parte da identidade do "ser judeu" até hoje.[44] Trataremos dessas características ao longo deste livro. Além disso, o povo de Israel, especialmente por meio de seus textos — os quais viriam a se tornar a Bíblia Hebraica —, pensou e interpretou o mundo e a si mesmo, construindo uma realidade sobre si.[45] Esse "pensar a si mesmo" definiu boa parte de sua identidade, cuja construção pode ser verificada nas próprias páginas das Escrituras.

---

44 ZABATIERO, Júlio Paulo Tavares. *Uma história cultural de Israel*. São Paulo: Paulus, 2013. p. 7.
45 ZABATIERO, 2013, p. 22.

Podemos pensar a identidade em algumas dimensões distintas: semiótica, política e histórica. A identidade tem uma *dimensão semiótica* definida por meio de dois mecanismos: a) a diferenciação constituída em relação aos outros; b) e a identificação construindo a autoimagem. A diferenciação e a identificação de um povo são processos que operam por meio de discursos, como as narrativas de origem e as genealogias. Esses sistemas classificatórios geralmente são binários, contrapondo o "nós" aos "eles", o "sagrado" ao "profano", o "puro" ao "impuro". Lembre-se da narrativa fundante do êxodo, das diferenças exigidas em tabus alimentares e da circuncisão.

A *dimensão política* da identidade acontece por meio de práticas subjetivas entre os diferentes grupos da mesma cultura, especialmente nas relações assimétricas de poder, quando uma delas impõe seus valores e condutas. Nesses casos, pode haver identidades diferenciadas dentro da mesma cultura, sejam legitimadoras ou de resistência.[46] Veremos essas identidades atuando na monarquia e também em tempos de crise, como no retorno do exílio.

Finalmente, a *dimensão histórica* se manifesta na experiência concreta da vida, quando podem ocorrer as mais diversas reações dentro de um mesmo grupo social, inclusive traduzidas em conflitos. Em Israel, podemos encontrar duas tendências básicas: uma policêntrica, em que diversas identidades são admitidas em relações simétricas e igualitárias de poder; e outra monocêntrica, em que apenas um centro é admitido e procura dominar as outras identidades consideradas ilegítimas, nesse caso, com relações assimétricas de poder.[47] As identidades policêntricas estão bem visíveis no tempo das tribos, e as monocêntricas como tentativas flagrantes depois da monarquia e até o final da história bíblica.

Um entendimento de Deus entre outros

Na Bíblia, as afirmações específicas sobre Israel costumam ser feitas depois das afirmações gerais sobre o ser humano. Isso acontece porque a fé do Antigo Testamento não tem início em si mesma, tendo brotado do marco universal das narrativas da criação do mundo e da humanidade. Foi nessa moldura das origens dos povos antigos que se desenvolveram a tradição particular da revelação bíblica e a história do povo

---

46 ZABATIERO, 2013, p. 63-67.
47 ZABATIERO, 2013, p. 69.

de Deus.[48] Não apenas a cultura, mas também a fé dos israelitas, sofreu múltiplas influências no contato com as religiões vizinhas. Apenas para exemplificar, podemos citar três momentos decisivos: 1) as antigas ligações com os arameus (Deuteronômio 26:5) e os midianitas (Êxodo 18:12); 2) as influências das grandes potências do Oriente Próximo, especialmente o Egito (de onde foram absorvidos gêneros literários, textos de sabedoria e sistemas de funcionalismo público) e a Mesopotâmia (das narrativas míticas dos primórdios, tradições legais e textos de lamentação), sem falar nas noções cananeias de luta contra o caos e da realeza divina; e 3) as expectativas apocalípticas de ressurreição e julgamento finais, influenciadas por noções persas. As influências externas não apenas imprimiram novos desdobramentos para o que já existia na fé original de Israel, como também fizeram surgir elementos novos na reflexão a respeito de Deus.[49]

Tal processo não foi uma simples assimilação ou um sincretismo. A utilização e até mesmo a apropriação de conceitos religiosos oriundos de outros povos representaram um ato crítico, marcado por profundas seleção e transformação dos materiais. Elementos considerados inadequados foram descartados, permanecendo apenas o que foi considerado próprio e passível de complementação. A fé e a cultura foram enriquecidas sem renunciar a si mesmas ou se dissolver no outro.[50] É por isso que os atributos divinos de Baal como um governante cósmico foram considerados legítimos e exclusivos de Iahweh (Salmos 29); por outro lado, o aspecto matrimonial do deus cananeu foram rejeitados: Deus é Único, e não pode haver outro ou outra — daí a crítica dos profetas aos reis israelitas que insistiam em colocar Iahweh ao lado de outras divindades e até mesmo de esposas.

O processo de aceitar alguns pontos comuns e rejeitar outros incompatíveis é mais compreensível se levarmos em consideração o fato de que os povos antigos não conheciam algo chamado "religião". Eles simplesmente não pensavam em termos de aceitar ou não uma "religião cananeia" ou uma "religião egípcia" porque não existiam tais conceitos. Havia rituais distintos, narrativas míticas fundadoras de crenças, deuses em profusão, mas não a ideia de fazer parte ou não de uma grande estrutura religiosa, cujas doutrinas excluíssem automaticamente outras

---
48 SCHMIDT, Werner H. *A fé do Antigo Testamento*. São Leopoldo: Sinodal, 2004. p. 15.
49 SCHMIDT, 2004, p. 19-20.
50 SCHMIDT, 2004, p. 21.

concepções do divino. Por essa razão, não há palavra no Antigo Testamento que possa ser traduzida para o conceito moderno de religião.[51] Tal ausência não causa estranhamento. A palavra latina *religio*, que deu origem ao termo *religião*, foi compreendida até o início da Era Moderna como algo pessoal e orientado à transcendência, o que teria melhor tradução hoje como "piedade". O conceito de religião, como um *sistema de crenças e práticas de fé*, não importando se provoca ou não nas pessoas algum temor de Deus, só veio a emergir depois do Iluminismo e da sua ânsia por observar e classificar comportamentos.[52] Ou seja, como os antigos não pensavam em termos de grandes sistemas doutrinários, estavam mais livres para perceber e aceitar as noções de fé de outros povos.

A revelação divina foi se desdobrando em estágios em meio às transformações da história, marcados também por nomes distintos de Deus. Assim, na declaração divina da sarça ardente, Moisés descobriu que Deus aparecera a Abraão, Isaque e Jacó como Shadday, mas não se havia revelado a eles com o nome Iahweh (Êxodo 6:3). Essa narrativa demonstra quanto a experiência dos israelitas foi de constante construção e amadurecimento do conhecimento de Deus, assimilando, inclusive, novos nomes divinos, mas reconhecendo tratar-se basicamente do mesmo Deus Único, andando com eles desde a aurora dos tempos.[53]

Israel viveu uma constante construção e reconstrução de identidades, algumas tentativas naufragadas, outras, chegando à maturidade. Não foi uma única identidade, nem sequer foi constituída pacificamente. Foi fruto de grandes tensões ao longo de uma história empolgante e repleta de reviravoltas.

Enfim, estas são algumas teses que defendo neste livro:

1. Os hebreus antigos foram uma cultura extremamente híbrida ao longo de toda a sua jornada na Antiguidade — talvez o mais híbrido de todos os povos antigos — e continuaram a ser até o tempo presente.

2. Esse hibridismo aparece em muitos personagens da Bíblia. É o que podemos perceber em pelo menos dois deles: Moisés, nascido escravo, criado como nobre, desterrado como pastor, líder revolucionário e, finalmente, legislador; e Davi, pastor de ovelhas, poeta, herói militar, mercenário e, então, rei.

---

51 SCHMIDT, 2004, p. 24.
52 SMITH, Wilfred Cantwell. *O sentido e o fim da religião*. São Leopoldo: Sinodal, 2006. p. 40-47.
53 SCHMIDT, 2004, p. 25.

3. Os descendentes de Abraão tiveram a capacidade de tocar outras culturas, misturar-se a outros povos, manter a base e chegar ao próximo passo, cristalizando uma nova formatação que, em muitos casos, foi se ramificando para novas formas distintas, mas sempre dentro de um mesmo "rizoma" cultural. Algumas "subidentidades" sobreviveram, mas a maioria foi extinta. Por isso, a história do Israel bíblico é de múltiplas identidades culturais em construção. Daí a referência a diferentes "tribos" em sua constituição.

4. Há um ponto referencial comum a todas as fases e ramificações das muitas identidades culturais do povo da Bíblia, um fio condutor da sua experiência histórica: o Deus que se revela. Foi um processo complexo, uma revelação que veio do alto, mas se imiscuiu na experiência de Israel dentro da história e do contato com outros conceitos religiosos, cujo processo também contou com a contradição dos próprios israelitas na prática de culto e em sua discussão sobre o sagrado.

Deus é o mais importante componente na construção da identidade cultural do seu povo. Aqueles da Bíblia foram portadores de uma revelação inigualável. Ele, Deus, é o sujeito fundamental dessa história, o Salvador descido do monte e caminhante no deserto. Deus anda com os homens em sua historicidade, em meio ao caos e às crises, na liberdade da construção de suas identidades. É disso que trataremos nos próximos capítulos. Vejamos como se constituíram aqueles da Bíblia.

Capítulo 2
OS MIGRANTES

O povo bíblico de Israel começa na antiquíssima cidade de Ur, no extremo sul da Mesopotâmia, com a migração da família de certo Terá em direção ao norte, chegando à localidade de Harã. Não sabemos quanto tempo a família permaneceu ali, mas a história da salvação teve início quando Deus chamou Abrão, um dos filhos de Terá, para deixar sua casa e partir em uma jornada de fé. Estamos no capítulo 12 de Gênesis. Em suas andanças, Abrão —, depois, seu filho Isaque e seu neto Jacó — caminhou pela terra de Canaã e chegou ao Egito.

Esses personagens são tradicionalmente chamados de patriarcas. Esse substantivo é usado três vezes pelos autores bíblicos no Novo Testamento (Atos 2:29; 7:8-9; Hebreus 7:4). Não utilizarei esse termo porque se trata de uma nomenclatura tardia, usada quando um povo já estabelecido olhou para trás e identificou o ancestral fundador. Na verdade, "patriarca" é uma palavra que nem sequer tem origem hebraica, mas grega: a união de *pater* (pai) e *arké* (autoridade), os pais que foram princípio de autoridade.[1] Assim, "patriarca" tem um sentido fundador. Os textos do Antigo Testamento usavam mais a palavra *ha abot* ("os pais"). É esse o termo que prefiro usar aqui para designar esses personagens. Dadas as características migratórias de seu modo de subsistência, eu os chamarei de *pais migrantes*.

---

1 GALVÃO, Antônio Mesquita. *O antigo Israel*: dos apiru à dominação romana (2000 a.C.–135 d.C.). Porto Alegre: EST, 2000. p. 9.

Os pais migrantes começaram sua jornada talvez entre 2000 e 1800 a.C. Não sabemos a data exata. Embora seja um tempo muito antigo, um bocado de água já havia rolado nos portentosos Tigre, Eufrates e Nilo antes de eles colocarem os pés nas estradas e nos campos do Antigo Oriente. É essa longa história que tentarei resumir nas próximas páginas.

O contexto geopolítico do Antigo Oriente

O palco das narrativas do início do povo da Bíblia foi o Crescente Fértil, uma imensa área de terras produtivas compreendendo a região da Mesopotâmia, do Levante (Síria e Canaã) e do Egito. Se, de fato, as migrações dos pais aconteceram durante os séculos XIX e XVII a.C., então estamos tratando da primeira metade do *Período do Bronze Médio II* (2000–1550 a.C.).[2] Nesse tempo, o Antigo Oriente passava por uma imensa reconfiguração, transformando significativamente as relações sociais e políticas de toda a região.

A Mesopotâmia

Comecemos pelo local de partida dos pais, a Mesopotâmia. Trata-se de uma região com extensão aproximada de dois milhões de quilômetros quadrados, mais ou menos a soma dos estados brasileiros do Sul, Sudeste e mais a Bahia — ou seja, um vasto território sem fronteiras naturais, permitindo o livre trânsito de caravanas. É uma área de relevo intensamente variado e clima igualmente diversificado. As montanhas podem atingir entre 3.500 e 4.000 metros de altitude no Tauro (ao norte), passando dos 5.000 metros no Ararate (Armênia), cujas altitudes diminuem em direção ao sul até cair ao nível do mar, próximo ao Golfo Pérsico. O território alterna cadeias montanhosas com planícies aluviais e planaltos secos. A Mesopotâmia seria completamente árida se não fossem os grandes rios Tigre e Eufrates, que correm de norte a sul e deságuam no golfo. Os rios forneciam água abundante para a irrigação e proporcionavam intensa produtividade, mas as plantações eram interrompidas abruptamente por desertos. Por outro lado, planaltos

---

2 MAZAR, Amihai. *Arqueologia na terra da Bíblia*: 10.000–586 a.C. São Paulo: Paulinas, 2003. p. 230.

áridos possuíam oásis em que alguma produção era possível. Como havia nichos ecológicos diversos, mas separados uns dos outros, toda a Mesopotâmia foi marcada pela descontinuidade ambiental. Ou seja, havia potencialidades econômicas diversas e separadas, mas, ao mesmo tempo, próximas umas das outras. O resultado histórico foi uma imensa pluralidade de estratégias de desenvolvimento, constante intercâmbio cultural e uma situação política extremamente fluida.[3]

Desde 4000 a.C. aproximadamente, a Mesopotâmia foi palco de uma "revolução urbana", o resultado de lentas mudanças nas antigas sociedades do Neolítico. Aquilo que alguns autores chamam de "revolução" foi um processo lento, mas extremamente transformador, o qual contou com uma explosão demográfica, econômica e tecnológica, produzindo um tipo de organização política inovadora: a grande cidade controlada por um Estado forte, com burocracia e exércitos sustentados com o objetivo de manter seu poder centralizador.[4] Essa burocracia mantinha registros da organização estatal, a qual criou a escrita, representando o coroamento do trabalho especializado do novo corpo de funcionários, os escribas.[5] Foi no mesmo contexto estatal e urbano que se desenvolveu a metalurgia, inicialmente produzindo objetos em cobre fundido, prata e ouro,[6] depois avançando para a produção de bronze (uma liga de cobre e estanho), difundida em todo o Antigo Oriente.

Muitos impérios emergiram e encontraram seu ocaso nesses quase dois mil anos que separam a revolução urbana das andanças de Abrão. Naquele tempo, predominavam dois grandes grupos étnicos do centro ao sul da Mesopotâmia: a Acádia, mais ao centro-norte, e a Suméria, ao sul. Cada uma dessas regiões era formada por várias cidades-Estado independentes, as mais poderosas controlando as menores.[7] Os sumérios foram os organizadores dos reinos mais antigos. Mas a fama de ter criado o primeiro império "universal" é creditada aos semitas da Acádia, quando um soberano chamado Sargão (c. 2334–2279 a.C.) controlou todo o território de ambas as culturas.[8] Sargão representava um novo tipo de rei no cenário político mesopotâmico. Antes, as grandes

---
3   LIVERANI, Mario. *Antigo Oriente*: história, sociedade e economia. São Paulo: EDUSP, 2016. p. 45-48.
4   LIVERANI, 2016, p. 107-108.
5   LIVERANI, 2016, p. 123.
6   ROAF, Michael. *Mesopotâmia*. Barcelona: Folio, 2006. [Grandes civilizações do passado] p. 68.
7   ROAF, 2006, p. 80.
8   ROAF, 2006, p. 94-95.

autoridades eram do sul, marcadas pelo culto religioso e pela administração; ele era originário do norte, e sua fama não foi construída na piedade religiosa ou na capacidade organizacional, mas no aspecto heroico e guerreiro de seu gênio. Além disso, o elemento semítico mais recente se afirmava junto ao antigo sumério.[9] Sargão, em pleno século XXIII a.C., marcava o início de uma era na qual os "reis carismáticos" tornavam seu nome conhecido comandando impérios memoráveis.

Um século depois de Sargão, o poder voltou a se deslocar para o sul, quando a cidade suméria de Ur viveu tempos de glória em sua Terceira Dinastia, controlando boa parte da Mesopotâmia entre 2112–2004 a.C. Um gigantesco zigurate construído na capital por Ur-Nammu testemunha a dimensão do poder dos sumérios,[10] cujas ruínas existem até hoje. Estima-se que a população total da grande metrópole fosse de 200 mil habitantes, encabeçando um império dividido em províncias controladas por um imenso aparato burocrático e um eficiente sistema de mensageiros reais.[11] Mesmo assim, a gigante Ur veio abaixo. Crises naturais provocaram uma queda produtiva, seguida de incursões de populações bárbaras como os gútios e os amorreus. Com o império enfraquecido, veio a rebelião das cidades subjugadas, até que um ataque dos elamitas destruiu a capital. A cidade foi reduzida a ruínas, causando grande impressão em toda a Mesopotâmia. Afinal, como tão grande reino poderia cair daquela maneira? Algum tempo depois, foi composto um longo "hino de lamentação pela destruição de Ur",[12] do qual destaco um pequeno excerto:

> Naquele dia o vento (favorável) foi afastado da cidade, aquela cidade em ruínas. Oh pai Nanna, essa cidade foi reduzida a ruínas — o povo se lamenta. Em suas grandes portas onde iam passear, cadáveres jaziam por todo lado. Em suas amplas ruas, onde eram celebradas as festas, foram assaltados cruelmente. O que estava próximo das armas foi abatido pela tempestade — o povo se lamenta. Aquele que fugiu das armas foi abatido pela tempestade — o povo se lamenta.[13]

---

9   LIVERANI, 2016, p. 205.
10 ROAF, 2006, p. 98-99.
11 LIVERANI, 2016, p. 239-240.
12 LIVERANI, 2016, p. 255-257.
13 LIVERANI, 2016, p. 256.

O império de Ur fragmentou-se em diversos pequenos reinos, o que se tornaria o padrão político durante os séculos seguintes. Os elementos nômades tiveram a circulação facilitada, razão pela qual uma das principais características do final do terceiro milênio e início do segundo foi a chegada de novos povos para se somar aos acadianos e sumérios. Entre eles, estavam os *amorreus* (*amurru* em acadiano), que falavam um dialeto semita ocidental, e os *hurritas*, de língua desconhecida do Antigo Oriente. Os amorreus eram considerados bárbaros, mas acabaram por se misturar às populações locais. Sua penetração foi tão intensa que nomes amorreus passaram a aparecer como governantes de cidades sumérias, e nomes hurritas governavam os reinos acádios ao norte.[14] Essa difusão desestabilizou os poderes durante os séculos iniciais do segundo milênio, levando ao surgimento de alguns reinos menores e de influência regional, como Isin, nas primeiras décadas do século XIX a.C., ou Larsa, nas últimas.[15] Mas nenhum desses reinos foi tão abrangente quanto os impérios antigos dos sumérios e acádios. É nesse contexto, bem mais fragmentado, que costumamos situar as jornadas de Abrão.

A mais importante figura do século XVIII a.C. foi Hamurábi, o rei amorreu da Babilônia entre 1792 e 1750 a.C.[16] Ele era ambicioso: conquistou as cidades da Mesopotâmia desde Mari, ao norte, até Ur e Eridu no extremo sul, convertendo a Babilônia no mais importante centro político, religioso e cultural de seu tempo. Para manter a justiça em seu vasto reino, promulgou um código de leis famoso até hoje, embora não tenha sido o mais antigo. O reino criado por Hamurábi continuou existindo depois de sua morte, mas entrou em decadência rapidamente.[17] Sem um grande império regional e com a geografia facilitando o trânsito, a Mesopotâmia continuou recebendo levas de povos nômades, como, por exemplo, a chegada dos *cassitas* no princípio do século XVI a.C.[18] O nomadismo, portanto, era o elemento mais frequente e também o mais desestabilizador naqueles séculos.

---

14 ROAF, 2006, p. 106.
15 ROAF, 2006, p. 108-110.
16 Há discussões sobre a cronologia do reino de Hamurábi: alguns o situam em 1792–1750 a.C., outros preferem a cronologia mais alta, entre 1848–1806 a.C., e alguns poucos o situam na mais baixa, entre 1728–1686 a.C. ROAF, 2006, p. 121.
17 ROAF, 2006, p. 118-119.
18 ROAF, 2006, p. 121.

Canaã

Canaã era o coração do Levante, o corredor siro-palestinense. A posição geográfica, encostada no litoral leste do Mediterrâneo, ligando a Mesopotâmia ao Egito, colocava Canaã sob múltiplas influências provenientes de todas as direções. As assimilações políticas, culturais e religiosas eram processadas e geravam culturas por vezes um tanto amalgamadas. Pelo mesmo motivo — estar entre as potências imperialistas —, nunca teve um peso político de maior relevância internacional.[19] A delimitação de Canaã não é muito exata, pois não há uma fronteira geográfica natural ao norte e ao sul. Ao norte, estão as terras mais cultiváveis; olhando para o oeste, temos o mar Mediterrâneo, onde os fenícios se lançaram em ações comerciais; para o sul, um território com possibilidades razoáveis de cultivo, mas em contato direto com os desertos do Neguebe e do Sinai; e, ao leste, o inóspito deserto siro-arábico.[20] Canaã é tradicionalmente delimitada entre Berseba e Dã, uma faixa estreita com cerca de 250 km de comprimento e uma largura média de 64 km entre o Mediterrâneo e o Jordão, com o máximo de 87 km entre Gaza e o mar Morto. Pensando em termos brasileiros, trata-se de um espaço do tamanho do estado do Sergipe. A maior parte da costa de Canaã, do centro ao sul, não permite bons portos naturais, razão pela qual o comércio partia do litoral norte, das cidades fenícias de Tiro e Sidom em diante.[21]

Ao contrário das metrópoles do Egito e da Mesopotâmia, Canaã não possui nenhum rio poderoso. Toda a fertilidade vinha exclusivamente das chuvas. A vegetação subtropical crescia apenas na costa e nos oásis do vale do Jordão, mas as colheitas eram abundantes na planície do Megido e da Transjordânia. O fato de estar sempre na dependência das chuvas foi a razão pela qual nunca houve ali grandes excedentes agrícolas que pudessem suportar reinos mais poderosos. As possibilidades eram comerciais, por ser local de passagem das grandes rotas de caravanas entre os continentes da África e da Ásia.[22] Entre os desertos e a terra cultivada, havia um cinturão de estepes de variadas larguras, com razoável incidência de chuvas, as quais eram usadas para pastagens de

---
19 DONNER, Herbert. *História de Israel e dos povos vizinhos*. Volume 1: Dos primórdios até a formação do Estado. 5. ed. São Leopoldo: Sinodal, 1997. p. 33.
20 DONNER, 1997, p. 51.
21 SCHULTZ, Samuel J. *A história de Israel no Antigo Testamento*. 2. ed. São Paulo: Vida Nova, 2009. p. 42.
22 DONNER, 1997, p. 52.

gado. As principais atividades econômicas estavam relacionadas ao uso da terra, dividida entre os agricultores sedentários e os criadores de gado nômades. Claro, esse é um esquema simplificado para estabelecer um tipo, mas a realidade é mais complexa: agricultores também criavam alguns animais, e os pecuaristas plantavam nos períodos em que estavam fixados em determinado lugar. Os sedentários viviam em moradias de alvenaria, casas construídas de pedra ou tijolos, e os nômades, em tendas armadas nas pastagens para seus animais.[23]

Não devemos imaginar o nomadismo como um tipo engessado de sociedade. Sob seu guarda-chuva, podem ser reunidos grupos extremamente diversos, como caçadores, coletores, criadores de gado, agricultores migrantes, metalúrgicos ambulantes, bandidos fugidos das cidades e muitos outros. Os nômades, no sentido estrito do termo, criavam gado como monocultura, podendo aparecer nas regiões das várzeas, mas também entravam em áreas cultivadas relacionadas aos centros urbanos. Alguns eram de transumância (o deslocamento sazonal e circular em determinados períodos do ano agrícola), mas outros tinham um campo de operação muito amplo, percorrendo longas distâncias entre Canaã e o Egito, ou entre Canaã e a Mesopotâmia. Também havia a possibilidade de os antigos moradores de cidades fortificadas serem desalojados pelo empobrecimento ou pela guerra, assumindo uma vida nômade. Nesse caso, podiam até mesmo terminar como bandidos, caso dos *hapiru* dos escritos antigos. Ou seja, quando falamos de nomadismo, estamos tratando de um fenômeno extremamente multifacetado. O efeito contrário também podia acontecer: eventualmente, migrantes passavam à vida sedentária em formas igualmente variadas e por motivos diversos.[24]

Agora vejamos um pouco da história de Canaã. No período do Bronze Médio II, houve um amplo desenvolvimento urbano, bem mais intenso no litoral, com a fundação de grandes cidades fortificadas e assentamentos rurais. As cidades do interior eram bem mais modestas.[25] Depois de 1800 a.C., quase todas as povoações de Canaã estavam cercadas por muralhas com rochas de mais de dois ou três metros de comprimento, reforçadas por um declive empinado feito de terra e pedras, e coberto com uma camada de gesso endurecido, a fim de evitar

---
23 DONNER, 1997, p. 52-53.
24 DONNER, 1997, p. 56.
25 MAZAR, 2003, p. 187.

escavações e proteger contra aríetes e escadas.[26] Tais obras demonstram uma organização estatal elaborada, uma vez que necessário haver uma grande articulação de trabalhadores em construções desse porte. Claro, não eram como as poderosas cidades mesopotâmicas, mas tinham um relativo poder regional.

A influência do Egito sobre Canaã é atestada pelos objetos encontrados em diversos sítios, especialmente em Biblos, cidade litorânea ao norte, à qual chegavam muitos mercadores egípcios, com quem eram realizadas intensas trocas econômicas e culturais. A relação com a Mesopotâmia era ainda maior, até mesmo de parentesco: a população de Canaã, no período mais antigo do Bronze, era formada basicamente por amorreus. Ainda nesses séculos, os hurritas chegaram a Canaã, oriundos do norte da Mesopotâmia e estabelecidos na Síria, embora alguns deles tenham entrado em Canaã e se misturado aos cananeus. De qualquer maneira, a chegada desses povos migrantes não foi violenta. O período inteiro foi relativamente pacífico, inclusive na emergência do Império Babilônico de Hamurábi e dos hicsos no Egito.[27] Quanto à escrita, também dependia dos reinos exteriores: os poucos fragmentos encontrados eram textos cuneiformes escritos em tabuinhas de argila, todos em língua acádia, a língua franca do Antigo Oriente naquele tempo.[28]

Canaã não era uma unidade política ou étnica, mas um ajuntamento de povos. O termo sintético *cananeu* apareceu pela primeira vez em documentos de Mari, no século XVIII a.C., e correspondia a uma série de povos de composição variada, cuja complexidade aparece também nas páginas da Bíblia, em listas de "queneus, quenezeus, cadmoneus, heteus, ferezeus, refains, amorreus, cananeus, girgaseus e jebuseus" (Gênesis 15:19-21). Resumindo: a Canaã do início do segundo milênio era formada por Estados modestos, raramente com grandes estruturas, governados por monarquias emergentes da classe aristocrática que dominavam pequenos territórios nos arredores da cidade.[29] Disso, também se apreende o fato de os cananeus, embora morando em cidades pequenas, serem basicamente urbanos. O modelo de cidade-Estado era a base de sua estrutura política e social.

---

26 ROAF, 2006, p. 116.
27 MAZAR, 2003, p. 194-199.
28 MAZAR, 2003, p. 229.
29 DONNER, 1997, p. 58-59.

Egito

O Egito foi um fenômeno na Antiguidade. Quando Abrão iniciou sua jornada, a terra dos faraós já era um reino unificado havia mais de mil anos, sempre como uma mesma unidade política, fartamente documentada em rocha e papiro.[30] A civilização africana dos egípcios deveu sua existência ao Nilo. O vale no entorno do rio era depósito de lodo das enchentes, redundando em uma terra negra, extremamente fértil, de alguns poucos quilômetros de largura. As plantações no seu entorno eram emolduradas pela areia e pelos rochedos do deserto. Assim, encontravam-se disponíveis os elementos necessários para um assentamento humano de sucesso: o limo rico para a agricultura, rodeado de falésias, que forneciam sílex para as armas e calcário para a construção. O Nilo é o maior (ou segundo maior) rio do mundo e corre apertado entre desertos ao sul, mas deságua em muitos afluentes ao norte, no chamado Delta do Nilo, abrindo um amplo e produtivo vale até alcançar o mar.[31] O Delta tinha mais uma vantagem, além da altíssima produtividade: estava em posição geográfica invejável. Constituía contato naval com o mundo mediterrânico e com a África mais distante; através da península do Sinai, chegava a Canaã e, dali, contatava a Mesopotâmia e a Anatólia em caravanas terrestres. As rotas de transporte fluvial, marítimo e terrestre permitiam aos faraós importarem a matéria que lhes faltava: madeira de lei do Líbano, cobre do Sinai, essências, gado, animais e peles do sul da África, objetos do mar Egeu, produtos diversos da Líbia, entre outros.[32]

Em termos tecnológicos, o Egito era inferior aos reinos da Mesopotâmia, não tendo o mesmo brilhantismo na metalurgia, por exemplo. Mas a abundância agrícola oriunda do Nilo era impressionante, tornando o Egito um dos maiores "formigueiros humanos" do Mundo Antigo. Também produziam e exportavam papiro, cerveja, vinhos, tecidos e artesanato luxuoso de qualidade excepcional. Uma característica egípcia, desde o início do reino, foi o profundo estatismo faraônico. Quase toda a vida produtiva e comercial passava pelo palácio do faraó e seus funcionários, cujo excedente era concentrado nos palácios

---

30 CARDOSO, Ciro Flamarion. *O Egito Antigo*. São Paulo: Brasiliense, 1982. p. 7.
31 LÉVÊQUE, Pierre. *As primeiras civilizações*: Volume 1 – Os impérios do bronze. Lisboa: Edições 70, 1990. p. 77-78.
32 DONNER, 1997, p. 81-82.

e templos, os quais funcionavam como gigantescos mecanismos de redistribuição, sustentando uma classe burocrática, sacerdotal e militar, e remunerando artesãos e trabalhadores nas obras públicas.[33]

Tais obras colossais glorificavam o faraó e sua dinastia. Eram muito antigas, já com séculos de idade, quando os pais migrantes de Israel iniciaram suas jornadas. Construídas principalmente no *Antigo Império do Egito* (ou *Reino Antigo*, de 2575–2134 a.C.), eram reflexo do sistema político e econômico extremamente eficiente regido pelo faraó, considerado a encarnação do deus Hórus. Tamanho poder foi materializado em rocha na forma de três majestosas pirâmides construídas pelos faraós Khufu, Khafra e Menkaura, vistas a distância por quem chegasse a Gizé, no Delta do Nilo.[34] Mas as glórias do Antigo Império chegaram ao final depois do longo reinado de Pepi II (foi faraó durante noventa e quatro anos). Depois dele, os reis perderam completamente o controle sobre as províncias, e a autoridade acabou nas mãos dos governadores locais. Tal desagregação deu origem ao *Primeiro Período Intermediário* (2134–2040 a. C.), um tempo de divisão e guerra civil, com chefes locais disputando o poder de norte a sul do vale do Nilo. Durante esse caos, que durou quase um século, o Delta sofreu constantes incursões de nômades saqueadores do deserto.[35]

O Egito foi novamente unificado pelas armas quando uma dinastia de Tebas venceu opositores e conseguiu governar todo o Nilo, dando origem ao *Médio Império* (2060–1785 a.C.). Mentuhotep II reorganizou o país e construiu o mais importante monumento desse período, o templo funerário de Deir el-Bahari, um edifício com terraços guarnecidos por colunas e coberto por uma pirâmide no nível superior. Depois dele, levantou-se uma nova dinastia, e algumas mudanças importantes aconteceram: a capital foi transferida para Ithet-Tawi (próximo a Mênfis) para melhor controlar o Baixo Egito; o faraó passou a colocar seu filho ao lado para facilitar a sucessão; e o império expandiu o controle em direção ao sul, dominando a Baixa Núbia. O Médio Império também construiu algumas pirâmides, embora sem a grandiosidade do passado.[36]

---
33 CARDOSO, 1982, p. 34-36.
34 Chamadas de Queóps, Quéfren e Miquerinos pelos gregos. CARDOSO, 1982, p. 51-52.
35 *História geral da África*, II: África antiga. 2. ed. Brasília: UNESCO, 2010. p. 50-51.
36 *História geral da África*, 2010, p. 53-54.

CAPÍTULO 2: OS MIGRANTES

A relação do Egito com os estrangeiros oriundos da Ásia foi variada ao longo de sua história. No Antigo Império, havia tensão com os nômades instalados na península do Sinai, mas, no Médio Império, eles cooperaram na exploração das minas de cobre. Durante o reinado de Sesóstris I (cerca de 1920 a 1875 a.C.), os principados de Canaã eram independentes do Egito, mas mantinham boas relações com o império, recebendo mensageiros do faraó, os quais percorriam livremente toda a região sem ser incomodados, trocando "presentes" (um eufemismo para comércio) com as pequenas monarquias cananeias.[37] A 12ª dinastia do Egito atingiu seu ápice com Sesóstris III (cerca de 1862 a 1844 a.C.), ocasião em que rompeu a política anterior e passou a avançar militarmente sobre Canaã e a Núbia. Digno de nota foi um ataque do faraó contra a fortaleza da cidade de Siquém (chamada Sekmen pelos egípcios), tempo em que o Egito considerava os diversos povos de Canaã um tanto perigosos.[38]

Um novo período de declínio teve lugar em meados do século XVIII a.C., vindo a ser chamado de *Segundo Período Intermediário* (1785–1580 a.C.). O último século do Médio Império e os dois séculos de desagregação do Egito coincidiram com o avanço das tribos de amorreus por toda a Mesopotâmia e Canaã. O Egito sentiu as consequências, especialmente no Delta. Essa foi uma região que acolheu incontáveis migrantes de origens diversas, especialmente povos semitas. Esses migrantes não eram vistos como problema pelos governantes egípcios até 1729 a.C., quando os hicsos passaram a ser uma ameaça concreta às dinastias egípcias.[39] Sua presença era perceptível nos incontáveis nomes semitas registrados nas listas de servidores dos faraós, inclusive no Alto Egito, ao sul. A constante presença desses povos nômades em território egípcio, seja como prisioneiros de guerra, seja por migração voluntária, possivelmente facilitou a tomada de poder pelos hicsos por volta de 1640 a.C.[40] Alguns acreditam que a chegada da família de Jacó no Egito seja coincidente com o tempo de dominação dos hicsos, ou pouco antes.

---

37 LÉVÊQUE, 1990, p. 167-168.
38 LÉVÊQUE, 1990, p. 171-172.
39 *História geral da África*, 2010, p. 55.
40 LÉVÊQUE, 1990, p. 178.

Em resumo: o contexto do Antigo Oriente Próximo, por volta de 1850 a.C., tinha a Mesopotâmia não na condição de um grande império, poderosas cidades-Estado independentes disputando espaço, a emergência eventual de um poder mais amplo como o da Babilônia de Hamurábi e povos nômades entremeados em toda a sua extensão. Canaã possuía cidades organizadas em relação próxima com o nomadismo amorreu e sob influência egípcia. O Egito estava sob o Médio Império, sem o brilho dos tempos mais antigos, mas com sua unidade preservada em torno do faraó e ampliando fronteiras ao sul da África.[41] Então, Deus chamou Abrão para uma jornada de fé. Ele não escolheu as grandes civilizações urbanas da Suméria e da Acádia, nem o poder faraônico do Egito; Deus convocou um pastor de gado, um migrante apegado à fé familiar e, por isso mesmo, muito mais "universalizável" e capaz de abençoar "todos os povos da terra" (Gênesis 12:3). Prontos a partir, como ato de fé, esses migrantes tinham a qualidade do aprendizado, importantíssima na salvação a ser construída nos milênios seguintes.[42]

As características dos pais migrantes

Hoje em dia, o termo *hebreu* é usado como designação exclusiva para os judeus. Para se ter uma ideia, a principal instituição da cultura judaica contemporânea se chama *Hebraica*. Entretanto, o uso dessa palavra é relativamente raro na Bíblia, principalmente nas narrativas mais antigas. Compreender seu significado e uso pode nos auxiliar a recuperar algo das origens daquele povo.

Hebreu (*'ibri*), ou a forma cananeia *Heber*, significa "que é do outro lado" e aparece apenas 33 vezes no Antigo Testamento, enquanto *Israel* é usado 2.500 vezes. Essas poucas ocorrências aparecem em pontos específicos: na história de José (Gênesis 39:14,17 e outros), em narrativas do êxodo ainda no contexto do Egito (Êxodo 1:15, por exemplo) e nas lutas contra os filisteus (1Samuel 4:6,9). Em todos os casos, a expressão foi usada diante de estranhos ou saiu da boca dos estrangeiros, e sempre denotou humildade pelo lado israelita ou menosprezo por parte dos outros. "Hebreu" também era usado em ocorrências legais (Deuteronô-

---

41 MCEVEDY, Colin. *Atlas da história antiga*. São Paulo: Verbo; EDUSP, 1979. p. 32.
42 CROATTO, 1968, p. 37.

mio 15:12) para tratar do escravo temporário, talvez por pagamento de dívidas. Eventualmente, a palavra tem certa conotação étnica, mas, no conjunto das ocorrências, trata de pessoas de nível inferior, menosprezadas e com baixa autoestima. Ou seja, era uma categoria social. O mesmo se aplicava a outra expressão da Antiguidade, os *hapiru*, em escritos mesopotâmicos e egípcios. Eles não eram um povo, mas pessoas de diversas origens à beira da sociedade, errantes com direitos restritos, geralmente pobres, eventualmente foras da lei, buscando proteção das cidades em que atuavam como mercenários ou apenas assaltantes das estradas.[43] Hebreu não era sinônimo de hapiru, mas ambos eram categorias desgarradas das civilizações e desprezadas pelos grandes centros urbanos do Antigo Oriente.

O termo *Israel* teve significados distintos ao longo do texto bíblico. A expressão pode ser referência à região montanhosa central de Canaã e aos seus habitantes (os "filhos de Israel") ou se tratar do povo governado por Saul, bem como de uma parte da monarquia sob Davi; mais tarde, identificou o Reino do Norte, depois da separação do Sul; após a destruição do Norte, o nome foi assimilado por Judá ao fazer referência a si mesmo; foi usado pelos sobreviventes que ficaram na terra depois da queda e da deportação de Judá; finalmente, tornou-se o termo religioso que designava os que retornaram da Babilônia e mais além.[44]

Ou seja, se "hebreu" passou por usos diferentes ao longo da própria narrativa bíblica, o nome de Israel também passou pelo mesmo processo histórico de apropriações. Por isso, hebreu e israelita não são necessariamente sinônimos na maior parte do Antigo Testamento. Apenas depois do exílio, "hebreu" passou a ser uma forma de designação geral do povo de Judá, especialmente a partir da influência greco-romana, quando foi tomado por empréstimo o termo *'ebraya* do aramaico e chamaram os judeus de *hebraioi*.[45] Enfim, o hebreu era o estrangeiro, escravo ou mercenário, um errante no mundo. Quando Paulo afirmou que "Deus escolheu as coisas loucas do mundo para envergonhar os sábios, e as fracas para envergonhar os fortes" (1Coríntios 1:27-28), talvez estivesse tratando mais do que da emergência da pregação cristã, apontando até mesmo para as origens de seu próprio povo.

---
43 DONNER, 1997, p. 80-81.
44 ZABATIERO, 2013, p. 56.
45 DONNER, 1997, p. 81.

As migrações do clã de Abrão

Abraão, Isaque e Jacó existiram? Essa é uma pergunta historiográfica frequente. Não há a menor possibilidade de provar a existência de qualquer um desses personagens. Eles foram como poeira na Antiguidade, insignificantes no turbilhão social e político daqueles tempos. Mas isso não é prova de inexistência; em termos históricos, é mais do que aceitável um grupo humano deixar o sedentarismo em prol de um projeto migratório. O que não temos como verificar é se foi ou não resposta a um chamado divino. Como provar que Deus falou com alguém? Esse fato está no campo da fé: você aceita ou rejeita. A questão da veracidade do texto não pode ser determinada por historiadores. Então, o leitor bíblico é convidado a entrar na dimensão da ação sobrenatural de Deus.[46] Mas há detalhes que podemos conhecer historicamente a partir das informações bíblicas e do conhecimento do contexto antigo. O mundo das narrativas patriarcais é o da Idade do Bronze Médio II, com uma vasta população de amorreus na Alta Mesopotâmia, sem grandes impérios, um reino unificado no Egito e com intenso trânsito para todos os lados.[47] Nomes como Abrão, Isaque e Jacó eram de cunho nitidamente amorreu, e outros da família, como Terá e Naor, eram nomes geográficos de Harã, localidade de onde o pai migrante partiu.[48]

A Bíblia apresenta a vida de Abraão, Isaque e Jacó de forma bastante ampla, mostrando vários aspectos do fenômeno nômade. Eles viviam em tendas (Gênesis 12:8) e sua atividade econômica principal era a criação de gado, com preferência para o miúdo (cabras e ovelhas), mas também reses, jumentos e camelos (Gênesis 12:16), atividade para a qual contratavam pastores (Gênesis 13:7). Vez ou outra, plantavam trigo e produziam vinho (Gênesis 27:28,37); seu alimento era o produto dos rebanhos e das lavouras (Gênesis 18:6-8), mas eles o complementavam com alguma caça (Gênesis 25:27). Quando se fixavam em algum lugar, ficavam sob tutela jurídica dos centros urbanos próximos (Gênesis 21:22-23) e podiam adquirir alguma propriedade (Gênesis 33:19). Também firmavam alianças com as cidades (Gênesis 21:22-31), colocando-se a serviço delas (Gênesis 29:15), ou estabeleciam relações

---
46 VOGELS, 2000, p. 35.
47 BRIGHT, John. *História de Israel*. 7. ed. São Paulo: Paulus, 2003. p. 116.
48 CROATTO, 1968, p. 36.

de casamento (Gênesis 34:8,21).[49] Ou seja, os patriarcas da Bíblia eram nômades, mas não praticavam o nomadismo de transumância. Eles teriam mais a ver com nômades montanheses, vivendo nas terras cultivadas ou às suas margens, em regiões menos populosas.[50]

Finalmente, um dado curioso é a extensão das migrações dos pais. Se considerarmos Abrão partindo de Ur, no extremo sul da Mesopotâmia, depois migrando por toda a Canaã e chegando até mesmo ao Egito, trata-se de um caso de migração por vastos territórios e culturas.[51]

Costumes orientais antigos

Uma vista sobre os costumes orientais antigos pode ajudar a compreender a experiência dos pais migrantes. Alguns fatos chocantes para o leitor contemporâneo eram bastante comuns na Antiguidade. Um deles é o casamento com irmã, meia-irmã ou primas. Abrão afirmou duas vezes que Sarai era sua irmã (Gênesis 12:13; 20:2). Ele pode ter-se casado com uma filha adotiva de seu pai, conforme o costume hurrita. Isaque se casou com a prima Rebeca, a qual também afirmou ser sua irmã (Gênesis 26:7). Outro fator típico desse tempo era a adoção de um escravo ou estrangeiro para cuidar do idoso até a morte, recebendo sua herança. Abrão parece invocar esse costume ao mencionar Eliezer de Damasco como mordomo da casa (Gênesis 15:2). A escolha de "mães de aluguel" para gerar um filho era prerrogativa da esposa, nunca do marido, razão pela qual foi Sarai a escolher a serva para dar um filho a Abrão (Gênesis 16:2). Também é curioso o comportamento de Labão ao tratar de duas negociações de casamento — o de Rebeca com Isaque e, mais tarde, das suas filhas com Jacó. No caso da irmã, ele pediu o consentimento final de Rebeca (Gênesis 24:58); no caso das filhas, entregou-as a Jacó sem perguntar a opinião delas (Gênesis 29). Isso reflete a tutoria do irmão ou do pai sobre a mulher, segundo os costumes locais.[52] Esses dados "jurídicos" demonstram a adequação dos pais migrantes a um tempo e um contexto anteriores à lei mosaica, pois nada disso consta nos estatutos da Torá.

---

49 DONNER, 1997, p. 87.
50 DONNER, 1997, p. 88.
51 Por essa razão, optei por manter um termo mais abrangente como migrante, embora sem muita precisão técnica.
52 VOGELS, 2000, p. 39-44.

A língua dos pais migrantes

Que língua os pais migrantes falavam? O texto bíblico registrou seus diálogos e aventuras em hebraico. Mas isso não significa que as palavras proferidas por cada personagem tenham sido nessa língua, pois o hebraico sequer existia no tempo deles. As línguas semíticas, faladas por variadas etnias da Mesopotâmia e Canaã, são classificadas em alguns grupos: o norte-oriental, composto por acádio, assírio e babilônio; o norte-ocidental, por hebraico, hebraico samaritano, aramaico, siríaco, ugarítico, fenício, canaanita, moabita, edomita, púnico e nebateu; e o meridional, composto por árabe, etíope, sabeu e mineu. Algumas dessas línguas desapareceram há muito tempo, como acádia, ugarítica, fenícia e babilônica. Outras são faladas até hoje, com maior número de falantes do árabe.[53] O hebraico pertence ao grupo cananeu de língua semítica norte-ocidental, e costuma-se datar seu surgimento depois da chegada dos israelitas a Canaã, por volta do século XIII a.C. Acredita-se que as tribos israelitas adotaram a língua canaanita ou foram influenciadas por ela, dando origem a formas arcaicas do hebraico desenvolvidas posteriormente. Aliás, o idioma dos israelitas nunca foi chamado de *hebraico* na Bíblia, mas *língua de Canaã* (Isaías 19:18) ou *judaico* em textos mais tardios (Neemias 13:24, 2Crônicas 32:18).[54] O termo *hebraico* foi utilizado pela primeira vez por volta de 130 a.C., nos escritos de Ben-Siraque.[55]

Então, se o hebraico era uma língua tardia em relação a outras do ramo semítico, qual língua Abraão, Isaque e Jacó falavam? Não há como ter certeza, mas é possível que tenha sido alguma derivação da língua acádia ou um tipo de protoaramaico. Um texto no Pentateuco parece concordar com isso. Nele, Jacó é chamado de *arameu*, ao relembrar a sua migração com os familiares para o Egito (Deuteronômio 26:5). Não é um texto definitivo, mas a conclusão é evidente: os pais não falavam hebraico.[56] Nas andanças em Canaã, provavelmente foram recebendo influências do protocananeu ou do cananeu falado naquele tempo. Ou seja, se Abrão encontrasse Davi, eles se comunicariam com extrema dificuldade ou até mesmo por meio de tradutores, pois eram falantes

---

53 FRANCISCO, Edson de Faria. *Língua hebraica*: aspectos históricos e características. Disponível em: <www.academia.edu/3324909/Lingua_Hebraica_-_Aspectos_Historicos_e_Caracteristicas>. Acesso em: 26 nov. 2019. p. 1.
54 FRANCISCO, 2019, p. 3-4.
55 CHAMPLIN, Russel Norman. *O Antigo Testamento interpretado*: versículo por versículo: Volume 6: Dicionário. 2. ed. São Paulo: Hagnos, 2001. p. 4415.
56 Ibidem, p. 4416.

de línguas distintas. O fato de os pais usarem outra língua distinta do hebraico significa ainda que todos os diálogos do Gênesis passaram por um processo oral de adaptação de uma língua para outra até serem registrados por escrito.

O Deus dos pais migrantes

Que Deus os pais migrantes cultuavam? Qual nome lhe davam? No texto bíblico, aparece o nome consolidado de *Iahweh* (aplicado como SENHOR nas Bíblias em português). Mas os textos do Gênesis apresentam vários outros nomes para Deus, embora sempre equiparados a Iahweh: é o "Deus de Abraão, Isaque e Jacó", o "Deus de Israel", *El Shadday* (Deus Todo-poderoso), *El Olam* (Deus Eterno), *El Elyon* (Deus Altíssimo) e *El Roi* (Deus que Vê). Temos uma informação bíblica tardia de que Deus se manifestou a Abraão, Isaque e Jacó como El Shadday, e não como Iahweh (Êxodo 6:3). Ou seja, segundo o redator bíblico, os pais migrantes não conheciam o nome Iahweh, mas *El*, o nome divino com o qual se depararam em Canaã.[57] Disso, concluímos que o nome Iahweh registrado em Gênesis foi escrito de forma retroativa, pois era desconhecido naquele período.

Esse tema dos nomes divinos aparece no encontro enigmático entre Abrão e certo Melquisedeque, rei da cidade cananeia de Salém, sacerdote de El Elyon (Gênesis 14:17-20). O nome da cidade significa "cidade da paz", local que tem sido identificado como uma aldeia anterior a Jebus, predecessora de Jerusalém. El era uma divindade muito antiga do panteão ugarítico, o chefe criador do mundo e dos deuses. Elyon era o nome divino em antigos escritos fenícios e, combinado com El, ganhava o significado de Deus Altíssimo. O autor do Gênesis legitimou esse termo cananeu como um nome válido para o Deus da revelação bíblica. Além disso, havia a insinuação de se tratar de tradição superior à de Abrão, pois ele entregou o dízimo ao misterioso rei.[58] Por outro lado, o nome divino El pôde ser mais facilmente incorporado à fé bíblica porque não era apenas um nome próprio, mas também uma designação genérica para o divino.[59]

---

57 SCHREINER, Josef. Abraão, Isaque e Jacó: a interpretação da época dos patriarcas em Israel. In.: ___ (org.). *O Antigo Testamento*: um olhar atento para sua palavra e mensagem. São Paulo: Hagnos, 2012. p. 108.
58 RICHARDSON, Don. *O fator Melquisedeque*: o testemunho de Deus nas culturas através do mundo. São Paulo: Vida Nova, 1995. p. 24-26.
59 SCHMIDT, 2004, p. 55.

Embora não haja clareza quanto ao nome divino no Gênesis, um fato salta aos olhos: a relação dos pais com Deus está marcada pela pessoalidade. Jacó refere-se com frequência ao "Deus do pai" como um protetor do clã, abençoando nascimentos, casamentos, disputa de rebanhos ou água e as questões cotidianas. Abraão, Isaque e Jacó não refletem sobre o cosmos ou a origem do mundo, não havendo, igualmente, qualquer referência a templos, tampouco especulação sobre a unicidade divina ou embate contra a idolatria. Não há razão para chamarmos Abraão, Isaque e Jacó de "monoteístas", pois nenhum deles mencionou nada sobre isso. Eles simplesmente não pensavam no assunto. Trata-se de um Deus se movendo com eles e atuando no dia a dia. As histórias dos pais tratam "da possibilidade, da felicidade e do ônus de vivenciar Deus na existência cotidiana".[60] Disso, demanda também o fato de o Deus dos pais estar vinculado às pessoas, e não aos lugares de culto da Antiguidade, institucionalizados ou não.[61]

A religião praticada pelos pais migrantes

A característica do divino próximo à família condicionou toda a prática religiosa dos pais, amplamente relacionada com a migração. Sua fé era livre em diversos aspectos, especialmente por Deus falar com eles das mais variadas formas. Parece ter sido um tempo de revelação especial, bem mais direto do que percebemos em outros momentos do relato bíblico, até mesmo com Moisés no êxodo. Deus parece dirigir-se diretamente por meio de palavras (Gênesis 12:1; 15:1), aparecia como uma epifania (Gênesis 18:1; 26:2), enviava mensageiros como o Anjo do Senhor (Gênesis 16:7), falava por sonhos (Gênesis 20:3; 31:10-11) e visões (Gênesis 15:1).[62] Houve também cenas enigmáticas, como a visita de três homens a Abrão (Gênesis 18:1-2) ou a pessoa misteriosa com quem Jacó lutou uma noite inteira (Gênesis 32:24-30).

As demais práticas religiosas dos pais demonstram a antiguidade dos relatos bíblicos. Elas são claramente pré-israelitas e pré-mosaicas, ou seja, anteriores ao estabelecimento de leis em uma liturgia organizada. Não havia antagonismo religioso entre os pais e os cananeus, e a relação em termos de piedade sempre foi pacífica. Isso é significativo

---

60 SCHREINER, 2012, p. 111.
61 GUNNEWEG, Antonius H. J. *História de Israel*: dos primórdios até Bar Kochba e de Theodor Herzl até os nossos dias. São Paulo: Teológica; Loyola, 2005. p. 47.
62 KAISER, Walter C. *Teologia do Antigo Testamento*. 2. ed. São Paulo: Vida Nova, 2007. p. 88-89.

porque o conflito entre a fé em Shadday e as crenças em outros deuses é incisivo no restante do Antigo Testamento. Os pais nunca são mencionados obedecendo à guarda do sábado, por exemplo, nem a leis alimentares e outras tantas regras prescritas na forma de tabus. Eles construíram altares nos locais de experiências pessoais com Deus (Gênesis 12:7; 13:18 etc.), plantaram árvores sagradas (Gênesis 21:33) e fizeram sacrifícios (Gênesis 22:13) — práticas proibidas pelo sacerdócio levítico, centralizado em Jerusalém (Deuteronômio 12:2-5).[63]

Os locais de culto também demonstram o aspecto migratório de sua relação com Deus. Os pais foram os fundadores dos santuários mais antigos do povo de Israel, frequentados mais tarde como locais sagrados. Os santuários (ou locais de adoração) eram estabelecidos onde um elemento natural marcava a presença divina — uma *hierofania*, a manifestação do sagrado em meio ao mundo profano.[64] O primeiro santuário foi fundado por Abrão em Siquém, quando ainda era um recém-chegado a Canaã e recebeu de Deus a promessa de posse da terra aos descendentes (Gênesis 12:6-7). Mais tarde, o altar de Siquém foi confirmado por Jacó, quando este enterrou os ídolos de sua família junto a um carvalho no mesmo local (Gênesis 35:1-4). Outro altar importante foi fundado em Betel por Jacó, logo após sonhar com a "porta dos céus" em sua fuga de Canaã (Gênesis 28:10-22). No retorno, também em Betel, ele erigiu um altar a *El, o Deus de Israel* (Gênesis 35:3-10). Um terceiro local de culto foi fundado em um carvalho plantado em Mambré (próximo a Hebrom), onde Abrão residia (Gênesis 18). O quarto santuário foi estabelecido por Abrão na fronteira sul, em Berseba (Gênesis 21:33), em uma história repetida com Isaque mais tarde (Gênesis 26:30-33). Esse mesmo local foi frequentado por Jacó, onde recebeu uma importante revelação divina (Gênesis 46:1-5).[65]

As características da religião dos pais migrantes demonstram o quanto as suas narrativas estão ligadas a fatos realmente antigos, antes de o culto centralizado ocupar a preeminência da vida religiosa do povo de Israel. Suas práticas seriam condenadas pela Torá séculos depois. Isso significa que, se fossem histórias simplesmente inventadas, a "ortodoxia" certamente teria registrado suas andanças de forma mais

---

[63] VOGELS, 2000, p. 32-33.
[64] Sobre a hierofania e conceitos de sagrado, leia meu livro *Os outros da Bíblia*. Trato desses conceitos no primeiro capítulo. REINKE, 2019, p. 21-35.
[65] VAUX, Roland de. *Instituições de Israel no Antigo Testamento*. São Paulo: Teológica, 2003. p. 327-331.

coerente com a lei e a prática dos escritores bíblicos posteriores. Pelo contrário: os textos do Gênesis demonstram uma religião antiga, anterior à lei, e, por isso, merecem crédito.[66]

Em suma, as características dos migrantes eram: famílias de nômades ou seminômades, criadores de animais e agricultores temporários típicos do Oriente Próximo Antigo, vivendo em regime de patriarcado. Sua língua é desconhecida, talvez um protoaramaico com influências cananeias — alguns autores o tratam como paleo-hebraico. Seguiam o chamado do Deus apresentado como Shadday, depois agregando o nome El assimilado em Canaã. Construíam altares e santuários ao Deus peregrino em diversos lugares, sempre associados às manifestações sagradas durante sua jornada.

A história bíblica dos pais migrantes

Até aqui, vimos o contexto do Antigo Oriente no tempo dos pais migrantes. Agora vamos tratar da narrativa do autor bíblico, de acordo com a história que ele se propôs a nos contar. A jornada dos pais começa em Ur, com Terá, pai de Abrão, partindo em migração até fixar residência em Harã, no sul da Anatólia, terra dos arameus ocidentais, onde viveu até falecer (Gênesis 11:31-32). Há quem vincule essa saída à destruição de Ur, em 2004 a.C. e à narrativa da retomada das migrações com Abrão, por volta de 1850 a.C. Desse ponto em diante, os autores bíblicos se concentram em Abrão e sua experiência com Deus na gênese da história da salvação.

Uma promessa de longo prazo

A vida de Abrão é apresentada na forma de um ciclo de perfeita unidade. Há certo ritmo na apresentação da sua história, começando com o chamado divino (Gênesis 12:1-9), seguindo-se a jornada na qual a descendência ocupa lugar central, com Deus aparecendo repetidamente para reiterar o compromisso de providenciar um filho. Enquanto essa promessa não chega, Abrão migra pela terra prometida com a missão de ser bênção aos povos. É uma narrativa com reviravoltas e um

---
66 VOGELS, 2000, p. 33.

grande ápice quase ao final, para, então, diminuir o ritmo e dar passagem ao sucessor.

A história de Abrão começou diferente de outros personagens bíblicos antes dele. Noé, por exemplo, recebeu a alcunha de ser justo em meio a um mundo imerso em trevas. Enoque teve o mesmo tratamento. Entretanto, com Abrão, ocorreu apenas um chamado divino, sem nada a ser dito sobre qualquer justiça da sua parte. Deus o escolheu em uma eleição gratuita e o chamou de *amigo* (Isaías 41:8).[67] A eleição é uma das ideias centrais da história de Abrão; eleição graciosa, independente de mérito, e o mesmo valeu para Isaque e Jacó. A segunda ideia fundamental das narrativas em torno dos pais foi a promessa, pois Abrão e seus descendentes seriam bênção para todos os povos da terra. A ideia de povo de Deus nasceu com a vocação orientada para o futuro e para fora de si mesmo. O mundo inteiro estava em perspectiva. Mas havia mais um fator importante: Deus não entregou diretamente os bens prometidos; ele os distanciou. É necessário haver a colaboração humana, pois trata-se de um plano divino encarnado na história.[68] Há uma promessa a ser cumprida pela Providência, mas homens e mulheres foram convocados para ser o veículo desse cumprimento. Por isso, o conteúdo da promessa divina a Abrão foi tríplice: 1) um descendente; 2) uma terra; 3) e uma bênção para todos os povos da terra (Gênesis 12:1-3). Entremeada a essa promessa de longo prazo, estava a expectativa de um herdeiro (um filho que seria portador das mesmas promessas), uma herança (na terra em que ele peregrinava, Canaã) e uma tradição herdada (a fé no Deus da promessa, que traria bênção a todos os povos).[69] Algo estava em jogo. Uma jornada histórica deu seus primeiros passos e, nela, a fé era um ingrediente fundamental.

Uma jornada de fé

O autor de Hebreus deixou clara a razão pela qual Abrão foi considerado o pai da fé. Ele foi chamado para ir a uma terra prometida, mas saiu "sem saber para onde ia" (Hebreus 11:8). A revelação do local da promessa, Canaã, aconteceria depois, quando Abrão passava por Siquém (Gênesis 12:6-7). Mas o seu ato de fé, confiando apenas no Deus

---
67 VOGELS, 2000, p. 60.
68 CROATTO, 1968, p. 39.
69 KAISER, 2007, p. 89-95.

da promessa, foi determinante para ele ser chamado de "pai de todos os que creem" (Romanos 4:16). A fé, como "ser lançado para o desconhecido", aparece com força no chamado de Abrão. Ela é central em uma nova percepção da história: linear e progressiva, segundo a qual Deus é o condutor a um fim determinado.[70] Tudo é novo nesse processo, e não mais uma repetição de antigos arquétipos. Tratei dessa questão mais detalhadamente no livro *Os outros da Bíblia*. Os mesopotâmios, assim como outros povos arcaicos, concebiam a história como cíclica, um eterno retorno ao modelo estipulado pelos deuses no ato criador do mundo. Esse retorno ao início de tudo era celebrado em festas religiosas, como o *Akîtu*, a festa do Ano Novo na Babilônia. Por isso, toda a vida e toda a organização política ou social deveriam sempre retornar aos primórdios, com o objetivo de renovar a vida, mas, acima de tudo, de manter as coisas organizadas e o caos afastado. Não foi isso que aconteceu com o nosso pai migrante: Abrão foi chamado a uma nova proposta de vida, partir para um destino desconhecido. O tempo cíclico foi vencido, a roda foi aberta e o tempo passou a ter início e fim, aberto em uma linha rumo ao desconhecido. Por isso, é uma jornada de fé, a certeza de algo que não se vê e não pode ser visto, mas existente no propósito de Deus.[71]

Caminhar na fé é abrir-se para o desconhecido. Abrão foi o pai da fé, mas chamado pelo dom gracioso, independente de mérito. Por isso, sua narrativa tem idas e vindas, registrando um crente bastante claudicante — o que, convenhamos, deve servir-nos de consolo. Depois de receber a promessa da terra, Abrão abandonou dois elementos fundamentais, colocando em risco tudo o que Deus lhe dissera. Primeiro, deixou a terra prometida e foi ao Egito (Gênesis 12:10); depois, comprometeu sua descendência ao entregar Sarai para ser possuída pelo faraó (Gênesis 12:11-16). Não apenas agiu como um cafetão com sua própria esposa, como ainda enriqueceu com isso. Abrão não tinha mais como sair da embrulhada em que se meteu, mas Deus, por misericórdia a Sarai, interferiu na situação (Gênesis 12:17). Ela era parte indispensável do propósito divino, tão portadora da promessa quanto Abrão.[72] Mas essa atitude não definiu o caráter do pai migrante. Se ele foi medíocre no Egito, mostrou dignidade quando permitiu ao sobrinho Ló escolher a terra para onde peregrinaria, confiando na providência divina em re-

---
70 CROATTO, 1968, p. 46-47.
71 REINKE, 2019, p. 58-60 e 74-76.
72 VOGELS, 2000, p. 69-73.

lação ao seu futuro (Gênesis 13:1-12). Ainda no contexto de Ló em Sodoma, Abrão interveio em uma guerra para salvar seu sobrinho. Não lutou para enriquecer, mas pela justiça (Gênesis 14:12-16), sendo fonte de bênção para os outros.[73]

Soluções humanas e o cumprimento de uma promessa

Abrão recebeu a promessa de ter um herdeiro, mas o cumprimento parecia não chegar. Teria ele de tomar alguma atitude? Na dúvida, recorreu a soluções humanas.[74] A primeira foi a adoção de um herdeiro estrangeiro (Gênesis 15:1-21), Eliezer de Damasco. Mas Deus reafirmou sua promessa de maneira ainda mais intensa: o herdeiro sairia de suas entranhas e, mais do que isso, ele seria multiplicado como as estrelas do céu. Abrão creu. Mas novamente os anos se passaram e Deus permanecia silencioso, vindo a segunda solução humana: a busca de uma "barriga de aluguel". A partir de então, Sarai e a egípcia Hagar passaram ao centro do relato (Gênesis 16:1-16). É uma trama pouco edificante de ciúmes e disputas, com a permissão de Abrão às maldades da esposa contra a serva. Entretanto, Shadday revelou-se Deus não apenas de Abrão e de seus descendentes, mas também da descendência de Hagar. Ela foi a única mulher da Bíblia a receber a promessa de gerar nações (Gênesis 16:10). De qualquer maneira, a segunda solução humana não serviu. Abrão tinha um filho de sua carne, mas não de Sarai. Ela não poderia ser excluída da promessa divina.[75]

Veio, então, uma nova promessa (Gênesis 17:1-27), reafirmando o dito antigo. Deus trouxe um novo ingrediente: mudou o nome de Abrão para *Abraão* e o de Sarai para *Sara*. Também veio uma nova ordem: Abraão deveria ser íntegro, um exemplo para as nações. O patriarca passou a ter obrigações de sua parte, com a circuncisão. No capítulo seguinte, tem-se o relato de um novo encontro com Deus por ocasião da visita de três homens misteriosos e de uma nova promessa, dessa vez para Sara (Gênesis 18:1-15). Nos dois episódios, houve riso de incredulidade: Abraão riu (Gênesis 17:17) e depois Sara riu (Gênesis 18:12).[76] Qual foi a resposta de Deus ao riso duvidoso de seus servos? A garantia de um filho no colo depois de um ano. Com esse Deus migrante, há grandes motivos para rir!

---

73 VOGELS, 2000, p. 86-88.
74 VOGELS, 2000, p. 91.
75 VOGELS, 2000, p. 105-106.
76 VOGELS, 2000, p. 106-111.

Mas continuava a demora no cumprimento da promessa. O sobrinho Ló entra em cena de novo. Ele é sempre o oposto, o negativo de Abraão. Deus decidira destruir Sodoma e Gomorra, e Abraão apareceu como intercessor (Gênesis 18:16-33). Ló acabou salvo não pela sua justiça, mas porque Deus se lembrou de Abraão — ele foi, então, o motivo da bênção (Gênesis 19:29). Abraão parece estar constituído como homem justo. Entretanto, novamente colocou em perigo a mãe do seu futuro filho, entregando-a para um estrangeiro (Gênesis 20:1-18). Deus interveio novamente e não permitiu que o rei tivesse relações sexuais com Sara, advertindo-o por meio de sonhos. Abraão reconheceu o erro, mas, outra vez, lucrou com o evento, recebendo riquezas do rei traído. O Deus da misericórdia, por sua vez, deixou a cura naquele lugar. "Se Deus pode curar a esterilidade das mulheres de Gerar, pode também curar a de Sara. É efetivamente capaz de cumprir sua promessa."[77] Finalmente, após tantos percalços e tentativas humanas de levar a efeito a promessa de Deus, Abraão e Sara tiveram seu filho (Gênesis 21:1-7). Nasceu Isaque, cujo nome (*yishaq*) significa "ele riu" ou "riso", uma lembrança de quando pai e mãe riram da promessa divina. Agora, todos riam juntos, não de dúvidas, mas de felicidade.

Deus finalmente cumprira sua promessa, o filho nascera e o futuro de um povo tinha um novo capítulo. Poderia ser o final da jornada, mas nada é perfeito, mesmo com o pai da fé. Hagar e seu filho Ismael foram novamente alvo da crueldade de seus senhores (Gênesis 21:8-21). "Deus prossegue com o plano mesmo em meio à fraqueza humana."[78] Shadday ordenou a Abraão que mandasse Hagar embora, como Sara desejava. Mas faltou bondade ao pai: ele não deu à serva sequer a providência necessária para sobreviver por mais de um dia no deserto. Para Hagar, restou apenas clamar a Deus, e o Deus da salvação a ouviu: salvou sua vida e a do filho, e os abençoou com profícua descendência.

Um sacrifício a Deus e a continuidade da promessa

O ciclo narrativo de Abraão terminou com uma surpreendente ordem divina: Abraão deveria oferecer o filho prometido em sacrifício (Gênesis 22:1-18). O pai migrante não sabia, mas o grande objetivo não era sacrificar Isaque. Abraão foi posto à prova. O evento diz mais res-

---

77 VOGELS, 2000, p. 140.
78 VOGELS, 2000, p. 145.

peito à obediência do pai do que ao filho em si. A situação era extrema. Quando chamado para deixar a família, ele sacrificou o passado. Agora, chamado para esse ato horripilante, ele deveria sacrificar seu futuro. A ordem era incompreensível segundo qualquer ponto de vista; depois de esperar por tanto tempo, teria de matar Isaque. O enredo do pai levando o filho para a montanha é lento, descrevendo o tempo, os animais, os empregados, a lenha. Foram três dias de caminhada, e o leitor pode imaginar os pensamentos que passaram pela cabeça de ambos. Abraão foi até as últimas consequências, estendendo a mão para imolar Isaque. Deus, então, interferiu e suspendeu a ordem. Abraão tinha verdadeiramente temor do Senhor, temor demonstrado de forma concreta ao não recusar o filho da promessa. "Abraão não imolou o filho, mas efetivamente o ofereceu a Deus."[79] Então, todas as promessas que Deus fizera até aquele momento foram reafirmadas a Isaque, o filho ofertado a Deus.

Abraão viu apenas o início da realização da promessa. Ele havia tido um filho, mas ainda não era o pai de uma grande nação, nem tinha a propriedade da terra. Aliás, dessa terra prometida, ele possuía apenas um poço e um túmulo. Quando Sara morreu, Abraão precisou assegurar a continuação de sua prole para depois da própria morte. O caminho foi buscar para o filho uma esposa entre a parentela (Gênesis 24:1-67). A narrativa é longa e detalhada. Abraão convocou seu servo para buscar a esposa e o enviou sob juramento a ser feito, "colocando a mão debaixo da coxa". Trata-se de uma metáfora: a mão do servo segurou o pênis de Abraão, onde estava a procriação da descendência e sua fonte de vida, tocou o membro circuncidado, sinal da aliança com Deus, invocando o compromisso eterno com Shadday.[80]

Não há necessidade de detalhar a sequência. Diferente de tudo o que Abraão havia tentado no passado, buscando soluções humanas, aqui ele confiou apenas em Deus. Determinou somente duas ações ao servo: buscar uma esposa dentre a parentela; e não levar o filho de volta para Harã. Deus lançou os migrantes em uma jornada de fé rumo ao novo, jamais a um retorno para o passado. Deus mesmo conduziria o empregado à esposa certa para seu filho. E o servo assumiu sua parte: a história mostra a iniciativa, a responsabilidade e a sabedoria humana cheia de fé de um lado, e a fidelidade de Deus do outro, garantindo a

---
79 VOGELS, 2000, p. 153-156.
80 VOGELS, 2000, p. 164-166.

continuidade da promessa.[81] A chegada de Rebeca concluiu a saga de Abraão. Ela perguntou ao servo: "Quem é aquele que vem ao nosso encontro?". Ele respondeu: "É meu amo". O chefe não era mais Abraão, retirado de cena. Isaque era o novo pai migrante a caminhar com o Deus da promessa.

Não detalharei a vida de Isaque, pois o ciclo bíblico em torno dele é bem mais curto. Sua juventude e seu casamento ainda fazem parte da narrativa de Abraão, e a luta entre os seus dois filhos já anuncia o ciclo de Jacó. Isaque é descrito de forma breve e densa: reside em Berseba, no extremo sul de Canaã, e abre poços em acordo com os outros habitantes, com os quais divide espaço (Gênesis 26:23-33). Mas a tarefa essencial de Isaque, como "personagem de uma narrativa", é receber e passar adiante com dignidade a promessa feita a Abraão (Gênesis 26:24).[82]

De Jacó a Israel

Jacó deu o passo decisivo na formação da descendência prometida, tendo sido presenteado com os doze filhos que seriam as tribos de Israel. A nova geração parecia garantida, mas a promessa ficou deslocada, pois a primogenitura e a bênção paterna foram conquistadas de forma desonesta. Jacó fugiu do convívio familiar e da terra prometida (Gênesis 25—27), e os pais das futuras tribos foram paridos em Harã, justamente o que Abraão não queria. Além disso, com Jacó, temos o conceito de graça imerecida levada às últimas consequências, ao receber a promessa apesar de ser embusteiro.[83]

Jacó é um dos personagens mais marcadamente humanos da Bíblia. A narrativa de sua vida começou com um presságio na gestação e no nascimento: ele lutava contra o irmão gêmeo e saiu agarrado ao seu calcanhar, o que lhe rendeu o nome Jacó (Gênesis 25:21-26). Segundo a etimologia do autor, seria um trocadilho entre as palavras 'aqob (calcanhar) e 'aqab (suplantar).[84] Ou seja, no entendimento do augúrio, ele seria alguém em constante luta para superar os outros. Depois, a rica descrição da juventude de Jacó e Esaú demonstra uma família com todos os ingredientes pouco recomendáveis que podem ser encontrados

---

81   VOGELS, 2000, p. 168.
82   SCHREINER, 2012, p. 99.
83   SCHREINER, 2012, p. 100.
84   Provavelmente o nome Jacob [Jacó] é uma abreviatura de outros existentes na época, como Jacob-el ou Jacob-har ("que Deus proteja"). DAVIS, John D. *Novo dicionário da Bíblia*. Edição ampliada e atualizada. São Paulo: Hagnos, 2005. p. 617.

em qualquer casa de nosso convívio: a preferência do pai e da mãe por um dos filhos, as características mais caseiras do pacato Jacó em oposição ao espírito aventureiro do caçador Esaú (Gênesis 25:27-28), os pequenos anseios da juventude pela atenção do pai (Gênesis 25:29-34) e o mais completo conluio com a mãe para roubar os direitos e as bênçãos dedicadas ao irmão (Gênesis 27).

A narrativa do "roubo da primogenitura" demonstra a falência de uma família. O aspecto de "suplantador" de seu nome foi além da disputa honesta; Jacó se fez enganador, o que aparece subjacente à fala irônica de Esaú. Rebeca, apresentada como virtuosa ao ser escolhida como esposa para Isaque, aqui é autora da estratégia e da execução de um plano para roubar ao filho preferido, a bênção paterna. Se Abraão esteve disposto a sacrificar o filho pela verdade divina, Rebeca sacrificaria a verdade no amor doentio pelo filho. Ela sofria da mais pura idolatria: Jacó era o centro de sua vida, não importando seu marido e o outro filho.[85] A narrativa é de tirar o fôlego: jurado de morte pelo irmão, Rebeca mandou Jacó morar com seu irmão Labão, esperando encontrar lá guarida e uma esposa entre os parentes (Gênesis 27:41-45). Não deixa de ser dramática a chegada de Jacó ao local de onde seu avô havia partido com a promessa de descendentes, um povo e uma terra a possuir. Jacó não tinha nada além da jura de morte do irmão (Gênesis 28).

No caminho, Jacó teve uma epifania e também recebeu a mesma promessa dada a Abraão, de maneira igualmente graciosa: o Deus de Abraão e de Isaque prometeu a terra, a descendência e a bênção (Gênesis 28:13-15). Foi graça pura, escandalosa: não houve paga para o mal por ele praticado. Jacó, por sua vez, não conseguiu compreender tamanha generosidade: "Se Deus estiver mesmo comigo, se realmente cuidar de mim, então Shadday será o meu Deus. como é dos meus pais" (Gênesis 28:20-22). Nada mais humano: a graça parece boa demais para ser verdade.

Os capítulos seguintes demonstram a complicada relação entre Labão e seu sobrinho e genro. A narrativa inclui um triângulo amoroso um tanto sórdido envolvendo Jacó e suas primas-esposas Raquel e Lia (Gênesis 29—30). Tudo nasceu da obsessão de Jacó pela linda Raquel, absorvido por um "romance apocalíptico", uma ideia deturpada

---

85 CHAMPLIN, Russel Norman. *O Antigo Testamento interpretado*: versículo por versículo: Volume 1: Gênesis, Êxodo, Levítico, Números. 2. ed. São Paulo: Hagnos, 2001. p. 184.

do amor que o leva a pagar uma fortuna em catorze anos de trabalho gratuito. O sogro, ao perceber a efervescência sexual e a obsessão de Jacó por Raquel, aproveitou-se para passar adiante Lia, a filha sem graça e indesejada, prejuízo certo para seus intentos econômicos. Pobre desta, antes ignorada pelo pai, agora rejeitada pelo marido. Então, a narrativa do nascimento dos filhos de Jacó é marcada pela disputa entre as esposas Raquel, a idolatrada, e Lia, a desprezada. Como elas buscam a atenção do marido? Da maneira como algumas mulheres oprimidas tentaram atingir o coração de homens insensíveis: dando-lhes filhos. Quando elas não puderam mais parir, passaram a competir por meio das escravas, pessoas desumanizadas e entregues como procriadoras, a exemplo do que Sara fizera com Hagar.[86]

Nessa narrativa, assim como tudo o que o texto bíblico nos mostrou até então, Deus opera e cumpre as suas promessas em meio ao pecado da condição humana. Não apenas atua em meio ao caos, como também o usa para seus propósitos. Deus é Senhor da história sem idealizá-la e forçá-la. Deus trouxe a semente das tribos de Israel à existência no exílio de Jacó. De Lia, nasceram Rúben, Simeão, Levi, Judá, Issacar e Zebulom; de Bila, escrava de Raquel, Dã e Naftali; de Zilpa, escrava de Lia, Gade e Aser; e de Raquel, José e Benjamim. Se o pai Jacó foi chamado de "arameu errante" pelo deuteronomista, seus filhos também o foram. Todos tiveram ascendência nos mesmos arameus de onde Abraão partira. Entretanto, a pluralidade também foi a marca dessa família: quatro tribos (Dã, Naftali, Gade e Aser) saíram das escravas cuja etnicidade o texto bíblico sequer menciona. São personagens mudas na narrativa. Mas nós sabemos, pelo relato de Hagar, que essas "barrigas de aluguel" foram ouvidas pelo Deus de Abraão. Não sabemos como clamaram, mas elas estão incluídas nominalmente na história da salvação.

O texto segue seu curso mostrando a difícil separação entre Jacó e a casa de seu sogro. As desavenças e disputas desonestas de duas décadas precisavam ser resolvidas (Gênesis 31). Os capítulos seguintes são profundamente dramáticos (Gênesis 32—33), tratando do desfecho do problema com Esaú. Jurado de morte, era uma contagem regressiva para mais um fratricídio nas narrativas bíblicas. A preparação para a

---

[86] Timothy Keller fez uma excelente análise da obsessão idolátrica em torno do "amor escatológico" na narrativa de Jacó e suas esposas. Ver em KELLER, Timothy. *Deuses falsos*: eles prometem sexo, poder e dinheiro, mas é disso que você precisa? Rio de Janeiro: Thomas Nelson Brasil, 2010. p. 39-58.

volta demonstra a tensão, com Jacó tomando providências para deixar sobreviventes. Antes, porém, houve um encontro misterioso às margens do Jaboque, narrada por um observador do outro lado do ribeiro (Gênesis 32:23-29). Ele viu dois homens lutando em meio à escuridão. Mas era uma luta estranha: Jacó usava todas as suas forças para *segurar* o homem; não o deixava partir. Exaurido, ferido na perna e agarrado ao seu calcanhar, ele clamou: "Não te deixarei ir se não receber de ti a tua bênção!". O estranho se rendeu. "Qual é o seu nome?", quis saber. "Jacó", confessou ele. A dubiedade latente do enganador-suplantador ficou escancarada. Dessa vez, porém, a busca da bênção não foi pela via do engano; veio na crise existencial de alguém desejoso de ser visto como especial, objeto de amor incondicional. Pobre Jacó! Ele já tinha esse amor, já recebera a promessa graciosa no início de sua jornada, Deus já estava com ele. Ainda assim, o paciente Deus migrante lhe deu aquilo de que ele precisava. "Você não se chamará mais Jacó, mas Israel, porque lutou com Deus e com os homens e prevaleceu." Que misericórdia é essa, feliz em ser derrotada pela insistência humana? Que Deus é esse, que se alegra em ser vencido na perseverança?

O pai Jacó saiu renovado da luta, com um novo nome — Israel — e manco para o resto da vida. O encontro com o divino é fogo consumidor. Então, a grata surpresa no encontro com Esaú. Deus foi na frente e trabalhou o coração do irmão; o enganado já havia perdoado o enganador. A reconciliação foi emocionante, o choro correndo livre entre os irmãos abraçados. Jacó, olhando para o rosto do irmão, compreendeu tudo: viu nele o rosto de Deus, o rosto do perdão (Gênesis 33:10).

Israel chegou de volta à terra prometida. O migrante armou a tenda em Siquém, lugar sagrado em que Abraão recebera a promessa da terra e onde seu pai também vivera por algum tempo. Até então, Jacó conhecia o Deus migrante apenas de ouvir falar, mas não tinha com ele qualquer relacionamento: era o "Deus de meu pai" (Gênesis 31:5), o "Deus de Abraão" e o "Temor de Isaque" (Gênesis 31:42,53), mas não era o seu Deus. Agora, depois da batalha do Jaboque, aceitava seu senhorio. Em Siquém, ele construiu um altar pela primeira vez e o chamou *El-Eloe-Israel*, "El, o Deus de Israel" (Gênesis 33:20). O Deus de Abraão e de Isaque, desde então, seria também o Deus de Israel.

Os pais das tribos em Canaã

O retorno do clã de Israel para Canaã não significou mudança na forma de subsistência nem na configuração social. A família continuava sendo migrante, vivendo em uma espécie de seminomadismo, em uma convivência pacífica com as cidades. Em dado momento, cuidavam de seus rebanhos, fixados nas proximidades de Siquém. Entretanto, a realidade histórica demonstra que, na vida, não há "felizes para sempre". Um morador local estuprou Diná, filha de Israel e Lia. Apesar disso, apaixonado como estava, o estuprador pediu a moça em casamento (Gênesis 34). Em um ardil traiçoeiro, os irmãos de Diná exigiram a circuncisão dos homens da cidade, com a promessa de se tornarem cidadãos daquela comunidade. Aceita a exigência, não sem certo interesse, os homens foram todos circuncidados. Mas, ainda sofrendo as dores da cirurgia, foram mortos pelos filhos de Israel e tiveram seus bens saqueados. Estava selada a vingança da violência sofrida pela irmã com a chacina de uma cidade inteira. O resultado foi a inimizade dos habitantes da região e a necessidade de migrar para outro local.

Essa história nos mostra alguns dos elementos distintivos de Israel em relação aos outros povos. Eles eram pastores e migrantes; considerados estrangeiros na terra, mas com a possibilidade de serem assimilados; e diferenciavam-se dos habitantes locais pela circuncisão, a qual marcava uma primeira identidade daquela família. Mas a circuncisão não parecia ter relação direta com a fidelidade ao Deus de Israel naquele momento, fato que o capítulo seguinte parece subentender.

A sequência narra o clã de Israel deixando Siquém e migrando para Betel (Gênesis 35), local em que Deus se revelou a Jacó pela primeira vez. Seus filhos escaparam da vingança dos cananeus pela mais pura interferência divina (Gênesis 35:5). Aqui, o texto nos revela algo assombroso sobre o clã de Israel: seus membros não cultuavam o Deus do pai, mas "deuses estranhos", talvez os deuses roubados por Raquel (Gênesis 31:19). Os pais das tribos eram circuncidados, mas não "de coração", como diriam os profetas e o apóstolo Paulo, milênios depois. Ao mesmo tempo, parece haver certa liberalidade de Israel com a situação, pois o fato de os deuses estranhos não serem destruídos, mas apenas escondidos (Gênesis 35:4), pode mostrar que o afastamento era somente temporário. De qualquer forma, a narrativa prossegue com a renovação da promessa de bênção divina e multiplicação da descendência de Israel, como ocorreu antes, com seus antepassados. A narrativa apresenta uma segunda versão para a mudança de nome de Jacó para Israel (Gênesis 35:10). O capítulo fecha com alguns fatos importantes antes de abordar as transições finais do ciclo de Jacó: o nascimento de Benjamim, a morte de Raquel e o falecimento de Isaque, enterrado pelos irmãos reconciliados.

Os migrantes no Egito

A sequência da história coloca José no centro, embora o redator não esteja tão preocupado com o sucesso do jovem quanto com a sobrevivência de Israel. Sua história apresenta a providência divina conduzindo a família migrante para dentro da potência egípcia. Como a história de Jacó, a de José também trata de pessoas um tanto injustas, mantendo o pano de fundo da graça imerecida. José é apresentado como um adolescente em seus dezessete anos, filho de Raquel e preferido do pai. Veja como a obsessão de Israel pela mulher continuou mesmo após a ida dela ao túmulo, afetando negativamente o relacionamento entre seus filhos (Gênesis 37). A tragédia anunciada veio à tona quando os irmãos, enciumados pela preferência do pai somada à arrogância de José, acabaram por vendê-lo como escravo a comerciantes a caminho do Egito.

Nesse ínterim, o narrador nos apresenta uma pequena visão sobre como viviam os pais das tribos em Canaã (Gênesis 38). Judá se casou com uma moça cananeia (Gênesis 38:2). Não há informações de onde saíram as esposas de seus irmãos, e é possível haver uma origem entre outros povos locais de Canaã ou mesmo cananeus. Ou seja: há muito gene cananeu na constituição étnica dos descendentes de Israel. No aspecto moral e religioso, vemos Judá fazendo uso das práticas da prostituição ritual sem qualquer pudor (Gênesis 38:15-16).[87] De qualquer maneira, nada disso preocupou o autor do texto: seu foco estava no problema do levirato, na constituição de um herdeiro para o falecido marido de Tamar, razão pela qual ela acabou sendo considerada justa diante da família e da comunidade (Gênesis 38:26).[88]

---

[87] Uma vez que a promessa de pagamento do sexo era um cabrito (Gênesis 38:17), é bastante possível que o animal tenha sido entregue como oferenda para um sacrifício feito em templo cananeu — pelo menos no imaginário de Jacó. Nesse caso, o disfarce de Tamar teria sido de uma prostituta ritual, não de uma prostituta no sentido comum do termo. CHAMPLIN, Vol. 1, 2001. p. 242.
[88] Explicarei a instituição do levirato no capítulo dos *anarquistas*, especificamente na história de Rute.

Voltemos a José, como nos propõe o autor da narrativa. Note-se como o redator intercala o que acontece em Canaã com os fatos no Egito, mostrando uma relação de sentido entre as histórias. José foi vendido a um oficial do faraó, cuja casa foi abençoada com a prosperidade. Tudo parecia ir bem, mas José acabou preso sob a falsa acusação de tentativa de estupro pela lasciva esposa do patrão. A cadeia também foi local da boa administração de José e da bênção divina (Gênesis 39). Em certa ocasião, José interpretou os sonhos de dois funcionários do faraó, temporariamente presos; os augúrios se cumpriram conforme a interpretação, mas José foi esquecido pelo beneficiado (Gênesis 40). Anos depois, o faraó teve um sonho sem interpretação, e o copeiro lembrou-se de José, que, então, resolveu o enigma. De quebra, o israelita ainda deu orientações para o Egito sobreviver aos sete anos de fome depois dos sete anos de fartura prenunciados. Diante de tamanha sabedoria, José foi elevado ao posto de vizir — governador — do Egito (Gênesis 41).

A descrição das ações de José como vizir estão alinhadas às características da administração faraônica. Há uma centralização estatal crescente na narrativa, a qual começa com a construção de silos para a armazenagem de cereais (Gênesis 41:34-36). Note o casamento de José com a filha de um sacerdote egípcio, vinculando-o a algum tipo de burocracia religiosa. O recolhimento ocorria nas cidades, guardando o excedente produtivo do entorno (Gênesis 41:47-48), pois eram os palácios e os templos os responsáveis por armazenar e redistribuir alimentos no imenso aparato burocrático do Egito. Já mencionei, no início deste capítulo, que o Egito era um "formigueiro humano" de intensa produtividade, local de convergência dos povos em busca dos cereais do vale do Nilo.

A família de Israel vivia o início dos anos de fome e decidiu ir ao Egito comprar cereais. Os filhos de Israel foram à terra do faraó e — surpresa! — chegaram a José, então chamado Zafenate-Paneia, diante de quem se prostraram sem perceber que era o irmão. As profecias se cumpriram. A narrativa dramatiza os acontecimentos, mostrando como José coloca os irmãos em ciladas, não sem alguma crueldade. Por fim, ele percebeu o arrependimento dos irmãos e revelou sua identidade (Gênesis 42—45).

A sequência mostra a transferência do clã de Israel para o Egito. Por isso, é relevante a genealogia apresentada na sequência, quando a família iniciou a migração (Gênesis 46). Nessa genealogia, são mencionados os dois filhos de José que dariam origem às tribos de Efraim e Manassés, as raízes egípcias dos israelitas. O clã de Israel passou para o Egito, e se estabeleceu como criadores de gado nas pastagens do Delta do Nilo, o território de tradicional afluência das tribos semitas (Gênesis 47:1-12). Depois, o narrador mostra o resultado da política econômica de José, beneficiando o Estado do faraó e tornando-o ainda mais centralizado e poderoso do que antes. A situação corresponde à realidade histórica dos períodos imperiais do reino do Egito: populações em condição servil, trabalhando nos campos reais e sacerdotais, totalmente dependentes do governo. O egípcio antigo era um trabalhador agrícola nos tempos da plantação, e um operário das obras estatais na entressafra.

A história encaminha-se para o final. Israel convoca seus filhos e emite os oráculos sobre o futuro de cada filho como tribo, agindo como profeta de Deus (Gênesis 48—49). A expectativa está posta no horizonte, na esperança da promessa de Shadday. O Egito, com seu poder e glória, era apenas o local de passagem, da efemeridade. A pátria deles seria outro lugar, e estaria sendo preparada por Deus. O capítulo final da emocionante narrativa dá conta do falecimento de Israel e seu enterro em Canaã. Depois, a reiteração do perdão de José e sua morte (Gênesis 50). Está findo o ciclo de Jacó e concluído um passo na história da salvação.

Conclusão

Neste capítulo, vimos o início da formação da família que viria a dar origem ao povo bíblico de Israel. Eles eram basicamente "arameus errantes", oriundos do norte da Mesopotâmia, migrantes entre outros tantos povos que circulavam pelo Crescente Fértil durante a Idade do Bronze Médio II. Faziam parte do complexo fenômeno do nomadismo, percorreram antigas e grandiosas civilizações desde Ur, passando pelo norte da Mesopotâmia, explorando todos os recantos de Canaã e entrando no poderoso império do Egito. Nesse longo caminho, os migrantes foram constituindo uma identidade cultural. A língua original, desconhecida, provavelmente uma espécie de aramaico antigo, pode ter sofrido mudanças no contato com o idioma cananeu. A religião também ganhou novos contornos, como os diversos nomes divinos aceitos e assimilados, entre eles, o El Elyon dos cananeus. Se Isaque e Jacó foram buscar esposas na terra de seus antepassados, os filhos de Israel tomaram mulheres entre os cananeus e os povos adjacentes. Estes constituem boa parte da genética do povo bíblico de Israel, sem falar dos filhos de José com uma egípcia. Os locais de culto também foram diversificados, acompanhando as migrações dos pais. Sua ética obedecia a padrões daquele tempo e daquele lugar, e a única diferença marcante parece ter sido a circuncisão. Em resumo: culturalmente falando, o clã de Israel era um tanto híbrido e tinha poucos elementos que o diferenciassem de outras culturas migrantes de seu entorno.

De volta à história da salvação, o relato dos pais mostra uma série de reviravoltas, ações e reações diante do caos da história. "Caos" aos olhos humanos, incapazes de saber quais resultados determinada ação provocaria no futuro. Como vimos em Abraão, houve uma constante tendência ao afastamento da promessa, algumas vezes provocado pelo pecado; outras, pelo adiamento divino. Andar com esse Deus migrante era estar exposto às incertezas, sem saber o que viria depois. A vida de Jacó caminhou no mesmo sentido: os filhos dados por Deus nasceram fora de Canaã, longe da terra prometida. Pior, nasceram no meio dos arameus, de onde Abraão partira, quase um retorno ao início de tudo. Quando chegamos à biografia de José, percebemos não tratar do sucesso empresarial de um jovem temente a Deus; trata, sim, de como esse Deus conduz a história, utilizando o pecado dos homens, mandando a fartura e a fome, colocando o homem certo no lugar certo para produzir um bem maior: a "salvação de muitos" (Gênesis 50:18-20).

Em termos de pragmatismo humano, a opção mais simples era Israel e seus filhos permanecerem em Canaã e multiplicarem filhos e descendentes, até serem os dominantes daquela terra. Mas Deus fez algo diferente: tirou o que era um germe de povo da terra que lhes prometera e os conduziu para o Egito. Novos passos imprevisíveis viriam a ser dados, mas seriam acompanhados de uma certeza: Deus caminhava com aqueles migrantes.

Capítulo 3
OS ESCRAVOS

A era dos pais terminou com José pedindo ao clã que seus ossos fossem levados quando Deus os visitasse (Gênesis 50:25-26). O Êxodo se inicia com setenta almas transformadas em uma multidão (Êxodo 1:5,7) depois de quatrocentos e trinta anos no Egito (Êxodo 12:40). É um longo tempo sem qualquer tipo de informação, um buraco negro na história. Os próprios redatores do texto bíblico não sabem explicar como isso aconteceu. Entre o Gênesis e o Êxodo, saltamos quatro séculos e encontramos uma situação completamente diversa. Se antes os migrantes eram convidados do faraó, sob a proteção do grande vizir, agora eles são considerados invasores indesejados em uma potência emergente, escravizados nas obras monumentais do poder estatal que rege o último tempo de glória do reino do Egito.

O vácuo histórico só é proporcional à importância do evento. Nesse relato, depois de quase meio milênio de silêncio divino, algo acontece: o Deus dos pais ouviu o gemido do povo, lembrou-se da antiga aliança, viu os filhos de Israel e prestou atenção na sua condição (Êxodo 3:7-8). É disso que este capítulo trata: de como os escravos foram libertos por um Deus salvador. É uma história recheada de intervenção divina, vozes em meio às chamas e ordenanças lembradas por Israel para sempre. Por isso, o êxodo é o evento primordial da "nação de Israel", a seiva que nutre a formação histórica desse povo e gera energia propulsora durante os milênios que ainda viriam.

O contexto geopolítico do Egito Antigo

Para entender o contexto mais amplo do êxodo, precisamos nos concentrar na região em que a história foi narrada. Eles se estabeleceram em Gósen, tradicionalmente localizada na parte oriental do Delta do Nilo. Era um local protegido por uma linha de fortificações contra os povos oriundos de terras asiáticas (Canaã e Síria), cujos habitantes eram considerados nômades rudes. Tudo isso iria mudar a partir do Segundo Período Intermediário, época de forte declínio egípcio e de uma Canaã relativamente próspera e organizada. A antiga linha de defesa perdeu sua eficácia, resultando em uma área de intensa e livre circulação entre o Delta e Canaã.[1]

O domínio dos chefes estrangeiros: os hicsos

O *Segundo Período Intermediário* (1785-1580 a.C.) é considerado o mais obscuro da história do Egito. Os poucos documentos da época apresentam listas com quase duzentos faraós reinando durante dois séculos entre as dinastias 12ª e 18ª. Nesse tempo, ainda havia um reino unificado; foram construídas as últimas pirâmides e havia certa influência sobre Canaã e Síria, mas a quantidade de faraós parece indicar a sobreposição de diferentes poderes locais. De qualquer maneira, o tempo de governo dessa dinastia foi marcado pela presença de asiáticos chamados *hicsos*.[2]

Quem eram os hicsos, exatamente? Há um engano disseminado por Josefo, para quem a expressão significaria "reis pastores". Na verdade, é a transliteração da expressão egípcia *Heqa khasut*, traduzida como "chefe dos estrangeiros". Ela designa os chefes das tribos da Ásia e dos desertos próximos. Tais chefes e suas tribos, de etnias variadas, chegaram aos poucos, provavelmente ligados à expansão dos amorreus daqueles séculos. Essa infiltração começou por volta de 1730 a.C. e viria a se tornar uma ação militar concreta somente em cerca de 1640 a.C., quando foi tomado o poder em Mênfis, marcando o fim da 13ª dinastia. No Delta do Nilo, ainda permaneceu um governo egípcio muito fraco ao longo da 14ª dinastia, o que demonstra a fragmentação do período. O que nos interessa são as 15ª e 16ª dinastias do Egito, pois elas foram

---
1 LIVERANI, 2016, p. 334-335.
2 LÉVÊQUE, 1990, p. 175-178.

governadas por hicsos.[3] Os faraós hicsos dessas dinastias unificaram o norte, governando a partir de Mênfis, tradicional palco de disputa entre dinastias rivais.[4] A administração foi assumida pelos imigrantes hicsos, mas muitos egípcios permaneceram a serviço deles. Enquanto isso, egípcios governavam outra porção do Egito a partir de Tebas, ao sul, mas mantendo relações pacíficas com os hicsos do norte. Como acontece com frequência, invasores de culturas milenares acabam assumindo costumes e comportamentos dos dominados, e o mesmo se deu com os hicsos. Eles adotaram deuses egípcios, usaram a escrita hieroglífica e construíram templos e edifícios, a exemplo dos faraós anteriores.[5]

No tempo dos hicsos, surgiu uma inovação muito importante no Oriente Próximo: por volta de 1600 a.C., foi inventado o carro ligeiro, puxado por cavalos. Até então, esses animais eram considerados apenas uma variedade pouco dócil do burro, preferido para o trabalho. Essa nova tecnologia foi difundida por todo o Oriente e chegou também ao Egito. O carro viria a revolucionar a técnica da guerra, até então baseada no confronto de infantarias, passando a ser componente estratégico como arma móvel para os arqueiros lançarem suas flechas, instrumento de atropelo contra a infantaria e de perseguição de inimigos em fuga. A presença de carros de guerra no exército criou um grupo de elite na estrutura militar, pois os custos do equipamento (cavalo, carro, couraças e armas de ataque e defesa) e a complexidade do treinamento fizeram com que os palácios lhe concedessem muitas benesses e uma posição privilegiada.[6]

A ocupação dos hicsos no Egito trouxe consequências a longo prazo. Primeiro, foi humilhante para o "complexo de superioridade" dos egípcios, até então convictos de estar protegidos de qualquer problema em seu vale dourado. Um povo bárbaro tomou o poder e governou por quase um século. Segundo, os hicsos estabeleceram muitos laços de sangue, cultura e filosofia entre as populações do Nilo e do Próximo Oriente, especialmente Síria e Canaã. Tais contatos não foram rompidos durante o Novo Império.[7] Em função da relação entre egípcios e semitas, é comum colocar esse período como palco de fundo das narrativas de José e da ida de seu clã para a terra dos faraós.

---

3   LÉVÊQUE, 1990, p. 178-180.
4   LIVERANI, 2016, p. 337.
5   LÉVÊQUE, 1990, p. 180-182.
6   LIVERANI, 2016, p. 380-383.
7   LÉVÊQUE, 1990, p. 184.

O último período de glória do Egito: o Novo Império

Depois de Mênfis, os hicsos construíram sua capital em Avaris, também no Delta. Com o tempo, o Egito sob o governo dos nativos em Tebas se fortaleceu e deu origem à 17ª dinastia, a qual uniu forças para expulsar os invasores. Localizados mais ao sul, esses reis buscaram no interior africano reforços para a batalha, razão pela qual costuma-se pensar nesse episódio como uma luta entre Ásia e África. Os conflitos com os invasores levaram os egípcios a adotar uma postura que seria típica no Novo Império, marcada por um Estado mais agressivo militarmente do que fora nos impérios Antigo e Médio, muito mais fechados em si mesmos.[8] A tendência internacional da época auxiliou as pretensões dos faraós. A Babilônia havia perdido sua influência e o eixo econômico mudou para o norte da Mesopotâmia e o Levante. Um equilíbrio regional acabou por se estabelecer no Oriente Próximo por volta de 1600 a 1200 a.C., com potências regionais relativamente estáveis: o Elão (no planalto iraniano), a Babilônia cassita, o reino de Mitani (norte da Mesopotâmia), o reino hitita (na Ásia Menor), os micênicos (no Egeu) e Chipre.[9] Nos mesmos séculos, houve o florescimento de muitas cidades na planície costeira de Canaã, a Fenícia, atingindo o auge da prosperidade com cidades ricas como Ugarit, um centro internacional de trocas comerciais, e Biblos, um porto de intensa relação de negócios com o Egito.[10]

Nessa configuração, ocorreu a emergência dos egípcios. Com a expulsão dos hicsos por volta de 1580 a.C., os tebanos reunificaram o reino e deram origem ao *Novo Império* (1580–1160 a.C.), último grande período de glória egípcia. Composto pelas 17ª a 20ª dinastias, foi o tempo de maior expansão externa, estendendo a influência desde o extremo sul do Nilo até o Eufrates, em plena Síria. O regime faraônico continuou bastante centralizado, regido por um faraó habituado às armas, tanto um rei-deus como um rei-soldado.[11] O Egito manteve alguns centros de exploração em Canaã, com armazéns e guarnições militares, mas eram poucos. A principal forma de controle era pela manutenção dos pequenos reis locais, os quais juravam fidelidade e vassalagem ao

---
8 LÉVÊQUE, 1990, p. 190.
9 LIVERANI, 2016, p. 389.
10 CHEILIK, Michael. *História antiga*: de seus primórdios à queda de Roma. Rio de Janeiro: Zahar, 1984. p. 47.
11 LÉVÊQUE, 1990, p. 191-192.

Egito com o pagamento de tributos regulares, mas sem qualquer contrapartida por parte do faraó — diferente dos hititas, por exemplo, que prometiam proteção aos reinos do norte da Síria.[12] A política interna do Egito decorreu desse avanço internacional, especialmente pelo crescente militarismo e a importância do exército. A casta guerreira também aumentou significativamente como proprietária de terras. Ao mesmo tempo, viu-se a ascensão do sacerdócio de Tebas, com importância central para o deus Amom, identificado com o sol, ocupando o topo do panteão egípcio.[13]

Há um ótimo material visual para ilustrar a história do Novo Império, uma farta documentação e legado em obras. A 18ª dinastia (1580–1160 a.C.) teve, em sua linhagem, alguns dos faraós mais famosos, como Amenófis IV, o herético, que viria a mudar o nome para Akhenáton. Ele ficou conhecido por substituir o culto das múltiplas divindades pelo de Aton, o deus único representado pelo disco solar.[14] Seu sucessor foi outro bem conhecido, Tutancâmon, restaurador dos cultos antigos e falecido aos 19 anos, cujo túmulo repleto de riquezas inacreditáveis foi encontrado em 1922.[15]

A história que mais interessa para este capítulo começa com a 19ª dinastia, marcada pela chegada dos Ramsés. O mais importante deles foi o faraó Ramsés II (1301–1235 a.C.). Ele transferiu sua residência real de Tebas para Pi-Ramsés, no Delta do Nilo, de onde poderia enfrentar os desafios da fronteira contra as populações asiáticas, facilitando, assim, as campanhas militares em direção a Canaã e Síria. Na disputa por esses territórios, confrontou outro império importante daquele tempo, o reino dos hititas (da Ásia Menor), com quem celebrou um glorioso empate. Ramsés II teve um longo reinado de setenta anos e foi um dos maiores construtores de todos os tempos, sendo responsável por obras como os templos de Karnak e de Abu Simbel.[16] Essas obras, como todos os monumentos da Antiguidade, eram "propaganda de Estado": Ramsés II foi proclamado mediador dos deuses e doador da vida. Seus monumentos, murais, estelas e templos assombrosos tratavam de exaltar o faraó como centro de salvação e ponto de convergência entre os

---

12 LIVERANI, 2016, p. 461.
13 CARDOSO, 1982, p. 61.
14 LÉVÊQUE, 1990, p. 206.
15 LÉVÊQUE, 1990, p. 209.
16 LÉVÊQUE, 1990, p. 212-213.

povos do entorno do Egito. Era um gigantesco aparato administrativo e ideológico de celebração e louvor ao próprio poder.[17]

Depois de Ramsés II, com o início do reinado de Merneptá, o Egito foi entrando lentamente em declínio, especialmente após o aparecimento dos povos do mar — assunto para o próximo capítulo.

A escravidão e a corveia no Egito

A economia do Egito Antigo era palaciana, com a produção econômica centralizada nas grandes organizações do templo e do palácio, e os trabalhadores vinculados a essas estruturas, como servos remunerados ou não. A produção era recolhida e redistribuída de acordo com um sistema burocratizado e hierarquizado.[18] Em outras palavras, o campo produzia, enquanto a cidade administrava e usufruía, consumindo uma parte do excedente e comercializando a outra. O comércio era prerrogativa do Estado egípcio. Além disso, utilizava o trabalho forçado ou compulsório de sua própria população, dispondo dos camponeses nas obras públicas de palácios, fortificações, obras de irrigação, armazéns e outros.[19] Essa forma de uso do trabalho popular — que podemos chamar de *corveia* — era típica do Egito das primeiras dinastias até a 12ª. Todas as obras do Antigo Império, incluindo pirâmides, templos, palácios, fortificações e instalações de irrigação, foram construídas pelos próprios egípcios segundo esse modelo. A partir do Médio e do Novo Império, começaram a aparecer escravos (no sentido pleno do termo) em diversas categorias. Os escravos eram essencialmente estrangeiros, pois os egípcios só eram escravizados como punição de delitos muito graves. Os escravos eram chamados de *asiáticos* e trazidos por duas vias: como prisioneiros de guerra e pagamento de tributos dos reinos subjugados ou no tráfico, para abastecer as propriedades privadas, em ascensão durante o Novo Império.[20] A narrativa bíblica de José se encaixa nesse segundo caso. O Egito conheceu diversos termos que poderiam corresponder ao que chamaríamos de doméstico ou servo. Eram os escutadores ("aqueles que ouvem o chamado"), os copeiros (*ubau*, servidores da mesa e confidentes ou conselheiros de seus senhores),

---

17 ZENGER, Erich. *O Deus da Bíblia*. São Paulo: Paulinas, 1989. p. 82-85.
18 LIVERANI, 2016, p. 64.
19 DREHER, Carlos A. *Escravos no Antigo Testamento*. Estudos Bíblicos (Vozes), n. 18, p. 9-26, 1988. p. 12-13.
20 DOBBERAHN, Friedrich Erich. *O destino do escravo José*: observações sobre a escravidão no Antigo Egito. Estudos Bíblicos (Vozes), n. 18, p. 27-36, 1988. p. 28-29.

os *chemsu* (termo não traduzível, eram aqueles que levavam esteiras e limpavam o local em que o senhor se sentaria, ou levavam suas sandálias e limpavam seus pés). Mas dois grupos poderiam realmente ser traduzidos como escravos: os *hemu* e os *beku*, os quais eram tratados duramente, amarrados e espancados. A alforria era possível, e muitos escravos com habilidades em determinados ofícios podiam deixar sua condição e se misturar à população mais pobre.[21]

Para compreender como funcionava o sistema egípcio, temos o exemplo do trabalho forçado, no tempo de Ramsés II, em um campo de obras em Tebas, na necrópole real de Deir-el-Medina. Ali viviam cerca de 120 famílias, divididas em tarefas diversas. Como é de se imaginar, havia uma clara diferenciação na distribuição de cereais, com os superiores ganhando muito mais do que os operários. O ritmo de trabalho era de nove dias, com o décimo destinado ao descanso, e o salário anual para os operários mais simples equivalia a um boi. Esse salário significava pouco mais do que o mínimo de subsistência. Além disso, atrasos de pagamento e inflação pioravam a situação dos trabalhadores, envolvidos em lutas e greves em função da fome. A situação provocava insurreições e fuga do Egito, ato punido com a prisão dos parentes da pessoa fugitiva. Em caso de captura, a punição frequente era o trabalho perpétuo sem remuneração, prestado para o Estado, ou seja, a escravização plena. Os militares dos postos de guarda ao oriente do Delta defendiam o Egito de eventuais invasores, mas também eram responsáveis pela captura dos fugitivos, tanto trabalhadores estatais como escravos. A contenção da fuga de escravos e trabalhadores da corveia era uma questão vital para a economia do Estado egípcio.[22] Sem trabalhadores, não há construção nem monumentos.

Os trabalhos mais duros eram realizados pelos estrangeiros. Um deles era o de oleiro (ou pedreiro), o qual se ocupava de moldar e agregar adobes. Não era um trabalho difícil, porém revelava-se muito cansativo: o lodo era coletado no Nilo e misturado com areia e palha. A massa era pisoteada até formar uma mistura homogênea, a qual, então, era jogada em um molde de madeira e, depois, colocada para secar ao sol por alguns dias. Era um trabalho em equipe: enquanto alguns pisoteavam, outros buscavam a água para a mistura e outro grupo juntava a

---
21 MONTET, Pierre. *O Egito no tempo de Ramsés*. São Paulo: Companhia das Letras: Círculo do Livro, 1989. p. 68-71.
22 ZENGER, 1989, p. 87-89.

palha nos campos. Os tijolos de adobe eram a base para a construção civil egípcia; as pedras eram usadas em portas e estrutura, e o restante era completado com o adobe. É precisamente essa a atividade descrita na Bíblia para os escravos israelitas (Êxodo 1:14). Outra classe próxima à dos oleiros era a dos poteiros, fabricantes de potes de barro com tornos manuais.[23]

O tempo da narrativa do êxodo, portanto, era de um império em ascensão, marcado pela belicosidade externa e por um trauma do passado contra as populações asiáticas, com graves reservas contra os migrantes, embora fazendo uso deles em toda a sua estrutura econômica. Nesse contexto, os israelitas foram escravizados.

As características dos escravos israelitas

Tratar das características dos escravos israelitas é tão complicado quanto tratar dos pais migrantes. Temos um testemunho bíblico, mas não existem evidências extrabíblicas do êxodo. Isso não é novo: José, por exemplo, sequer é analisado pelos historiadores, pois sua narrativa é considerada uma novela. Questões sobre os milhões de pessoas envolvidas na jornada são consideradas descabidas.[24] O fato de tanta gente abandonar os postos de trabalho em um único dia também não conta com registro externo. Enfim, não se encontrou qualquer rastro do êxodo fora da Bíblia. Isso não significa que a historiografia o considere uma completa ficção: os críticos do texto bíblico acreditam ser um escrito tardio, com um cerne histórico mínimo, mas não conforme o fato ocorrido em seus mínimos detalhes.[25] Costuma-se trabalhar com a possibilidade de que tenha havido um núcleo israelita vivenciando uma experiência muito próxima do relato bíblico, um núcleo que teria encontrado outras tribos já habitando em Canaã, às quais se integra-

---

23 MONTET, 1989, p. 164-165.
24 O número total de 603.550 homens (Números 1:46) poderia chegar a mais de dois ou três milhões se considerarmos esposas e filhos, o que significa um problema de logística insolúvel. Além disso, o próprio texto indica que esses dados podem ser altos demais, pois, mais adiante, afirma-se que todos os primogênitos de Israel somavam apenas 22.273 (Números 3:43), e que esse número correspondia a 273 primogênitos a mais que levitas (Números 3:46). É muito pouco para o total de 600 mil homens. Acontece que há dúvidas em relação ao significado da palavra hebraica 'elep ("mil") usada no texto de Números, termo que conta com outras traduções possíveis, como "líder" ou "tropa". Nesse caso, não seriam 600 mil, mas 600 líderes ou 600 tropas. Também pode ser um caso de exagero retórico. Seja como for, na narrativa bíblica "é frequente os registros numéricos terem outros propósitos que não apenas comunicar um fato literal". PROVAN; LONG; LONGMAN III, 2016, p. 202.
25 BERLESI, 2008, p. 63-65.

ram ao longo dos séculos e cujos clãs assumiram a narrativa do êxodo como a de seus próprios antepassados.[26] Essa, claro, é uma hipótese que carece também de dados concretos, que não existem. Já abordei essas hipóteses na introdução.

Penso que o texto bíblico não deva ser abandonado tão facilmente. Ele nos conta uma parte da história, a que mais interessa, e não se preocupa em fornecer um quadro completo. Por exemplo: quem eram os israelitas do êxodo? Apenas os descendentes de Jacó? Alguns textos no registro bíblico apontam para a presença de grupos distintos das tribos originais. Para começar, a própria narrativa da saída do Egito é protagonizada por uma multidão mista de israelitas e estrangeiros (Êxodo 12:38 e Números 11:4). Também havia mulheres israelitas com filhos de egípcios (Levítico 24:10), o que parece denotar uma comunidade bastante misturada com as famílias do Egito. O clã dos midianitas, parentes do sogro de Moisés, também os acompanhou (Números 10:29-32) e veio a habitar com Israel em Canaã (Juízes 1:16). Calebe, um dos heróis da conquista, era quenezeu, um clã edomita, e acabou recebendo parte da herança de Judá, integrando-se à tribo (Josué 14:13-14; 15:13-20). São alguns textos apontando para uma razoável liberalidade dos israelitas para com os estrangeiros, mostrando que, mesmo no deserto e em trânsito, o povo recebia grupos de diversas origens.[27] Nada que contrariasse a prática dos pais migrantes, uma vez que duas das tribos de Israel, Efraim e Manassés, eram filhos de José com uma egípcia (Gênesis 41:50-52). Além disso, o fato de Moisés ser um nome de raiz no egípcio antigo revela quanto os israelitas podem ter-se misturado aos seus vizinhos.

Esses são pequenos detalhes garimpados na Bíblia. O texto não é explícito sobre o tema. Outras perguntas podem ser feitas, embora fiquem sem resposta e se limitem à especulação. Se os pais migrantes se casaram com mulheres de Canaã, como se comportaram os seus descendentes? Teriam voltado à prática de Abraão, Isaque e Jacó de se casar com primas? Se a Bíblia menciona casamentos com egípcios, o povo teria tido contato também com outros clãs no Delta, habitado por semitas como amorreus e cananeus? Ao que me parece, a pluralidade é a indicação natural. A ideia de manutenção de uma "pureza étnica" é

---
26 BRIGHT, 2003, p. 177.
27 BRIGHT, 2003, p. 170-171.

um olhar de quase um milênio depois. A ordenança para não se misturar com outros povos (Êxodo 34:15-16) não era de matriz racial, mas religiosa — o problema eram os deuses trazidos nos enlaces. Se considerarmos a proibição pelo viés étnico, fica complicado explicar Deus defendendo o segundo casamento de Moisés com uma etíope (Números 12:1-8).

A escravidão dos israelitas no Egito

Conforme mencionado, não há evidência extrabíblica da presença do clã de Israel no Egito, tampouco de sua escravização. Entretanto, há muitas referências da presença semita no Delta do Nilo a partir da metade do segundo milênio a.C. Isso é retratado, por exemplo, em uma cena da tumba de um oficial de Tutmósis III (c. 1479–1425 a.C.), na qual prisioneiros de guerra oriundos da Núbia e de Canaã aparecem fazendo tijolos.[28] Esse mural não é do período atribuído à narrativa do êxodo, mas é digno de nota o tipo de trabalho em relação direta com a escravidão citada no caso dos israelitas, a fabricação de tijolos (Êxodo 1:8-14).

Antes de tratar da escravidão de Israel no Egito, precisamos entender de que tipo de escravidão estamos falando. Há diferença entre aquela praticada no Antigo Testamento e a do Novo Testamento, pois eram épocas distintas e com pesos econômicos diferenciados para o trabalho escravo. A questão está no "modo de produção", ou seja, na forma como a sociedade produz os recursos para sua subsistência. Para fins de compreensão, podemos dizer que, ao longo da história bíblica, houve três modos de produção: o *tribal*, o *tributário* (ou *palaciano*) e o *escravagista*.[29] É somente nesse último que a economia depende do trabalho escravo para se manter; nos outros dois, existem escravos, mas apenas como forma de apoio a outras formas de trabalho predominantes. Então, não é possível afirmar que os israelitas seriam escravos no sentido do Novo Testamento, sob o terrível regime dos romanos. Alguns os classificam no sistema da corveia, ou seja, camponeses sujeitos à tributação de trabalhos forçados, ou no modo de produção tributário-palaciano. A corveia se aplica bem ao caso, pois os israelitas possuíam terras para cultivar (Gênesis 47:27; Êxodo 9:26), e as narrativas

---
28 PROVAN; LONG; LONGMAN III, 2016, p. 196.
29 DREHER, 1988, p. 10-11.

dos dois primeiros capítulos do êxodo parecem denotar a vida em um bairro de operários, com a circulação de visitantes, parteiras e crianças. De qualquer maneira, a opressão dos submetidos à corveia era dura o suficiente para produzir rebeliões.[30]

A língua e a escrita dos escravos israelitas

Que língua os escravos israelitas falavam? A especulação é que o clã de Israel tenha falado o idioma semita de seus pais durante os quatro séculos no Egito.[31] Não sabemos exatamente a base dessa língua, assim como desconhecemos o tipo de influência e os contatos havidos durante todo esse tempo. Já vimos como o Delta do Nilo, onde os israelitas viveram, era habitado por diversos povos semitas. Teríamos já ali uma forma arcaica de hebraico? Se sim, como ele se teria desenvolvido no Egito? Esse assunto é mais um dos mistérios que envolvem a narrativa do Êxodo: não sabemos como foi formado o povo, tampouco sua língua.

Por outro lado, há o problema da escrita, bastante complexa no Egito e, por isso mesmo, uma tecnologia restrita aos escribas. Embora a forma mais simples de escrita, baseada no alfabeto, tenha sido desenvolvida entre os semitas antes de 1200 a.C. (como forma de notação), somente viria a ser amplamente utilizada pelos fenícios a partir do século XI a.C. — os textos extensos mais antigos com escrita alfabética foram encontrados na Fenícia a partir de 1050 a.C. Como a lexicografia tem demonstrado que o alfabeto hebraico é uma adaptação direta do fenício, sua origem costuma situar-se depois da chegada dos israelitas a Canaã.[32] Essa ideia parece ser coerente com o fato de jamais se ter encontrado qualquer resquício de escrita hebraica em tempos anteriores à presença de um Estado israelita em Canaã (ou seja, no mínimo, depois de Davi).

Portanto, ao tratar da escrita hebraica, entramos em mais uma questão espinhosa: a autoria do Pentateuco, ou Torá.[33] A tradição judaica e cristã, e até mesmo textos bíblicos como Deuteronômio 31:24 e João 1:17, afirmam ser Moisés o escritor da lei. Nesse caso, podemos

---
30 DREHER, 1988, p. 19.
31 CHAMPLIN, Volume 6, 2001, p. 4416.
32 MILLER; HUBER, 2006, p. 16.
33 Pentateuco é uma expressão grega que significa "cinco partes". Os judeus o chamam de *Torá*, "ensinamento, instrução" ou "lei". É composto pelos cinco primeiros livros da Bíblia, ou seja, Gênesis, Êxodo, Levítico, Números e Deuteronômio.

perguntar em que língua ele realizou esse trabalho. Foi em egípcio antigo, em alguma língua semita ou em uma espécie de paleo-hebraico falado pelos israelitas? Também podemos nos questionar sobre qual modelo de escrita utilizou. Hieroglífica, hierática ou demótica — sistemas gráficos do Egito — ou ainda na escrita cuneiforme da Mesopotâmia? Caminhando por essa senda, teríamos de levar em consideração uma atualização de seu texto para a gramática e a grafia hebraica séculos depois, pois a Torá está em hebraico clássico. Tudo isso leva também a uma questão consequente: concordando com a hipótese de que Moisés foi o canal para o recebimento da lei, teria sido ele o autor de cada palavra registrados nos cinco livros da Torá? Pelo menos o último capítulo do Deuteronômio, onde estão registradas sua morte e seu legado, teve de ser escrito por outra pessoa.[34] O próprio texto aponta para uma composição por mais de uma mão. Finalmente, há um problema com os debates em torno da "autoria" dos livros bíblicos: o fato de esse conceito ser completamente desconhecido no mundo semítico antigo, tanto mesopotâmico como cananeu. O hebraico clássico sequer conta com uma palavra que tenha o significado de "autor". Em uma sociedade oral, na qual as histórias do clã eram transmitidas geração a geração, o conceito de autoridade provinha da tradição comunitária, e não de um "escritor" único e original. Esse conceito somente seria introduzido em Israel a partir do domínio helenista, depois do século IV a.C., quando a atribuição de autor emergiu entre os escribas.[35] Hoje, nosso conceito moderno sobre autoria deriva inteiramente da tradição greco-romana, razão pela qual tanto se debate esse assunto. Por isso, a questão está aberta e conta com posições acirradas.

    Apesar de uma composição da Torá ao longo do tempo ser bastante provável, cabe aqui uma consideração fundamental: independentemente da autoria plena a próprio punho, a participação de Moisés foi altamente formativa. Ou seja, se a Torá demonstra complexidade, revelando uma história de transmissão e acréscimos em torno do texto original, por outro lado "a fé afirma que esse desenvolvimento foi

---

34 Aliás, o livro do Deuteronômio, cujo nome significa "Segunda Lei", é aquele com mais teorias a respeito de uma compilação posterior, talvez até no tempo do rei Josias, embora os estudiosos defendam tratar-se de um arranjo de documentos e testemunhos bem antigos. CHAMPLIN, Russell Norman. *O Antigo Testamento interpretado versículo por versículo*: Volume 2: Deuteronômio, Josué, Juízes, Rute, 1 e 2 Samuel, 1 Reis. 2. ed. São Paulo: Hagnos, 2001. p. 751.
35 SCHNIEDEWIND, William M. *Como a Bíblia tornou-se um livro*: a textualização do antigo Israel. São Paulo: Loyola, 2011. p. 20-21.

supervisionado pelo mesmo Espírito de Deus, que prontificou Moisés a atuar e a escrever de início".[36] Esse é o ponto-chave para uma compreensão da revelação: a supervisão do Espírito Santo ao longo do tempo e do espaço. O problema é que ainda vivemos sob a imagem de um "gênio religioso" portador de uma revelação exclusiva. Para alguns, se o gênio não escreveu tudo de uma vez, então nada mais tem valor. Não necessitamos disso. Escribas atuando como redatores tardios do texto, acrescentando materiais textuais complementares e atualizando termos, não são "glosadores desajeitados", mas portadores do mesmo espírito de profecia. "Vemos, assim, que a profecia não está mais unida a uma figura genial no meio de uma história pontual, mas é um fenômeno coletivo de longa duração."[37]

Em outras palavras: se cremos que o Espírito Santo inspirou Moisés e outros a escreverem a Bíblia, e que esse mesmo Espírito garantiu sua continuidade e fixação no cânon por meio de um lento e milenar processo coletivo de verificação de credibilidade, podemos crer na inspiração divina conferida a escribas e copistas, igualmente devotos da revelação. Eles também foram portadores da profecia, inspirados pelo mesmo Espírito Santo. Por isso, considero a discussão em torno da autoria e da data dos livros bíblicos pouco relevante, a despeito da imensa energia despendida nela. É algo ousado a dizer, talvez até mesmo ofensivo para alguns, eu sei; mas acho muito mais interessante pensar na Palavra de Deus como fruto de uma comunidade reflexiva e portadora da revelação do que na centralização momentânea em homens espetaculares.

O Deus dos escravos israelitas

Os migrantes usaram nomes diferentes para Deus, ao que parece, prevalecendo El Shadday. Entre seus descendentes escravizados, ainda se falava no Deus de Abraão, Isaque e Jacó (Êxodo 3:6), o Deus dos Pais. O nome divino foi incrementado no marcante episódio do êxodo, talvez em um dos maiores mistérios da Bíblia. Deus afirmou a Moisés usar um nome desconhecido pelos pais, *Yhwh* (Êxodo 6:3). Não sabemos qual a pronúncia desse tetragrama de consoantes, pois os copistas

---

36 LASOR; HUBBARD; BUSH, 1999, p. 10.
37 Konrad Schmid, nessa citação, está se referindo à formação dos livros proféticos ao longo do tempo, interpretados e atualizados pelos escribas. Penso que o mesmo princípio vale para o Pentateuco, razão pela qual utilizei seu argumento aqui. SCHMID, Konrad. A formação dos últimos profetas (história da redação), p. 388-400. In.: RÖMER, Thomas; MACCHI, Jean-Daniel; NIHAN, Christophe. *Antigo Testamento*: história, escritura e teologia. São Paulo: Loyola, 2010. p. 390.

judeus, muitos séculos depois, o consideravam tão sagrado que deixaram de pronunciá-lo e até mesmo de escrevê-lo. A devoção os levou a substituir o termo por *Adonai* ("o Senhor"), e alguns ortodoxos hoje recusam-se a usar até essa expressão, substituindo-a por *ha-Shem* ("o Nome").[38] As versões modernas, sem o pudor dos antigos, acrescentaram as vogais ao tetragrama para tornar possível sua pronúncia. Por isso, temos hoje formas diversas: Jeová, Javé, Iahweh, entre outras.[39]

Não sabemos a origem ou o significado do nome, mas podemos ter certa segurança de ser uma forma verbal. Como verbo, a expressão é uma autodescrição ativa. Esse dinamismo mostra como Deus não permaneceu restrito à revelação dada a Abraão, mas mostrou desenvolvimento. Deus ensinou seu nome a Moisés, revelando uma essência: Deus é "o que faz existir". Diante de todos os deuses que "não são", Deus se manifesta como "Aquele que é".[40] Ele se apresenta como o "Deus que intervém" (Êxodo 3:14), sempre presente e ativo de muitas maneiras nos mais variáveis contextos.[41] Não era uma noção estática de ser, mas a promessa de uma presença dinâmica.[42] Ele estava com o povo.

Além da relação com os israelitas, havia algo posto para os outros, os egípcios. Para eles, assim como para tantos povos da Antiguidade, os nomes dos deuses eram meios de identificação da força divina, relacionados diretamente com a sua natureza. Por isso, "atribuir um nome a um deus significa isolar, reconhecer e definir uma força".[43] Deriva disso a importância do nome divino: ele tinha um poder usado nos rituais de magia, mas de forma um tanto incontrolável — usá-lo podia reverter-se contra o próprio usuário. Os deuses ainda tinham nomes secretos, seus verdadeiros nomes, impronunciáveis, por estarem além da realidade linguística. O nome secreto, se descoberto, poderia ser utilizado por magos com intenções obscuras ou maldosas na magia negra.[44] Nessa percepção, talvez resida um tanto do mistério em torno do nome Iahweh: secreto, impronunciável, portador de poderes incontroláveis. Teriam os egípcios percebido algo nesse sentido, quando o velho profeta se apresentou diante de seu faraó?

---

38 CAHILL, Thomas. *A dádiva dos judeus*. Rio de Janeiro: Objetiva, 1999. p. 119-120.
39 Neste livro optei por Iahweh por ser a versão utilizada pela Bíblia de Jerusalém e pela estranheza que causa em língua portuguesa. Creio manter assim algo do mistério invocado no termo.
40 CROATTO, 1968, p. 57.
41 GOLDINGAY, John. *Teologia bíblica*: o Deus das escrituras cristãs. Rio de Janeiro: Thomas Nelson Brasil, 2020. p. 22.
42 KAISER, 2007, p. 112.
43 TRAUNECKER, Claude. *Os deuses do Egito*. Brasília: Universidade de Brasília, 1995. p. 44.
44 TRAUNECKER, 1995, p. 45.

CAPÍTULO 3: OS ESCRAVOS

Mas há muito mais no Deus dos israelitas do que a invocação do nome em benefício de seus fiéis. Trata-se de uma divindade intervindo na história. Não há apenas o Deus Oculto; o êxodo apresenta o Deus Revelado. O mais revolucionário testemunho do Antigo Testamento é o fato de Iahweh se apresentar como o Deus que liberta:

> Portanto, dirás aos israelitas: Eu sou Iahweh, e vos farei sair de debaixo das corveias dos egípcios, vos libertarei da sua escravidão e vos resgatarei com o braço estendido e com grandes julgamentos (Êxodo 6:6).

Deus anunciou sua capacidade de intervir contra as forças destruidoras da vida. A afirmação de salvação aparece em diversos verbos ao longo da narrativa do êxodo: ele é o Deus que "tira" (Êxodo 13:3), que "livra" (Êxodo 3:8), que "resgata" (Êxodo 6:6; Salmos 106:10), que "salva" (Êxodo 14:30; Salmos 106:8), que "redime" (Êxodo 13:15; Salmos 78:42), que "faz subir" (Êxodo 3:8). O mais importante: Iahweh é o sujeito de todos esses verbos — razão pela qual o testemunho de Israel sempre trouxe à memória este impressionante fato: Deus tornou-se visível por meio de seus atos de salvação.[45] Essa é a grande marca deixada pelo êxodo em todo o restante da história de Israel. Até mesmo eventos posteriores passaram a ser recontados sempre no horizonte desse fato ocorrido no Egito. A preeminência do êxodo nas narrativas bíblicas pode ser verificada inclusive nos fatos ocorridos antes do próprio êxodo: a saída de Abraão de Ur foi contada praticamente como uma antecipação do êxodo (Gênesis 15:7); a travessia do Jordão com Josué foi retratada como uma reedição da travessia do mar Vermelho (Josué 4:22-23); e a boca dos filisteus proferiu a memória dos grandes feitos de Deus (1Samuel 4:7-8). De forma inovadora, o profeta Amós usou o êxodo para afirmar que Deus fez subir Israel do Egito, mas também executou atos de libertação a outros povos como os filisteus e os sírios (Amós 9:7). Finalmente, e não menos importante, o êxodo serviu como metáfora para a vida de Jesus Cristo. Citando Oseias, Mateus registrou o refúgio de Jesus no Egito e seu chamamento de lá (Mateus 2:13-15), e o evangelista Lucas utilizou explicitamente o termo *êxodo* para o ministério de Jesus — um reino voltado aos cativos deste mundo (Lucas 9:31; 7:22).[46]

---

[45] BRUEGGEMANN, Walter. *Teologia do Antigo Testamento*. Santo André: Academia Cristã; São Paulo: Paulus, 2014. p. 250-253.
[46] BRUEGGEMANN, 2014, p. 254-257.

O profetismo entre os escravos israelitas

Profetas eram comuns nas religiões antigas, especialmente nas orientais. Há relatos de êxtase entre os cananeus, e funções proféticas foram descritas em documentos de Mari. Com os escravos israelitas, porém, aconteceu algo diferente, uma nova compreensão da profecia, cuja origem estava em Moisés. Ele, como profeta, despertou no povo uma *consciência alternativa*. Esta é a principal função do ministério profético: "Alimentar, nutrir, fazer surgir uma consciência e uma percepção alternativa à consciência e às percepções culturais dominantes à nossa volta".[47] Os profetas conduzem a uma atitude de reconhecimento da realidade terrena à luz da realidade celestial, avaliam a realidade do presente sob a perspectiva do que Deus pretende fazer.[48] Por isso, o ministério de Moisés representou uma ruptura completa com a realidade imposta pelo Egito faraônico.

O profeta não foi promotor de uma rebelião de escravos contra a opressão; isso aconteceu muitas vezes na história e continua acontecendo até hoje. Israel vivenciou um rompimento radical com a realidade em dois aspectos concomitantes: um espiritual e outro social. Primeiro, Moisés atacou o triunfalismo da religião egípcia, expondo a insignificância dos deuses inexistentes e apresentando, em seu lugar, a fé no Deus verdadeiro. Depois, o profeta desfez a política de exploração, apresentando uma nova lei baseada em justiça e compaixão, fazendo emergir uma nova comunidade. As esferas não foram separadas; não se tratava de um mundo em que o espiritual estava de um lado e a realidade histórica de outro. Os deuses do Egito existiam apenas para legitimar a ordem estabelecida, eram os senhores imutáveis dessa ordem, os mantenedores do poder violento e orgulhoso de faraó; por isso, precisavam ser destronados.[49]

A palavra profética traz a mensagem de um Deus atento e libertador. A profecia, assim, trouxe a delação do pecado junto com a consciência alternativa de um mundo diferente e possível. Trata-se de uma palavra de esperança: o profeta orienta para um novo futuro. Mais do que isso, o profeta trata da incomensurabilidade da fé, demonstrando como Deus

---
47 BRUEGGEMANN, Walter. *A imaginação profética*. São Paulo: Paulinas, 1983. p. 12.
48 GOLDINGAY, 2020, p. 89.
49 BRUEGGEMANN, 1983, p. 16-19.

está no controle até mesmo nas situações mais tenebrosas. Em função dessa soberania, o texto bíblico insiste em como até mesmo o "endurecimento do coração do faraó" foi obra divina (Êxodo 7:13; 10:27). O profeta anuncia o andamento do ato libertador, mesmo no momento de maior escuridão. Nem o povo saberia o que estava prestes a acontecer, mas, fundamentalmente, o profeta anuncia a escolha de Deus pelo seu povo. Por meio da eloquência das pragas, Iahweh afirmou distinguir entre o Egito e Israel (Êxodo 11:7). Aí estava a boa-nova: *Deus está conosco*, diferentemente dos impérios, em que os deuses não estão com ninguém a não ser consigo e com seus reis.[50]

Assim, por meio do profeta Moisés, Israel encontrou a fé de seus pais. Uma fé lançando-os ao horizonte do desconhecido, mas com a certeza da presença do Deus migrante, agora o Deus dos escravos. Como seria, então, essa nova realidade para a qual Deus libertaria seu povo?

A comunidade festiva de Israel

O Deus dos escravos era o Deus de Abraão, Isaque e Jacó. Por isso, a lei do Sinai menciona constantemente a família e seu parentesco na construção da identidade do povo de Israel. E quanto aos elementos estrangeiros citados no início deste capítulo? Bem, quando a Bíblia menciona "parentesco", o leitor moderno pode confundir-se. Nós imaginamos a parentela de maneira muito restrita, baseada em laços sanguíneos e como um dado fixo e intransponível. Para nós, é um caso genético, mas, para as sociedades antigas de base comunitária, como as tribais, o parentesco era sempre algo passível de adaptação, mutação e criação. Um parente podia ser "adotado". A parentela era produto de negociações constantes dentro das comunidades, produzindo identidades comunitárias que podiam ou não ter vínculo sanguíneo. O resultado dessa negociação era a mutualidade, realizada no cotidiano do grupo, unindo os "naturais" e os "estrangeiros" em um mesmo sentido de família e comunidade.

As leis do Deuteronômio demonstram justamente esse tipo de mutualidade. Quem eram as pessoas passíveis de integração na comunidade israelita? Eram os mais fracos, os estrangeiros carentes, alvo da solidariedade e proteção dos clãs. E em que local essa integração acontecia? Nas festas sagradas da lei. Um exemplo: a principal celebração

---
50 BRUEGGEMANN, 1983, p. 27-29.

festiva de Israel era a Páscoa (Deuteronômio 16:1-17), a qual estimulava justamente os mais fracos (órfãos e viúvas) e os estrangeiros a se envolverem com a alegria da libertação, como se fossem membros da mesma família (v. 11)! O que, afinal, diferenciava essa festa de Israel das festas de outros povos? A diferença está na ausência de qualquer noção de hierarquia, divisão de alimentos ou estatuto entre anfitriões e convidados. Isso era marcado nos regramentos de outros povos. Para os israelitas, o anfitrião era Iahweh, e a comunidade inteira — israelitas e estrangeiros — celebrava em conjunto essa alegria.

Os estrangeiros em Israel eram alvo da mesma aliança e igualmente associados aos pais (Deuteronômio 29:9-14). Mesmo no contexto em que a noção mais ampla de "nação" começava a emergir, às portas de Canaã (Deuteronômio 31:9-13), os estrangeiros eram convidados a aprender a temer o Deus de Israel. Ou seja, a festa e a noção de família devia incluir não apenas o clã sanguíneo, mas a reunião de todo o Israel. O governo de Iahweh deveria penetrar todos os níveis da sociedade, incorporando os mais vulneráveis, nutrindo a coesão de uma comunidade ouvindo e vivendo a lei com alegria. Ao celebrarem juntos (Deuteronômio 26:11), ao compartilharem o fruto dos dízimos (Deuteronômio 14:22-29), todos passariam a fazer parte de uma mesma comunidade ou de um *parentesco festivo*.[51] A festa diante de Iahweh tornaria a todos membros da mesma comunidade, do mesmo povo de Deus.

Tudo isso está previsto e legitimado na lei divina. Israel emergiu da experiência do êxodo não mais como um ajuntamento de escravos com supostos laços étnicos, mas como uma comunidade festiva aberta a todos os que desejassem participar de uma realidade alternativa às propostas mundanas de poder. Deus estava com os escravos e convidava os outros povos a participar da salvação.

Em suma, as características dos escravos eram: a identidade dos israelitas era a do hebreu no sentido do marginalizado. Eles eram escravos agrupados em tribos, as quais se entendiam como descendentes dos pais migrantes. Não fazemos ideia de qual língua eles falavam, ou

---

[51] O conceito de "parentesco festivo" é uma tese de Mark R. Glanville, na qual estou me baseando para as considerações a respeito da comunidade festiva e inclusiva de Israel. GLANVILLE, Mark R. "Festive kinship": Solidarity, responsibility, and identity formation in Deuteronomy. *Journal for the Study of the Old Testament*, vol. 44, Issue 1, p. 133-152, setembro de 2019. Disponível em: <journals.sagepub.com/doi/10.1177/0309089218778582>. Acesso em: 21 fev. 2019.

como se organizaram no interior do Egito. Suas características deviam se aproximar de outros grupos nômades semitas do Delta do Nilo. O que podemos perceber pelos textos bíblicos é que muitos estrangeiros foram agregados a eles com uma grande "comunidade festiva" em torno do culto de Iahweh, o Deus do deserto que viera libertar seu povo.

A história bíblica dos escravos israelitas

A narrativa bíblica dos escravos começou descrevendo a situação do povo e o nascimento de Moisés, o profeta chamado por Deus para tirar "do Egito o meu povo, os israelitas" (Êxodo 3:10). Os quatro livros nos quais essa história é contada (Êxodo, Levítico, Números e Deuteronômio) obedecem a certa sequência, apesar de parecer um tanto confusa, por intercalar leis com narrativas. Resumidamente, a jornada pode ser entendida assim: a vocação de Moisés (Êxodo 1—3), os confrontos com o faraó (Êxodo 4—11), a celebração da primeira Páscoa (Êxodo 12), a peregrinação até o monte Sinai (Êxodo 13—18), a aliança com Deus (Êxodo 19) e, finalmente, a instituição da lei e a construção do tabernáculo (Êxodo 20—40, com prescrições detalhadas ao longo do Levítico, de Números e um resumo com novas interpretações no Deuteronômio). Depois disso, a peregrinação é retomada até Canaã (Números 9—13), quando acontecem a rebelião e o castigo de permanecer por quarenta anos peregrinando no deserto (Números 14). Passado esse tempo, a jornada é retomada (Números 20—25), a Transjordânia é conquistada (Números 31—32) e tem início a preparação para a entrada em Canaã (Números 33—36).

Tradicionalmente, coloca-se o caminho do êxodo dentro da península do Sinai, costeando o mar Vermelho e o golfo de Ácaba. Isso também é uma estimativa, pois nenhum dos locais descritos no texto bíblico foi identificado até hoje. Isso porque a geografia da região sofreu alterações significativas e a Bíblia não fornece informações precisas ou conhecidas.[52] Portanto, qualquer mapa do êxodo é imaginado; pode ter acontecido em qualquer lugar entre o Egito e Canaã.[53]

Vamos ao que realmente nos interessa: a forma como a Bíblia nos conta essa impressionante história de salvação.

---
52 PROVAN; LONG; LONGMAN III, 2016, p. 205.
53 Por esse motivo não incluí um mapa neste capítulo.

A vocação de Moisés

Moisés foi o agente humano ligado à fundação da Torá, seu elemento de autoridade. A centralidade dele é indiscutível: foi convocado por Iahweh (Êxodo 3:1-17) e privilegiado por ver Deus face a face dentro da glória aterrorizante.[54] Estêvão, em seu famoso discurso no livro de Atos, dividiu a vida de Moisés em três fases de quarenta anos (Atos 7:20-38). A primeira tratou de seu nascimento entre os escravos israelitas e a adoção pelo palácio (Êxodo 1:1—2:15), vivendo como egípcio e agindo segundo a lógica e as premissas do império. Foi "iniciado em toda a sabedoria dos egípcios, e tornou-se poderoso em palavras e obras" (Atos 7:22). Na visão de Estêvão, Moisés realmente acreditava que deveria ser o libertador do povo (Atos 7:25), mas fracassou. Depois de uma tentativa de revolução, teve de fugir para o deserto (Êxodo 2:11-15).

Ainda segundo nosso orador do Novo Testamento, a segunda fase aconteceu no deserto de Midiã, onde se casou com a filha de um sacerdote. Curiosamente, o autor bíblico ignora a religião e a divindade desse personagem. Moisés foi tido como egípcio ao encontrar os nômades do deserto (Êxodo 2:19). Ali, durante outros quarenta anos, permaneceu como forasteiro, aprendeu os caminhos do deserto e tornou-se migrante. Foi humilhado, purificado pelo fracasso, pronto para ser usado por Iahweh. A terceira fase foi iniciada com o seu chamado a uma missão impossível: libertar o povo de Deus da escravidão (Êxodo 3:1-15). Deus o chamou quando nada mais poderia ser feito pela força humana. A libertação dos israelitas seria um ato exclusivo do poder de Iahweh. Moisés, finalmente sabedor da própria insignificância, perguntou: "Quem sou eu para ir a Faraó e fazer sair do Egito os israelitas?" (Êxodo 3:11). A resposta divina convocou Moisés para entrar na dimensão da fé: "Eu estarei contigo: e este será o sinal de que eu te enviei: quando fizeres o povo sair do Egito, vós servireis a Deus nesta montanha" (Êxodo 3:12). O sinal, a prova da presença divina, estava posicionado no futuro! Quando ele visse o povo junto àquela mesma montanha, saberia da verdade. Sua identidade estava posta na esperança. Naquele momento, entretanto, ele deveria apenas obedecer e ir, entrando na dimensão do desconhecido. Conhecedor dos caminhos do Egito e do deserto, sob as ordens de Iahweh, ele voltou para a terra do faraó.

---

54 BRUEGGEMANN, 2014, p. 751.

O confronto de Iahweh com os deuses do Egito

A grande angústia dos egípcios estava na perturbação da ordem, do equilíbrio da natureza e da sociedade. A morte de um indivíduo, por exemplo, era considerada algo natural, apesar da dor pessoal. O egípcio poderia lidar com isso, e o fazia por meio dos rituais fúnebres, integrando o morto na ordem dos deuses. Mas, quando os transtornos atingiam a totalidade do reino, então eram considerados um desequilíbrio do cosmos.[55] A fim de manter esse equilíbrio, existia toda a imensa estrutura estatal egípcia. O faraó e todo o seu aparato prestavam o culto dos deuses e garantiam a manutenção da vida não apenas no Egito, mas também no universo. Por isso, a saúde econômica do reino era considerada um símbolo do consenso social e de equilíbrio entre homens, o mundo e seus deuses — expressão do perfeito reinado de *Maat*, a verdade-ordem-justiça.[56]

Na mitologia egípcia, principalmente sob o clero de Tebas, o Sol era o soberano do universo, senhor de tudo que vive, cuja soberania era o fundamento da ideologia monárquica. O faraó, considerado a encarnação de Hórus, era o herdeiro de Rá.[57] Veja a grande responsabilidade posta sobre os ombros desse homem. O rei, como um símbolo da humanidade, era quem fazia o encontro do mundo humano com o dos deuses, funcionando como mediador. O faraó era encarregado de garantir o reinado de Maat na terra, a expressão tanto do bem coletivo como da origem dessa ordem no mundo divino. Por essa razão, o faraó, ao mesmo tempo humano-divino e gestor do reino, era o responsável pela manutenção do culto, estabelecendo um diálogo com os deuses.[58] Temos um império regido por um rei que faz a mediação entre cosmos humano e divino, cuja potência garantia a vida e a ordem no mundo, ao mesmo tempo que essa piedade garantia a manutenção do poder faraônico. Havia ali um grande acordo político-religioso.

E de onde provinham a vida e a ordem tão almejada pelos egípcios? Do rio Nilo. O rio era a geografia da providência divina. Daí temos o grande palco da batalha pela libertação dos israelitas. A narrativa bíblica apresenta o confronto entre mediadores e deuses em um grande espetáculo de dez atos. O fato de Moisés ser um representante de Deus

---

55 TRAUNECKER, 1995, p. 30.
56 TRAUNECKER, 1995, p. 57.
57 TRAUNECKER, 1995, p. 83.
58 TRAUNECKER, 1995, p. 120.

e de essa ser uma batalha espiritual aparece em termos explícitos ao longo da narrativa: Moisés seria "deus" ao transmitir a palavra dita por Arão, seu porta-voz (Êxodo 3:15-16); ele também seria um "deus" para o faraó, a quem falaria por meio de seu profeta (Êxodo 7:1). Moisés trazia consigo algo de insondável, incompreensível ao faraó.[59] O embate teve início por meio de sinais assustadores, pragas atacando o coração espiritual do poder do Egito, o princípio de ordem oriundo dos céus. Como? Indo diretamente na sua materialidade, o Nilo, fonte da vida e da riqueza do Egito.

As pragas parecem agrupar-se em ciclos de três até sua conclusão no último e definitivo juízo. Os dois ciclos iniciais estavam vinculados ao Nilo, decorrentes de suas águas "transformadas em sangue" (Êxodo 7:17), e às consequências quase naturais desse fato inicial: rãs saindo do rio (Êxodo 8:3), piolhos ou mosquitos (Êxodo 8:16); depois, um novo ciclo com moscas (Êxodo 8:21), a morte dos rebanhos (Êxodo 9:3) e, por fim, as úlceras sobre homens e animais (Êxodo 9:9). O terceiro ciclo apresentou uma subida aos céus, atingindo o centro ideológico do Egito, Rá e seu poder cósmico. As pragas vieram do céu: uma saraivada de pedras (Êxodo 9:22), uma nuvem de gafanhotos trazida pelo vento oriental, ou seja, do deserto semita (Êxodo 10:13), e um ataque fulminante à própria divindade solar, manifesta em Rá, Atom ou Atum-Rá, ocasionando escuridão (Êxodo 10:21). De certa maneira, o imenso panteão egípcio estava representado nesse conjunto de nove pragas.[60]

Foram atingidas a materialidade do Nilo, garantidor da ordem, e a ideologia dos deuses cósmicos, mantenedores do poder faraônico. A última praga foi também a mais terrível: a morte de todo primogênito na terra do Egito (Êxodo 11:5). Nela, foi criada a mais importante festa memorial de Israel até hoje, a Páscoa, celebrada como ato de fé na libertação (Êxodo 12). Foi o golpe no faraó: o anjo da morte passou e tragou seu sucessor, o próximo rei-deus a portar a essência de Hórus. O faraó era o mediador do povo diante dos deuses, e esse povo lhe foi simbolicamente arrancado na morte de cada primogênito. O faraó fracassou em todos os sentidos. Nem sequer seu povo lhe pertencia; o misterioso Deus do deserto tinha poder de vida e morte sobre eles. Depois desse golpe, os escravos israelitas foram praticamente expulsos do Egito.

---
59 CHAMPLIN, Volume 1, 2001, p. 329.
60 CHAMPLIN, Volume 1, 2001, p. 332.

Como um enredo emocionante de grandes reviravoltas, a narrativa ainda teria um clímax: injuriado por ter demonstrado fraqueza, o faraó enviou seu exército para perseguir o povo em procissão. Tudo parecia perdido. Montanhas impedindo a fuga dos indefesos, as carruagens do império prontas para executar uma carnificina, a coluna de fogo posta entre ambos durante a noite. Então, a suprema libertação, com o mar se abrindo, o povo passando e o exército do império tragado pelas águas (Êxodo 14). Como golpe final, o Deus dos escravos eliminou o poder bélico do maior império do mundo:

> Naquele dia, Iahweh salvou Israel das mãos dos egípcios, e Israel viu os egípcios mortos à beira-mar. Israel viu o grande poder que Iahweh havia mostrado contra eles. E o povo temeu a Iahweh, e creram em Iahweh e em Moisés, seu servo (Êxodo 14:30-31).

O relato do êxodo e da chegada à Terra Prometida foi marcado por uma compreensão de Deus até então inexistente entre os pais migrantes: Iahweh era também um guerreiro, fato entoado por Moisés logo depois da travessia do mar (Êxodo 15:3).[61] O Shadday migrante era também o Iahweh dos exércitos.

O caminho no deserto

Os pais migrantes partiram de uma civilização que emergira das águas, os portentosos Tigre e Eufrates. O povo de Israel foi tirado de outra pujante sociedade derivada das águas do Nilo. Em contraste com esses reinos, os escravos libertos andavam no deserto, guiados pela providência de Deus manifestada em gestos de bondade, alimentando-os com maná e codornizes (Êxodo 16:1-35) e dando-lhes de beber água vertida da rocha (Êxodo 17:1-7).[62] O maná da descrição bíblica já foi explicado como sendo pingos vitrificados das secreções de pulgões, depois de terem absorvido o néctar da tamargueira do deserto. É possível produzir bolos dessa substância, embora em pequena quantidade.[63] As codornizes eram conhecidas dos israelitas. Aves migratórias, elas chegavam ao Egito em nuvens espessas, tão cansadas que chegavam a cair no chão. Era costume dos caçadores usarem redes de

---
61 SCHMIDT, 2004, p. 71.
62 CROATTO, 1968, p. 82.
63 ZENGER, 1989, p. 55-56.

malha em molduras retangulares para capturar essas aves quando passavam em revoada sobre as plantações. As codornas eram uma carne muito apreciada pelas famílias pobres dos camponeses e também serviam como oferta sacrificial para os deuses.[64] A providência divina manifestava-se no simples cotidiano da sobrevivência.

O milagre acontecia apesar da reclamação do povo (Êxodo 16:2). É notável como a narrativa sobre o maná foi contada e recontada em Israel (Salmo 78:24; João 6:31), com vistas a rememorar o Deus da providência, a certeza da presença em qualquer situação. A libertação da opressão no Egito foi a marca fundamental da fé bíblica. Essa experiência não terminou aí, mas foi seguida pelo acontecimento no Sinai, quando os escravos souberam que havia uma *vontade de Deus*. Essa vontade manifestou-se depois da promessa (Êxodo 3:8), da ação salvadora (Êxodo 14:30-31) e do constante auxílio (Êxodo 16:4), mostrando que a lei não era condição para o relacionamento com Iahweh, mas consequência inevitável dele (Êxodo 20:1-3).[65]

A teofania do Sinai

Dois paradigmas da teofania bíblica nos ajudam a elucidar a origem da fé monoteísta de Israel: a história da sarça ardente (Êxodo 3:1-20) e o clímax na revelação no monte Sinai (Êxodo 19—20). O que há em comum entre ambos é o fato de tal teofania ou manifestação do sagrado acontecer na completa ausência de lugar cultual, de templo ou de sacerdotes. Tanto a sarça como o monte situavam-se em locais ermos, em pleno deserto. Não havia geografia cultual, hierarquia ou clero religioso a impulsionar a fé monoteísta. As duas teofanias registradas na Bíblia estão relacionadas à experiência popular do deserto. Além disso, o aspecto teofânico não era um dado em si mesmo, mas um meio para Deus transmitir a mensagem. Iahweh se manifestou em tempestade, furacão, raios e trovões (Êxodo 19:16; Jó 38:1), mas também na brisa e no silêncio (1Reis 19:9-13) — todas essas imagens serviram para mostrar a comunicação de Deus com seu povo, mas sem uma forma exclusiva.[66] Ele é o Senhor e decide como falará.

E Iahweh fala. Um dos testemunhos mais predominantes do Antigo Testamento está na ordenação de Deus. Iahweh é um Deus que ordena:

---
64 MONTET, 1989, p. 127.
65 SCHMIDT, 2004, p. 78.
66 SCARDELAI, Donizete. *Da religião bíblica ao judaísmo rabínico*: origens da religião de Israel e seus desdobramentos na história do povo judeu. São Paulo: Paulus, 2008. p. 72-73.

"Fica atento para observar o que hoje *te ordeno*" (Êxodo 34:11). Deus é um governante soberano cuja vontade foi revelada na forma de mandamentos para Israel. Sua prosperidade dependia da obediência. Daí também decorre um fato importante: Israel foi liberto, mas não para ficar a ermo. Israel trocou de senhor, deixou a servir ao faraó e tornou-se servo de Iahweh. Os escravos israelitas não poderiam ser escravos de ninguém além de Deus (Levítico 25:42). Estabeleceram uma aliança de compromisso, chegaram diante da montanha e encontraram o seu Libertador. A descrição desse encontro é aterradora: trovões, relâmpagos, nuvens escuras, clamores e trombetas, fogo e fumaça — um vulcão em erupção (Êxodo 19:16-25). Israel respondeu com um "sim" antes mesmo de ouvir os mandamentos divinos. A epifania do Sinai estabeleceu uma aliança inegociável com a qual Israel concordou antes mesmo de ouvir as ordens.[67]

Israel deve obediência a Iahweh, mas com um propósito maior. Deus os salvou e trouxe do Egito para serem uma propriedade peculiar entre todos os povos, porque toda a terra pertence a Iahweh (Êxodo 19:5). A menção a "todos os povos" e soberania universal remete a Abraão e à promessa dada no início de sua jornada: "Por ti serão benditos todos os clãs da terra" (Gênesis 12:3). Há uma função de mediação, como Moisés exercia, mas aplicada a todo o povo. Eles seriam um "reino de sacerdotes, uma nação santa" (Êxodo 19:6), ministros para atender às necessidades das nações.[68] Em função desse privilégio, havia uma lei a seguir.

Os Dez Mandamentos

O mandamento fundamental, apresentado como o primeiro, é a exigência de lealdade exclusiva para com Iahweh: "Não terás outros deuses diante de mim" (Êxodo 20:3). Curiosamente, esse mandamento não era uma reivindicação monoteísta, pois proibiu a lealdade a outros deuses. Havia um só Deus a conceder a lei e havia um mediador humano autorizado: Moisés.[69] Para os israelitas, até podem existir outros deuses, mas eles não devem significar nada. O relacionamento com Iahweh é exclusivista, mas a compreensão da unicidade divina ocorreria mais tarde. Daí as tentativas dos teóricos em estabelecer diferenças entre

---
67 BRUEGGEMANN, 2014, p. 262.
68 KAISER, 2007, p. 112-113.
69 BRUEGGEMANN, 2014, p. 262.

monoteísmo, monolatria ou henoteísmo para explicar a condição israelita mais antiga.[70] O fundamental, naquele momento, era a unidade de Iahweh, cuja concepção seria elaborada e fixada ao longo de um demorado processo histórico. Na maioria dos textos do Antigo Testamento, a questão é prática, pois o Deus Uno confere unidade aos que o reverenciam.[71] O Deus Uno era experimentado pelo povo de Israel como o único fundamento de identidade, tornando-se "nosso Deus" para um povo salvo e capacitando a viver na terra recebida e a cumprir as exigências dos mandamentos.[72]

Disso deriva a questão mais importante do *monoteísmo bíblico*, mais importante do que o conceito em si: ele é edificado sobre a ética, o que o diferencia de tentativas anteriores, inclusive a do Egito sob Akhenaton. Neste, a reforma religiosa monoteísta ou henoteísta veio do topo, oriunda do faraó e de sua classe dirigente, a serviço do poder; em Israel, procedeu da base popular, de um profeta identificado com o povo escravizado.[73] As normas do Egito e do Antigo Oriente estavam interessadas na manutenção da ordem contra a desordem do mundo, mas a ética de Israel tinha seu foco no relacionamento com Deus. O certo e o errado seriam definidos pela tentativa de viver de acordo com a santidade de Deus. Esse relacionamento pessoal com o divino foi uma exclusividade israelita na Antiguidade.[74] Por isso, os Dez Mandamentos propõem algo completamente diverso da piedade egípcia. A nova lei não replicava os sábios do Egito, mas estabelecia um profundo contraste com eles. Eram mandamentos incisivos com o objetivo de impedir que Israel retornasse às condições de brutalidade sofrida sob o chicote de faraó na sua "manutenção da ordem". Era necessário praticar a justiça de Iahweh em vez da justiça de Maat, sujeita aos interesses do faraó.[75]

A alternativa à escravidão do Egito e aos seus deuses estava firmemente estabelecida no relacionamento pessoal com um Deus santo. Ele não permitiu nenhum candidato ao poder absoluto além de si mesmo.

---

70 *Monoteísmo* é a fé em uma única divindade, excluindo a existência de outros deuses; *monolatria* é a adoração da divindade única, sem a preocupação de negar a existência de outros deuses; *henoteísmo* significa que o deus adorado é considerado o deus supremo ou único em dado momento, mas cuja adoração pode ser alternada com a adoração de outros deuses. SCHMIDT, 2004, p. 119.
71 FELDMEIER, Reinhard. *O Deus dos vivos*: uma doutrina bíblica de Deus. São Leopoldo: Sinodal/EST, 2015. p. 111.
72 FELDMEIER, 2015, p. 116.
73 SCARDELAI, 2008, p. 33-34.
74 WALTON, John H. *O mundo perdido de Adão e Eva*: o debate sobre a origem da humanidade e a leitura de Gênesis. Viçosa: Ultimato, 2016. p. 139.
75 BRUEGGEMANN, 2014, p. 263.

Os três mandamentos iniciais (Êxodo 20:2-7, a saber, não ter outros deuses, não fazer imagem para adorar e não usar o Nome de maneira frívola) apresentaram um Deus excêntrico, exclusivo e ciumento, cuja relação não pode ser usada para qualquer agenda política humana. Iahweh não se deixará ser manipulado por ninguém, quem quer que seja, não interessando por qual propósito.[76] Por outro lado, o desenvolvimento da fé no Deus Único — e sem imagens! — trouxe uma consequência inaudita entre as religiões da Antiguidade: a diferenciação entre gênero masculino e feminino se diluiu completamente em Iahweh. As metáforas do divino passariam também a incorporar características femininas como a maternidade (Isaías 46:3) e a fêmea dos animais (Oseias 13:8).[77] A proibição de imagens de Iahweh também apresentou o germe de um conceito a ser desenvolvido na fé bíblica muito tempo depois: Deus é completamente distinto do mundo e nada é suficiente para representar Iahweh. Mas a linguagem não estava incluída nesse limitante: o Antigo Testamento proíbe ver, mas não ouvir, permitindo inumeráveis metáforas para tratar do Deus de Israel, como veremos adiante.[78]

O quarto mandamento é um enigma para a historiografia. Embora praticamente todas as culturas antigas possuíssem algum tipo de calendário com dias para trabalho ou sem trabalho, ou para o mercado (como os romanos), a semana de sete dias em Israel não encontra paralelo.[79] O sétimo dia (Êxodo 20:8-11) teve um significado especial: ao ligar a questão do descanso do trabalho com o ato de criação divino, vinculava a realidade do trabalho diário com a realidade cósmica eterna. É obrigatório parar e meditar. Era profundamente contrastante com o mundo do faraó, em que a produtividade reinava absoluta.[80] Pelo fato de estar situado no centro do Decálogo, o *shabat* ("parar", "pôr fim a", "descansar") ilumina o sentido dos próximos mandamentos: na relação com Deus, nada depende de realizações humanas. No sábado, o ser humano não realiza nada; tudo depende de Deus. Então, compreendemos como os mandamentos não são exigências penosas, mas bênçãos a usufruir.[81]

---

76 BRUEGGEMANN, 2014, p. 264.
77 SCHMIDT, 2004, p. 133.
78 SCHMIDT, 2004, p. 146-148.
79 SCHMIDT, 2004, p. 156.
80 BRUEGGEMANN, 2014, p. 265.
81 BOECKER, Hans Jochen. *Orientação para a vida*: direito e lei no Antigo Testamento. São Leopoldo: Sinodal, 2004. p. 96-100.

Finalmente, vêm os mandamentos ligados às relações sociais humanas (Êxodo 20:12-17, a saber, honrar pai e mãe, não matar, não adulterar, não furtar, não mentir e não cobiçar). Eles impõem a cada membro da comunidade a condução da vida com responsabilidade comunitária, defendendo pessoas e propriedades.[82]

Os Dez Mandamentos, assim, estabeleceram a base de um relacionamento com Deus (o sentido vertical da fé), o relacionamento com a ordem criada e o relacionamento com homens e mulheres (o sentido horizontal da fé), princípios a serem perseguidos por um povo guiado pelo Deus salvador.

Justiça e santidade: as duas linhas de articulação da lei

Os Dez Mandamentos são a base da lei de Iahweh. Tradicionalmente, eles se desdobram em 613 mandamentos, os quais têm sido alvo de especulações diversas, como, por exemplo, a divisão da lei em moral, cerimonial e civil. O texto bíblico não apresenta nada dessa forma. É uma legislação da Antiguidade, em que não há separação de tais esferas. Mas podemos pensar em outra maneira de compreender o conjunto da Torá. Trata-se de analisar duas linhas de articulação como trajetórias gêmeas em permanente tensão entre si: a primeira com foco na justiça social, e a segunda, na santidade. A prática da justiça está fundamentada principalmente em Deuteronômio, e a pureza, em Levítico.[83]

A primeira trajetória é a da justiça social. Um texto poderoso, talvez central para o governo de Iahweh, é o referente ao ano sabático, que consiste na remissão de dívidas a cada sete anos (Deuteronômio 15). Essa lei não permite o cativeiro por dívidas de membros da comunidade por mais de seis anos. A ideia é clara: criar uma comunidade protetora da dignidade da pessoa acima das exigências de uma transação econômica. Se a causa da escravidão do israelita era a dívida, então ela seria cancelada. Outras disposições de cunho semelhante foram as determinações quanto a escravos fugitivos (23:15-16), contra a cobrança de juros (23:19-20), os sequestros (24:7), o confisco de propriedades de pobres para pagamento de empréstimos (24:14-15) e o cuidado com os marginalizados (24:17-22). Havia uma ordenança sabática até mesmo para a terra, que também deveria descansar a fim de não ser esgota-

---
82 BRUEGGEMANN, 2014, p. 264.
83 BRUEGGEMANN, 2014, p. 267.

da (Levítico 25). Isso denota um conceito fundamental, relacionado à criação: a terra pertence a Iahweh, não a Israel (25:23). A culminação desse princípio estava na radicalidade do Jubileu:[84] após uma "semana de anos" (ou seja, 49 anos), haveria libertação de escravos, descanso da terra e devolução à propriedade original do clã (25:8-17). A terra pertencia a Iahweh e não poderia ser vendida, apenas arrendada. Era uma garantia contra a acumulação natural. "Ninguém dentre vós oprima seu compatriota, mas tenha o temor de teu Deus, pois eu sou Iahweh vosso Deus" (25:17). Daí derivam também outras leis estranhas para o nosso contexto, como a do *levirato* e a do *resgatador*.[85]

A segunda trajetória da lei é a reivindicação divina em torno da santidade. Iahweh providenciou disciplinas detalhadas para os israelitas superarem a desordem que ameaçava constantemente suas vidas. Diante da tendência humana ao caos, Deus ordenou uma poderosa ordenação e a contínua reordenação da criação. Como o fez? Por meio da adoração pública, experimentada com simetria, coerência e decoro. Por isso, boa parte dos mandamentos da pureza estava relacionada ao sacerdócio, especialmente no que se refere a sacrifícios e ofertas (Levítico 1—7), e à ordenação sacerdotal (Levítico 8—10). Também havia prescrições para os alimentos (Levítico 11) e as cerimônias de higiene em contextos de enfermidade (Levítico 13—14). Os principais alvos das leis de pureza eram o culto, o local em que Iahweh habitava de maneira mais intensa (ou seja, o tabernáculo) e o serviço sacerdotal. Eram os sacerdotes os responsáveis por manter a distinção entre sagrado e profano, ordem e desordem, limpo e sujo (Ezequiel 22:26).[86]

As duas linhas da lei atendiam a demandas diferentes. A da justiça, com base deuteronomista, estava focada na vida político-econômica da comunidade e buscava uma atividade radical de transformação; a da santidade, de base levítica, enfatizava a vida cultual e a restauração da santidade perdida, a fim de recuperar a capacidade de entrar na presença de Deus. Essas duas tradições mostram quanto Deus é "por nós", mas também é "zeloso por si mesmo". Além disso, as duas trajetórias demonstram a necessidade de uma realização ampla: tanto material, nas noções da justiça, como espiritual, na busca da santidade.[87] As esferas material e espiritual eram realidades inseparáveis.

---

84 BRUEGGEMANN, 2014, p. 268-271.
85 Tratarei dessas leis no próximo capítulo, no contexto da narrativa de Rute.
86 BRUEGGEMANN, 2014, p. 271-274.
87 BRUEGGEMANN, 2014, p. 275.

O sacerdócio de um povo sacerdotal

Nas culturas da Antiguidade, o primogênito era uma espécie de resumo ou súmula da própria família. A identidade da família arcaica estava posta sobre o filho mais velho, o herdeiro do nome do clã e de maior parte dos bens, a fim de manter o lugar da família na sociedade.[88] Por isso, logo depois da celebração da primeira Páscoa e da saída do Egito, cada família israelita deveria "santificar" o primogênito, tanto de homens como de animais. Santificar significava separar, consagrar (Êxodo 13:2). Os primogênitos, representantes das famílias de Israel, seriam os sacerdotes. Essa era a versão mais antiga do sacerdócio israelita, relacionado ao sistema de clãs migrantes.[89] A lógica dessa ordenança também estava ligada ao livramento frente aos egípcios: como os primogênitos de Israel haviam sido poupados na última praga, eles pertenciam a Iahweh. Eles deviam ser dedicados a Deus — os animais para o sacrifício, os humanos para o serviço sacerdotal (Êxodo 13:12-16; Números 3:13).

Mais tarde, houve uma mudança na lei e os levitas passaram a substituir os primogênitos de cada família (Números 3:39-51). A substituição teve caráter bastante literal, pois a narrativa menciona a realização de um censo entre os primogênitos de Israel e a tribo de Levi, constatado um número excedente entre as tribos israelitas. Para não "perder" os filhos para o sacerdócio, as famílias com filhos a mais pagaram um resgate para mantê-los em casa. Desde então, a tribo de Levi deixou de ser uma tribo propriamente dita para se tornar uma casta sacerdotal, perdendo a posse da terra e passando a viver do dízimo das outras tribos (Números 18:21-24).[90]

Tabernáculo: o Deus acampado

O tabernáculo nada mais era do que uma estrutura modular, com paredes sustentadas por cordas, coberta por camadas de peles e tecidos. O local de culto ordenado a Moisés era símbolo de algo maior, um fato estarrecedor e, ao mesmo tempo, maravilhoso: Deus vinha "tabernacular" com o povo (Êxodo 29:43-46).[91] Era o próprio símbolo da presença divina, local de encontro das realidades divina e humana, construído

---
88 KELLER, 2010, p. 29.
89 CHAMPLIN, Volume 1, 2001, p. 355.
90 CHAMPLIN, Volume 1, 2001, p. 616.
91 KAISER, 2007, p. 124.

como "templo caminhante" a fim de acompanhar o Deus migrante do deserto. Além do tabernáculo, havia outro objeto sagrado móvel: a Arca da Aliança (Êxodo 25:10-22), uma caixa de madeira coberta de ouro, sobre a qual fora esculpido um propiciatório com querubins. Esse propiciatório cobria a arca e era o local a partir de onde Deus falaria com o profeta. Essa "cobertura" remete à cobertura dos pecados que separam Israel de Deus, um resumo do propósito de todo o sistema sacrificial. Dessa maneira, foi concedida a Israel uma forma bastante palpável segundo a qual o povo sacerdotal poderia restaurar o relacionamento com Deus quando desobedecesse a seus mandamentos.[92]

Embora ordenadas por Deus, essas peças da liturgia não eram inovadoras. Mesopotâmicos e egípcios construíram estruturas semelhantes e até mesmo mais sofisticadas em tempos anteriores a Moisés.[93] Os egípcios conheciam muitas caixas ornamentadas e templos móveis para o transporte de estátuas e elementos cultuais, recobertos de ouro, especialmente ligados aos ritos funerários dos faraós. Um exemplo são as relíquias encontradas no túmulo de Tutancâmon.[94] Mas não se assuste: o culto levítico partiu da materialidade possível ao povo de Israel dentro de seu tempo e na dimensão de suas capacidades. Não eram estruturas extramundanas, oriundas do além, mas adaptadas com aquilo que havia de melhor na cultura e na tecnologia de sua época. O detalhamento dessas peças litúrgicas revela como a experiência do culto era valorizada, e a qualidade de seu acabamento propiciava uma experiência estética de deslumbramento. Os materiais exóticos (Êxodo 25:3-7) necessitavam da habilidade artística de especialistas (Êxodo 35:30—36:7). Seu objetivo era apelar para os sentidos, especialmente o visual, invocando uma participação dramática no culto de Iahweh. Era para ser emocionante, epidérmico, revelador da sacralidade daquele encontro. O aspecto visual corresponde ao que os compositores dos salmos viriam a descrever como "contemplar tua face na justiça" (Salmos 17:15), um louvor ao Deus "entronizado acima dos querubins (Salmos 80:1).[95] Essas expressões eram bastante literais a respeito dos objetos do tabernáculo e, depois, do templo de Salomão. O culto deveria ser o lugar mais importante e valorizado do povo sacerdotal.

---

92 BRUEGGEMANN, 2014, p. 859.
93 PROVAN; LONG; LONGMAN III, 2016, p. 208.
94 SILIOTTI, Alberto. *Egito*. Barcelona: Folio, 2006. [Grandes civilizações do passado] p. 207.
95 BRUEGGEMANN, 2014, p. 864-865.

O sistema sacrificial

O sistema sacrificial de Israel demonstrava quanto Iahweh é um Deus generoso, provendo meios de lidar com sua santidade inacessível e até mesmo sinistra. Os sacrifícios tinham dupla intenção: celebrar a boa relação com Deus e redimir o relacionamento quando este era quebrado pelo pecado. Por essa dupla intenção, podemos compreender quais eram os dois principais tipos de sacrifícios: os de relacionamento e bem-estar, chamados de *holocaustos, ofertas de manjares* e *ofertas pacíficas*; e aqueles realizados por causa da falha ou do pecado de Israel, visando à reconciliação, chamados de *ofertas pelo pecado* e *pela culpa*.[96]

Os sacrifícios tinham caráter purificador, mas a expiação de pecados não era o principal objetivo. Era muito mais uma expressão de "compromisso, louvor, agradecimento e comunhão".[97] Eram autênticos momentos de festa e celebração. Também eram muitos e com variações particulares, as quais não cabem detalhar neste livro. Como alguns deles estão relacionados ao problema do pecado, temos uma compreensão bastante negativa da quantidade de sangue derramado, mas o aspecto mais importante a considerar, no sentido comunitário de Israel, surge com clareza na celebração do "sacrifício da comunhão" ou "pacífico" (Levítico 3:1-17; 7:12-17; 22:18-30). Esse sacrifício era uma oferta voluntária de louvor e gratidão a Deus, cuja característica principal era a divisão das carnes da vítima entre Deus, o sacerdote e o ofertante voluntário. Os rins e a gordura eram queimados no altar e subiam como "aroma agradável ao Senhor" — aquele cheiro maravilhoso de churrasco — enquanto o animal era assado e consumido entre os familiares do ofertante e do sacerdote, em uma celebração de alegria festiva diante de Iahweh.[98] Ou seja, o culto terminava em uma verdadeira churrascada.

O sacrifício era o lugar de celebração e comunhão do povo com Deus. Daí seu caráter não punitivo, mas de aliança. Não por acaso o principal local de confraternização e pregação de Jesus era sentado à mesa, na comensalidade da vida, e o maior símbolo da comunidade cristã foi celebrado em um ritual nascido com partir o pão e dividir o vinho.

---

96 BRUEGGEMANN, 2014, p. 277, 860-861.
97 GOLDINGAY, 2020, p. 503-504.
98 VAUX, 2003. p. 455-456.

Um bezerro de ouro no caminho de Israel

Tratei de vários elementos da lei que estão registrados em toda a Torá. Voltemos à história do êxodo. O enredo do milagroso livramento de Israel podia terminar no grande clímax do Sinai, quando a aliança foi estabelecida sob raios e trovões e a lei foi dada para o povo andar sábia e ardorosamente com o seu Deus. Seria belo e inspirador — mas não verdadeiro. A narrativa bíblica escancara a feiura do pecado humano sem o menor pudor.

Enquanto Moisés recebia os desdobramentos da lei na montanha, o povo sentiu sua ausência e pediu a Arão para lhe fazer "um deus que fosse à frente", resultando no episódio do bezerro de ouro (Êxodo 32). A cena é muito interessante, pois nela está descrita a infidelidade generalizada mesmo depois de o povo e o próprio irmão de Moisés terem ouvido os Dez Mandamentos (Êxodo 20). Foi Arão quem produziu o artefato, fazendo um molde e fundindo o ouro das joias doadas pela população (Êxodo 32:4). O resultado foi um bezerro, imagem com um significado muito claro. O touro selvagem era um animal sagrado, comum a praticamente todas as grandes civilizações da Antiguidade, representando a virilidade, a energia e a fertilidade do poder divino. No Egito, o touro era associado ao faraó, além de outras imagens como o leão e o falcão. Havia vários touros sagrados (Ápis, Meruer, Kemuer, Hesbu e outros) associados a diferentes deuses nos cultos populares entre os egípcios até o tempo dos romanos.[99] O mesmo acontecia em Canaã, onde a associação dos ritos agrários da fertilidade tinha o boi como símbolo.[100] El era chamado de "Boi El" em uma antiga tradição cananeia de Ugarite.[101] É difícil afirmar quais dessas tradições influenciaram Arão, mas o vínculo não pode ser negado.

Ou seja, Arão não inventou a imagem. Tratava-se de uma adaptação de referenciais já conhecidos dos israelitas desde o Egito e, possivelmente, desde os pais migrantes em Canaã. Entretanto, é importante observar que a adoção dessa imagem não representava uma troca de divindade. Iahweh continuava sendo o Deus que os tirou do Egito e

---
99 SALES, José das Candeias. Em busca do touro Ápis pelos caminhos da mitologia do antigo Egipto. *Revista Lusófona de Ciências das Religiões*, ano X, 2013, n. 18-19, p. 61-82. Disponível em: <revistas.ulusofona.pt/index.php/cienciareligioes/article/view/4479>. Acesso em: 25 fev. 2019. p. 61-63.
100 ROGERSON, John. *Terras da Bíblia*. Barcelona: Folio, 2006. [Grandes civilizações do passado]. p. 160-161.
101 DAY, John. *Iahweh and the Gods and Goddesses of Canaan*. Sheffield: Sheffield Academic Press, 2000. p. 13-41.

alvo da adoração (Êxodo 32:5). O mandamento ao qual desobedeceram não fora o primeiro, mas o segundo e o terceiro: não fazer imagem para adorar, nem usar o Nome em vão. Os israelitas não imaginaram o bezerro como um deus falso, mas como sede para o divino, uma espécie de pedestal para o sagrado. Era preciso ver para crer, assim como eles viam Moisés e os sinais maravilhosos acontecendo diante deles. O grande problema era o fato de tal imagem não ser autorizada; a imagem permitida estava na figura dos querubins postos no propiciatório da arca, ainda não construída naquele momento.

O fundamento fora quebrado. Muito cedo, os sacerdotes israelitas tentaram manipular Iahweh, falsificando sua presença e usando seu Nome para acalmar o povo. O relato segue demonstrando a indignação com esse fato: Moisés desceu do monte, encontrou a festa no entorno do bezerro e, em um ato de fúria, despedaçou as tábuas gravadas pelo próprio Iahweh (Êxodo 32:19). Arão apresentou uma desculpa esfarrapada, os levitas apresentaram-se com zelo e promoveram uma carnificina entre os idólatras. Ao final, Moisés apresentou-se com uma nova função, a de *intercessor* junto a Deus (Êxodo 32:30-33), atitude bastante alinhada ao espírito do mediador, de um homem genuinamente identificado com seu povo.

A rebelião quase custou o plano inteiro. Mas, diante do clamor do profeta, Deus respondeu com perdão e continuou caminhando com os israelitas, apesar do seu pecado. Shadday migrante, o Iahweh dos escravos e dos exércitos, era também gracioso e misericordioso. O livro do Êxodo termina com o tabernáculo construído e o Deus de Israel preenchendo o santuário, confirmando aquele local sagrado com a glória divina, pronto para "tabernacular" com o povo em sua jornada (Êxodo 40:34-38).[102] Iahweh continuava com eles.

A tensa peregrinação dos israelitas

Deus se revelou como um Salvador em diálogo constante com o homem. Não uma humanidade idealizada, mas verdadeira — com altos e baixos em sua falta de fé e confiança. O episódio do bezerro demonstrou essa tendência, assim como murmurações anteriores já tinham revelado. A realidade do deserto refletia as questões mais existenciais, com momentos de infidelidade revelando a inconstância da fé e de-

---

102 WRIGHT, Nicholas Thomas. *Como Deus se tornou rei*. Rio de Janeiro: Thomas Nelson Brasil, 2019. p. 105.

monstrando a imensa complexidade da caminhada com Deus.[103] Não é assim também conosco, em nossa jornada?

Findo o tabernáculo, o redator bíblico nos conduz em direção a Canaã. Dois anos haviam passado desde a saída do Egito (Números 9:1) e o caminho foi retomado com a celebração da Páscoa. O deserto não foi gentil, e o povo voltou a murmurar contra seus líderes e seu Deus, o mesmo Iahweh que os tirara do Egito. Havia um conflito estabelecido, e Moisés agiu novamente como intercessor (Números 11—12). O embate atingiu seu clímax quando os espias foram a Canaã e retornaram com boas e más notícias: a terra era maravilhosa, mas Israel não conseguiria conquistá-la (Números 13—14). Apenas Josué e Calebe entenderam: era, de fato, inacessível a Israel, mas era Iahweh quem tornaria possível o impossível (Números 14:6-9). O Deus que abriu o mar seria o mesmo a expulsar os inimigos.

Não adiantou. A rebelião tomou conta, o Moisés intercessor entrou novamente em cena e Deus deu seu veredito. O castigo divino foi, ao mesmo tempo, gracioso e implacável: Iahweh continuaria caminhando com eles, mas aquela geração não veria o cumprimento da promessa, nem comeria dos frutos da boa terra diante deles (Números 14:20-38). Nem mesmo o autor bíblico se preocupou em manter informações daqueles rebeldes: poucos capítulos depois, a narrativa dá um salto de quarenta anos para relatar a morte de Miriã e Arão (Números 20:1,28). A geração adulta de Israel, a testemunha dos feitos de Deus no Egito, estava enterrada no caminho; seus filhos, criados não como escravos, mas como nômades forjados no calor do deserto, tinham a oportunidade de entrar em Canaã.

O caminho da retomada à Terra Prometida não foi o mesmo dos espias, ao subirem a Canaã, quatro décadas antes. O texto bíblico é bastante sucinto, com poucos capítulos narrando a jornada. Os israelitas contornaram Edom, pelo sul, e entraram na Transjordânia, parte oriental de Canaã. No caminho, um episódio curioso em que nova murmuração contra Iahweh acabou em uma praga de serpentes, cuja solução foi erigir uma serpente de bronze, trazendo salvação ao envenenado por meio de um simples olhar à imagem (Números 21:4-9). Como o coração do homem é uma fábrica de ídolos, essa escultura viria a compor o múltiplo quadro idólatra de Israel.

---

103 CROATTO, 1968, p. 82.

Sucederam-se batalhas contra amonitas, moabitas e amorreus da Transjordânia, incluindo vitórias (Números 21:10-35) e o encontro com um misterioso profeta mesopotâmico chamado Balaão (Números 22—24). Logo na sequência, demonstrando os altos e baixos daquela jornada, é-nos apresentada a terrível derrota moral na prostituição ritual dos homens israelitas com as mulheres moabitas (Números 25). Depois disso, vêm a luta contra os midianitas, a divisão de despojos de guerra e a partilha das pastagens da Transjordânia entre as duas tribos de Rúben, Gade e a metade de Manassés (Números 31—32). Os últimos capítulos nos apresentam um resumo da jornada e algumas decisões em relação aos levitas, às cidades de refúgio e à herança de mulheres da tribo de Manassés (Números 33—36). Estava tudo pronto para a tão sonhada conquista da Terra Prometida.

O final da Torá

A narrativa da libertação de Israel começou gloriosa no Êxodo e terminou melancólica no Deuteronômio. O último livro da Torá apresenta o discurso de Moisés nas planícies de Moabe, distante do Sinai, tanto no tempo como no espaço. Depois disso, a narrativa menciona sua morte e seu desaparecimento: "E em Israel nunca mais surgiu um profeta como Moisés — a quem Iahweh conhecia face a face" (Deuteronômio 34:10). O final do livro é o lamento da ausência do profeta e da promessa ainda não cumprida, pois Israel não havia entrado na Terra Prometida. Na verdade, esse fato não se trata de um problema teológico, mas de um *dado teológico*. O livro reflete um espírito que viria a ser padrão entre os israelitas, o paradigma de um povo vivendo sempre como uma comunidade deslocada. Naquele momento, estavam sem pátria; mais tarde, a partir do século VI a.C., também estariam em situação semelhante, quando o exílio se impôs sobre Judá, e durante os muitos séculos depois da destruição de Jerusalém em 135 d.C. O Deuteronômio se abre para o futuro de Israel e de muitos outros povos em deslocamento, aguardando a volta ao lar — a casa de Deus. Por isso, o testemunho de Israel não é de uma história de fracasso ou promessas não cumpridas, mas de um Deus que começou e ainda não terminou. Israel espera, cheio de esperança.[104]

---
104 BRUEGGEMANN, 2014, p. 296-299.

Conclusão

Vimos como o antigo clã de migrantes tornou-se um imenso povo. Não fazemos ideia de como isso aconteceu pois o texto bíblico não apresenta explicações e a arqueologia não tem como nos ajudar, o que nos leva a inúmeras perguntas sem respostas. Algumas pistas mostram tratar-se de um povo bastante eclético, com elementos oriundos do Egito e de outros povos semitas. As narrativas também nos mostram transformações culturais: Moisés foi egípcio por criação, nômade por necessidade e, finalmente, um profeta conduzindo o povo rumo à Terra Prometida. Outras pistas nos mostram agregações culturais oriundas do Egito, pois, mesmo combatendo os deuses, permaneceu a inspiração nas estruturas do tabernáculo e da arca. Por outro lado, apareceram imagens religiosas intrusas nas experiências do bezerro e, mais tarde, da serpente de bronze.

Entre os vários detalhes captados nas entrelinhas, um fato foi considerado fundamental pelo redator bíblico: o povo de Deus estava escravizado por uma potência, o Egito do Novo Império. Nesse contexto, veio a revelação de um novo e misterioso nome divino, Iahweh. A grande história de salvação do Deus que desceu para libertar e caminhar com seu povo é recheada de milagres e feitos assombrosos. Os elementos divino e humano andando juntos precisavam de uma mediação: um profeta, as leis, um culto. Moisés e a obra com sua assinatura, a Torá, trariam influências profundas e duradouras sobre as tribos de Israel, ganhando centralidade em toda a cultura e fé desse povo de escravos. Mas isso depois de muito, muito tempo.

A influência da lei poderia ter sido muito maior se tivesse havido obediência. Mas essa é outra história. Também por isso, a Torá termina de maneira melancólica: o povo às portas de Canaã, depois de ter perdido uma geração inteira para o deserto e a desobediência. Mas os sobreviventes não eram mais escravos; eram nômades, como os pais migrantes. Sua única força era o seu Deus.

Capítulo 4
OS ANARQUISTAS

Os escravos voltaram ao nomadismo migratório e chegaram à Terra Prometida, fixando-se como tribos em Canaã. Alguns podem pensar nas tribos de Israel como Estados confederados de um mesmo país; lembro-me bem dessa explicação na infância. Essa ideia é reforçada quando conferimos a localização das tribos nos mapas de nossas Bíblias. O problema é que essa formatação é típica da modernidade e não serve para a compreensão do Israel pré-estatal. Não havia uma unidade artificial imposta por qualquer tipo de governo, nem fronteiras delimitadas entre as tribos ou entre elas e outros povos. Por isso, precisamos imaginar de outra forma. É muito mais produtivo nos concentrarmos nos termos "tribo" ou "clã", tão frequentes no texto bíblico, e traçar um paralelo com as tribos indígenas dos filmes norte-americanos, representadas por caciques assentados em uma roda e fumando o cachimbo da paz. Claro, esse é um clichê, mas está mais próximo da realidade antiga do que os modernos Estados ou províncias.

O que unia as tribos de Israel era apenas o laço de parentesco, de cooperação e de simpatia religiosa. A tendência das tribos era a pluralidade, agregando novos grupos e indivíduos em condições semelhantes e com interesses compartilhados. Vez ou outra, essas tribos se uniam como resposta às necessidades urgentes de defesa frente a inimigos mais poderosos; em outros momentos, lutavam entre si. A narrativa bíblica das tribos israelitas é a de um povo vivendo modestamente em pequenas aldeias, com resíduos de nomadismo. Não havia grandes cidades, nada de organização administrativa, tampouco cobrança de impostos ou alguém para chamar de "senhor", a não ser o Deus libertador. Tudo funcionava de maneira informal, com base na autoridade das famílias. Daí a radicalidade do termo que usarei para caracterizar esse tempo: eles eram anarquistas.

O contexto geopolítico do Antigo Oriente

Os séculos XIII e XII a.C., os mais prováveis para as narrativas de Josué e parte de Juízes, foram importantíssimos no contexto do Mundo Antigo. Foi uma época tensa e com grandes transformações socioeconômicas e culturais. Todo o sistema político do Oriente Próximo entrou em colapso por causa das invasões de povos oriundos do Ocidente. Foram mudanças tão drásticas que marcaram a transição da Idade do Bronze para a Idade do Ferro.[1]

Quando os invasores chegaram ao Antigo Oriente Próximo, os reinos tradicionais estavam com sua capacidade de resistência bastante reduzida e vinham sofrendo uma sensível diminuição demográfica em um processo de decadência que se arrastava havia algum tempo. Cidades de alta concentração urbana foram abandonadas por razões diversas, e as populações espalharam-se nos vales irrigados. Desde os séculos XIV e XIII a.C., o Oriente passava por uma crise produtiva por causa das guerras e das estratégias de deportações, agravada por alguns anos de seca severa. O resultado foi uma grave carestia em locais como a Anatólia e a Mesopotâmia. Em meio às constantes crises, as monarquias urbanas recorreram ao aumento de impostos e à escravização dos devedores. Nessa situação precária, a população não tinha qualquer razão para manter a fidelidade às autoridades reais quando elas eram atacadas.[2] O rei, tão preocupado em construir uma imagem heroica e luxuosa de guerreiro, não era mais respeitado como portador da justiça e da salvaguarda dos necessitados. Diante da insensibilidade das elites, sobrou aos aldeões a fuga para as várzeas e as florestas das encostas montanhosas, formando as comunidades transumantes de pastores, considerados, pelos palácios, bandidos incontroláveis. Esses fugitivos

---
1 LIVERANI, 2016, p. 517.
2 LIVERANI, 2016, p. 518.

se organizaram em pequenos grupos migrantes, rompendo com as monarquias e criando uma nova solidariedade tribal. Camponeses, antes fiéis aos governos locais, passaram a ser os *hapiru* nas terras próximas de onde viviam como sedentários.[3]

Com o sistema palaciano em franca decadência, a onda de migrações e invasões externas foi uma espécie de golpe final. Oriundos da Península Balcânica, povos dóricos invadiram os reinos micênicos dos aqueus e estenderam a destruição até Creta e Rodes; povos frígios invadiram a Anatólia, destruindo, até então, a inexpugnável capital do Império Hitita.[4] Na sequência, empurrados pelos invasores, surgiram os *povos do mar*, uma onda migratória violenta abrindo caminho em direção ao Egito. Ao chegarem ao reino do faraó, eles foram rechaçados duas vezes, por volta de 1225 e 1180 a.C., com graves perdas para os egípcios. O resultado desse longo processo foi a ruína total de dois importantes impérios urbanos: os micenas da Grécia e Creta, incendiados por volta de 1230 a.C., e os hititas da Anatólia, destruídos em 1200 a.C.[5]

A destruição de grandes reinos e a crise provocada pelos povos do mar desestabilizaram a parte norte do Oriente Próximo e fizeram com que cessassem as relações diplomáticas e o comércio. Os reinos destruídos deram origem a novos contingentes migratórios, trazendo a crise para a Mesopotâmia. Entretanto, embora em dificuldades, as poderosas Assíria, Babilônia e Elão continuaram mantendo seus domínios, com certa estabilidade, mas ficaram restritas às tradicionais regiões de controle.[6]

Os povos do mar e o Egito

A crise chegou ao Egito logo depois do ápice do Novo Império, quando o poder faraônico começava a entrar em decadência, no tempo de Merneptá (1236–1223 a.C.), faraó sucessor de Ramsés II. Merneptá enfrentou rebeliões na Siro-Palestina, enviou auxílio ao império hitita por ocasião da chegada dos povos do mar e, finalmente, precisou lidar com a invasão em seu território. Os invasores estavam organizados em etnias chamadas de *mashauash, luku, akuash, tursha, shardanes* e

---

3 LIVERANI, 2016, p. 519.
4 MCEVEDY, 1979, p. 42.
5 BRAUDEL, Fernand. *Memórias do Mediterrâneo*: pré-história e antiguidade. Lisboa: Terramar; Rio de Janeiro: Multinova, 2001. p. 174.
6 LIVERANI, 2016, p. 526.

shakalesh. Merneptá conseguiu contê-los, deixando mais de seis mil mortos e nove mil prisioneiros.[7] O último grande reinado do Novo Império foi com Ramsés III (1198-1160 a.C.). Ele enfrentou a maior das invasões, ocorrida em 1190 a.C., um deslocamento étnico de grandes proporções, pois não consistia somente de exércitos, mas de famílias inteiras, com idosos, mulheres e crianças fugindo da fome e buscando um lugar para viver. Segundo os textos egípcios, esses povos do mar provinham das ilhas do Egeu e da costa da Ásia Menor, e tinham por destino o istmo de Suez e a costa norte-oriental do Egito. Entre eles, estavam os *dana, uauash, shakelesh, tjekher* e *peleset*. Foi uma batalha dupla, tanto naval como terrestre, vencida novamente pelo Egito. Ramsés III conseguiu expulsar os invasores, mas com grandes perdas. Seu reino entrou em profunda decadência por causa da presença dos muitos mercenários contratados para defendê-lo. Costuma-se marcar o fim do Novo Império no momento da morte de Ramsés III, por volta de 1160 a.C., tendo início o tempo de caos do Terceiro Período Intermediário.[8]

Os filisteus em Canaã

Alguns invasores repelidos pelo Egito acabaram se fixando na metade sul da costa de Canaã, pois o norte era controlado pelas emergentes cidades fenícias, especialmente Biblos, Tiro e Sidom. Os povos do mar que se estabeleceram foram os *tjekher* e os *peleset*, chamados na Bíblia de filisteus, e que vieram a controlar o comércio e a navegação costeira da parte sul de Canaã, algumas vezes como concorrentes e outras como aliados dos fenícios.[9]

A Bíblia descreve os filisteus como governantes de cinco cidades, formando uma espécie de confederação similar às da Grécia na Idade do Bronze. As cidades principais eram Gaza, Ascalon, Asdode, Gate e Acaron. As três primeiras ficavam na costa, e as duas últimas, no interior. Cada cidade era governada por um *seren*, talvez um cargo público como o *tyranos* dos gregos.[10] A origem grega dos filisteus é atestada pela cerâmica encontrada em suas cidades, muito similar à dos micênicos, a cultura predominante na Grécia e em Chipre entre 1600 e 1100 a.C.[11] As cidades filisteias eram planejadas e promoviam assentamentos ru-

---

7 LÉVÊQUE, 1990, p. 214-215.
8 LÉVÊQUE, 1990, p. 216-219.
9 MAZAR, 2003, p. 300.
10 MAZAR, 2003, p. 301.
11 MAZAR, 2003, p. 301-302.

rais em seu entorno, também com um bom sistema urbano. No tempo em que as antigas cidades cananeias estavam abandonadas, os filisteus deram continuidade a uma vida urbana mais sofisticada. Ao que parece, seu processo de colonização não eliminou a população cananeia local, mas a absorveu, substituindo a antiga suserania egípcia pela filisteia.[12] Em outras palavras, os filisteus muito rapidamente tornaram-se a potência regional do litoral sul de Canaã.

As inovações tecnológicas

A destruição dos tradicionais centros urbanos do Antigo Oriente Próximo, nessa que alguns chamam de "Idade das Trevas" da Antiguidade, provocou a busca por alternativas técnicas e culturais, gerando uma onda de inovações ao longo de todo o século XII a.C. A primeira delas foi a metalurgia do ferro, inventada em Mitani, Kizzuwatna e Síria. Foi um processo tão importante que deu nome ao período inaugurado, a Idade do Ferro. A técnica do ferro revelou-se mais simples e acessível do que a complexidade necessária para a produção do bronze, tornando a metalurgia possível a pequenos artesãos sedentários ou ambulantes.[13]

A segunda grande inovação foi o alfabeto, inventado pelos cananeus muito tempo antes, mas com a difusão impedida pela burocracia palaciana. Os escribas eram uma elite vinculada aos palácios, e o ato de escrever era um elemento de diferenciação social. Não eram educadores do povo, mas burocratas mantendo privilégios. Com a queda dos palácios e a dispersão dessa classe, o alfabeto pôde ser amplamente difundido, especialmente por sua simplicidade e aplicabilidade não profissional. As zonas tradicionais menos atingidas pela crise, como a Mesopotâmia e o Egito, permaneceram com seus sistemas de escrita antiga e complexa, enquanto a escrita alfabética teve grande difusão na Síria, Canaã, Anatólia e Egeu, as áreas mais inovadoras daquele século.[14]

A terceira inovação — na verdade, uma série delas — ocorreu no campo da produção agrícola. A construção de terraços nas colinas e encostas de montanhas permitiu o cultivo em áreas em que antes havia apenas bosques e pastagens. A construção de canais de irrigação

---
12 MAZAR, 2003, p. 307.
13 LIVERANI, 2016, p. 527-529.
14 LIVERANI, 2016, p. 529-532.

subterrânea levou água para locais distantes sem o problema da evaporação. Ferramentas de ferro e novas técnicas de impermeabilização permitiram a construção de poços mais profundos, ampliando a exploração em regiões semiáridas, além das inovações em termos de abastecimento de água das cidades.[15] Com isso, as áreas agrícolas foram ampliadas e espalhadas, e não mais concentradas no entorno das cidades e grandes planícies.

Por último, a introdução em larga escala do camelo e do dromedário permitiu o transporte de homens e mercadorias por longos percursos, atravessando até mesmo desertos, dada a facilidade de esses animais ficarem muitos dias sem água. O comércio ganhava imenso dinamismo e o Oriente Próximo tornava-se móvel, interligado e com suas populações mais espalhadas. As cidades continuavam fortificadas, as aldeias ganharam importância e o nomadismo pleno — o dos criadores de camelo — ganhou estabilidade na nova estrutura econômica oriental.[16]

O elemento gentílico das novas "nações"

Como vimos, as inovações tecnológicas permitiram ao elemento nômade ganhar peso político. A tribo pastoril tornou-se um novo modelo de coesão social, uma alternativa ao odiado sistema político dos palácios reais, passando a influenciar as pequenas aldeias. Elas, que antes pagavam tributos às cidades em troca de "proteção", tornaram-se independentes e assumiram a ideia de pertencer a um clã ou uma tribo, como os nômades, inserindo-se em um sistema de natureza gentílica. Em vez da obediência a um código administrativo do palácio urbano, ganhou força a ligação por parentesco e um novo tipo de formação estatal de caráter "nacional".[17] Essa nova concepção de organização e pertencimento era baseada na genealogia, relacionando todos os membros da comunidade a um mesmo antepassado. Isso explica por que o *parentesco* ganhou preeminência para as tribos estabelecidas em todo o Levante.[18] O sistema político reestruturou-se com a ideia da parentela, real ou imaginária. Os maiores exemplos foram os diversos grupos cananeus ao sul e os arameus ao norte do Levante. Os reis e governantes

---
15 LIVERANI, 2016, p. 532.
16 LIVERANI, 2016, p. 534.
17 Uso aqui o termo *nacional* com muitas reservas, porque se trata de uma situação completamente diferente das noções nacionalistas contemporâneas, baseadas em local de nascimento, vínculo a uma fronteira bem delimitada e um Estado soberano.
18 LIVERANI, 2016, p. 536.

dessas tribos sedentárias definiam-se como descendentes da "casa de tal rei". Seu poder não estava mais no palácio de uma cidade, mas em uma estirpe livre do tempo e do espaço.[19]

Por isso, o Estado "nacional" do século XII a.C., especialmente no Levante, assumiu como critério o pertencimento a um antepassado comum, fazendo do povo um grupo familiar. Essa parentela podia ser artificialmente constituída, mas definia a política. Ficou menos importante a posse de um território e ganharam preeminência a língua comum, a religião compartilhada no culto do deus tribal e os elementos culturais típicos.[20] O modelo era altamente maleável, fato demonstrado no exemplo dos arameus, que podiam estar fixados em um território como Damasco e adjacências, ou circulando em caravanas de comerciantes por todo o Oriente Próximo. Cananeus e israelitas também são classificados no mesmo tipo. Ou seja, a composição étnica e cultural de Canaã passou por uma intensa transformação durante os séculos XII e XI a.C., quando o antigo sistema cananeu de cidades-Estado foi substituído por vários povos de matriz étnica. Do lado ocidental do Jordão, fixaram-se as tribos de Israel, os filisteus e outros povos do mar, além das populações cananeias nativas; e, do lado oriental, viviam as outras tribos de Israel, edomitas, amonitas e arameus.[21] Comum a todos eles era a ideia de pertencerem a um ancestral fundador de sua nação.

As características dos anarquistas de Israel

O testemunho bíblico não tem dúvidas de que Israel veio de fora de Canaã, pelo menos em sua matriz original, a qual pode ter sido acrescida de outros clãs e famílias locais. A lei geral afirmando ser Iahweh o verdadeiro proprietário da terra (Levítico 25:23) testemunha o fato de Israel não ser autóctone de Canaã e não possuir a terra por poder militar, mas como presente divino.[22] O problema é entender a forma como isso aconteceu, e pode não ser exatamente como imaginamos. Filmes antigos ilustrando Josué nos mostram um povo em armas, com escudos e espadas, invadindo o território cananeu e lutando batalhas

---

19 LIVERANI, 2016, p. 537.
20 LIVERANI, 2016, p. 540.
21 MAZAR, 2003, p. 290.
22 THIEL, Winfried. *A sociedade de Israel na época pré-estatal*. São Leopoldo: Sinodal; São Paulo: Paulinas, 1993. p. 68.

idênticas às que vemos em outras obras sobre a Antiguidade. Nada mais distante da realidade: as tribos de Israel devem ser imaginadas mais como um bando de sem-terra invadindo uma fazenda do que como exércitos em alinhamento militar. Por isso, os israelitas temiam a invasão, como os relatos bíblicos tanto insistem.

A principal razão para reinventarmos nossa imaginação sobre a chegada das tribos em Canaã é a ambiguidade entre as narrativas de Josué e de Juízes. Em Josué, há a aparência de uma invasão avassaladora. Mas, olhando mais atentamente, os danos causados às propriedades parecem ter sido relativamente pequenos, deixando pouco ou nenhum vestígio arqueológico. O próprio texto bíblico afirma que Josué não destruiu desnecessariamente nenhuma construção, passando inclusive a habitar cidades intactas (Josué 24:13). A narrativa menciona incêndios em apenas três locais: Jericó (Josué 6:24), Ai (Josué 8:28) e Hazor (Josué 11:13).[23] Além disso, tais destruições podem não ter sido definitivas, pois um texto posterior menciona Jabim reinando em Hazor (Juízes 4:2), significando, eventualmente, uma reocupação da cidade pelos cananeus, talvez sob a autoridade do Egito.[24]

O relato de Juízes é contrastante com Josué. Ali percebemos quanto houve pouco sucesso na expulsão das populações locais. Na verdade, seu autor apresenta uma "canaanização" dos israelitas, não uma conquista. Houve momentos de paz relativa, mas longos períodos de pressão dos inimigos internos (de Hazor, por exemplo) e externos (moabitas, filisteus, amonitas e outros povos). Juízes relata como o povo não obedeceu ao acordo de servir a Iahweh, resultando no fracasso da conquista de cada tribo. Por isso, os livros de Josué e Juízes devem ser compreendidos de forma complementar, sem tornar absoluta uma das narrativas.[25] Eles apresentam óticas distintas para a chegada dos israelitas em Canaã, mas tratando de uma situação um tanto complexa, ocorrida de forma diversa e dentro da singularidade de cada tribo. Tome, por exemplo, a tribo de Dã, com imensa dificuldade para conquistar o território dos filisteus. A primeira tentativa resultou em completo fracasso (Juízes 1:34) e a tribo acabou mudando-se para o norte, a fim de conquistar uma pequena localidade para se fixar (Juízes 18). Issacar

---
23 PROVAN; LONG; LONGMAN III, 2016, p. 265-266.
24 PROVAN; LONG; LONGMAN III, 2016, p. 275.
25 PROVAN; LONG; LONGMAN III, 2016, p. 254.

povoou a baía de Betsã, mas em condição de servidão sob as cidades cananeias, motivo de escárnio das demais tribos (Gênesis 49:14-15).[26]

Também devemos considerar a alta permeabilidade do sistema tribal. Houve clãs cananeus se integrando a Israel, como o caso dos gibeonitas, arquitetos da trama para enganar Josué e fazer aliança para escapar do extermínio (Josué 9). Mais tarde, no tempo da monarquia, o clã continuava sendo mencionado de forma distinta, como estrangeiros entre os israelitas (2Samuel 21:1-9). Entretanto, e aí está a ambiguidade, Gibeom tornou-se um importante centro de culto divino, local de fixação do tabernáculo por algum tempo (1Crônicas 16:39), e onde Salomão sacrificou ao assumir o trono (1Reis 3:4-15). Tais dados podem demonstrar a assimilação definitiva do clã aos israelitas.[27] Esse é apenas um exemplo. Vale pensar na constituição das tribos de Israel em Canaã como bastante complexa, sobre a qual nosso conhecimento é bem limitado.

As tribos e os clãs de Israel

Tribo era um grupo autônomo de famílias consideradas descendentes do mesmo antepassado. Por isso, era comum definir a si mesma pelo nome do "pai" ou como "filhos de fulano". O que unia esse tipo de comunidade eram os vínculos de sangue, reais ou imaginários. A organização básica da tribo era a "casa paterna" (*bêt'ab*), o pai com esposa, filhos não casados, filhos casados e suas esposas e netos, além da criadagem. Esse era um conceito mais amplo do que a nossa família tradicional, composta apenas por pai, mãe e filhos. O conjunto das famílias formava o clã (*mispahah*), regido pelos chefes de família ou anciãos (*zeqenîm*). O conjunto dos clãs constitui a tribo.[28] Um exemplo típico dessa estrutura aparece no caso de Acã (Josué 7:14-18). Mais tarde, com o assentamento, a grande família separou-se do clã, formando uma comunidade próxima, um agrupamento de famílias nucleares morando em conjunto ou de forma muito próxima, sob o comando do chefe patriarcal. Essa família ampliada era uma unidade econômica de subsistência que produzia o necessário para viver.[29]

---
26 ZENGER, 1989, p. 125.
27 BRIGHT, 2003, p. 171.
28 VAUX, p. 2003, p. 23-26.
29 THIEL, 1993, p. 78.

É bastante importante entender a genealogia — daí o termo "gentílico", utilizado para descrever os povos de Canaã e arredores. Era um conceito bastante flexível. Ser membro da tribo não era algo exclusivo aos descendentes do "fundador". No caso das tribos de Israel, foram incluídos elementos heterogêneos na sua "linhagem" desde o tempo do Egito. Em Canaã, não foi o sangue ou a língua que os separou de outras tribos próximas. Elementos cananeus, moabitas, amonitas e de outros povos foram integrados ao conjunto israelita, conforme percebemos nos textos bíblicos (vide os casos de Raabe e Rute, por exemplo). A tradição religiosa e cultural parece ter tido muito mais peso na definição identitária das tribos do que os laços sanguíneos, pelo menos durante os vários séculos de formação de Israel e até o tempo das monarquias divididas.[30] Lembre-se da nomenclatura "hebreus", os "do outro lado", termo que incentivava os vínculos com outras pessoas na mesma condição. Essa seria a identidade dinâmica das tribos, sempre passível de receber novos membros dentre os estrangeiros, especialmente quando sofriam diante das potências vizinhas.[31]

Por causa da maleabilidade do sistema tribal, podemos compreender a forma dinâmica e variada como as tribos aparecem na Bíblia. O cântico de Débora (Juízes 5:3-31) celebra dois grandes grupos, um "corajoso" e outro "covarde". As tribos corajosas e combatentes foram Benjamim, Efraim, Maquir, Issacar, Zebulom e Naftali (Juízes 5:14-15), e as tribos não participantes da guerra foram Rúben, Gileade, Dã e Aser. Note como o cântico não segue os nomes tradicionais das tribos (temos Maquir substituindo Manassés, e Gileade substituindo a outra metade de Manassés e Gade), e faltam Judá e Simeão, tribos do sul normalmente citadas em listas desse tipo.[32] Em outra situação, o cronista cita os comandantes das tribos no tempo de Davi, incluindo Simeão e Levi, naquele tempo já misturadas a Judá; menciona duas metades de Manassés como autônomas e exclui Gade e Aser para não exceder o número de doze (1Crônicas 27:16-22).[33] Essa condição mutável das tribos talvez seja a razão pela qual as doze tribos citadas por João em sua revelação também não sejam as mesmas dos filhos de Jacó (Apocalipse 7:4-8). O apóstolo João trocou José por Efraim, embora tenha mantido

---

30 BRIGHT, 2003, p. 204.
31 ZABATIERO, 2013, p. 91.
32 ZENGER, 1989, p. 123-124.
33 VAUX, 2003, p. 164.

Manassés, e excluiu Dã. Toda essa variedade nas listas tribais acontecia porque a tribo era um conceito muito volátil e vinculado ao simbolismo do número doze, não propriamente a "Estados de uma confederação".

Enfim, eram tribos se identificando como efraimitas, danitas, levitas, judaítas, benjamitas, gileaditas, manassitas, entre outras, compondo a grande nação espalhada dos israelitas.

A associação das tribos

Existem algumas teorias sobre como funcionaria o "sistema tribal" de Israel. A mais difundida é a hipótese de Martin Noth, que descreve a integração das tribos como uma *anfictionia*, ou seja, uma confederação religiosa unindo os israelitas na adoração do mesmo Deus, mais ou menos como outras organizações existentes na Grécia, Ásia Menor e Itália, séculos depois.[34] Confederações tribais também foram registradas nos textos de Mari e talvez tenham ocorrido com os midianitas. De acordo com essa hipótese, representantes das tribos se encontrariam regularmente em um santuário central para tomar decisões conjuntas ou celebrar as festas religiosas. Nesse caso, o ponto de convergência das tribos de Israel teria sido o culto localizado em Siló, local frequentado para renovar a aliança com Iahweh.[35]

Alguns versículos parecem demonstrar essa possibilidade. Em Siló, foi realizada a reunião de todo Israel depois da entrada em Canaã, quando ocorreu a divisão formal das terras (Josué 18:1,10). O livro de Juízes também menciona reuniões religiosas anuais na mesma localidade (Juízes 21:19). Entretanto, esse mesmo texto menciona reuniões dessa suposta liga em Mispá e Betel (Juízes 21:1-2). Ou seja, a tese da anfictionia é possível, mas não parece guardar o princípio de um único santuário central como ponto focal das tribos associadas. As reuniões ocorrem em demandas específicas e em locais diferentes, embora todos estejam relacionados a territórios sagrados.

Resumindo: Israel estava dividido em tribos sem relacionamento direto em termos políticos. Sua ligação era sagrada, em torno do culto de Iahweh, mas nada sabemos sobre como isso funcionava. Os juízes, dos

---

[34] BRIGHT, 2003, p. 203. Anfictionia era uma liga religiosa agrupando doze povos em torno de um santuário central, os quais se reuniam periodicamente para festas religiosas e eventualmente para assembleias políticas, com dois representantes de cada povo. Houve diversas anfictionias ao longo da história, mas a principal delas talvez tenha sido a de Delfos, em torno do templo de Apolo.
[35] BRIGHT, 2003, p. 207.

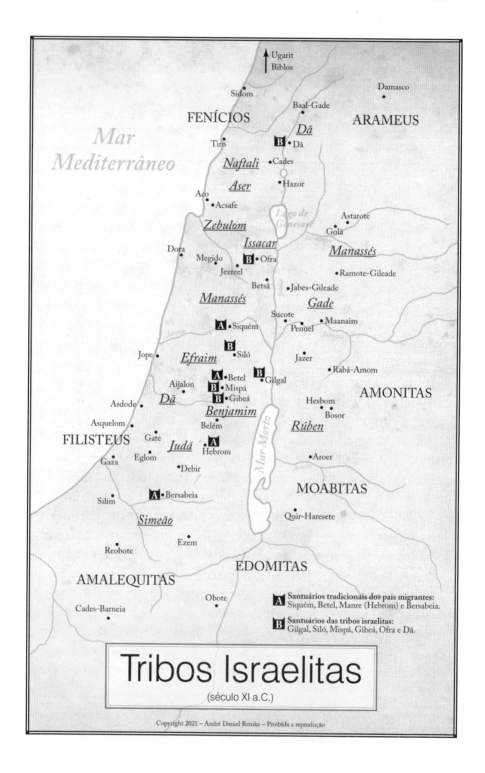

quais trataremos adiante, atuavam de forma casuística, às vezes resolvendo pendências até mesmo entre as tribos. Fora isso, cada tribo era autônoma. O que viria a mudar essa situação foi a pressão externa dos filisteus, exigindo uma articulação conjunta e determinando a unificação de suas forças sob um mesmo comando militar.[36]

Os assentamentos dos israelitas

A arqueologia ajuda a compreender a vida cotidiana das tribos de Israel. Desde o início do século XIII a.C., surgiram centenas de pequenos sítios nas encostas montanhosas em toda a Canaã. Boa parte desses assentamentos está relacionada aos israelitas.[37] A identificação é possível porque a marca mais significativa desses sítios era a ausência de resíduos do consumo de carne suína, o que era comum entre cananeus e filisteus.[38] As comunidades israelitas eram formadas por aldeias abertas, com casas dispostas em forma de círculo, deixando espaços abertos no centro. Em alguns casos, como Siló, as paredes externas das casas formavam uma muralha contínua para defesa. Essas aldeias eram pequenas, com menos de dois mil metros quadrados, e sua disposição lembra os acampamentos de beduínos. Revelam, portanto, influências culturais do tempo em que os israelitas viviam acampados no deserto.[39] Os espaços abertos no meio das vilas provavelmente serviam como currais para o gado e silos para o armazenamento de grãos, seja em buracos ou em pequenos prédios. O pastoreio, mesmo na condição sedentária, continuou a ocupar um lugar importante na economia dos israelitas.[40] Praticamente não existiam monumentos, muralhas ou edifícios públicos. Uma exceção é uma fortaleza quadrada do século XI a.C. encontrada em Har Adir, nas montanhas da Alta Galileia. Lá, havia uma muralha tipo casamata (dupla, com salas no meio), localizada no centro de pequenas aldeias. Essa modesta fortaleza pode ter sido um posto militar contra os fenícios do norte. Outra exceção é a fortaleza com grandes pedras, de 11,2 x 11,2 metros, encontrada em Siló, talvez uma torre alta com salas internas.[41]

---

36 THIEL, 1993, p. 94-95.
37 MAZAR, 2003, p. 328.
38 ZABATIERO, 2013, p. 87.
39 MAZAR, 2003, p. 331-332.
40 MAZAR, 2003, p. 332.
41 MAZAR, 2003, p. 337.

Os israelitas não viviam nos vales agrícolas, mas nas encostas das montanhas, razão pela qual precisavam construir cisternas, silos e terraços. As cisternas eram revestidas de argamassa para armazenar a água trazida de pequenos mananciais, por vezes distantes da aldeia. Os silos eram poços de armazenamento escavados no chão e revestidos de pedras ou argamassa. Já os terraços eram a solução para uma agricultura à beira das montanhas, provavelmente o trabalho mais difícil dos colonos. A encosta era desmatada e escavada, resultando em uma superfície plana para o plantio, técnica iniciada naquele tempo e estendida por muitos séculos em toda a Canaã. A cultura material demonstra a simplicidade dos israelitas, principalmente nos achados em cerâmica. Compridos jarros de armazenamento eram usados principalmente para armazenar água, os vasos menores serviam para azeite e vinho, e havia alguns utensílios em termos de panelas. A maior parte dessas peças não possuía pintura ou inscrições. Ao que parece, os colonos israelitas compraram a cerâmica de seus vizinhos cananeus até iniciarem a produção, imitando o estilo, mas sem decoração.[42]

Enfim, as tribos de Israel eram uma população sedentária, não urbana, vivendo em pequenas aldeias com algumas dezenas de pessoas em condições de igualdade, plantando e criando animais nas montanhas arborizadas e regiões semiáridas de Canaã. Sem uma cultura material própria, esses colonos utilizavam produtos de origem cananeia, especialmente cerâmica e artefatos de metal. Com o tempo, passaram a produzir algo próprio, adaptando as técnicas cananeias. Nada aponta para algo trazido pelos israelitas de fora de Canaã, a não ser o padrão seminômade de suas antigas peregrinações.[43]

O início de uma escrita hebraica

Alguns eruditos especulam que os israelitas simplesmente assumiram idioma dos cananeus. Outros afirmam o contrário, tentando provar que Israel já falava hebraico antes de chegar a Canaã. Talvez essas sejam duas posições extremadas, não inteiramente compatíveis com a realidade. É bem possível que os israelitas falassem um idioma semita, uma espécie de protoaramaico, e ao chegarem a Canaã, tenham misturado seus dialetos com o semita-cananeu, dando origem ao hebraico.[44] Além

---
42 MAZAR, 2003, p. 338-340.
43 MAZAR, 2003, p. 346.
44 CHAMPLIN, Volume 1, 2001, p. 4416.

disso, foi uma língua formada entre diversas tribos espalhadas. Por isso, o hebraico desenvolvido em Canaã também apresentou variações regionais, manifestadas em dialetos e sotaques, o que aparece, por exemplo, na pronúncia diferenciada do vocábulo "espiga" dos efraimitas em relação aos gileaditas (Juízes 12:6).[45]

Talvez o mais antigo texto bíblico tenha sido o Cântico de Débora (Juízes 5), um registro muito próximo aos acontecimentos de cerca de 1125 a.C. Os textos bíblicos de composição muito antiga, como este e o Cântico de Moisés (Êxodo 15), são poéticos, apresentando uma grafia típica, desaparecida completamente nos textos posteriores, escritos em prosa. O hebraico mais antigo é chamado de *hebraico arcaico* e teria sido típico dos séculos XIII ao X a.C. — ou seja, o tempo pré-estatal da história bíblica de Israel.[46] A língua primitiva dos israelitas foi escrita com o sistema alfabético chamado *abecedário paleo-hebraico*, originalmente grafado da esquerda para a direita, mas tendo a ordem invertida depois do século XII a.C. Como já mencionamos no capítulo anterior, esse alfabeto surgiu como uma adaptação do sistema fenício, desenvolvido antes, também baseado em 22 consoantes.[47]

A liberdade dos anarquistas

O tempo dos juízes foi marcado por uma identidade popular, policêntrica e emancipatória. Eram comunidades sem hierarquia, independentes entre si e distantes dos centros de poder das cidades cananeias, filisteias e demais povos da vizinhança. Os israelitas se constituíram como um povo, mas não como um Estado, unindo diferentes grupos sociais e tradições religiosas um tanto conflitantes ao redor de Iahweh, seu Deus guerreiro-libertador. Isso não significa necessariamente que eles eram monoteístas, mas entendiam seu Deus como o chefe de todos os deuses (Salmos 82:1).[48] Em termos de formação da identidade cultural, "os outros" de Israel não seriam os cananeus como etnia, mas o elemento monárquico de Canaã, os reis injustos dos centros urbanos, adoradores de várias divindades, enquanto Israel era composto por aldeões devotos do Deus que os libertou do Egito.[49] Por isso, os israelitas

---

45 FRANCISCO, p. 4.
46 FRANCISCO, p. 4-6.
47 FRANCISCO, p. 19.
48 ZABATIERO, 2013, p. 70-71. Para Zabatiero, não havia centro social ou religioso em Israel; Iahweh não teria sido percebido pelos israelitas como o Deus Único, mas consolidado como como uma "re--hierarquização do panteão cananaita", ocupando o topo dessa hierarquia divina.
49 ZABATIERO, 2013, p. 89.

e agregados não deviam lealdade a ninguém, exceto a Iahweh; não havia tributos a pagar além dos primogênitos do rebanho para os sacrifícios das festas voluntárias de comunhão, na qual sacerdotes, ofertantes e convidados celebravam e comiam juntos diante de Deus.[50]

Imaginar esse povo como promotor de uma comunidade alternativa em meio aos cananeus pode parecer um tanto idílico. Mas é um conceito que tem seu valor, um ideal utópico a forjar uma identidade popular. Também poderíamos dizer que esse ideal, em termos comparativos com a monarquia cananeia, poderia ser chamado de *anarquia*.[51] A anarquia não está sendo compreendida aqui como desordem ou caos, embora eventualmente resulte nessa situação, mas com o sentido de *an-arkhé*, ou seja, a não autoridade, a negação de domínio de um homem sobre outro homem, qualquer que seja a circunstância.[52] No caso dos juízes, isso partiria do pressuposto de que a inexistência de um governo estatal, especialmente na figura do rei, era proposital. Os israelitas não toleravam a ideia de um único homem dominando sobre todos. Iahweh era o seu rei e ninguém mais. Essa posição vinha da nefasta experiência no Egito, cujo rei os escravizara. Não poderia haver nenhuma simpatia com tal sistema; por isso, não havia "príncipe" em Israel. As decisões eram tomadas coletivamente pela assembleia dos anciãos, as autoridades naturais do regime familiar. A ausência de sistema resultava em considerável equilíbrio social, com as terras distribuídas entre os clãs e famílias, e um estilo de vida agropecuário autossuficiente. Tudo o que eles produziam era para consumo próprio, razão pela qual não se encontra a figura do comerciante em Juízes. Como não existia nenhuma estrutura estatal, não havia custo tributário. Isso não significava que as tribos não tivessem capacidade para a organização estatal; elas apenas rejeitavam os modelos disponíveis, especialmente nas monarquias dos cananeus ou do Egito.[53] A preferência era pela liberdade, com todos os seus inconvenientes.

---

50 PIXLEY, Jorge. *A história de Israel a partir dos pobres*. 7. ed. Petrópolis: Vozes, 2001. p. 20-21.
51 Essa é a interpretação de Jacques Ellul a respeito do tempo dos juízes de Israel. A anarquia, para ele, implica uma "objeção de consciência" a tudo o que constitui a sociedade em termos de poderes econômicos e imperiais. Ellul considerava necessário lutar em direção a uma sociedade anarquista, mas estava bastante ciente de que a realização de tal sociedade seria impossível. O pensamento anarquista, portanto, seria um posicionamento intelectual de desconfiança em relação aos poderes deste mundo, tendo a utopia do Reino de Deus como horizonte a ser perseguido e nunca alcançado. ELLUL, Jacques. *Anarquia e cristianismo*. São Paulo: Garimpo Editorial, 2010. p. 19 e 23.
52 ELLUL, 2010, p. 51.
53 FLOR, Gerson Luis. *A fé em Israel a partir da monarquia*. São Leopoldo: EST, IEPG, 2000. [Ensaios e Monografias, 24]. p. 6.

Por esse motivo, encontram-se críticas severas à ideia monárquica no livro de Juízes. Em dado momento, Abimeleque, um dos setenta filhos de Gideão, tentou exercer esse tipo de domínio (Juízes 9:1-3). Abimeleque proclamou-se rei em Siquém, assassinando os próprios irmãos. Na ocasião, um profeta chamado Jotão trouxe uma parábola demonstrando quanto os israelitas desprezavam a ideia de um monarca: as árvores foram consultadas para assumir o governo das plantas, mas todas rejeitaram porque precisariam abandonar suas vocações. Quem aceitou foi o espinheiro, apenas para oprimir e sufocar as demais plantas (Juízes 9:5-15). O profeta foi obrigado a fugir e se esconder — nada mais natural, pois os reis não gostam de profetas. No final das contas, o reinado de três anos de Abimeleque terminou de maneira trágica, em guerra civil e uma morte ignominiosa (Juízes 9:52-54).[54]

O exército dos anarquistas

As tribos costumavam montar grupos armados para enfrentar os inimigos externos quando eram atacadas. Esses grupos podiam ser de apenas um clã (Juízes 6:34), de uma tribo inteira (Juízes 1:10) ou de todas as tribos de Israel (Juízes 4—5), dependendo da ameaça a ser enfrentada. Mas devemos tomar cuidado aqui: não eram exércitos no sentido moderno do termo, com soldados profissionais. O funcionamento militar de Israel era de base tribal, uma convocação pelos anciãos dos clãs aos homens fortes de cada família, os quais saíam à guerra munidos das lâminas de seus arados e foices transformadas em lanças. Podemos chamar a organização militar das tribos de uma espécie de "exército popular".[55] As unidades de defesa desse exército eram pequenas, provavelmente com cerca de dez pessoas. O termo usado para denominar esse voluntário era o "homem de guerra" (Josué 1:14). O exército popular era exclusivamente de infantaria, combatendo a pé (Juízes 5:15), pois eles ainda não conheciam a cavalaria nem os carros de combate.[56] Outra arma popular era a funda, uma correia comprida por meio da qual se lançavam pedras ou bolas de chumbo, bastante usada por pastores. O texto bíblico afirma que os benjamitas eram exímios lançadores (Juízes 20:16).[57]

---

54 ELLUL, 2010, p. 54.
55 DREHER, Carlos A. *Os exércitos no início da monarquia israelita*. São Leopoldo: EST, IEPG, 1996. [Ensaios e Monografias, 11]. p. 7.
56 DREHER, 1996, p. 8.
57 VAUX, 2003, p. 283.

O exército popular era temporário, pois não havia uma instituição militar entre os anarquistas. Depois de terminado o conflito, os guerreiros voltavam às atividades do campo, e as armas eram novamente transformadas em instrumentos agrícolas. O texto bíblico apresenta apenas duas exceções, ambas demonstrando certa reserva contra quem vivesse da guerra: Abimeleque e Jefté. O primeiro contratou mercenários com o apoio financeiro dos seus "súditos" de Siquém, os quais foram chamados de homens "vadios e aventureiros" (Juízes 9:4). O segundo comandava uma quadrilha composta por "bandidos" (Juízes 11:3). De qualquer maneira, embora a função mercenária fosse malvista pelos anarquistas, existia demanda para suas atividades. A possibilidade de haver pequenos exércitos regulares já estava dada naquele tempo.[58]

Finalmente, um último dado sobre a guerra no tempo dos anarquistas. Toda guerra era uma guerra santa, um ato sagrado, pois o próprio Iahweh avançava estremecendo terra e céus (Juízes 5:4). Foi nesse sentido que Jônatas e seu escudeiro atacaram sozinhos o posto filisteu, pois Deus lhes daria a vitória (1Samuel 14:15).[59] A arca também era trazida para a batalha (1Samuel 14:18), simbolizando a presença de Deus e o aspecto sagrado do que estava prestes a acontecer.

A manutenção da lei pelos anarquistas

O que chamamos de código legal é um complexo sistema jurídico coordenado e mantido por um poderoso Estado centralizado, com uma casta de juízes e profissionais do direito debatendo e apresentando suas teses na defesa ou acusação de réus em julgamento. Nada do nosso sistema serve para compreendermos a forma como funcionava a manutenção da lei no Antigo Testamento, especialmente na era dos anarquistas.

As questões jurídicas eram tratadas como no tempo dos pais migrantes. A cultura nômade, de onde o povo de Israel emergiu, era determinada pelas relações familiares. O chefe da estrutura era o pai da família, a autoridade competente para resolver os conflitos. Costuma-se denominar esse tipo de direito de "direito patriarcal". O pai tomava as decisões e estipulava as penas em casos de delitos, como vemos no caso em que Judá tomou uma decisão inocentando Tamar (Gênesis 38:24-

---
58 DREHER, 1996, p. 9.
59 VAUX, 2003, p. 300.

26). O mesmo aconteceu, por exemplo, com Abraão, ao expulsar Hagar da família (Gênesis 16:1-6). Quando Israel assumiu o sedentarismo, a estrutura básica mudou. O que era uma jurisdição entre famílias e clãs desenvolveu-se para uma jurisdição local dos moradores das aldeias e arredores. Nesse caso, não havia dia, hora nem local fixo para os julgamentos. O lugar habitual era o mais público possível: os portões da aldeia ou da cidade. Ali, seriam convocados os "juízes" da causa: simples transeuntes, preferencialmente anciãos, os quais deliberariam acerca da causa pleiteada. A decisão desse coletivo improvisado tinha o valor de "tribunal". Era um processo exclusivamente oral, sem papéis previamente definidos, segundo o qual as funções de advogado, testemunha e juiz podiam estar misturadas.[60]

As principais demandas dos israelitas, aparentemente, diziam respeito à questão da terra, profundamente relacionada à família, e das obrigações de proteção mútua. Existiam duas tradições para garantir a posse da terra ao clã. Uma delas era a do *go'el*, palavra com a raiz em "resgatar, reivindicar ou proteger". O *go'el* era um redentor ou resgatador, protetor dos interesses de um indivíduo ou grupo. Se um israelita tivesse vendido suas terras, o resgatador tinha o direito preferencial de comprar a terra de volta para o clã, pois era muito importante evitar a perda dos bens e o modo de sobrevivência da tribo (Levítico 25:25). O resgatador também poderia libertar seu parente que se vendera como escravo, pagando suas dívidas (Levítico 25:47-49).[61] O proprietário não tinha o direito de negar o resgate, tanto da terra adquirida como da pessoa escravizada. Ele era obrigado a vender se o *go'el* se manifestasse. A outra instituição era a do *levirato*. Nesse caso, quando um homem falecia sem herdeiros para receber a posse da terra, o irmão do falecido deveria "cumprir o dever de cunhado" e ter um filho com a viúva, garantindo a posse da terra para a mesma linhagem (Deuteronômio 25:5-6).

Essas leis não impediram o lento processo de acúmulo de propriedades por parte de alguns agricultores e criadores prósperos, o que é perfeitamente natural. O gatilho do levirato e do resgatador contra tal acumulação existia justamente pela sua inevitabilidade. O caso de Rute

---

60 BOECKER, 2004, p. 8-17.
61 VAUX, 2003, p. 43.

nos ilustra como essa regulação podia acontecer, e sua narrativa é típica da relação dos anarquistas com a questão da terra.[62] Rute exerceu o direito da colheita dos pobres nos campos de Boaz (Rute 2:2, conforme Levítico 19:9-10). Esse homem descobriu a situação da moça e de sua sogra e, diante dos portões da cidade e dos testemunhos dos anciãos, propôs o direito do resgatador para outro possível candidato. Quando percebeu que ia perder a disputa, invocou o levirato (Rute 4:1-5). Boaz comprou a terra, mas a propriedade foi repassada para o filho de sua relação com Rute, dando descendência a Noemi, a verdadeira beneficiada de toda a história.[63] A narrativa de Rute nos mostra como funcionava uma sociedade sem governo e sem tribunais, na qual os anciãos tomavam as decisões coletivamente, de acordo com a tradição trazida desde o tempo da libertação do Egito.

Os santuários dos anarquistas

A aliança com Iahweh precisava ser constantemente renovada. A aliança foi firmada no Sinai, confirmada em Moabe antes de atravessar o Jordão (Deuteronômio 1:5) e repetida em Canaã (Josué 8:30-35). A aliança era baseada na recordação de acontecimentos exemplares. Por isso, a importância da repetição das histórias, do contar e recontar as tradições de pais para filhos, sem os quais não haveria história bíblica (Salmos 78:1-4).[64] Pelo mesmo motivo, surgiram muitos santuários em Israel, pois eram locais de acontecimentos sagrados e tradições fixadas.

Um dos mais importantes santuários de Israel foi *Siquém*, o "santuário federal" das tribos aliadas. Ali encontramos todas as tribos reunidas (Josué 8:35) no local em que Abraão recebeu a promessa da terra. Nenhuma batalha de conquista aconteceu naquela cidade; era um lugar de paz.[65] Outros locais sagrados aparecem na narrativa bíblica, todos ligados a experiências com Deus. *Gilgal* foi marcada por um círculo de pedras, local em que a arca parou depois da chegada a Canaã (Josué 4:19-24), e onde o povo foi circuncidado (Josué 5:4-5) e Saul proclama-

---

62 FLOR, 2000, p. 7-8.
63 VAUX, 2003, p. 44. Boaz casou-se efetivamente com Rute. Entretanto, os textos bíblicos não são claros sobre a obrigatoriedade de casamento no levirato. No caso de Judá e Tamar (Gênesis 38), foi o sogro quem cumpriu (sem saber) o dever, mas não houve casamento. Talvez em alguns casos o cunhado tivesse apenas de conceber o filho para o irmão falecido, mas sem necessariamente assumir a mulher como esposa. São especulações — os textos não são claros sobre isso.
64 CROATTO, 1968, p. 115.
65 CROATTO, 1968, p. 110.

do rei (1Samuel 11:15). *Siló* veio a se tornar o santuário central porque ali foi instalado o tabernáculo (Josué 18:1). A tenda foi substituída por uma construção, uma "casa de Iahweh", na qual a arca foi depositada (1Samuel 3:3,15). O povo se reunia em *Mispá* para fazer juramentos solenes perante Iahweh (Juízes 20:1), um dos locais em que Samuel julgou Israel (1Samuel 7:16). A localidade permaneceu como centro de oração até o tempo dos macabeus (1Macabeus 3:46-54). *Gibeom*, cidade dos gibeonitas, era um santuário antigo, de origem cananeia, que veio a se tornar o mais importante de todos os santuários no tempo de Salomão, onde ele sacrificou mil holocaustos e Deus lhe apareceu em sonhos (1Reis 3:4-5). *Ofra* foi onde o anjo apareceu a Gideão e ele construiu um altar a Iahweh. Curiosamente, no mesmo local havia um altar de Baal, mantido pelos israelitas e derrubado pelo juiz (Juízes 6:11-32). *Dã* foi um santuário no extremo norte, fundado pelos danitas quando fugiram dos filisteus ao sul. Tratava-se de um santuário no qual Iahweh era cultuado com uma imagem, não detalhada pelo texto, mas possivelmente um bezerro (Juízes 17—18). Finalmente, o mais tardio santuário de Israel foi *Jerusalém*, fundado por Davi quando levou a arca para sua nova capital (2Samuel 6).[66]

Além dos diversos locais de culto, também podemos pensar nos diferentes nomes atribuídos a Deus nos textos bíblicos. O que isso significa, pensando em processos históricos? Segundo a hipótese documental, o Pentateuco foi constituído a partir de tradições, algumas delas em torno dos nomes de Deus: a de Iahweh, chamada de javista e oriunda da tribo de Judá; e a de El ou Elohim, chamada eloísta e oriunda das tribos do norte.[67] Não sei dizer se essa hipótese está certa ou não, mas Deus talvez fosse cultuado com nomes distintos pelas tribos, algumas se referindo a El ou Elohim e outras a Iahweh. Isso significava considerarem ser o mesmo Deus libertador do Egito? Parece que sim. A tradição do encontro de Abraão com Melquisedeque aponta para isso.

Por outro lado, havia o problema das imagens que eram usadas nesses cultos. Era uma desobediência ao segundo mandamento. Como os vizinhos de Israel veneravam seus deuses com imagens, a fabricação de qualquer ídolo representando Iahweh significava a aceitação de um modelo estranho e, junto com ele, a compreensão equivocada do divino

---

66 VAUX, 2003, p. 341-349.
67 OHLER, Annemarie; MENZEL, Tom. *Atlas da Bíblia*. São Paulo: Hagnos, 2013. p. 48.

embutida na imagem. Era uma espécie de baalização de Iahweh, rompendo com os dois primeiros mandamentos ao mesmo tempo (Oseias 13:1-4).[68] Veio, então, o problema da grande variedade de locais de culto a divindades domésticas, adoradas pelos cananeus e israelitas. A Bíblia os chama de *terafim* e *ídolos* (Juízes 17:3-5; 18:14-18). Exemplo típico desse tipo de divindade doméstica era o ídolo roubado por Raquel de seu pai (Gênesis 31:30-34).[69] Outra prática, constantemente criticada no texto bíblico, era a dos "lugares altos" (1Reis 14:23). A arqueologia tem encontrado tais locais de culto. Exemplo desse tipo foi encontrado em Samaria: um círculo de pedras grandes, com vinte metros de diâmetro e o centro vazio, onde talvez houvesse alguma árvore sagrada. Foi encontrada ainda uma grande pedra à frente de um pavimento com resíduos de sacrifícios, o que parece sugerir um altar. No mesmo sítio foi encontrada uma estatueta de dezoito centímetros com o formato de um touro. Esse tipo de ídolo era bastante comum nos sítios cananeus e também aparece com frequência nos israelitas.[70]

Enfim, ao tratarmos da fé dos anarquistas e dos muitos locais de culto, das ocorrências de idolatria e demais situações um tanto estranhas, precisamos considerar tratar-se de um tempo de liberdade em que "cada um fazia o que achava certo" (Juízes 17:6). Para o bem e para o mal.

Iahweh, o rei dos anarquistas

Quando chegaram a Canaã, os israelitas encontraram estruturas estatais em todo o entorno. Tais configurações políticas também apareciam nas crenças daqueles povos. Os cananeus adoravam um panteão formado por uma família de deuses, sob os quais governava um soberano real. Foi no encontro com essa peculiaridade das crenças politeístas, comum também no mundo greco-romano, que Iahweh passou a ser compreendido com características monárquicas. Além de salvador e guerreiro, era também o rei do universo. Não é sem razão que um salmo atribuído a Davi convida a corte celeste a prestar honra ao seu Senhor, tomando as características da tempestade do culto baalista (Salmos 29). Para os israelitas, o panteão deve prestar culto ao Deus de Israel, não a Baal. Os profetas, mais tarde, insistiriam em apresentar Iahweh como o

---

68 SCHMIDT, 2004, p. 141.
69 SCARDELAI, 2008, p. 22.
70 MAZAR, 2003, p. 343-345.

Deus assentado no trono e governando o universo (Isaías 6:1-5). Portanto, na revelação bíblica, Iahweh passou também a ser adorado com atributos de realeza e poder típicos das expressões cananeias a respeito de El e de Baal.[71] Iahweh não foi apenas identificado diretamente com uma das divindades cananeias (El) e contraposto completamente à outra (Baal). Houve um processo de aceitação e rejeição de características de ambas as divindades. El tinha uma esposa, o que foi rejeitado na fé bíblica. Por outro lado, embora o Deus de Israel tenha destronado Baal, acabou por assumir as características de doação de vida e vitória da batalha contra o caos. Nesse caso, rejeitou completamente o vínculo divino com a natureza, típico do baalismo.[72] Baal morria e ressuscitava a cada primavera, ligado diretamente aos ciclos naturais do mundo. Para os israelitas, Deus criou o mundo, mas não fazia parte dele.

Diante da realidade dura das monarquias cananeias, e tendo consigo o Deus revelado também como rei, os israelitas procuraram seguir um caminho alternativo na vida política. Daí seu modelo "anárquico". Eles não admitiam domínio humano porque seu rei era exclusivamente Iahweh. Esse era o acordo do Sinai, a verdadeira teocracia, o domínio de Deus.[73] É comum, quando se fala em teocracia, referir-se ao tipo de governo segundo o qual o poder político se fundamenta em poder religioso, e o rei ou governante representa a divindade ou o clero governa a nação. Não é o caso de Juízes, pois o culto levítico tratava apenas das celebrações rituais prescritas na Torá. O sacerdócio não tinha, naquele tempo, qualquer relação com poder social ou político, assim como não regulava as demandas jurídicas — tudo isso estava nas mãos dos anciãos, os pais das famílias.

Mas como funcionava a verdadeira teocracia vivenciada pelos israelitas anarquistas? Tudo remonta à aliança estabelecida no Sinai. O Deuteronômio explicitou quanto o reinado divino ocorria a partir do cumprimento ou não das leis dadas em benefício de Israel:

> Vede: hoje proponho a bênção e a maldição diante de vós: a bênção, se obedecerdes aos mandamentos de Iahweh vosso Deus que hoje vos ordeno; a maldição, se não obedecerdes aos mandamentos de Iahweh vosso Deus, desviando-vos do caminho que hoje vos ordeno, para seguirdes outros deuses, que não conhecestes (Deuteronômio 11:26-28).

---

71 SCHMIDT, 2004, p. 229-231.
72 SCHMIDT, 2004, p. 272.
73 GUSSO, Antônio Renato. *Panorama histórico de Israel para estudantes da Bíblia*. 2. ed. Curitiba: A.D. Santos, 2006. p. 39-40.

Se Israel se mantivesse fiel a Deus, as coisas iriam bem e teria descanso na terra; se fosse infiel, sofreria as consequências de uma vida sem o Deus da liberdade, sujeitando-se aos deuses da escravidão. Essa era a base do acordo.

O livro de Juízes demonstra como essa aliança foi posta em prática, registrando um ciclo a se repetir permanentemente: a tribo apostatava, adorando outros deuses; então, vinha a punição divina por meio da opressão dos inimigos; ocorriam o arrependimento e o clamor a Deus; vinham, então, a compaixão divina e o envio do libertador para lutar as guerras contra os opressores; com a vitória, chegava um período de descanso na terra. Depois de um tempo, o ciclo recomeçava. Esse ciclo foi declarado a primeira vez em Juízes 2:11-19 e tornou-se paradigma de todo o livro, repetindo-se vez após vez. Mas qual era o princípio que fazia esse ciclo ser mais do que um relatório de infidelidade? Era o arrependimento. O fato de o povo arrepender-se determinava a ação salvadora de Iahweh. A palavra-chave "converter-se" estava prevista como a base para toda obra de Deus após um tempo de fracasso. O resultado do arrependimento era o bem que Deus faria. Por isso, a conversão era o mais elogiado ato dado pelos autores bíblicos a qualquer rei (2Reis 23:25).[74] O que Iahweh mais gosta de fazer é salvar o arrependido. O livro de Juízes é pródigo dessas experiências. E quem era o agente da salvação de Iahweh? Aquele que a Bíblia chama de *juiz*.

Os juízes eram anciãos e líderes tribais locais, chamados em hebraico de *shoftim*, engajados na defesa militar das tribos. Mas eles sempre tinham uma raiz profética. Eram dotados de graça divina, chamados para a missão de chefiar as milícias israelitas na luta contra os invasores.[75] A autoridade deles estava vinculada exclusivamente às suas qualidades pessoais, o que demonstrava a presença divina.[76] Como Moisés, eram uma autoridade do tipo *carismática*: líderes emergentes, "naturais", saídos do meio do povo e portadores de dons específicos para enfrentar situações de emergência.[77] Eles não eram eleitos, não detinham poder de origem humana, tampouco tinham preparação técnica para administrar. Eram escolhidos e capacitados por Deus. Josué também

---

[74] KAISER, 2007, p. 140-143.
[75] SCARDELAI, 2008, p. 21-22.
[76] BRIGHT, 2003, p. 208.
[77] Aqui estou usando os tipos ideais weberianos. WEBER, Max. *Ensaios de sociologia*. 5. ed. Rio de Janeiro: LTC Editora, 2002. p. 171.

foi um chefe carismático de matriz militar, mediador do divino para uma tarefa específica: conquistar a terra e estabelecer a divisão dos territórios entre as tribos.[78]

Portanto, os juízes dos anarquistas seguiram uma longa tradição de liderança que remontava ao próprio êxodo. Eles foram a resposta salvadora de Iahweh a um povo arrependido, clamando por libertação. Assim, Deus educava Israel, reinava no cotidiano da existência, entre erros e acertos, convertendo-o gradualmente na concretude da história.

Em suma, as características dos anarquistas: a identidade dos israelitas estava em transição. As características nômades continuaram depois de eles estarem assentados em Canaã, quando suas aldeias mantiveram uma estrutura semelhante às tendas montadas em círculos e a criação de gado permaneceu como atividade econômica junto à agricultura. Eram um povo modesto, independente e com múltiplos e pequenos centros de desenvolvimento cultural e econômico espalhados por Canaã. As tribos de Israel eram livres do domínio de qualquer tipo de Estado, governadas por Iahweh através das bênçãos e maldições advindas de sua relação com os mandamentos. Essa relação, por vezes tempestuosa, sempre redundava na libertação divina em face do arrependimento e da conversão gradativa do povo de Israel.

A história bíblica dos anarquistas de Israel

Josué introduziu o povo liberto do Egito na Terra Prometida. Era um velho conhecido da narrativa bíblica, uma espécie de braço direito de Moisés, alguém que seguia o profeta de perto (Êxodo 33:11). Ele não atuou como profeta, mas como comandante em armas. A lei e a promessa da terra estavam postas, havia um alvo a ser conquistado. Daí a dupla recomendação a Josué: ser forte e corajoso e buscar a santidade (Josué 1:6-9). O cumprimento da promessa demandava ação humana para agir com coragem e destemor. Mas aquela guerra não poderia ser vencida por eles. Então, era necessária a santidade, porque "amanhã Iahweh fará maravilhas no meio de vós" (Josué 3:5). A presença de Deus no meio deles definia uma *guerra santa*: não no sentido de ser uma guerra de caráter religioso — pois não havia nenhuma imposição de fé

---

78 ELLUL, 2010, p. 52.

aos vencidos nem menção a um combate ao paganismo — mas porque era uma *guerra de Iahweh*, uma guerra lutada pelo próprio Deus. Por isso, foi ordenado o extermínio total de populações, sendo proibido tomar despojos, pois era tudo propriedade exclusiva de Iahweh, o Deus que luta e vence.[79]

A entrada na terra e a aliança de Siquém

A narrativa bíblica começa com o envio dos espiões a Jericó e sua hospedagem na casa de uma prostituta (Josué 8). Depois, a travessia do Jordão, ocasião em que o milagre de quatro décadas antes se repetiu, com as águas se abrindo para a passagem do povo de Deus. O objetivo era claro: dar a Josué o mesmo tipo de autoridade carismática concedida a Moisés (Josué 4:14). Na sequência, descobrimos que aquele povo não havia praticado a circuncisão. Uma nação inteira de israelitas não carregava o signo maior de sua identidade! Interessante como o próprio povo repetiu Abraão: foi chamado e salvo por Deus antes de obedecer à lei. Graça pura, enfatizada séculos depois pelo apóstolo Paulo. Os israelitas realizaram o ritual e finalmente deixaram o Egito para trás (Josué 5:9).

Novas epifanias divinas se sucederam ao atravessarem o Jordão, com Iahweh anunciando o terror e a vitória sobre os inimigos de Israel (Josué 5:13-15). A tomada de Jericó aparece como uma conquista exclusiva do Deus do deserto, demonstrando a Israel e aos cananeus que as muralhas não seriam suficientes para deter seu avanço (Josué 6). Mas nem tudo foi sucesso: a violação das condições da guerra santa fez com que as tribos fossem derrotadas, tornando-se necessária a eliminação do culpado (Josué 7). A retomada dos ataques trouxe novamente a vitória e a ruína dos inimigos, com uma estratégia de emboscada típica das batalhas israelitas, geralmente em menor número que seus opositores (Josué 8:1-29).

Após entrar em Canaã e obter as duas primeiras vitórias, as tribos chegaram a Siquém, local da promessa divina da propriedade de Canaã (Gênesis 12:6-7). Iahweh cumprira sua parte, o povo estava reunido para celebrar e reiterar a aliança com o Deus do deserto, renovando o pacto do Sinai (Josué 8:30-34). Foi feita a leitura das bênçãos e maldições descritas na lei, com a qual o povo se comprometia como vassalo

---
79 KAISER, 2007, p. 139.

de Iahweh. Ele seria seu rei, Deus somente, e nenhum outro. Os dois montes vizinhos a Siquém, Ebal e Gerizim, viriam a ser palco de uma "leitura responsiva" do texto do Deuteronômio. Então, inauguraram um monumento e realizaram sacrifícios de comunhão, ou seja, a cerimônia terminou com um grande banquete de Israel com o seu Deus. Dessa festa, participaram as tribos e todos os estrangeiros agregados à comunidade festiva recém-chegada a Canaã (Josué 8:35).

A conquista do sul e do norte e a conclusão do êxodo

Logo depois da conclusão da aliança, as notícias se espalharam e os reis locais reagiram. Enquanto isso, moradores de Gibeom usaram de astúcia e vieram disfarçados como peregrinos de terras longínquas, estabelecendo um pacto com as tribos de Israel. Note-se como a aliança foi oficializada com o ato de comer juntos os alimentos trazidos (Josué 9:14-15), ressaltando quanto é importante, para as comunidades antigas, sentar-se à mesa como ato de comunhão. Mesmo enganados, os israelitas receberam os cananeus em seu meio.

A sequência da narrativa descreve batalhas reativas, não iniciadas pelo ataque dos israelitas, mas dos cananeus. Uma coalizão de cinco reis do sul, que havia atacado os gibeonitas, foi vencida por Josué e o exército popular, tomando suas terras na sequência (Josué 10). Depois, o ajuntamento de reis do norte sob o comando do rei de Hazor teve o mesmo desfecho (Josué 11). Embora o texto seja bastante objetivo e descreva duas vitórias pontuais, seu autor explica que aquilo foi uma espécie de resumo das batalhas ocorridas durante um longo tempo (Josué 11:18). Uma vez vencidos os conflitos ao norte e ao sul, o narrador faz uma recapitulação das vitórias de Moisés e de Josué (Josué 12) para, então, dedicar longos capítulos à partilha de Canaã entre as tribos (Josué 13—23). Isso pode soar como a distribuição de terras conquistadas. Mas não foi, e o próprio texto bíblico afirma: Josué já era idoso e ainda restava muita terra para conquistar (Josué 13:1). A distribuição era uma "herança", uma promessa de que Deus daria o território a cada tribo conforme os israelitas mantivessem a fidelidade obedecendo aos mandamentos (Josué 23:4-8). Por isso, devemos ter cuidado com esse texto: ele não trata de fronteiras delimitadas em territórios desabitados, mas de uma promessa baseada em condições a serem cumpridas.[80]

---

[80] É por isso que todo mapa bíblico apresentando a divisão de Canaã entre as tribos é fictício: trata-se de uma estimativa, não de uma realidade. O livro de Juízes nos demonstra isso.

Finalmente, a narrativa de Josué conclui com uma nova e última grande assembleia em Siquém. Aquela localidade ganhava contornos de "santuário federal", local de celebração da unidade das tribos em torno de Iahweh. Josué convocou o povo pela última vez e invocou a exclusividade da adoração, deixando-o escolher quais deuses serviriam: aqueles trazidos desde o Egito, os deuses encontrados em Canaã ou o Deus libertador que estava lhes dando aquela boa terra (Josué 24:13-15). Ao final, Josué tomou por base o princípio da liberdade proposta a cada um, e afirmou: "Eu e meu clã serviremos a Iahweh". As tribos tomaram a mesma decisão, e a aliança com Deus foi reafirmada. Então, os ossos de José foram sepultados como um ato simbólico do retorno dos filhos de Israel para a Terra Prometida (Josué 24:32). Finalmente terminava o êxodo; Deus cumprira sua promessa.

Os primeiros séculos de Israel em Canaã

O livro de Juízes parece ser o oposto de Josué. Enquanto neste temos uma narrativa que parece ser de uma vitória avassaladora sobre os cananeus, naquele é lançada uma boa dose de realidade no rosto do leitor. As coisas nunca são tão simples; não há espaço para triunfalismo na Bíblia. Andar com Iahweh envolve a complexidade de um povo pecador caminhando com um Deus ciumento. O livro tem início apresentando um quadro nada animador. Judá e Simeão instalaram-se ao sul, mas passaram a viver nas montanhas, sem desalojar os habitantes das planícies (Juízes 1:19). As tribos do norte listam uma série de fracassos, não conseguindo desalojar a maior parte dos habitantes de Canaã. As situações foram diversas: algumas tribos obtiveram vitórias parciais, outras conviveram com os cananeus ou foram expulsas para as montanhas (Juízes 1:27-36). Além disso, podemos considerar que territórios conquistados no tempo de Josué podem ter sido retomados pelos cananeus sem que o texto bíblico o tenha registrado.

O autor de Juízes apresenta a figura misteriosa do Anjo de Iahweh reafirmando a importância da aliança e as ameaças de abandoná-la (Juízes 2:1-5), demonstrando quanto a situação precária das tribos tinha relação com o abandono de Deus. Então, é-nos apresentada a situação cíclica em que os israelitas viviam e se relacionavam com Deus: apostasia, punição, arrependimento, compaixão, envio do libertador e descanso (Juízes 2:11-19). Em seguida, descobrimos que os outros povos não foram expulsos e permaneceram na terra, convivendo com os israelitas ao longo de toda a sua história (Juízes 2:20-23).

Essas introduções ao livro de Juízes demonstram o quadro geral dos primeiros séculos de instalação na Terra Prometida. O restante do livro é a compilação de uma série de narrativas da emergência dos juízes, os libertadores das tribos. Não se trata de uma sequência cronológica de líderes universais de Israel, como alguns imaginam, cuja soma dos anos de liderança e de opressão, citados no livro, levaria à conclusão de se tratar de um período de 410 anos. Os textos descrevem eventos ocorridos em várias tribos distintas, às vezes envolvendo uma única tribo, outras um conjunto maior. Alguns dos juízes provavelmente foram contemporâneos, apenas atuando em lugares distintos.[81] Talvez o período dos juízes não seja maior do que dois séculos de narrativas sobrepostas.

Os juízes de Israel

O livro de Juízes nos apresenta um total de treze libertadores, sendo que um deles foi um usurpador (Abimeleque). Talvez tenha havido mais, já que o texto não parece preocupado em fazer um registro exaustivo. Trata-se de uma coletânea de narrativas muito antigas. O primeiro juiz mencionado foi *Otoniel*, quenezeu do clã de Calebe (Josué 15:13-19), estrangeiro agregado à comunidade israelita e libertador de Israel contra um misterioso rei mesopotâmico (Juízes 3:7-11). *Eúde* foi um benjamita canhoto que usou um ardil para assassinar o rei de Moabe, e depois convocou os efraimitas para lutar contra os moabitas (Juízes 3:12-30). *Sangar* foi outro estrangeiro (seu nome é hitita ou hurrita), autor de um ato heroico contra os filisteus (Juízes 3:31; 5:6). *Débora* foi a única mulher citada a exercer o cargo de juíza. Era profetisa da tribo de Efraim e convocou Baraque, da tribo de Naftali, para comandar os exércitos populares de sua tribo e de Zebulom contra o rei de Hazor, cidade cananeia com carros de guerra que aterrorizava os israelitas (Juízes 4—5). Ao que parece, a carraria ficou atolada no terreno enlameado pela chuva (Juízes 5:19-21), dando chance à infantaria de Baraque. Outra mulher desempenhou um papel importante na narrativa,

---

[81] GUSSO, 2006, p. 45-46. Além de os anos de "julgamento" e "descanso" da terra, sob diversos juízes, talvez serem coincidentes, há o fato de que tais cronologias somam apenas números fornecidos (como a opressão moabita, Juízes 3:14), mas não há como incluir os domínios não especificados em anos (como dos filisteus, Juízes 3:31). Ou seja, a soma desses períodos é inevitavelmente incompleta, para menos ou para mais.

uma jovem chamada Jael, cuja ação elogiada foi matar Sísera, general do exército cananeu (Juízes 4:17-22).

Gideão era de Manassés e livrou sua tribo da opressão dos midianitas (Juízes 6—8). A narrativa desse juiz apresenta muitos detalhes: uma aparição do Anjo do Senhor em um santuário, a destruição do altar de Baal no próprio clã, a convocação dos exércitos populares de Manassés, Aser, Zebulom e Naftali e a seleção de milhares de guerreiros, reduzindo o contingente a trezentos combatentes. Depois, houve um presságio ao espionar os midianitas, a vitória sobre os inimigos e os atos de vingança finais. A narrativa de Gideão apresenta ainda a proposta das tribos para que ele assumisse um reinado, rejeitado diante do argumento de ser Iahweh o rei do povo (Juízes 8:23). A história se encerra mostrando certo desconforto com o juiz pelo fato de ele criar um sacerdócio em torno de si mesmo.

Abimeleque foi um dos setenta filhos de Gideão, apresentado pelos redatores bíblicos como um usurpador dos poderes carismáticos dos juízes. Seu nome significa "meu pai é rei", o que indica uma ideia de monarquia emergente entre os israelitas. Abimeleque assassinou quase todos os seus irmãos, possíveis pretendentes ao reino, e governou os habitantes de Siquém durante três anos, período que teve fim com uma verdadeira guerra civil (Juízes 9). O texto bíblico demonstra uma clara oposição à ideia monárquica, além de atribuir ao falso rei a morte vergonhosa pela pedrada de uma mulher (Juízes 9:52-55). Depois da tentativa fracassada de um reinado em Israel, o texto menciona dois juízes sobre os quais não temos informações: *Tolá*, da tribo de Issacar, e *Jair*, de Gileade (Juízes 10:1-5).

Jefté era um miliciano, filho de prostituta e líder de uma turba de bandidos. De perfil pouco promissor, foi convocado pela tribo de Gileade por suas habilidades militares para comandar o exército popular contra os amonitas (Juízes 10:6—12:7). Saiu vitorioso, mas com diversos sabores amargos: cumpriu um voto insensato sacrificando a própria filha a Iahweh (Juízes 11:30-40) e envolveu sua tribo em uma guerra contra os efraimitas (Juízes 12:1-7). Na sequência, três juízes de rápida menção: *Ibsã*, de Belém, *Elom*, de Zebulom, e *Abdom*, de Efraim, cuja alusão à propriedade de setenta jumentas parece mostrar alguém de prestígio e riqueza na comunidade (Juízes 12:8-15).

O último juiz na narrativa de Juízes foi *Sansão*, inclusive o mais poderoso e famoso deles. Mas também é a narrativa de maior fracasso. Da tribo de Dã, vizinho dos poderosos filisteus, Sansão é descrito como um nazireu.[82] O juiz danita parecia pouco preocupado com os votos de seus pais, mantinha relação muito próxima dos inimigos, terminou cego e escravizado até morrer em suicídio, levando os inimigos consigo (Juízes 13—16). Apesar dos pesares, ele foi instrumento de Iahweh para libertar seu povo do jugo das cidades filisteias. Sua narrativa, situada ao final de Juízes, nos aproxima desses inimigos que seriam o principal motivo da entrada da monarquia em Israel.

A liberdade e as crises dos anarquistas

Escrevi sobre a liberdade das tribos em seu sistema anárquico — na verdade, uma ausência de sistema. Tudo tem seus prós e contras. A liberdade também implica responsabilidade, e quando esta falha, muitas vezes a história não fica nada bonita. É o que o final do livro dos Juízes nos apresenta, quando duas narrativas demonstram quanto as escolhas dos israelitas foram equivocadas.

Um dos relatos é a origem do santuário de Dã (Juízes 17—18). Essa história demonstra que é um engano pensar na existência de um único local de culto nos tempos mais antigos de Israel. O texto apresenta, com toda a naturalidade, um efraimita chamado Mica que mantinha em sua casa um santuário e uma imagem representativa de Deus. Seria um bezerro? Não é possível afirmar, mas provavelmente sim. Mais tarde, Mica passou a sustentar, como sacerdote particular, um levita de Judá, o qual aceitou a proposta sem maiores ressalvas. Parte da tribo de Dã, de onde procedia Sansão, estava vagando à procura de um lugar para viver, pois fora expulsa pelos filisteus. Passando pela casa de Mica, os danitas convidaram o levita para acompanhá-los, o que ele aceitou prontamente — afinal, ele seria sacerdote de uma tribo inteira, uma promoção inesperada. No extremo norte, depois de conquistar a cidade de Laís

---

[82] Nazireu era alguém que fazia um voto a Iahweh, podendo ser de trinta dias a uma vida inteira, voluntário ou imposto pelos pais. Tinha característica tripla de um severo ascetismo: não poderia cortar o cabelo durante o tempo do voto, consumir qualquer bebida alcoólica ou tocar coisa considerada imunda pela lei (como cadáveres, por exemplo). Ao final do voto, o nazireu poderia cortar os cabelos e queimá-los no altar em oferta a Deus. A Bíblia apresenta pelo menos três nazireus importantes: Sansão, Samuel e João Batista. Ao que parece, o voto de Paulo em Atos também pode ter sido de nazireado. CHAMPLIN, Russell Norman. *O Antigo Testamento interpretado*: versículo por versículo: Volume 7: dicionário – M – Z. 2. ed. São Paulo: Hagnos, 2001. p. 4858.

para se estabelecer, a tribo de Dã fundou um culto de Iahweh centrado na imagem de Mica. O local continuou a ter importância sagrada até o exílio (Juízes 18:30).[83]

A outra narrativa dá conta de uma guerra entre as tribos (Juízes 19—21), final bastante deprimente para o livro dos libertadores de Israel. Novamente, o problema ocorreu com um levita. A história é macabra: ele era de Efraim e foi buscar sua concubina (uma amante oficial) em Belém de Judá. No retorno, parou em Gibeom, pertencente aos benjamitas, onde encontrou hospedagem na casa de certo idoso, também efraimita. Ali, ele viveu uma experiência digna de Sodoma e Gomorra: os homens da cidade bateram à porta porque queriam "conhecer" o viajante. O dono da casa ofereceu a filha virgem aos homens, que a rejeitaram, até o levita entregar a própria concubina para escapar ileso. Os homens a estupraram a noite inteira e a deixaram morta à porta. O levita, então, esquartejou o corpo e enviou partes para todas as tribos de Israel, a fim de clamar por vingança. O resultado foi uma guerra de todas as tribos contra Benjamim, exterminando a tribo inteira e deixando apenas seiscentos homens sobreviventes, que escaparam por estarem escondidos. Para terminar essa história sórdida, foram buscadas esposas para os sobreviventes reconstituírem a tribo. Como resolveram o problema? Assassinando a cidade inteira de Gileade (dos próprios israelitas!), para tomar quatrocentas virgens, e sequestrando outras duzentas meninas de Siló, para dar em casamento aos benjamitas.

Diante desse quadro, Juízes termina com uma conclusão: o problema daquela época era o fato de não terem rei e fazerem o que achavam certo (Juízes 21:25). A pergunta a ser feita nos próximos capítulos é: os monarcas resolveram o problema do pecado dos israelitas?

Samuel: sacerdote, profeta e juiz

O período que poderíamos definir como o de anarquia em Israel não está restrito às narrativas de Juízes. O livro de Rute e o início de 1Samuel exploram a transição desse modelo para o monárquico. Tratamos brevemente de Rute ao falar da aplicação da lei pelos anarquistas. Sua história também serve como uma espécie de prolegômenos para Davi, pois aquela moabita era bisavó do futuro rei de Judá e Israel.

---

83 Note a referência ao exílio no texto. Isso nos demonstra como as narrativas bíblicas são atualizadas ao longo do tempo, a partir de textos ou tradições mais antigas. Esse acréscimo é do período do exílio ou posterior a ele, explicando uma história ocorrida pelo menos cinco séculos antes.

Samuel foi o último juiz. Antes dele, um sacerdote de Siló chamado Eli foi considerado juiz (1Samuel 4:18), embora não se saiba exatamente como foi sua atuação. O início da história nos mostra o cotidiano das festas de Israel, talvez uma festa dos Tabernáculos. O santuário era um lugar simples, administrado por um sacerdote, e não um reduto de complexos rituais. Ali, o povo celebrava festas de comunhão em clima de alegria. Uma mulher devota, com o coração pesado, podia tomar conselho com o velho sacerdote (1Samuel 1).[84] Da angústia dessa efraimita estéril, vieram a resposta divina e o nascimento de um filho, Samuel, o qual foi consagrado como nazireu e entregue como oferta ao sacerdócio de Iahweh (1Samuel 1:11,21-28). Assim, em Samuel temos uma personalidade em estilo antigo, bastante clássica: a radicalidade do nazireado, aliada ao sacerdócio segundo o código sinaítico mais antigo, no qual o primogênito, e não o levita, era consagrado a Deus.

O texto demonstra certa ambiguidade cercando o sacerdócio. Embora Eli fosse uma figura respeitável, seus filhos eram corruptos, homens perversos, desviando porções do sacrifício para seus interesses. Além disso, eles se aproveitavam sexualmente das mulheres piedosas do santuário (1Samuel 2:12-17,22-26). Seria alguma prática de prostituição ritual imitada dos cananeus? O texto não explica. A atitude foi condenada por ocasião da segunda vocação de Samuel: a profecia. Deus falou com ele quando ainda era criança e anunciou o julgamento dos crimes dos filhos de Eli (1Samuel 3). O fato de as profecias se cumprirem o confirmou como profeta de Iahweh (1Samuel 3:19-21).

Nesse meio-tempo, aconteceu o golpe fatal dos filisteus sobre as tribos, quando foram fragorosamente derrotadas na planície costeira de Afeque, por volta de 1050 a.C. (1Samuel 4). Os israelitas perderam a Arca da Aliança e o santuário de Siló, diversos territórios e pontos estratégicos que passaram ao controle filisteu (1Samuel 10:5), além de se verem impedidos de fabricar armas e desenvolver qualquer metalurgia (1Samuel 13:19-22).[85] A profecia sobre o fim da família de Eli se concretizou. A arca permaneceu algum tempo entre os filisteus até ser devolvida (1Samuel 5—6). O fato de a arca voltar e ser alojada em Quiriate-Jearim em vez de Siló indica que talvez o santuário em que Eli vivia foi destruído pelos filisteus, embora o texto não relate esse fato.[86]

---
84 LASOR; HUBBARD; BUSH, 1999, p. 181.
85 BRIGHT, 2003, p. 231.
86 LASOR; HUBBARD; BUSH, 1999, p. 185.

Mesmo com o retorno da arca, a opressão dos filisteus continuou durante pelo menos duas décadas (1Samuel 7:2-3). Veio, então, a ascensão de Samuel ao ofício de libertador (1Samuel 7). O ciclo tradicional dos juízes se mantinha: as tribos estavam em idolatria e os inimigos os oprimiam; Samuel convocou o povo ao arrependimento coletivo em Mispá, vindo o momento do clamor e da compaixão de Iahweh. Os filisteus, verificando o ajuntamento de israelitas e imaginando tratar-se da convocação para uma rebelião, enviaram seu exército, quando, então, Samuel realizou sacrifícios e intercedeu pelo povo. Iahweh "trovejou contra os filisteus com grande fragor e os encheu de pânico, e foram vencidos por Israel" (1Samuel 7:10). O sacerdote-profeta tornava-se um juiz-libertador de Israel.

Samuel e a emergência da monarquia

O texto bíblico explica entusiasticamente como o profeta, capaz de convocar raios e trovões em defesa do povo de Israel, manteve afastados os filisteus durante toda a sua vida. Samuel foi juiz até sua morte, além de levar seus conselhos e deliberações regularmente a três santuários de Israel — Betel, Gilgal e Mispá —, além de estabelecer um novo santuário em sua casa, Ramá (1Samuel 7:13-17). Dessa forma, as tribos de Israel passaram a viver uma situação um pouco diferente em relação às experiências do passado. Contavam com a liderança carismática de um juiz, ao mesmo tempo sacerdote e detentor do dom divino da profecia. Na sua pessoa, a defesa contra os inimigos externos ganhava contornos mais eficientes. Então, aconteceu algo determinante para o futuro político das tribos de Israel: Samuel centralizou as questões da justiça em sua própria pessoa ao colocar os filhos na função de juízes. Foi uma inovação no sistema, pois o juiz não era um cargo hereditário; Deus convocava alguém para a função quando necessário. Os filhos de Samuel não tinham o chamado carismático de Iahweh. Pior: eles eram movidos pela ganância e completamente corruptos (1Samuel 8:1-3).

Assim, alguns elementos estavam alinhados: 1) as tribos de Israel tiveram a experiência positiva de uma liderança única e centralizada durante um bom tempo; 2) os filisteus eram uma ameaça permanente à vida e à prosperidade do povo, havendo necessidade de manter a unidade das tribos para enfrentar o inimigo; 3) o sacerdócio demonstrou tendência para a corrupção, devendo ser descartado para o exercício do governo. Foi essa a constatação dos anciãos reunidos em Ramá (1Samuel 8:4-5). A solução foi encontrada na prática dos outros povos da vizinhança: a monarquia. Constituir um rei, "como fazem todas as nações", foi uma das mais importantes assimilações culturais de Israel. Aqui podemos verificar o hibridismo cultural referido na introdução. Antes, a identidade dos israelitas estava posta diante dos outros como diferenciação, pois eles buscavam uma sociedade em contraposição ao regime monárquico cananeu e filisteu. Agora, depois de alguns séculos de choques culturais, passaram a olhar aquele sistema com simpatia. Ele foi aceito e até mesmo desejado.

A mudança cobraria seu preço. Samuel explicou o que aconteceria com o povo ao instaurar um rei para dominar: viria junto a estrutura estatal e o que ela implica — a tomada dos filhos para soldados e das filhas para servirem em haréns e como domésticas, além da cobrança de impostos e do confisco do melhor de suas terras. Mas o povo insistiu e ganhou o rei Saul, cuja história terminaria com todo o tipo de abuso e derrota diante dos filisteus.[87] A decisão das tribos causou profunda consternação em Samuel e desaprovação divina. Afinal, pedir um rei humano significava desprezar o reinado de Iahweh e rejeitar a provisão divina diante das contingências da vida (1Samuel 8:6-9; 12). A monarquia foi concedida, revelando a infidelidade e a desconfiança de Israel no Deus que os libertara e conduzira durante todos aqueles séculos. Mas Iahweh não os abandonaria. Ele é fiel.

Conclusão

Este capítulo analisou o texto bíblico e as evidências extrabíblicas, procurando pistas para compreender como era constituída a identidade das tribos israelitas no tempo pré-estatal. Vimos como os textos narram uma jornada tumultuada, não de uma etnia monolítica, mas de um povo que agregava outros grupos em sua jornada na conquista da Terra Prometida. Uma vez estabelecidas em Canaã, as tribos viveram espalhadas, sem governo central, dentro das tradições dos antigos clãs nômades dos quais se originaram. Viviam de forma modesta, nas encostas das montanhas, formando identidades variadas: eram os

---
87 ELLUL, 2010, p. 55.

efraimitas, os judaítas, os benjamitas, os danitas, entre tantos outros. Viviam separados, algumas vezes unindo-se contra inimigos em comum, outras vezes lutando entre si. Eram simplesmente anarquistas. Mas celebravam a unidade espiritual em torno do Deus que os libertara da escravidão no Egito.

Iahweh, o fator de unidade, é um Deus ciumento. E como os anarquistas provocaram seus ciúmes! Cultos a El-Iahweh eram celebrados em diversos locais, por vezes descumprindo o mandamento sobre imagens e incluindo ídolos em seus rituais. Também cultuaram diversos deuses, entregando-se à escravidão dos cananeus e de outros povos mais fortes que eles. Viviam, então, o ciclo interminável entre obedecer à lei e viver o descanso da terra, ou desobedecer e sofrer a opressão dos inimigos. Sem que soubessem, por meio do sofrimento, Iahweh reinava sobre as tribos de Israel. Entre tantas dificuldades, os anarquistas tiveram a experiência de viver sob a alegria da liberdade de Deus. O Deus que os trouxera do Egito com asas de águia continuava o mesmo, exercendo o que mais gosta de fazer: salvar seu povo.

Capítulo 5
OS MONARQUISTAS

Os assentamentos israelitas no tempo de anarquismo lembravam o acampamento de um povo nômade. Com a necessidade de articular a defesa, emergiram as lideranças de caráter carismático. Quando os poderosos filisteus chegaram — inimigos mais desenvolvidos e intimidadores —, o antigo sistema começou a se esgotar. Um novo modelo se desenvolveu como imitação das formas de organização política dos povos ao redor: a monarquia. Neste capítulo, verificaremos o significado da nova identidade dos israelitas, marcada pela emergência de um governo centralizado. Como nada é muito simples, também veremos como a monarquia unida de Israel e Judá não foi um processo fácil, nem teve vida longa. Apesar disso, foi um período marcante, trazendo um imaginário duradouro na fé e cultura dos israelitas e uma das maiores fontes de símbolos desde o êxodo.

Contexto geopolítico do Antigo Oriente

As estruturas sociais e políticas do Antigo Oriente passaram por uma longa reorganização depois do tenebroso século XII a.C. O Egito vivia o *Terceiro Período Intermediário* (1070–712 a.C.), em constantes crises e contando com várias dinastias que governavam paralelamente. Sua influência diminuiu em Canaã, não representando mais uma força tão ameaçadora para cananeus, fenícios e outros povos recém-chegados. Na Anatólia, o antigo Império Hitita voltou como uma força apenas regional, conhecida como reino neo-hitita. As potências da Mesopotâmia mantinham sua estabilidade, com Babilônia, Elão e Assíria contendo-se mutuamente. O reino dos assírios começava a dar sinais de avanço, e sua ascensão seria determinante nos séculos seguintes — mas isso é assunto para o próximo capítulo. Por ora, trataremos do contexto geográfico imediato ao povo bíblico, com acontecimentos em Canaã e Síria.

Canaã do século X ao VIII a.C.

Os séculos entre X a.C. e metade do VIII a.C. foram marcados por um tempo de relativo isolamento de Canaã quanto às grandes potências do Egito e da Mesopotâmia, sofrendo poucos saques ou invasões. O território das narrativas bíblicas era então um grande mosaico povoado por alguns elementos principais: Filístia, Amom, Moabe, Edom, Israel e Judá. Os filisteus não conseguiram sustentar uma hegemonia, mas mantiveram-se independentes, assimilando lentamente a cultura cananeia e identificando-se cada vez mais com as populações nativas. Suas divindades assumiram nomes locais (como Dagom e Astarote) e as cidades acabaram por manter certa continuidade com o sistema urbano cananeu antigo.[1] Eles não eram numerosos, mas compunham uma aristocracia militar que governava a população de maioria canaanita.[2]

Os outros três reinos da Transjordânia — Amom, Moabe e Edom — foram pouco influentes na política e na economia da região. Estavam preocupados em sobreviver em meio a povos mais poderosos. Amom sofreu com a ameaça de Israel e dos arameus de Damasco; Moabe foi subjugada pelos israelitas; e Edom geralmente ficava sob o domínio de Judá. A posição edomita ao sul permitia-lhe controlar as rotas entre o território de Judá e o mar Vermelho, além do acesso às minas do extremo sul. O que era comum a moabitas, amonitas e edomitas era a economia pastoril e comercial, baseada em caravanas que ligavam a Península Arábica à Síria.[3]

Canaã era, então, independente dos grandes reinos internacionais, sendo habitada por monarquias medianas. Havia certa continuidade

---
1 LIVERANI, 2016, p. 549.
2 BRIGHT, 2003, p. 230.
3 LIVERANI, 2016, p. 551-552. Estou usando os nomes de Israel e Judá separadamente porque, na maior parte da história monárquica, esses foram reinos distintos, como tratarei adiante.

cultural dos povos cananeus com os arameus, fenícios e neo-hititas localizados ao norte. Por isso, a cultura material encontrada em cidades como Jerusalém, Samaria, Damasco e Tiro apresenta poucas diferenças entre si. O que marcava a diversidade e a identidade entre esses povos estava mais na língua e nas divindades dinásticas ou nacionais do que na arte e na tecnologia.[4] Entretanto, a estabilidade interna e externa de Canaã era apenas aparente, pois seu cotidiano era marcado por constantes alianças e guerras entre as casas dinásticas. Muitas dessas alianças encontravam oposição das populações, principalmente porque estabeleciam laços de parentesco e comprometimentos religiosos. Afinal, a divindade de cada povo também participava dos acordos e trazia suas tradições, o que era repelido pelos mais piedosos. Esse foi o caso da ascensão dos profetas de Israel e Judá, por exemplo, no zelo de Iahweh contra Baal.[5] Talvez essas sejam algumas das razões para as alianças em Canaã serem tão efêmeras, mantendo os reinos em constante tensão.

Os fenícios e o comércio naval

Antigas cidades do litoral norte de Canaã desenvolveram-se intensamente a partir de 1200 a.C., dando origem a uma importante cultura da Idade do Ferro denominada pelos gregos de fenícia (*phoinikes*). Os fenícios chamavam a si mesmos de *cananeus* ou *sidônios*, o nome de uma de suas principais cidades (Sidom). Governaram importantes cidades, como Tiro, Biblos, Arvade e Beirute, entre outras. Assim como Canaã, a Fenícia não era uma unidade política, sendo composta por centros urbanos independentes, cada um com suas atividades comerciais e artesanais, uma relação de igualdade recíproca e o estabelecimento de comércio com reinos distantes como a Assíria e o Egito.[6]

A própria geografia privilegiava uma situação diferenciada. Os fenícios habitavam uma estreita faixa entre o litoral e a cadeia montanhosa do Líbano, a apenas vinte quilômetros da costa, sobrando pouco espaço para a agricultura. Além disso, o litoral era recortado por diversas baías flanqueadas por promontórios, permitindo a construção de bons ancoradouros. A solução econômica, portanto, não estava na terra, mas no imenso mar à frente deles.[7] Essa oportunidade geográfica da Fenícia

---
4 LIVERANI, 2016, p. 552.
5 LIVERANI, 2016, p. 553.
6 LIVERANI, 2016, p. 565-566.
7 HARDEN, Donald. *Os fenícios*. Lisboa: Verbo, 1971. [História Mundi 9º Volume]. p. 23.

permitiu um diferencial significativo em relação aos primos de Canaã e da Síria: suas cidades tiveram importância muito maior do que os campos, assim como as atividades comerciais e de produção artesanal foram mais rentáveis do que a agricultura. Os fenícios privilegiavam o comércio de produtos oriundos de outras regiões, unindo os centros comerciais do Egito e do Mediterrâneo aos de Anatólia, Síria e Mesopotâmia. Como os palácios da Grécia, Anatólia e Canaã haviam entrado em colapso depois da crise do século XII a.C., os fenícios viram o Mediterrâneo livre para a navegação, aproveitando seus excelentes navios e a experiência acumulada no mar pelos micênicos, antes deles.[8] Os produtos mais explorados pelo comércio fenício eram peças em bronze, entalhes em marfim, tecidos bordados e tingidos (especialmente a caríssima púrpura), pequenos frascos de vidro e joias.[9]

Os fenícios lançaram-se ao mar e fundaram postos comerciais em diversos locais da costa mediterrânica durante os séculos X e IX a.C., tendo por base Chipre. A partir do século VIII a.C., a colonização se intensificou, fundando cidades importantes como Cartago, na costa africana, e colonizando regiões tão distantes quanto a Argélia, o Marrocos e a Espanha. Seu alcance foi tamanho que chegaram a realizar a circum-navegação da África por volta de 600 a.C. e chegaram à Inglaterra por volta de 450 a.C.[10]

Os arameus e o comércio terrestre

Os arameus foram resultado do desenvolvimento cultural de pastores seminômades que habitavam a região da Síria e da Alta Mesopotâmia, em contato há muito tempo com as populações sedentárias. Após a crise do século XII a.C., os arameus mesclaram-se aos povos da região, sendo, em parte, assimilados por eles. Por causa disso, é possível verificar uma continuidade linguística entre cananeus e arameus, pois estes são derivados daqueles. Com a ruína dos palácios e o vazio político dos grandes impérios, os arameus tiveram ampla liberdade para a expansão, dada a oportunidade aberta ao nomadismo comercial. Antes marginal, a tribo móvel assumiu um papel importantíssimo nas caravanas de comerciantes; além disso, a posição da Síria privilegiava o comércio terrestre entre os reinos do Oriente Próximo.[11]

---
8 LIVERANI, 2016, p. 568-569.
9 LIVERANI, 2016, p. 572.
10 LIVERANI, 2016, p. 579.
11 LIVERANI, 2016, p. 583-585.

Nas regiões em que havia populações tradicionais, houve outro processo: a justaposição entre arameus e os habitantes locais, especialmente na Anatólia e na Mesopotâmia. Nesses casos, os arameus foram a novidade, um elemento tribal muitas vezes se comportando como elite militar. Foi o caso de Estados arameus como Hama ou Sam'al entre os neo-hititas. Os novos Estados arameus tiveram um desenvolvimento urbano, mas a ideologia real voltou-se para fórmulas antigas, segundo as quais o rei deveria ser o pai sábio e benevolente de seus súditos. Dessa forma, o distanciamento anterior entre monarquias e povo, que significou a ruína dos palácios, foi superado. Uma das cidades mais famosas foi Damasco, na Síria. Os reis de Damasco foram chamados pelos autores bíblicos de Ben-Hadade (em aramaico, Bar-Hadad). Hadad era a divindade principal de Damasco.[12] Na Mesopotâmia, não aconteceu esse tipo de desenvolvimento estatal; os arameus permaneceram como nômades circulando entre as cidades, mantendo a organização tribal e o distanciamento dos centros urbanos.[13] Com o tempo, sua língua foi sendo assimilada, em toda a Mesopotâmia, como o idioma comercial paralelo às línguas locais, o que seria importante para a comunicação dos emergentes impérios orientais.

As características dos monarquistas de Israel

Ao tratar das características dos monarquistas de Israel, não podemos falar de um único modelo, mas de um processo de desenvolvimento da tradição monárquica. A escolha dessa forma de governo significou as gradativas construção e consolidação de uma identidade estatal monocêntrica, ou seja, com um único centro político e organizacional, tendo por base Jerusalém. O destino final dessa identidade foi alcançado quando o novo Estado israelita conseguiu elaborar uma estrutura tributária e institucionalizou a religião em torno de um templo construído na capital.[14] Essa novíssima identidade teve como centro teológico a inviolabilidade de Sião e o reinado de Iahweh mediado pelo rei davídico.[15]

---

12 LIVERANI, 2016, p. 586-587.
13 LIVERANI, 2016, p. 594.
14 ZABATIERO, 2013, p. 71.
15 ZABATIERO, 2013, p. 129. Zabatiero situa a construção dessa identidade nos séculos VIII e VII a.C., logo depois da destruição de Israel (ao norte) e migração dos israelitas para Judá, segundo os modelos da interpretação histórico-críticos. Estou situando essa construção na época de Salomão, conforme a linha conservadora, de acordo com a intencionalidade do autor bíblico.

As intenções de um governo não são necessariamente reflexo da vontade de todo o povo por ele governado. Aliás, a tendência é o contrário. A tentativa de implementar uma identidade estatal com um único centro orientador enfrentou diversos movimentos de resistência ao longo da história. O principal deles foi o profético, quando vozes se levantavam contra a injustiça promovida pelos reis e quando o nome de Iahweh era usado pelo aparato estatal. Outra resistência foi a própria lei deuteronomista, a qual apresentava um projeto diferente de comunidade, infelizmente não concretizada. Um terceiro movimento de resistência era idolátrico, não apenas contrário ao estatal, mas também a Iahweh, manifestado no culto de outras divindades — fato amplamente combatido pelos profetas.[16]

A monarquia dualista de Israel e Judá

As tradições tribais constituídas durante séculos não caíram por terra quando o sistema monárquico foi instaurado. O que percebemos na narrativa bíblica é um processo de unificação forçado, às vezes com algum sucesso, mas, na maioria das vezes, fracassado. A tendência israelita continuou a ser a pluralidade, como vemos na ascensão do primeiro rei, Saul. Primeiro, a sua eleição foi semelhante ao modelo tribal, quando valia o carisma concedido por Iahweh seguido da aclamação das tribos. Outro resquício do período anterior estava no fato de ele não ter instituído uma corte ou administração, tampouco ter criado um sistema de tributos ou alterado a organização tradicional das tribos. A atuação de Saul foi restrita ao campo militar, agindo praticamente como um libertador.[17] O fato de ele não ter constituído uma ideologia monocêntrica ficou evidente logo após sua morte, quando a tentativa de unidade das tribos sofreu um duro golpe com a saída de Judá e o convite para Davi reinar sobre os judaítas (2Samuel 2:1-4). Foi o início de uma ruptura que não teria mais volta: Judá seria sempre um povo à parte de Israel. A suposta unidade das tribos não durou mais do que um rei.

Judá sempre teve uma história separada e, após a morte de Saul, o distanciamento apenas ficou mais explícito. Habitando as montanhas do sul, os judaítas conquistaram parte do território contando apenas

---
16 ZABATIERO, 2013, p. 159.
17 FLOR, 2000, p. 8.

com simeonitas e calebitas, sem o auxílio da casa de José (Juízes 1:3-19). Além disso, Judá não conquistou muitos enclaves cananeus, especialmente ao norte, separando-a das demais tribos. Cidades importantes como Jebus (Jerusalém), Gezer e Aijalom eram então canaanitas. Por isso, Judá não foi mencionada no Cântico de Débora (Juízes 5). Embora tenha havido alguma aproximação no tempo de Saul, que era de Benjamim (a tribo imediatamente vizinha aos judaítas), Judá sempre se manteve à parte.[18]

Após a morte do filho de Saul, Israel veio a Hebrom como um reino consolidado para convidar Davi a assumir o trono das tribos do norte. Por isso, todos os textos mencionam Davi e Salomão como reis *sobre Israel e Judá* (2Samuel 5:4-5; 1Reis 1:35). A inauguração do novo reino não significou uma submissão dos anciãos de Israel a Judá, tampouco a absorção desta às outras tribos. Havia uma monarquia, um único rei, mas duas unidades políticas distintas. Poderíamos comparar a situação de Israel e Judá a um reino unido como a Grã-Bretanha atual (grosseiramente falando). A distinção dos dois reinos sob uma coroa ajuda a clarear alguns detalhes peculiares, como o fato de os distritos tributários de Salomão não incluírem Judá, pois era uma administração à parte (1Reis 4:7-19). Além disso, houve sensos militares distintos ao final do reinado de Davi (2Samuel 24:9).[19]

O núcleo duro do domínio de Davi era composto por elementos distintos: 1) Judá era um reino composto pelos membros de sua tribo e de unidades integradas, como Simeão, os quenitas e outros grupos do sul; 2) Israel era um conjunto imenso de tribos, maior em extensão e população que Judá; 3) as diversas cidades-Estado cananeias, antes independentes, estavam então submetidas ao reino davídico; 4) Jerusalém era uma cidade-Estado, capital do reino e posse dinástica do rei, ostentando o título de "Cidade de Davi"; 5) alguns territórios filisteus eram vassalos. "Israel" não significava mais a totalidade do povo de Deus, mas um dos elementos do império de Davi. Assim, a antiga contraposição entre israelitas e cananeus, se existia, foi definitivamente integrada, com toda a ambiguidade que isso implicaria.[20]

---

18 VAUX, 2003, p. 121.
19 VAUX, 2003, p. 122.
20 GUNNEWEG, 2005, p. 141.

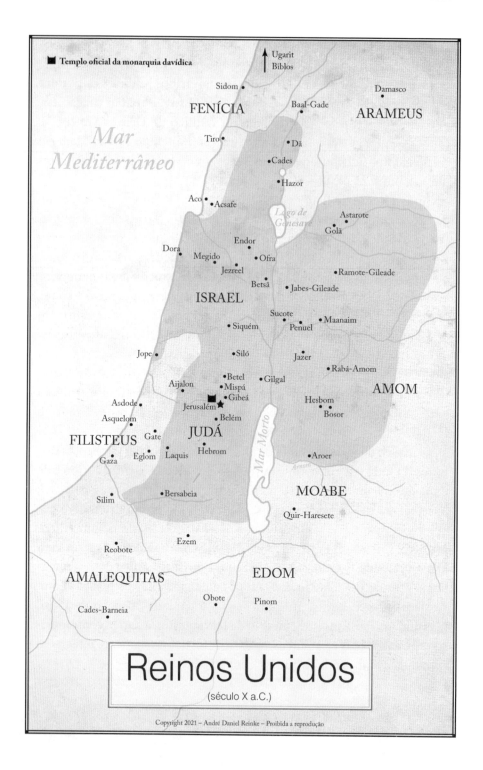

Talvez a composição de tantos elementos díspares em um mesmo reino possa ter sido a razão para a monarquia davídica mostrar-se politicamente tão frágil. Sua unidade não era natural; precisava ser sustentada com mão de ferro. A rebelião do próprio filho Absalão e o fato de ter conseguido levantar exércitos contra o famoso rei Davi demonstram como existiam descontentes com o seu reinado (2Samuel 15—19). Depois da tragédia envolvendo a família e a rebelião aberta das tribos, o texto bíblico revela a existência de uma grande animosidade entre Israel e Judá, provavelmente uma mágoa dos nortistas em relação aos sulistas por serem os preferidos do rei (2Samuel 19:41-43). A última revolta foi de um benjamita chamado Seba, talvez parente de Saul, sufocada pela tropa pessoal de Davi (2Samuel 20). A ascensão de Salomão ao trono, por sua vez, foi o palco de uma verdadeira intriga palaciana. O sucessor seria o filho mais velho, Adonias, o qual contava com o apoio do general Joabe; Salomão, por sua vez, tinha apoio de outro militar, Benaia; além disso, sacerdotes importantes tomaram lado, entrando definitivamente para a política. Apesar das intrigas, quem de fato definiu a sucessão foi Davi (1Reis 2). O resultado, ao final de seu governo, foi o sepultamento definitivo da tradição tribal: não eram mais os dons carismáticos a definir o novo líder, nem o heroísmo em batalha, mas uma aclamação após o veredito do rei.[21]

Para resumir a experiência dos monarquistas: a união das tribos aconteceu apenas na experiência de Saul, mas sem o desenvolvimento de qualquer tipo de administração ou burocracia centralizada. Logo depois de sua morte, o reino se dividiu em duas unidades políticas distintas. Na experiência de Davi e, depois, de Salomão, houve apenas um rei governando sobre dois reinos, Israel e Judá, como uma monarquia dualista. Depois de Salomão, aconteceria o cisma definitivo, assunto que será abordado no próximo capítulo.

Qual a dimensão do império?

Mencionei acima um "império de Davi". É comum o leitor da Bíblia imaginar o reino de Davi e de Salomão comparado aos grandiosos impérios dos egípcios, assírios, persas ou romanos. Nada mais distante: Israel e Judá jamais tiveram condições de produzir algo dessa dimensão.

---

21 BRIGHT, 2003, p. 258-260.

Segundo o relato bíblico, Davi "humilhou" os filisteus, tornou vassalos os moabitas, zobaítas e arameus, e recebeu congratulações de Hamate, além de haver subjugado edomitas, amonitas e amalequitas (2Samuel 8). A lista sugere que Davi reduziu alguns à vassalagem, de quem receberia tributos, e controlou outros de formas variadas. É importante entender que tal controle não era a forma de domínio estabelecido por persas ou romanos séculos depois, impondo uma pesada administração; nas pequenas nações gentílicas de Canaã, bastava a presença física do rei em visita à capital vizinha como símbolo de vitória, sem a ocorrência de qualquer tipo de interferência contundente.[22] Por isso, pode-se falar em domínio de Davi, mas não em imperialismo. A simplicidade de seu império, em comparação com os gigantes orientais, é atestada pela arqueologia. A época de Davi possui apenas vilas modestas com casas dispostas em círculos, protegidas por um muro de casamata — basicamente uma leve evolução do tempo dos juízes. Isso não é necessariamente contraditório em relação ao texto bíblico, pois confirma a informação de Davi não ter investido em obras durante seu reinado.[23]

Então, chegamos novamente a um problema que não pode ser ignorado: a imensa riqueza de Salomão, descrita pela Bíblia e, até hoje, não encontrada. Uma das explicações pode ser o uso da hipérbole, o exagero para fazer valer determinado argumento (como Heródoto, ao tratar do exército persa). No caso de Salomão, sua afirmação no sentido de possuir 40 mil cocheiras pode ser uma crítica velada: ele era um multiplicador de cavalos e, por isso, desobediente à lei; o mesmo valendo para o acúmulo de ouro e de esposas (Deuteronômio 17:16-17).[24] Outra explicação pode estar no estado atual das pesquisas arqueológicas. Jerusalém tem vários problemas para a arqueologia: o terreno é muito íngreme e a erosão pode ter apagado muita informação, além de ter sido alvo das profundas interferências de Herodes, que praticamente cortou o topo do monte e aterrou as laterais para dar forma ao imenso pátio do templo.[25] Ou seja, talvez sejam poucos os resquícios a serem descobertos, sem falar no fato de o local mais importante do reino de Salomão, a esplanada do templo, estar interditada a qualquer tipo de escavação arqueológica por causa dos monumentos islâmicos ali construídos.

---

22 PROVAN; LONG; LONGMAN III, 2016, p. 351-353.
23 MAZAR, 2003, p. 362.
24 PROVAN; LONG; LONGMAN III, 2016, p. 381.
25 KAEFER, José Ademar. *Arqueologia das terras da Bíblia II*. São Paulo: Paulus, 2016. p. 11-12.

O exército regular dos monarquistas

As forças militares filisteias eram francamente superiores aos israelitas no período dos anarquistas. A prática guerreira precisou ser revista na monarquia. O processo foi gradual: com Saul, o exército continuou funcionando na convocação popular, mas tinha na figura do rei um comandante permanente. Saul começou certa profissionalização ao colocar Abner no posto de general (1Samuel 14:50) e convocar todos os valentes (1Samuel 14:52), iniciando o processo de composição de uma tropa pessoal separada do exército popular. Essa guarda não era composta apenas pelos israelitas, mas contava com mercenários como o edomita Doegue (1Samuel 22:9). Isso significa uma primeira assimilação da cultura vizinha, pois os filisteus faziam uso contínuo de mercenários estrangeiros.[26]

O uso de tropas pessoais teve um inesperado incremento com Davi, enquanto fugia de Saul. Ele agregou um grupo de marginalizados, provavelmente endividados fugindo para escapar da escravidão (1Samuel 22:2), formando uma representativa tropa de seiscentos homens (1Samuel 23:13). Era um batalhão ligeiro, comandado por um militar experiente, cujas ações lhe renderam o controle de uma vila filisteia e a posição de mercenário aliado aos filisteus (1Samuel 27). Seu bando tinha uma tropa de elite composta de trinta guerreiros próximos do comandante (1Crônicas 12:4,18). Aliás, com essa tropa particular, Davi viria a conquistar Jerusalém na condição de rei de Israel e Judá.[27] Além da guarda pessoal, Davi recrutou entre os filisteus um corpo de mercenários estrangeiros, os queretitas e os peletitas (2Samuel 8:18). Esse "batalhão de elite" o acompanhou na fuga de Absalão (2Samuel 15:18) e foi a escolta de Salomão no dia da coroação (1Reis 1:38-39).[28] Portanto, em Davi a contratação de mercenários estrangeiros tornou-se decisiva na composição militar de seu reino e na manutenção de seu poder.

O interesse militar de Salomão era bastante reduzido, mas ele trouxe duas inovações importantíssimas, as quais trariam consequências determinantes a longo prazo: modernizou o exército, introduzindo os carros de guerra, e iniciou a construção de fortalezas em cidades estratégicas. Até então, os exércitos populares de Israel e Judá eram

---

26 DREHER, 1996, p. 11-12.
27 DREHER, 1996, p. 13-15.
28 VAUX, 2003, p. 153.

compostos apenas por infantaria. A introdução de um corpo de carraria foi o passo seguinte na assimilação cultural dos cananeus, especialistas e detentores dessa tecnologia. As cidades fortificadas serviriam para estacionar as divisões desses batalhões (1Reis 10:26). O resultado final foi a criação de uma elite mercenária e guerreira, sustentada pelo Estado e isolada da população. Esse sistema era a reprodução do modelo de controle exercido pelas antigas monarquias cananeias.[29] Finalmente, outro abandono dos modelos antigos foi a perda do aspecto sagrado da guerra. Não era mais Iahweh quem marchava à frente do povo, mas o rei de Israel. O próprio Davi profanou a guerra ao ordenar um recenseamento militar como assunto de Estado (2Samuel 24:1-9). Séculos mais tarde, o profeta Isaías viria a defender a antiga concepção de guerra santa, garantindo a salvação divina diante dos assírios (Isaías 37:33-35) e condenando todo preparativo militar (Isaías 22:9-11).[30]

Portanto, a nova configuração militar de Israel e Judá demonstra um processo de intensa mudança de identidade cultural, passando a investir no modelo das cidades cananeias e abandonando as tradições guerreiras dos séculos passados.

O hebraico clássico: a fixação do idioma

A exigência administrativa de um aparato estatal sempre incentiva as letras, pois os escribas eram os responsáveis pelo trabalho burocrático. Embora a escrita já estivesse popularizada entre cananeus, fenícios, arameus e israelitas, ganhou maior impulso a partir da emergência do poder político e econômico, como ocorreu também nas monarquias do Egito e da Mesopotâmia. O hebraico era uma língua muito mais próxima do fenício do que do aramaico, revelando a profunda influência ou até mesmo a origem cananeia. O hebraico também recebeu algumas assimilações de outras línguas, em palavras como *faraó* ("casa grande" em egípcio antigo). Substantivos de produtos comerciais como ébano, linho, ametista, marfim e outros também foram empréstimos estrangeiros, assim como alguns termos filisteus, destacando-se *seren* ("príncipe"), palavra até então desconhecida no contexto anarquista.[31]

---
29 DREHER, 1996, p. 19-20.
30 VAUX, 2003, p. 302.
31 TREBOLLE BARRERA, Julio. *A Bíblia judaica e a Bíblia cristã*: introdução à história da Bíblia. Petrópolis: Vozes, 1995. p. 73-74.

A monarquia é tida como o tempo da fixação do hebraico, solidificando o *hebraico clássico* ou *hebraico pré-exílico*. A linguagem é distinta dos escritos anteriores em hebraico arcaico. O hebraico clássico atingiu tamanha perfeição de linguagem e composição que se tornou modelo para os estágios posteriores, como o *hebraico pós-exílico* e o de *Qumram*. Não é possível afirmar se o hebraico clássico era uma língua popular ou apenas uma configuração erudita dos escribas da corte. Os principais destaques do hebraico clássico estavam no uso frequente de determinados elementos gramaticais, na resistência ao estrangeirismo, na rígida uniformidade textual, na predominância do dialeto de Jerusalém e em um vocabulário bastante limitado e uniformizado.[32] A forma escrita dos monarquistas utilizava o abecedário paleo-hebraico, parecido com o fenício (sem as posteriores formas quadradas).[33]

O hebraico assimilou não apenas o alfabeto cananeu; o conteúdo de determinados textos também se deve muito aos povos vizinhos, especialmente a sabedoria. Muitas afirmações de Provérbios são idênticas às de outros textos antigos, feitas de forma consciente pelos autores bíblicos (Provérbios 30:1; 31:1). O mesmo livro de Provérbios possui excertos paralelos aos ensinos do egípcio Amenemope, anterior ao período monárquico israelita (Provérbios 22:17—23:11). Os livros de Eclesiastes e Jó apresentam contatos ainda mais estreitos com a literatura oriental, especialmente a lamentação mesopotâmica.[34]

O templo: sacralidade, imaginário e política

A ascensão da monarquia mudou drasticamente a situação da fé de Israel quando Davi trouxe para junto de si o sacerdócio e o mais importante símbolo da presença divina, a arca da aliança, instalada em um santuário oficial ao lado do seu palácio (2Samuel 6:17). Com sua interferência, a antiga religião doméstica começou a ganhar os contornos típicos de um Estado monárquico, centralizada e ligada ao rei, passando a ser fator político de apoio ao governo.[35] Mas os contornos definitivos de um culto monocêntrico viriam apenas a partir da construção do templo de Salomão (1Crônicas 22—29). A estrutura desse templo deriva da planta-base do tabernáculo, mas com três espaços em

---

32 FRANCISCO, p. 6-7.
33 FRANCISCO, p. 20.
34 SCHMIDT, 2004, p. 404. Apresento exemplos dessa literatura em *Os outros da Bíblia*.
35 SCARDELAI, 2008, p. 23.

vez de dois. O templo era um edifício longo, de cerca de 35 metros de comprimento, dividido em *Ulam* (um vestíbulo de entrada), *Hekal* (a sala de culto, depois chamada de *Santuário*) e o *Debir* (parte mais interna, posteriormente chamada *Santo dos Santos*).[36]

O templo era um espaço fundamental em todas as religiões da Antiguidade. Era considerado o limiar entre dois mundos, um sagrado e outro profano (ou cotidiano). Tratava-se de uma porta para o céu, uma espécie de metade do caminho, pelo qual os deuses "desciam" e os humanos "subiam" para o encontro que unia o céu, a morada dos deuses, e a terra, a morada humana. Por isso, todo espaço sagrado implicava uma *hierofania*, a irrupção do sagrado marcando um território especial e diferente.[37] Essa era, por exemplo, a função do zigurate mesopotâmico descrito no relato bíblico da construção da torre em Babel (Gênesis 11:4). O mesmo teor sagrado foi percebido por Jacó no sonho de uma escada para os céus (Gênesis 28:12-19). Os templos eram modelos do cosmos, o "centro do mundo" como ponto fixo a orientar o futuro dos povos. Na experiência dos israelitas, Iahweh estava habitando com eles em um local que unia "céus e terra". Antes, esse símbolo estava contido no tabernáculo e na arca da aliança; depois, tornou-se uma obra fixa em Jerusalém. Por isso, a importância de trazer a arca para o novo espaço de culto.

Por causa desse encontro com o Deus Criador, a arquitetura do templo de Salomão possuía símbolos sagrados assimilados dos templos siro-fenícios. Nada a se admirar, pois os construtores especializados vieram de Tiro (1Reis 5:6) e o fundidor dos utensílios era filho de uma naftalita com um fenício (1Reis 7:13-14). As principais imagens eram dois querubins gigantescos instalados no Santo dos Santos (1Reis 6:23-28), provavelmente animais alados com cabeça humana, como as esfinges da iconografia siro-fenícia ou mesmo os grandes monumentos nos pórticos das capitais assírias.[38] Esses querubins não são detalhados no texto sobre o templo, mas podem ser imaginados pela descrição contida nos cânticos de Israel (2Samuel 22:11; Salmos 18:10), nos quais aparecem como montaria de Iahweh ao "tomar as asas do vento". Querubins são frequentes na iconografia de todo o Antigo Oriente, geralmente como humanos alados; no Egito e na Síria, era comum a com-

---

36 VAUX, 2003, p. 351.
37 ELIADE, Mircea. *O sagrado e o profano*: a essência das religiões. 2. ed. São Paulo: Martins Fontes, 2008. p. 29-30.
38 VAUX, 2003, p. 357.

binação de leão com homem na esfinge; na Mesopotâmia, era o touro alado com cabeça humana; na Grécia, a combinação de pássaro com humano. Tais figuras representavam os atributos divinos em exemplares da criação.[39] Salomão também fez uso de símbolos religiosos típicos da fertilidade cananeia, como touros, palmeiras, guirlandas e romãs (2Crônicas 3—4). Tal uso estava relacionado a Deus como o Criador de todas as coisas; e o templo, como o local de encontro com o divino, expressava esse poder doador da vida.[40]

O templo de Salomão veio a dominar a imaginação litúrgica dos israelitas, acumulando todas as tradições de culto anteriores: a arca da aliança, o tabernáculo e o ritual sacerdotal, incluindo a Torá e seus mandamentos. A nova estrutura centralizada foi capaz de unir as tradições da aliança com as tradições cananitas de entronização divina, talvez oriundas de ideias nativas de Jerusalém antes da conquista de Davi. O templo tornou-se um poderoso elemento simbólico da presença divina entre seu povo, resistindo até mesmo no período posterior à sua destruição. Deus, como rei, habitava Jerusalém, fato exaustivamente cantado pelos salmistas de todas as épocas (Salmos 46—48; 76; 84; 122, entre outros).[41] O templo era a materialidade desse reinado divino.

Havia ainda um sentido importante para a arte. Se antes o impacto visual do tabernáculo tinha função litúrgica, tal impressão de grandiosidade ganhou contornos monumentais no templo de Salomão. A presença de Deus demandava o emprego do melhor disponível para a sua morada. A construção dos dois querubins gigantescos no Santo dos Santos servia como ilustração para a reivindicação de Deus "assentado em querubins" (Salmos 99:1). O templo e sua suntuosidade não serviam apenas para demonstrar o prestígio do rei, embora ele certamente colhesse os frutos políticos disso. A arte e a arquitetura exploram, pelos sentidos visuais, uma teologia da presença de Iahweh como o verdadeiro rei de Israel.[42] Finalmente, o culto oficial realizado pelos sacerdotes autorizados desempenhou um papel importantíssimo na fé da comunidade israelita. Ela era, fundamentalmente, uma comunidade de adoração, envolvida no culto e na mesa da comunhão. O templo mediava a presença do rei Iahweh por meio da arte, das cerimônias e da confraternização.[43]

---

39 RANDALL, 2020, p. 51.
40 PROVAN; LONG; LONGMAN III, 2016, p. 389.
41 BRUEGGEMANN, 2014, p. 844-845.
42 BRUEGGEMANN, 2014, p. 865.
43 BRUEGGEMANN, 2014, p. 839.

A obra, portanto, foi um ponto de fixação importante no conceito monoteísta de Iahweh como o Único. Os textos bíblicos mostram a aprovação divina na inauguração, quando a "glória de Iahweh" encheu o santuário (2Crônicas 5:13). A oração de Salomão, implorando para Deus fixar seus olhos naquele lugar e atender a oração feita ali (2Crônicas 6:20,40), colocou a obra em um lugar especial na memória de Israel e Judá.

A monarquia na promessa divina

A monarquia não surgiu em Israel por motivações teológicas, mas por necessidades militares e de prosperidade econômica. Entretanto, essa forma de governo teria implicações de profundo cunho teológico. Como vimos, a chegada da monarquia foi controversa, dada a grande inovação social que significou. O próprio texto bíblico apresenta dois posicionamentos distintos em relação a ela. Um deles harmonizou a realeza divina e a humana, e achou fácil legitimar os arranjos de poder; o outro, antimonárquico, atribuía a realeza apenas a Iahweh. Obviamente, a tradição a favor da monarquia prevaleceu e ela acabou por ser instituída. Entretanto, foi uma concessão um tanto desconfiada, prevendo um governo explorador e egoísta (1Samuel 8:11-18). De qualquer maneira, a monarquia dos israelitas acabou sendo o que todas foram na Antiguidade: uma questão de distribuição de poder, bens e privilégios, distante da proposta igualitária das tradições sinaíticas da Torá. Por isso, no plano material e histórico, a monarquia de Israel, como a de Judá, quase sempre foi considerada inimiga dos propósitos de Deus.[44]

Apesar da institucionalização do poder monárquico, houve um movimento paralelo de obediência à Torá como a única fonte adequada de paz e prosperidade. Em outras palavras, o rei devia ser subordinado à lei. A ação real foi limitada, exigindo que o monarca não multiplicasse cavalos e mulheres, prata e ouro — isso seria um retorno ao Egito e à sua escravidão. Por outro lado, em sentido mais positivo, o rei deveria estudar a lei e se submeter às condições da aliança mosaica (Deuteronômio 17:16-20). Parece que esse foi o caso quando Salomão pediu a Deus sabedoria para governar — aí está um rei subordinado a Moisés, razão pela qual ganhou os benefícios e os luxos da realeza (1Reis 3:9-13).[45] Entretanto, no decorrer da história, as exigências da Torá não foram

---
44 BRUEGGEMANN, 2014, p. 781-783.
45 BRUEGGEMANN, 2014, p. 787.

satisfeitas pela maioria dos reis. Desde então, houve um clamor permanente para o rei exercer a justiça e ser obediente (Salmos 72; 101), o que não aconteceu na prática.[46]

Apesar dos males praticados, a monarquia trouxe consigo um símbolo importante. O rei tinha um papel decisivo no Antigo Oriente: ele era o intermediário entre os deuses e a humanidade. O caso mais extremo dessa concepção era o egípcio, em que o faraó era o principal sacerdote e elo com o mundo divino. Sua autoridade era baseada em um duplo caráter: ele era, ao mesmo tempo, humano e divino, porque sua coroa encarnava o deus Hórus, além de ser considerado o filho Rá, o deus solar. Nessa dupla atribuição, ligado a Hórus e Rá, estava a capacidade de estabelecer uma ponte entre o mundo divino e o mundo humano, como um mediador, representando os humanos diante dos deuses. Pois essa característica também foi assimilada pelos autores bíblicos. A figura do rei, especialmente inspirado na experiência de Davi, ganhou contornos de intermediação. O rei era representado como filho de Deus (Salmos 2:7), servo e ungido (Salmos 132:10,17), pastor (Isaías 40:11), entre outros títulos e metáforas diversas.[47] O rei simplesmente representava o povo governado diante de Deus.

Merece destaque aqui o título *filho de Deus*. Atribuir filiação divina ao rei é frequente nas monarquias no Antigo Oriente em geral. Os governantes da Babilônia eram considerados filhos de Marduk ou de Sin. Na Síria, os reis eram todos filhos dos deuses. No caso de Ugarit, o rei Keret chamava-se "filho de El" e seu sucessor era amamentado pelas deusas Ashera e Anate. Mesmo no contexto helenista, persistiu o mesmo princípio, pois Alexandre considerava-se descendente de Hércules, um herói divinizado, e não raro os reis macedônicos invocavam a origem divina.[48] Foi nesse sentido que a monarquia emprestou um símbolo importante à revelação bíblica, especialmente na esperança a ser desenvolvida no futuro: a ideia de um rei salvador, um Messias. A instituição monárquica atribuiu uma nova dimensão a Israel, na qual o rei tornou-se o transmissor das bênçãos divinas. Deus não negou o elemento humano da monarquia, mas incorporou sua ideologia no desenvolvimento da revelação.[49]

---

46 BRUEGGEMANN, 2014, p. 792.
47 SCHMIDT, 2004, p. 273-275.
48 SCHMIDT, 2004, p. 282.
49 CROATTO, 1968, p. 131.

Em suma, as características dos monarquistas: a identidade dos israelitas passou por uma severa mudança a partir da instauração de um governo centralizado. Primeiro, a emergência de uma capital forte como Jerusalém, foco do movimento de centralização no século da monarquia unida. Com as exigências de uma estrutura desse tipo, surgiram classes especializadas, sustentadas pelo aparato estatal e separadas dos camponeses, especialmente na emergência de militares profissionais. Outra classe emergente viria a ser a dos escribas e burocratas, principais autores das narrativas reais. Finalmente, a classe sacerdotal passou a integrar o circuito político da capital, além de ser a força centralizadora da fé israelita no entorno do novo templo. Entretanto, apesar da força monocêntrica proveniente da realeza, outros movimentos de resistência fizeram-se sentir, especialmente nas figuras de alguns profetas — os primeiros sinais de conflito contra a monarquia, muito mais intensos nos séculos seguintes — e dos interesses político-econômicos das tribos, tendendo a uma aglutinação entre os nortistas de Israel e os sulistas de Judá.

A história bíblica dos monarquistas israelitas

A história dos monarquistas é curta, e durou apenas três gerações. Esse foi o período que Israel permaneceu como uma nação unificada. Nesse século, tentou-se forjar uma identidade monocêntrica, com algum sucesso e muitos fracassos. Fora dessa "Era de Ouro", a tendência foi a fragmentação das identidades.

Saul, o primeiro monarca

Saul foi coroado o primeiro rei de Israel em uma curiosa narrativa envolvendo jumentas perdidas e um encontro com o profeta Samuel. Ao derramar azeite na cabeça de Saul, Samuel criava o ato simbólico que acompanharia as coroações em Israel. Depois, diante de uma assembleia das tribos, o profeta apresentou o rei com um oráculo divino por meio de sorteio sagrado, com a sorte recaindo sobre o jovem Saul. A primeira ação do novo rei de Israel foi comandar o exército popular diante dos amonitas, garantindo a vitória e sua definitiva coroação. Samuel terminava sua missão e recolhia-se à aposentadoria (1Samuel 9—12).

Curiosamente, o texto da unção de Saul não faz referência ao título de rei (*melek*), mas ao de líder ou comandante (*nâgîd*), o que demonstra quanto sua ação permaneceu vinculada ao antigo modelo dos juízes (1Samuel 14:47-48).[50] Como Saul não anulou a autonomia das tribos e dos clãs, a sua verdadeira inovação não foi organizar Israel como entidade monárquica, mas institucionalizar a liderança carismática. Não houve a tentativa de estabelecer uma burocracia estatal, exceto o primeiro exército permanente de Israel (1Samuel 14:52). Saul e sua "equipe de governo" funcionavam como uma aristocracia guerreira, contando com heróis como Abner, Jônatas e Davi.[51]

Apesar do início positivo, Saul foi rejeitado por Iahweh após duas desobediências (1Samuel 13:7-14; 15:10-23). Samuel partiu em busca de outro rei para governar e encontrou Davi, o filho mais jovem de um judaíta chamado Jessé, a quem ungiu e sobre quem pousou o Espírito de Iahweh (1Samuel 16). Desse ponto em diante, a narrativa se concentra em Davi e em sua gradativa ascensão, deixando Saul com seus medonhos conflitos psicológicos e espirituais. O rei, desconfiando do sucesso de Davi, passou a persegui-lo de forma velada e, depois, explícita (1Samuel 17—26). Davi, àquela altura contando com um bando de homens endividados e descontentes (1Samuel 22:2; 23:13), refugiou-se entre os filisteus, sobrevivendo, no meio deles, como mercenário (1Samuel 24—30) até a morte de Saul e seus filhos (1Samuel 31).

A primeira divisão entre Israel e Judá

O trono de Israel ficou vago com a queda de Saul na batalha contra os filisteus. Davi estava livre para voltar à sua terra, fixando residência em Hebrom, pequena cidade de Judá. Sua chegada, acompanhada de um exército armado de seiscentos homens além de mulheres e crianças, deve ter causado forte impressão naquele pequeno vilarejo. Certamente havia um sentimento ambíguo: aquele batalhão representava segurança, mas, ao mesmo tempo, certa intimidação ao povo local. Os anciãos judaítas pediram a Davi para assumir o trono, rompendo o pacto com as demais tribos (2Samuel 2:1-4). A coroação de Davi talvez contasse com o consentimento dos filisteus, com quem ele ainda mantinha uma relação próxima, o que o tornaria um bom mediador. Estavam, então,

---
50 BRIGHT, 2003, p. 236.
51 GUNNEWEG, 2005, p. 114-115.

alinhados alguns elementos interessantes para a emergente monarquia de Judá: um rei próximo aos filisteus, herói de guerra e líder carismático. Nascia o reino de Judá, somando elementos tribais um tanto mesclados de judaítas, simeonitas, calebitas, otnielitas, jeramelitas e quenitas (1Samuel 27:10; 30:14; Juízes 1:1-21) — uma união dos sulistas de Canaã em torno de Davi.[52]

O restante de Israel ficou sob o governo de Isbaal, único filho sobrevivente de Saul, proclamado rei pelo general Abner. Recém-coroado, estabeleceu sua capital em Maanaim, na Tranjordânia, bem longe dos filisteus (2Samuel 2:8-9).[53] Isbaal significa "homem de Baal" ou "homem do senhor", mas acabou sendo apelidado de Is-Bosete, ou "homem da vergonha", uma ofensa que circulava à "boca miúda" em sua residência. A escolha de um rei tão frágil como Isbaal demonstra quanto nortistas e sulistas aceitaram com naturalidade a monarquia, não cogitando retornar para o modelo anterior.[54] Isbaal governou o aglomerado de tribos restantes do norte: efraimitas, benjamitas, gaditas, gileaditas, manassitas e tantos outros. Depois do cisma, Israel ainda tentou reconquistar a tribo de Judá, mas acabou derrotado (2Samuel 2:12—3:1).

O cisma durou sete anos. Nesse tempo, Isbaal viu crescer a oposição em seu governo ao ponto de o próprio Abner, ao perceber a incapacidade do filho de Saul, negociar uma aliança com Davi para reunificar a coroa (2Samuel 3). A história é complicada e não podemos excluir a possibilidade de Davi ter tramado um golpe. Entretanto, antes de qualquer conclusão, Abner foi assassinado à traição por Joabe, em vingança pela morte do irmão. Isbaal também acabou assassinado por dois benjamitas, os quais trouxeram sua cabeça até Hebrom, a fim de ganhar algum prêmio de Davi, mas acabaram executados (2Samuel 4). O reino de Israel ficou sem rei e os anciãos israelitas vieram a Hebrom para proclamar Davi como o monarca também de seu reino (2Samuel 5:1-5).

Davi, o rei de duas coroas

Davi é um personagem tão impressionante que podemos entender a desconfiança da historiografia em relação à sua existência. A Bíblia apresenta mil faces unidas em sua imponente figura: ele foi o jovem pastor de ovelhas, o músico tocando harpa na corte do rei, o duelis-

---
52 BRIGHT, 2003, p. 243.
53 BRIGHT, 2003, p. 242.
54 GUNNEWEG, 2005, p. 133.

ta contra um gigante, o herói de guerra, o confidente do filho do rei, o fugitivo no deserto, o chefe de um bando mercenário, o rei de um império, o velho estrategista preparando o caminho da sucessão. Foi poeta, militar e rei. Nesse longo caminho, teve atitudes grandiosas, mas também cometeu pecados abomináveis. Acima de tudo, foi um homem "conforme o coração de Deus" (1Samuel 13:14), ou seja, um homem disposto a obedecer a Iahweh. Sua história foi tão marcante que ele mesmo tornou-se símbolo para a eternidade.

Nada disso, porém, elimina a controvérsia de sua subida ao trono, nem a contribuição de seu predecessor para esse sucesso. A ascensão de Davi não teria sido possível sem a preparação anterior de Saul. Embora este tenha fracassado, as diversas batalhas empreendidas, incluindo sua derrota no monte Gilboa (1Samuel 31), certamente enfraqueceram o poderio filisteu e sua posição dominante, permitindo a Davi o caminho da realeza e uma boa posição de negociação.[55] Israel e Judá foram reunificadas sob um mesmo reinado, como fora com Saul. Entretanto, Davi foi aclamado rei *sobre todo o Israel e sobre Judá* (2Samuel 5:5). Os reinos permaneceram como entidades separadas, mas sob uma mesma coroa. Tratamos disso ao verificar as características dos monarquistas.

Davi foi escolhido pelos israelitas pela memória de sua bravura. Tinha grande popularidade, aumentada diante da controvérsia com o rei louco. Por isso, ele não fundou seu Estado segundo a ideologia israelita de unidade das tribos, como fora com Saul, mas no seu sólido poder pessoal.[56] Em razão disso, o primeiro "ato político" de Davi como rei de Israel e Judá foi a conquista de uma capital para o seu reino unificado. Essa aquisição, realizada por volta do ano 1000 a.C., seria fundamental para o futuro da história bíblica. A cidade escolhida foi um enclave cananeu em Benjamim chamado Jebus, não deixando dúvidas sobre quem era o seu dono: o local foi chamado "Cidade de Davi" (2Samuel 5:6-12).

Havia algumas razões para Jebus, desde então Jerusalém, ser um local estratégico para Davi: 1) estava situado entre os dois reinos e pertencia aos cananeus, evitando que tanto Israel como Judá se ofendessem por ter sua capital preterida em benefício da outra; 2) tinha excelente posicionamento para a defesa, com a cidade construída sobre uma colina de difícil acesso e cercada de muralhas; 3) foi conquistada apenas

---
55 GUNNEWEG, 2005, p. 119.
56 GUNNEWEG, 2005, p. 120.

pelo exército pessoal de Davi, sem o auxílio dos exércitos dos dois reinos, o que o tornava o senhor absoluto da cidade; 4) seus habitantes não foram exterminados, mas tornaram-se fonte de oficiais administrativos experientes para sua nova administração.[57]

Se o controle de Davi sobre os judaítas parece ter tido a aprovação dos filisteus, a reunião dos dois reinos despertou sua fúria. Não lhes era favorável um reino tão extenso na vizinhança. O ataque dos antigos aliados e senhores foi a primeira crise a ser enfrentada por Davi em batalha próxima de sua nova capital (2Samuel 5:17-25). Os exércitos de Israel e Judá venceram os filisteus e eliminaram o problema crônico da opressão externa. Além disso, a batalha mudou a estratégia mantida até então: pela primeira vez, a guerra não foi apenas defensiva, mas também ofensiva — Davi estendeu a luta até o interior do território filisteu.[58]

Assim, logo nos primeiros movimentos, Davi tinha uma capital estabelecida e o vizinho mais perigoso controlado. Pôde, então, trabalhar o fortalecimento interno de sua monarquia. A primeira e principal mudança foi a transferência da arca da aliança para Jerusalém, trazendo para junto de si a preciosa joia da liturgia, ainda guardada no tabernáculo de Quiriate-Jearim. Enquanto Saul negligenciou e até mesmo entrou em atrito com o sacerdócio, Davi o aproximou (2Samuel 6).[59] Foi uma atitude demonstrando sua piedade, é verdade, mas seguiu o padrão dos povos antigos, segundo o qual o sacerdócio e o culto estavam subordinados ao rei. O fato de ter o tabernáculo com o sacerdócio ao lado de seu palácio o assemelhava aos Estados cananeus, nos quais o exército, os sacerdotes e os administradores civis dependiam diretamente da vontade do rei e de seu poder econômico (2Samuel 8:15-18). Não existia qualquer representação das tribos na Cidade de Davi, separadas do aparato burocrático implementado pelo astuto rei de Judá e Israel.[60]

Entretanto, embora pudesse ter sido centralizador e dado início ao processo absolutista de poder, Davi não foi um rei tirano. Pelo contrário, respeitou as tradições das tribos, as quais ainda mantinham sua organização interna de anciãos. Como ele podia viver dos tributos conquistados dos povos vizinhos, não precisou cobrar impostos de seu

---

57 PIXLEY, 2001, p. 27.
58 BRIGHT, 2003, p. 245-246.
59 BRIGHT, 2003, p. 248.
60 PIXLEY, 2001, p. 29.

próprio povo (2Samuel 8). Além disso, era um fiel seguidor de Iahweh e obediente à lei, como prescrevia a Torá. A estrutura governamental iniciada por ele somente viria a ganhar contornos mais pesados no tempo de Salomão.[61]

Davi e a graça incondicional

É significativo o fato de Davi ter sido ungido três vezes: por Samuel, em segredo; depois, pelos judaítas, para o reino de Judá; e, então, pelos israelitas, como rei de Israel. Davi foi chamado dez vezes de *Ungido de Iahweh* (ou seja, *Messias*) e veio a ser alvo de uma promessa especial. Tudo começou a partir de uma ideia delirante do rei: ele queria construir uma "casa" para Deus, ou seja, um templo, e comentou a ideia com Natã (2Samuel 7). A resposta divina foi surpreendente: Davi não construiria uma casa para Deus, mas Deus construiria uma casa para Davi. Essa casa nada mais era do que uma dinastia. Lembre-se dos monarcas tribais, como os arameus, identificando-se como da "casa de fulano". Deus prometia a Davi um filho (ou descendência) sentado no trono de um reino de caráter eterno. Esse Messias teria um relacionamento filial com Deus.[62]

Nessa promessa, temos uma transição radical até mesmo em relação ao Sinai. A reivindicação crucial sobre a realeza foi a promessa de fidelidade divina e permanente. Deus jamais afastaria sua graça da descendência de Davi, superando o típico condicional "se" da Torá (Êxodo 19:5-6) e colocando a dinastia davídica como portadora de uma graça especial. Deus traria um reino eterno da semente de Davi, até mesmo castigando seu filho caso ele pecasse, mas a "fidelidade não se afastará dele" (2Samuel 7:15). A promessa de uma posteridade para sempre também aparece nos salmos reais (Salmos 89:28-37). A monarquia davídica tornou-se um novo modo pelo qual Deus passaria a se relacionar com Israel. Davi e sua dinastia seriam mediadores entre Deus e seu povo, portadores da fidelidade incondicional.[63] Nascia a ideia do messianismo em Israel, a esperança de um rei justo sobre o qual repousaria o Espírito de Deus, expectativa ampliada para contornos ainda mais dramáticos a partir das palavras dos profetas nos séculos seguintes. O símbolo do Rei Ungido — o Messias de Israel — fora lançado.

---

61 PIXLEY, 2001, p. 30.
62 KAISER, 2007, p. 152-155.
63 BRUEGGEMANN, 2014, p. 785.

O tumultuado reino de Davi

Iahweh traria um Reino eterno encabeçado por um filho de Davi, de quem a graça jamais se apartaria. Davi era santo, merecedor de tamanha promessa? Não, e ele tinha consciência disso. "Quem sou eu e qual é minha casa para que me trouxesses até aqui?", foi a sua resposta (2Samuel 7:18). É precisamente essa a insistência das narrativas bíblicas: não é pelo merecimento humano que Deus age. Davi, três vezes ungido, tem um vasto currículo de pecados explicitado nas páginas da Bíblia.

A família de Davi é um dos exemplos mais negativos de todas as Escrituras. Ele foi um péssimo pai, mais preocupado com a construção de seu reino do que com o exemplo para os filhos. As vitórias de Davi sobre os amonitas e arameus (2Samuel 10) servem apenas de pano de fundo para narrar aquele que talvez tenha sido o ato mais vergonhoso do trono de Sião. Enquanto seu exército estava em guerra, Davi descansava em casa, com seu ódio e sua lascívia levando-o ao episódio escandaloso com Bate-Seba, que alguns consideram uma violência no nível de um estupro (2Samuel 11). Para piorar a história, ela era esposa de um dos maiores heróis do seu exército, um mercenário hitita chamado Urias, profundamente fiel ao seu rei. Depois, o golpe de crueldade: frustrado na tentativa de esconder a gravidez da moça, encaminhou o soldado levando em mãos a carta com a trama para sua própria morte. Páginas terríveis do currículo de Davi, não poupado pelo profeta da corte, Natã (2Samuel 12). O resultado final dessa sórdida história foi a autoconsciência do rei, imensamente consternado com o que fora capaz de fazer (o salmo 51 foi composto nessa época). Por fim, a grande surpresa: o pleno perdão divino. De Bate-Seba, então já casada com Davi, viria a nascer Salomão, o filho que daria continuidade à linhagem davídica, chamado pelo profeta Natã de Jedidias, "por causa de Iahweh" (2Samuel 12:24-25).

Não há finais absolutos nem "felizes para sempre" na narrativa bíblica, tão encarnada na realidade. Embora o texto demonstre os sucessos de Davi como regente de Israel e Judá, não esconde a insatisfação dos opositores. Os anos finais de seu reinado tratam justamente desses problemas. Para começar, há a história macabra de seu filho Amnon estuprando a meia-irmã, por quem estava apaixonado, e seu assassinato por Absalão, meio-irmão de ambos (2Samuel 13). Mais tarde, Absalão articulou uma rebelião contra o pai (2Samuel 14—20). É uma longa narrativa de tramas palacianas que não preciso descrever aqui. O importante é percebermos em que medida Absalão aproveitou o descontentamento com o reinado de Davi, considerado por muitos uma espécie de tirano (2Samuel 15:2-6). Outra rebelião veio do benjamita Seba, que também foi porta-voz das tribos do norte ao afirmar não ter herança com o filho de Jessé (2Samuel 20:1). Foi uma escalada de violência: enquanto a rebelião de Absalão levou a uma guerra entre o exército popular de Israel e a guarda pessoal de Davi (2Samuel 16:15; 15:17-18), no caso de Seba começou a se desenhar uma verdadeira guerra civil, pois Amasa convocou o exército popular de Judá (2Samuel 20:2). Mas os mercenários de Davi conseguiram encurralar o revoltoso em Dã, trazendo sua cabeça como prêmio pela vitória e cortando a rebelião pela raiz (2Samuel 20:14-22).[64]

Tais fatos demonstram quanto a unidade das tribos era precária e sustentada pela força de Davi. Os problemas enfrentados por Salomão e Roboão para manter a unidade dos monarquistas tinham raízes bem antigas.

A sucessão da coroa de Israel e Judá

Davi envelheceu e o problema sucessório tornou-se urgente. Seu trono transformara-se em alvo de cobiça e muitas tramas. Os candidatos diretos já haviam morrido na tumultuada história da família real, e o próximo da linha era Adonias, o mais velho dos filhos vivos. Ele articulou o apoio do exército com Joabe e do sacerdócio com Abiatar. Entretanto, o grupo de mercenários de Davi, chefiados por Benaia, foi contrário, contando com o apoio do profeta Natã e do sacerdote Zadoque. Estes preferiam Salomão, filho mais jovem. Em meio a essa intriga, Bate-Seba intercedeu pelo seu filho, o que resultou na coroação de Salomão enquanto Davi ainda vivia (1Reis 1).

Ao indicar o sucessor, Davi repetiu o gesto de poder pessoal, como fizera quando instituiu a capital, o sacerdócio e a administração. Não há menção a alianças com anciãos das tribos ou unção da parte de qualquer profeta, embora Natã tenha participado da trama.[65] Como a sucessão foi entremeada de insegurança interna, Salomão precisou recorrer a todos os expedientes típicos das monarquias antigas para sustentar o

---
64 GUNNEWEG, 2005, p. 145-147.
65 GUNNEWEG, 2005, p. 149-150.

seu reinado, a conselho do próprio Davi: eliminou a oposição, executando o próprio irmão, mandando matar Joabe, exonerando o sacerdote Abiatar e exilando Simei, antigo desafeto de Davi (1Reis 2). Como em Davi, a estabilidade do reino foi garantida pela espada. Além disso, o título de realeza de Salomão manteve o aspecto de Estado duplo sob a mesma coroa, preservando-se a distinção entre Israel e Judá.

Em Salomão, ocorreu o rompimento definitivo com as tradições do passado. Entre os anarquistas, emergia o líder carismático como portador do Espírito de Iahweh; o mesmo tipo de liderança aconteceu com Saul e teve certa manutenção em Davi. Mas, com o terceiro rei, não houve unção profética, tampouco aclamação por parte das tribos. Salomão foi levado ao trono por meio da política. Seu reinado não estava ligado às tradições tribais, mas às elites que o conduziram ao poder. A autoridade não era mais um carisma manifesto por Deus entre o povo, mas algo imposto pelo palácio.[66] Entretanto, apesar do início tumultuado, Salomão fez boas escolhas nos seus primeiros anos.

Salomão, o sábio rei de Israel e Judá

Salomão garantiu a estabilidade interna do reino com algumas ações pontuais contra a oposição. Externamente, a situação foi mais tranquila, pois ele não precisou se preocupar com operações militares, voltando-se para a diplomacia e o comércio. Sua estratégia de desenvolvimento estava cravada nas alianças, as quais eram seladas por meio de casamentos. Essa era a forma de fazer diplomacia internacional na Antiguidade, no contexto em que governos nada mais eram do que determinadas famílias no poder. A maneira mais segura de uma dinastia garantir um acordo com outra era tornando-se da mesma família. Por isso, muitas princesas dos reinos aliados vieram para o harém de Salomão. A mais notável delas foi uma filha do faraó egípcio, garantindo o apoio do mais importante reino da vizinhança.[67] Nada disso significa amor romântico; trata-se de um negócio entre reinos. Ao se casar com uma princesa do Egito, Salomão tornava-se genro do faraó, um ato estratégico significativo.

Salomão teve um começo promissor no relacionamento com o Deus de seu pai. Quando ofereceu o imenso sacrifício de mil holocaustos

---
66 FLOR, 2000, p. 10.
67 BRIGHT, 2003, p. 261.

em Gibeom, o mais importante santuário de Israel, Salomão teve um sonho. Nele, Deus lhe prometeu dar o que ele quisesse. O jovem rei pediu sabedoria para governar, o que agradou bastante a Iahweh (1Reis 3). Como prêmio, foi concedida a sabedoria e, com ela, uma riqueza sem precedentes em Israel. Na sequência, o narrador bíblico conta uma história ilustrativa de como Salomão inicialmente exerceu sua sabedoria: julgando a causa entre duas prostitutas que disputavam um filho. Depois veio a administração do reino. Em Salomão, temos a continuidade da estrutura administrativa criada por Davi, com corpos de exército, sacerdócio e burocracia palaciana. Entretanto, ele acrescentou um sistema por meio do qual as tribos foram diluídas e reagrupadas em distritos tributários (1Reis 4). Foi uma imitação do sistema egípcio, não por acaso a origem de sua primeira esposa. Mas é preciso prestar atenção em um detalhe bastante diferente em relação a Davi: desapareceu a figura de Natã, provavelmente envelhecido e aposentado. Desde então, o rei não tinha mais um profeta ao seu lado para frear suas vontades.[68]

Salomão e a imitação dos reinos vizinhos

Estabelecidas a administração, a burocracia estatal e as fontes de rendimento tributário, Salomão passou a direcionar seus esforços à infraestrutura. A Bíblia apresenta uma série de construções empreendidas. Ele não tinha um corpo de engenheiros, pois seu povo mal havia saído de um sistema autossuficiente e sem interesse em atividades comerciais. Daí a importância de sua aliança com Hirão de Tiro, o fornecedor de madeira de lei e de trabalhadores para as obras (1Reis 5:18). A primeira construção descrita pela Bíblia foi o templo em Jerusalém, sonho de Davi levado a cabo por Salomão (1Reis 6—7). A segunda obra, o palácio de onde governaria, era praticamente o dobro do tamanho do templo, marcando em rocha sólida o tamanho do seu poder (1Reis 7:1-10).

O templo de Salomão não tem rastros arqueológicos pelos motivos já tratados aqui. Como mencionei na primeira parte deste capítulo, a narrativa bíblica descreve sua planta conforme o padrão da arquitetura religiosa do segundo e do primeiro milênio em Canaã e no norte da Síria, com divisões semelhantes aos templos achados em Ebla, Tel Mumbakat e Tell Tayinat. O amplo uso de madeira remete aos templos cananeus e filisteus, e objetos de bronze encontram paralelos na cultura

---
68 PIXLEY, 2001, p. 34.

fenícia. Os querubins do Santo dos Santos lembram as esfinges fenícias e sírias, com corpo de leão ou touro, asas de águia e cabeça humana. Já a descrição do palácio de Salomão parece seguir o modelo dos hititas.[69]

Além das cidades régias de Megido, Hazor e Gezer, foram identificados indícios urbanos israelitas desde Dã (ao norte) até Berseba (ao sul). Os sítios indicam o início da urbanização em Salomão, mas ainda modesta e sem sofisticação. O processo iniciado por ele chegaria ao ápice nos séculos seguintes.[70] De qualquer maneira, construção civil implica uso de mão de obra em grande escala. Nesse ponto, começaram muitos problemas para Israel e Judá. Salomão utilizou apenas mão de obra forçada (ou corveia) cananeia nas obras do templo. Foram cerca de 30 mil trabalhadores supervisionados por 550 oficiais. Entretanto, ele colocou os próprios israelitas sob o mesmo regime em suas construções civis (1Reis 5:13-18; 9:15-23). Cerca de 150 mil homens fizeram trabalhos forçados sob a coordenação de 3.300 mestres nas obras do Milo em Jerusalém — talvez um sistema de terraços da capital (1Reis 9:15). Com essa inovação, Salomão imitava definitivamente o reino do Egito, de quem copiara o sistema tributário.[71]

A última inovação de Salomão a ser destacada foi em termos militares. O filho de Davi introduziu o carro de guerra no exército (1Reis 10:26). Davi jamais o usara, pois costumava lutar em terrenos irregulares e impróprios para a carraria. Além disso, o reino dos israelitas e judaítas não possuía uma aristocracia militar desse tipo, que precisa ser treinada em tal técnica e, portanto, demanda altos custos. Mas era um equipamento largamente utilizado pelas cidades cananeias situadas nos vales, campos propícios para esse tipo de guerra. Foram essas cidades, conquistadas por Davi, que provavelmente forneceram a Salomão os carros de combate e o treinamento para os batalhões, sistema que o rei passou a explorar com entusiasmo.[72] Com isso, Salomão criava uma casta especializada dentro do exército, sustentada exclusivamente para a guerra.

---

69 MAZAR, 2003, p. 363-365.
70 MAZAR, 2003, p. 375.
71 PROVAN; LONG; LONGMAN III, 2016, p. 386-387. O livro de 1Reis registra trabalhos forçados ou corveia de israelitas (1Reis 5:13), embora explicite que nenhum foi escravizado em sentido pleno (1Reis 9:22). Já os autores de Crônicas se concentraram apenas na corveia dos estrangeiros (2Crônicas 2:17-18), provavelmente na obra do templo.
72 BRIGHT, 2003, p. 263.

A inauguração do templo e a presença de Iahweh

A narrativa de inauguração do templo demonstra a grandiosidade do evento (1Reis 8). Anciãos e representantes de todas as tribos estiveram em Jerusalém para acompanhar o traslado da arca da aliança do antigo tabernáculo de Davi para o novo templo de Salomão. Então, aconteceu o maior sinal da aprovação divina: a nuvem — a mesma que acompanhara os israelitas no deserto e pousara sobre o tabernáculo — encheu o santuário. Sua glória obscura e tenebrosa fez com que os sacerdotes deixassem o interior do templo e encontrassem Salomão do lado de fora, onde o rei implorava a Deus por carinho e atenção para com aquele lugar (2Crônicas 5:11—6:2). O templo de Jerusalém recebia a presença do *Nome* e o olhar atento de Iahweh para todo aquele que ali suplicasse perdão e reconciliação, israelita ou estrangeiro (1Reis 8:22-61). Depois da inauguração, Deus apareceu novamente a Salomão por meio de sonhos, reafirmando a perenidade da promessa sobre a dinastia davídica. Entretanto, veio um aviso: caso abandonassem o Deus Verdadeiro e seguissem os ídolos, Salomão e seus descendentes seriam expulsos, e o templo, destruído, tornando Israel e Judá famosos mundialmente pelo castigo de Iahweh (1Reis 9:1-9). O aviso foi um presságio para o que seria relatado nos capítulos seguintes.

A apostasia de Salomão

O deus capaz de desviar Salomão dos caminhos de Iahweh não foi nenhum daqueles deuses conhecidos em seu tempo, mas uma falsa divindade que ganharia nome séculos depois: *Mamon* ou, simplesmente, riqueza. Com ela, vêm as armadilhas típicas da busca entusiasmada pelas promessas de prosperidade.

O caminho do enriquecimento de Salomão foi no comércio em parceria com os fenícios. A mais importante das alianças comerciais foi estabelecida com Tiro, um relacionamento próximo a Jerusalém desde o tempo de Davi. Essa aliança aconteceu com Hirão I (969–936 a.C.), em um período de máxima expansão dos fenícios em direção ao oeste, em colônias desde Chipre até a Sardenha. A aliança consistia na troca de benefícios: Israel e Judá exportavam trigo e azeite de oliva, enquanto importavam madeira do Líbano para as obras de Salomão, além da abertura do caminho marítimo para o comércio.[73] Segundo o relato bíblico, o comércio de Salomão não foi no Mediterrâneo, a fim de não fazer concorrência com seus aliados. Ele se concentrou nas áreas opostas, buscando no mar Vermelho a direção da Arábia e da África (1Reis 9:26-28; 10:1-22). Além disso, Salomão investiu em importação e revenda de cavalos e carros de combate. Tornou-se, assim, um homem extremamente rico.[74]

Salomão não estava comprometido com as tribos da aliança, nem se via preocupado com o antigo senso comunitário da lei, mas com os grupos que haviam auxiliado sua subida ao trono. Não tentou produzir uma sociedade avessa ao tipo de exploração existente no Egito e nos outros impérios, mas os imitou, buscando, acima de tudo, um reino próspero e respeitado. O crescente distanciamento entre a aristocracia e o povo era considerado um mal necessário, e não uma tendência a ser combatida.[75] O entusiasmo comercial levou Salomão a desobedecer frontalmente às únicas orientações existentes na Torá para um reinado em Israel: 1) o rei não deveria multiplicar cavalos, esposas ou riquezas; 2) deveria cumprir a lei protetora de subsistência do povo; 3) jamais poderia "levantar-se sobre os seus irmãos", ou seja, submeter o povo aos interesses da coroa (Deuteronômio 17:15-20). Salomão fez o oposto: multiplicou cavalos (1Reis 10:26), mulheres (1Reis 11:1), ouro e prata (1Reis 9:28; 10:27), e impôs uma vida pesada a seus irmãos (1Reis 12:4). Seu reino foi a perdição de Israel e Judá.

A definitiva apostasia de Salomão, com a famosa referência às muitas esposas, deve ser entendida à luz da economia (1Reis 11:1-7). As setecentas esposas e trezentas concubinas estrangeiras não foram resultado de luxúria, embora esse pecado não deva ser descartado nas manifestações de poder dos homens. Elas são o resultado de alianças diplomáticas e comerciais. Além de selar acordos com outros reis por meio de casamentos, ter um vasto harém era uma demonstração pública de poder, pois significava, para um eventual inimigo, que Salomão teria setecentos sogros com seus batalhões prontos para defender o genro. O pecado de Salomão foi sucumbir à idolatria das divindades advindas dessas alianças. A permissão a que houvesse tantos cultos estranhos em Jerusalém decorreu da ganância de Salomão, desejoso por

---

73 BRIGHT, 2003, p. 262.
74 BRIGHT, 2003, p. 264-267.
75 FLOR, 2000, p. 11.

satisfazer tanto suas esposas como seus aliados, a fim de manter os negócios intocados. E nisso ele se diferenciava irremediavelmente de seu pai: Davi jamais trocaria Iahweh por qualquer promessa de riqueza de outro deus. Que a prosperidade fosse às favas, mas ele não transformaria sua cidade em um parque de diversão de deuses falsos.

A queda de Salomão aconteceu no auge de sua prosperidade. Cego pelas riquezas, não percebeu que havia trocado o Deus da bênção pela bênção de Deus. Então, Iahweh apareceu em sonhos pela terceira vez, mas para julgamento: o abandono da aliança significaria a perda do reino. Mas Deus é fiel às promessas feitas a Davi: uma parte ficaria com o filho de Salomão, para dar continuidade à longa jornada de salvação (1Reis 11:9-13).

O cisma definitivo dos monarquistas

A corte não possuía um defensor da lei para acusar o pecado de Salomão, dado o imenso sucesso material de seu rei. O sacerdócio parecia ser conivente, misteriosamente silencioso em toda a narrativa. Mas isso não significou problema para Iahweh, pois os profetas haviam sido enviados para levantar a voz contra a idolatria e o regime de opressão instaurado em Jerusalém. É significativo o fato de que o primeiro profeta, certo Aías de Siló, tenha incitado a revolta de Jeroboão, um efraimita e chefe da corveia sobre Israel, prometendo-lhe o governo de dez das doze tribos (1Reis 11:26-40). Obviamente, a rebelião de Jeroboão terminou com uma tentativa de assassinato ordenada por Salomão, o que provocou sua fuga para o Egito. Digamos que o filho de Davi não assimilou muito bem o castigo divino. Com a morte de Salomão, foi o profeta Semaías quem interveio na tentativa de Roboão ao se contrapor à convocação de Siquém (1Reis 12:20-24). Deus respondeu aos gemidos das tribos de Israel frente à apostasia e enviou seus profetas para acusar os reis de seus pecados.[76]

A convocação de Siquém ocorreu depois da morte de Salomão. Era um lugar sagrado dos mais importantes, onde Abraão recebera a promessa da terra e Josué reafirmara o pacto do Sinai. Roboão foi chamado para esse lugar a fim de ser confirmado como rei de Israel. Para Judá, isso não era um problema, pois a questão sucessória estava cristalizada na dinastia davídica; ele era filho de Salomão e isso bastava. Mas, para

---
76 PIXLEY, 2001, p. 38-39.

o reino de Israel, nada estava resolvido. Por isso, foi necessária a ida de Roboão até Siquém para encontrar os chefes tribais, a fim de ter sua monarquia devidamente aclamada por "todo o Israel" (1Reis 12:1-20). Não deu certo; a antiga tradição da liderança carismática, ainda presente entre as tribos do norte, fez com que elas não reconhecessem a dinastia davídica por critério hereditário.[77] Israel e Judá voltaram a seguir caminhos distintos.

Há duas explicações que dão conta desse episódio: uma teológica e outra natural. A explicação teológica está na idolatria, no abandono do Iahweh libertador em favor de outros deuses. De acordo com essa explicação, foi o próprio Deus quem dividiu o reino, como uma forma de castigo a Salomão. A explicação natural está na série de assimilações administrativas promovidas por Salomão, copiando o modo de governar dos outros reinos. O filho de Davi instaurou um sistema altamente hierarquizado, tanto na burocracia como no exército, criando classes sociais muito diferenciadas e opondo uma casta privilegiada a um povo explorado. Os israelitas pagaram a conta do luxo do palácio por meio de impostos e, quando não tinham mais como pagar, arcaram com o trabalho forçado sem remuneração.[78] Em meio à prosperidade de seu rei, o povo de Israel e de Judá se viu diante de um monarca que o tratava da mesma maneira como o faraó fizera com seus antepassados no Egito.

Nos dois casos, tanto na explicação teológica como na natural, o grande culpado do cisma foi Salomão. Alguém talvez pergunte: mas ele não era o mais sábio dos homens, portador de uma bênção que vinha do alto? Sim, ele foi. Mas, segundo as palavras atribuídas a ele mesmo, "o princípio da sabedoria é o temor de Iahweh" (Provérbios 9:10). Uma vez perdido o temor de Deus, foi embora com ele a sabedoria. Salomão tornou-se um rei como todos os outros, buscando a prosperidade do palácio e a glória de seu próprio nome. Pagão até os ossos.

---

[77] BRIGHT, 2003, p. 282-283.
[78] GUSSO, 2006, p. 73-77

Conclusão

Este capítulo demonstrou como ocorreu uma das maiores transformações na história de Israel, quando os antigos anarquistas assimilaram a forma de governo dos povos vizinhos, tornando-se, então, uma monarquia do tipo cananeu. Uma vez constituído o Reino de Israel, vimos um gradativo processo de centralização promovido pelas elites. Os primeiros passos foram dados ainda com Saul, embora tímidos e restritos à organização de um exército permanente junto ao rei, que era também um comandante em armas. Logo após a sua morte, a suposta unidade mostrou toda a sua fragilidade na separação de Judá das demais tribos coligadas. Depois, com a reunificação sob a coroa de Davi, houve, de fato, uma significativa centralização estatal, que se manifestou na conquista de uma capital. Jerusalém era a Cidade de Davi, para junto de quem foram trazidos o sacerdócio e a arca da aliança, além da constituição dos primeiros traços de uma burocracia composta por funcionários reais. Finalmente, em Salomão os israelitas viram a emergência de um Estado pleno, com todo o aparato administrativo e o peso de impostos e serviços. Em Salomão, temos os israelitas completamente monarquistas. Entretanto, se havia um movimento unificador que vinha do governo, buscando convergir para Jerusalém todas as identidades, também houve um movimento de resistência em sentido contrário, a partir das tribos e de demais elementos populares, protestando contra a exploração e colocando abaixo a unidade conquistada com mãos de ferro.

No meio desse processo histórico de transformação cultural, a revelação divina deu novos passos no descortinar da promessa de Iahweh. Tomando emprestado o simbolismo monárquico, nasceu em Israel a esperança de um rei justo no meio de tanta injustiça, um Messias para se sentar no trono de Davi para sempre. Anarquistas ou monarquistas, isso não importava. Iahweh, o Peregrino, o Libertador, era o Deus da Promessa e continuava caminhando com eles.

Capítulo 6
OS SEPARATISTAS

A monarquia unida de Israel e Judá durou pouquíssimo tempo. Tentou forjar uma identidade "nacional" centralizada em Jerusalém, mas outras tradições sociais e religiosas prevaleceram. O reino unificado ruiu após Salomão, cujo resultado foram dois reinos com formações bastante distintas, duas identidades estatais buscando constituir seus próprios centros políticos e culturais. Nessas duas identidades, ocorreram movimentos litúrgicos concorrentes, ambos com a gênese nas tentativas de legitimação de poder. A história dos separatistas foi trágica, marcada por assassinatos, idolatria e desobediência aos preceitos divinos. Foram séculos de crise marcados pela emergência de muitos profetas, com as vozes de oposição aos reis e ao povo de Israel e Judá. Este capítulo trata de tramas palacianas e relacionamentos tempestuosos entre monarcas e profetas, pois a política foi o grande motor da história de Israel durante os séculos dos separatistas.

O contexto geopolítico do Antigo Oriente: impérios

Depois do século IX a.C., o Antigo Oriente Próximo viu a emergência de impérios vorazes, com projetos de expansão até então inimagináveis. Esses reinos avançaram sobre todo o Fértil Crescente e foram determinantes para a história posterior de Israel e Judá. Três cidades fundadoras de impérios merecem destaque: Assur, Nínive e Babilônia.

Assur e Nínive eram lugares sagrados do povo assírio. Assur era a sede do deus epônimo Assur; Nínive era dedicada à deusa Ishtar. Em momentos distintos, foram capitais do Império Assírio.[1] Assur era uma cidade do norte da Mesopotâmia, controlada por ricos comerciantes até metade do segundo milênio. Seus governantes aproveitaram a queda de Mittani para ocupar o espaço político da região, colocando a Assíria em pé de igualdade com babilônios, hititas e egípcios. Depois, ao longo dos séculos XIII e XII a.C., os assírios tiveram períodos de ascensão e queda no poder regional.[2] Nínive, por sua vez, era um antigo centro religioso, frequentado pelos reis assírios desde 1000 a.C. A velha cidade teria um grande desenvolvimento a partir de Senaqueribe (705-681 a.C.). Ele a transformou em um monumento da engenharia antiga, um ambiente de grande população, sustentada por um sistema hidráulico que permitia a construção de inúmeros jardins e pomares, um palácio gigantesco e as famosas muralhas com dezoito portões monumentais.[3]

Outra cidade notável para o contexto bíblico foi a Babilônia, localizada ao sul da Mesopotâmia, capital de um império regional no século XVIII a.C. e considerada uma das potências mundiais no XIV a.C., perdendo sua independência para a Assíria ao longo dos séculos seguintes. A Babilônia viria a encontrar seu tempo de glória durante o Império Neobabilônico (626-539 a.C.), nos reinos de Nabopolassar e de seu filho Nabucodonosor II. Foi este o responsável pelas grandes campanhas de expansão do reino e pelas vastas obras que transformaram sua cidade em uma capital riquíssima, com edifícios de imensas dimensões, decorados com materiais caros, como ouro, prata, lápis-lazúli e madeira de lei, o que demonstrava o imenso poder de seus orgulhosos reis.[4]

O Império Neoassírio (934-608 a.C.)

Os assírios consolidaram seu poder em meados do século X a.C. Assurnasirpal II (883-859 a.C.) reorganizou internamente o reino, o que provocou um primeiro processo de expansão, levado a cabo por seus sucessores. Um século mais tarde, Tiglat-Pileser III (744-727 a.C.) foi o

---
1 LEICK, Gwendolyn. *Mesopotâmia*: a invenção da cidade. Rio de Janeiro: Imago, 2003. p. 215.
2 LEICK, 2003, p. 215-233.
3 LEICK, 2003, p. 239-259.
4 LEICK, 2003, p. 265-280.

responsável pela segunda grande expansão do império. Ele montou uma máquina militar extremamente eficaz, avançou sobre reinos vizinhos e os conquistou de maneira brutal. Os povos vencidos eram governados por representantes assírios que ocupavam os palácios das monarquias destituídas, um domínio mantido, com rigidez, por guarnições militares. Durante a expansão em direção ao Ocidente, Salmanassar V (726-722 a.C.) conquistou Israel. Sargão II (721-705 a.C.) prosseguiu com o avanço, transferiu a capital para Dur-Sharrukin e acabou morrendo em batalha, o que foi considerado castigo dos deuses.[5]

Senaqueribe (705-681 a.C.), sucessor de Sargão, foi um dos reis do apogeu assírio. Ele não empreendeu muitas guerras, mas foi responsável pela completa destruição da Babilônia, inundando depois suas ruínas com o desvio do rio Eufrates. Senaqueribe também transformou Nínive na capital dos assírios. Depois, seu filho Asarhadon (680-669 a.C.) reconstruiu a Babilônia e devolveu as propriedades aos babilônios, ganhando simpatia e reconhecimento como seu rei. Expandiu o reino para Sidom, Chipre e o Delta do Egito, conquistando Mênfis — mas os egípcios conseguiram retomar seu território logo em seguida. Com Assurbanípal (668-631 a.C.), a Assíria chegou ao seu auge, pouco antes da queda. Esse rei ficou famoso pela construção da extraordinária biblioteca em Nínive. Assurbanipal também conquistou o Egito, do Delta a Tebas, mas perdeu o controle pouco tempo depois. Se não conseguiu conquistar a terra dos faraós, pelo menos manteve o Egito longe de seus domínios em Canaã e Síria.[6]

A Assíria controlava várias grandes cidades, separadas por algumas dezenas de quilômetros. Ao redor das cidades mais importantes, havia outras menores, todas com administração própria. Esse sistema era muito bem organizado, com investimento em amplos sistemas hidráulicos e abastecimento de alimentos para os centros urbanos. Para manter tamanho aparato estatal, eram necessários pesados impostos em produtos, e serviços na forma de corveia em obras públicas. Os privilegiados eram isentos dos impostos, conta paga a muito custo pelos camponeses.[7]

---

5 LIVERANI, 2016, p. 635-654.
6 LIVERANI, 2016, p. 655-661.
7 LIVERANI, 2016, p. 663-668.

Os assírios foram avassaladores em domínio e exploração. O mundo rico e variado de culturas do Antigo Oriente rapidamente foi empobrecido e homogeneizado, primeiramente pela máquina destruidora da conquista, quando o exército e os corpos de engenharia atropelavam os povos vencidos, e depois pela imensa estrutura unificadora de administração. O modelo assírio de domínio, em uso havia séculos, era um processo de aculturação por meio de deportações maciças, com o duplo objetivo de repovoar os campos e as cidades assírios e destruir as identidades nacionais dos conquistados, cruzando populações inteiras de uma província para a outra.[8] Era notória a política de terror com os vencidos. O exército assírio demonstrava provas de crueldade, com o empalamento dos derrotados ao redor das cidades, o amontoamento de cabeças em frente aos portões, famílias inteiras queimadas vivas dentro de suas casas, peles de guerreiros esfolados esticadas sobre as muralhas — maldade intencional, com vistas a desestimular qualquer oposição à passagem de seus exércitos.[9]

O aparato assírio estava ancorado em uma ideologia estatal, um discurso aristocrático que impunha aos submetidos sua vontade como emissários divinos. Para os assírios, o centro da civilização era a Assíria, com sua imensa estrutura de governo e sistema produtivo intensamente centralizado; a barbárie habitava a periferia, onde estavam os povos conquistados e aqueles por conquistar. O seu rei deveria produzir uma nova ordem universal por meio de conquista e administração, com a construção de novas capitais, novos templos e monumentos — testemunhos em pedra do poder assírio. Era uma verdadeira propaganda de Estado. Quando todos os inimigos fossem vencidos e todos os homens colocados sob a mesma monarquia legítima, o mundo estaria perfeito.[10] Por isso, o rei era mais do que um administrador do reino: ele era o *shangû* de Assur, sacerdote e administrador de deus, responsável por ampliar seu domínio sobre outros deuses menores e mais fracos. Assim, qualquer vizinho da Assíria era considerado um reino a ser subjugado.[11]

O Império Assírio veio abaixo de maneira inesperada e rápida. Foi um verdadeiro "escândalo histórico", dada sua imprevisibilidade. Entre a morte de Assurbanípal e a queda de Nínive (612 a.C.), houve uma

---

8 LIVERANI, 2016, p. 671-677.
9 GARELLI, Paul. *O Oriente Próximo Asiático*. São Paulo: Pioneira, Editora da USP, 1982. p. 66-67.
10 LIVERANI, 2016, p. 677-680.
11 GARELLI, 1982, p. 107-108.

série de conflitos internos e externos. Internamente, a Assíria foi tomada por guerras civis pela sucessão do trono, enfraquecendo momentaneamente o reino. Diante dessa situação, a Babilônia aproveitou para se rebelar, contando com o apoio dos medos provenientes do planalto iraniano. Os babilônios, sob o comando de Nabopolassar, e os medos, conduzidos por Ciaxares, marcharam contra os assírios e derrubaram o terrível império em poucos anos.[12]

O Império Neobabilônico (626-539 a.C.)

A situação política da Mesopotâmia estava totalmente modificada em 616 a.C. A Babilônia, sob o reinado de Nabopolassar (626-605 a.C.), expulsou os assírios e iniciou os ataques em direção ao norte, invadindo o território da Assíria. Em 614 a.C., foi a vez dos medos de Ciaxares invadirem o império pela fronteira leste, saqueando cidades até chegarem a Assur. A cidade já estava tomada quando os babilônios chegaram, então ambos os exércitos firmaram um acordo para atacar Nínive. A grande capital dos assírios caiu em 612 a.C., após três meses de cerco. A partir da queda da Assíria, o controle do norte da Mesopotâmia ficou com a Babilônia, enquanto a Média concentrou seus esforços em direção à Anatólia. Nabopolassar ainda enfrentou a oposição do Egito, acompanhado de seu filho Nabucodonosor II (604-562 a.C.), e venceu o faraó em 605 a.C., na batalha de Carquemis. A partir de então, os egípcios retrocederam e não mais impuseram dificuldades aos babilônios. Assim, o quadro do Oriente Próximo se estabilizou: os babilônios controlavam a Mesopotâmia, a Síria e Canaã; o Egito estava contido em suas fronteiras africanas; e o reino da Média estendia-se pelas terras altas da Anatólia.[13]

A Babilônia viveu uma era de ouro durante sessenta anos, principalmente por causa da personalidade de Nabucodonosor II. Ele empreendeu uma intensa atividade urbanística, usando os recursos pilhados das cidades assírias. Transformou a Babilônia em um verdadeiro monumento à arquitetura, construiu um palácio exuberante e reforçou a defesa com poderosas muralhas e uma imensa fortaleza. No centro da cidade construiu um gigantesco zigurate (chamado Etemenanki) e um templo a Marduk (Esagila), as maiores construções até então realizadas. Também investiu em obras nas cidades do entorno, desde Sippar

---

12 GARELLI, 1982, p. 104-106.
13 LIVERANI, 2016, p. 717-720.

até Ur, embora não tão grandiosas quanto na Babilônia. Uma via de procissões importante tornou-se o eixo central do culto oficial, a partir de Esagila, passando pela porta de Ishtar e chegando ao outro templo de Marduk, ao lado da cidade de Borsipa, dezessete quilômetros a sudoeste da Babilônia.[14]

O tempo de domínio neobabilônico foi de recuperação econômica na Babilônia e nos arredores — ou seja, a Baixa Mesopotâmia. Foi o destino de todos os recursos roubados na Assíria e em outras regiões conquistadas. O restante do Oriente Próximo tornou-se virtualmente um deserto, no qual antigas populações, misturadas com os desterrados pelos assírios, sobreviviam com dificuldades. A exceção a tal condição de miséria foi a zona costeira do Levante, entre as cidades fenícias e filisteias, onde o comércio com o Mediterrâneo era a base econômica. Na Babilônia, prevaleciam o programa urbanístico dos reis e a retomada do investimento agrícola pelo Estado. As pequenas propriedades privadas praticamente desapareceram, restando apenas os latifúndios administrados pelos templos e palácios reais. A essa estrutura, agregaram-se corporações de artesãos, organizações comerciais e administradores públicos — os membros privilegiados da corte. Ou seja, a Babilônia de Nabucodonosor II era uma economia palaciana, centralizada no rei e no sacerdócio, para onde foram atraídas todas as riquezas do Antigo Oriente Próximo.[15]

A Babilônia converteu-se em local de encontro de tradições e culturas distintas, ao contrário de Assur ou Nínive, cidades condutoras de uma política de homogeneização assíria. Em vez de promover a unificação do reino pela eliminação das diferenças, os babilônios realizaram sua unidade imperial pelo acolhimento dos elementos distintos das culturas. Daí o fato de a sociedade neobabilônica ser o resultado do encontro de diversos povos, promovendo uma espécie de internacionalismo e sincretismo, tanto na língua como na sociedade. Os desterrados trazidos para a Babilônia eram refugiados, mercadores, artistas, mensageiros e especialistas de diversas áreas, com a oportunidade de ambientação e até mesmo de prosperidade.[16] Entretanto, em termos de cultura própria, permaneceu a tradição babilônica mais antiga: a arquitetura era muito mais pujante do que antes, mas os cânones consagrados no

---
14 LIVERANI, 2016, p. 723.
15 LIVERANI, 2016, p. 727-730.
16 LIVERANI, 2016, p. 732.

milênio anterior foram mantidos conforme se vê na arte babilônica, reconhecida em toda a Mesopotâmia. Os neobabilônicos eram muito tradicionais.

O Egito em sua Época Tardia (712-332 a.C.)

O Egito ficou afastado das tramas internacionais durante todo o Terceiro Período Intermediário (dos séculos X ao VIII a.C.), sem possibilidade de exercer domínio sequer sobre Canaã. Essa situação mudou apenas em 712 a.C., quando o rei núbio Shabaka conseguiu reunificar o Egito com a Núbia e retomou Mênfis como capital, dando origem à *Época Tardia* (712-332 a.C.). Entretanto, o domínio do faraó não seria mais tão efetivo quanto fora no passado, pois os governantes regionais ainda concentravam muito poder. O principal problema enfrentado pelos faraós foram as tentativas de invasão pelos assírios: Mênfis foi tomada em 671 a.C. e recuperada em seguida por Taharka; depois, Assurbanípal investiu duas vezes contra o Egito, uma em 667 a.C. e a outra nas campanhas de 663 a 657 a.C., quando passou a controlar o Egito com a ajuda de egípcios inimigos das dinastias núbias. Finalmente, o faraó Psamatik I, a partir da capital Sais, localizada a oeste do Delta, conseguiu expulsar os assírios, em 653 a.C.[17]

Desde então, ocorreu o "Renascimento Saíta", uma tentativa de recuperar a glória do passado, imitando a arte e a administração do Reino Antigo, o ideal perdido havia dois mil anos. Buscaram apoio militar dos mercenários gregos, passando a receber colônias comerciais oriundas do Egeu. Nesse tempo, o faraó Necao II tentou retomar a política expansionista para a Ásia, aproveitando a queda da Assíria e entrando em confronto com a Babilônia entre 610 e 605 a.C., embate do qual saiu derrotado. Depois disso, o Egito foi obrigado a permanecer em suas fronteiras, sem sucesso nas tentativas de expandir a influência sobre Canaã.[18]

Em poucas palavras: o contexto do Antigo Oriente Próximo era de ascensão dos grandes impérios da Mesopotâmia, representados pela Assíria e a Babilônia. O Egito mantinha a sua independência com dificuldade e eventuais incursões sobre Canaã, mas sem condições de fazer frente às ondas de expansão orientais. No meio dessa turbulência, os reinos de Israel e Judá enfrentariam os maiores desafios de sua história.

---
17 CARDOSO, 1982, p. 76-77.
18 CARDOSO, 1982, p. 77-78.

As características dos separatistas

O tempo dos separatistas é de grande riqueza em referências bíblicas e arqueológicas, fornecendo-nos muito mais detalhes do que os períodos anteriores e posteriores. Temos condições de nos aproximar do contexto dessa época, cruzar dados textuais com achados da arqueologia e reconstruir melhor o desenvolvimento dos reinos de Israel e Judá.

O maior conjunto de dados também nos conduz a uma história bastante complexa e longe de ter sido completamente desencavada. A própria Bíblia insiste nessa complexidade ao mencionar "fórmulas régias", registrando livros em que os autores de Reis basearam suas narrativas — deixando claro que boa parte do material foi omitida (1Reis 12:41; 16:27). Ou seja, o texto bíblico é uma documentação selecionada, descrevendo apenas os incidentes que interessam aos objetivos dos autores. Algumas vezes, reinados longos são tratados em poucos versículos, e outros reinados curtos, com maior riqueza de detalhes. Os livros de Reis e Crônicas são uma descrição particular do passado com uma preocupação teológica bem específica, diferente do que se espera em uma história política na atualidade.[19] Então, aqui estamos tentando unir informações bíblicas e extrabíblicas para apresentar um quadro um pouco mais completo dos possíveis acontecimentos do passado que é narrado nas Escrituras.

Talvez o leitor da Bíblia imagine o povo de Israel como uma unidade política que eventualmente veio a ruir depois de Salomão. Como vimos no capítulo dos monarquistas, isso já não era mais realidade no tempo de Davi. Depois do cisma, a grande massa de registros bíblicos aponta para a fragmentação. Os dois reinos de Israel e Judá permaneceram separados até a queda de Samaria; e depois existiu apenas Judá durante outros 135 anos.[20] Nesse longo período, houve grandes mudanças. A força das duas monarquias, em sua tentativa de firmar identidades estatais monocêntricas, levou os dois povos a consolidar características bem distintas entre aqueles que eu chamo de *nortistas* e *sulistas*.

---

19 PROVAN; LONG; LONGMAN III, 2016, p. 365.
20 PROVAN; LONG; LONGMAN III, 2016, p. 391.

Características sociopolíticas de Israel e Judá

O Reino do Norte (Israel) e o Reino do Sul (Judá) eram bastante diferentes. O norte era muito maior, compreendendo as tribos das regiões de Samaria, Galileia e Transjordânia, uma ampla área de terras com localização favorável, situada sobre as vias de comunicação internacionais mais importantes e com acesso ao mar através da planície de Jezrael. Sua população era muito heterogênea, composta por diversas tribos acrescidas dos cananeus e da interação com povos da vizinhança, como fenícios, arameus e mesmo assírios. O sul, por sua vez, compreendia um território reduzido, sem acesso ao mar e separado dos grandes reinos do norte pelos próprios israelitas. A sua população, frente ao isolamento geográfico, tendeu a ser mais homogênea do que seus irmãos nortistas.[21]

Embora Israel fosse o reino mais poderoso, não tinha uma cidade com preeminência suficiente para ser considerada uma capital inquestionável, como Jerusalém era para Judá. Por isso, seus reis foram trocando de capitais, primeiro mantendo a administração em Siquém, depois em Penuel e, então, em Tirza (1Reis 12:25; 14:17). Essa fragilidade arrastou-se até o reinado de Onri, quando foi construída Samaria, a poderosa e definitiva capital de Israel. Outro fator político peculiar dos nortistas foi a instabilidade da monarquia: sua história de pouco mais de dois séculos teve dezenove reis em nove dinastias diferentes. Praticamente a metade dos monarcas foi assassinada em golpes de Estado. Judá, por sua vez, jamais questionou a centralidade de Jerusalém, tampouco afastou-se da fidelidade à dinastia de Davi, cujo descendente era sempre considerado um legítimo sucessor do trono.[22]

A ausência de estabilidade política na monarquia nortista pode ser creditada à sua estrutura social, baseada nas tribos e em suas milícias. Parece que essa foi a base do poder real, pois o rei sempre vinha do exército. Invariavelmente, foram os comandantes de batalhões os responsáveis por golpes de Estado contra o monarca vigente (1Reis 16:9). Por essa razão, pode-se dizer que o regime monárquico de Israel assumiu, desde Jeroboão, uma característica semelhante à do tempo de

---

21 MAZZINGHI, Luca. *História de Israel das origens ao período romano*. Petrópolis: Vozes, 2017. p. 71-73. Os termos "Reino do Norte" e "Reino do Sul" não existem nos textos bíblicos; são expressões contemporâneas usadas para diferenciar os reinos descritos na Bíblia. Os textos bíblicos costumam usar expressões diferentes para o Reino do Norte, como Israel, Efraim (Oseias 6:10), ou Casa de José (Amós 5:6).
22 GUSSO, 2006, p. 79-80.

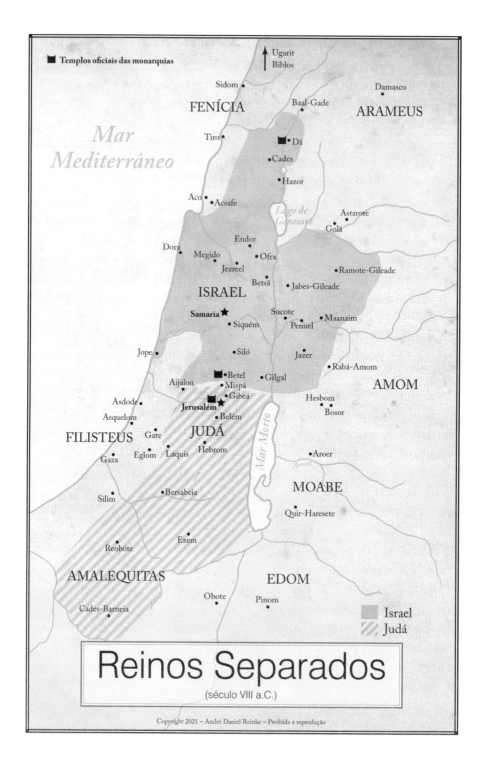

Saul, cuja fidelidade estava mais atrelada aos exércitos populares do que a uma estrutura administrativa prévia.[23]

O relacionamento entre os dois reinos sempre foi instável. Houve momentos de conflito declarado, outros de paz ou de aliança contra inimigos em comum. Também aconteceram acordos comerciais, manifestados, por exemplo, no casamento do filho de Josafá com Atalia (2Reis 8:18,26). Entretanto, apesar de serem reinos distintos e eventualmente rivais, os profetas os tratavam como irmãos, os dois sob o julgamento e as promessas de Iahweh.[24]

Características econômicas de Israel e Judá

Judá era mais frágil pela própria configuração geográfica. Seu território era montanhoso, com estradas precárias que dificultavam a comunicação e o comércio. Ficava próximo do deserto do Neguebe, onde as chuvas eram escassas, e na vizinhança dos filisteus, de quem sofria o bloqueio para o litoral. Com o clima árido e o terreno acidentado, a agricultura dos sulistas era fraca, determinando uma população pequena e uma economia pouco desenvolvida até pelo menos o século IX a.C. O acréscimo populacional aconteceu especialmente depois da queda de Israel, em meados do século VIII a.C. Jerusalém foi uma capital relativamente modesta, e o restante de Judá era composto por aldeias bem pouco desenvolvidas, espalhadas pelas montanhas.[25] O território de Israel era bem mais promissor. Nele, estava o vale de Jezreel (que significa "El semeia"), uma vasta planície atravessando Israel de leste a oeste, entre as montanhas de Samaria e da Galileia. A extensão do vale permitia aos ventos trazerem nuvens e chuvas do Mediterrâneo, garantindo, assim, sua grande fertilidade.[26] Além disso, por Israel passavam as caravanas comerciais que ligavam o Egito à Mesopotâmia, unindo as duas maiores vias comerciais do Oriente Próximo, a *Via Maris* e a *Via Real*.[27]

Embora fossem reinos relativamente modestos em relação às potências internacionais, as duas monarquias tiveram excelente desenvolvimento em um tipo específico de engenharia: as obras de hidrogeologia

---

23 PIXLEY, 2001, p. 40-41.
24 GUSSO, 2006, p. 104.
25 KAEFER, 2015, p. 29-30.
26 KAEFER, 2016, p. 25-27.
27 KAEFER, 2015, p. 30-31.

prática. Como as fontes de água eram escassas e havia muita dependência das chuvas, as obras públicas para o suprimento das cidades demonstravam grande habilidade de mobilização e organização, além da inovação de projeto. Tais obras foram encontradas em vários locais em todo o território de Israel e Judá, cujo exemplo mais conhecido é o túnel de Ezequias, um canal subterrâneo com 643 metros de comprimento construído para abastecer Jerusalém. Os projetos de água foram inovações tanto de nortistas como de sulistas, não encontrando paralelo na sua época.[28]

A arqueologia de ambos os reinos demonstra a profunda influência recebida de culturas vizinhas. Um exemplo pode ser verificado nos selos,[29] encontrados em abundância tanto em Israel como em Judá, dando uma ideia da iconografia típica do período. A maior parte dos selos encontrados data dos séculos VIII e VII a.C., e seus temas são inspirados principalmente na arte fenícia, que segue os padrões egípcios. Esses símbolos tinham valor estético e eram usados como decoração, provavelmente sem significado religioso. Os temas eram animais (leão rugindo, galo, cavalo, touro, vaca amamentando, macaco, gafanhoto), criaturas mitológicas (como a esfinge) e ícones egípcios (o disco solar alado, a serpente e o escaravelho). Também havia plantas (papiro, lótus, romã) e seres humanos em atitudes diversas.[30]

O culto oficial dos nortistas de Israel

O culto levítico ganhou caráter oficial desde a monarquia unida de Davi, com tendência cada vez mais centralizadora a partir da transferência da arca da aliança para Jerusalém e da construção do templo por Salomão. A instituição do sacerdócio e da complexa estrutura religiosa na vizinhança do palácio também submeteu irremediavelmente a fé à autoridade política. Por outro lado, nada indica que os monarquistas tenham combatido as diferentes manifestações de culto a Iahweh entre o povo. Os locais sagrados do tempo dos juízes, espalhados em Israel e Judá, parecem ter continuado com seu estatuto intocado. Com a divisão definitiva dos reinos, a discussão oficial a respeito do culto ganhou um novo contorno. A partir do cisma, duas identidades estatais monocêntricas entraram em disputa: uma em Judá, centralizada no culto de

---
28 MAZAR, 2003, p. 453,459.
29 Os selos eram pedras duras ou semipreciosas encrustadas em anéis; nessas pedras, eram gravados desenhos e insígnias dos proprietários.
30 MAZAR, 2003, p. 481.

Jerusalém, e outra em Israel, com dois centros localizados em Betel e Dã — o que ilustra a tendência plural dos nortistas.

O fenômeno do cisma no culto oficial ocorreu justamente pela emergência de uma nova monarquia. Quando Jeroboão foi ungido rei de Israel, percebeu um problema político envolvendo as questões litúrgicas. Sua preocupação foi compreensível: como o centro do culto continuaria sendo Jerusalém, seus súditos migrariam constantemente para Judá a fim de realizar sacrifícios voluntários e participar de festas como a Páscoa e o Pentecostes. Com a mesa da comunhão sendo celebrada por todas as tribos no entorno de Jerusalém, a sua pergunta foi: Quanto tempo levaria para chegarem à conclusão de que não fazia sentido manter duas monarquias separadas? Nesse caso, quem sobraria na história, ele ou o descendente de Davi? Pensando na consolidação de seu reino, Jeroboão optou por separar o culto de Judá.[31] Sua estratégia foi imitar os elementos principais de Jerusalém, substituindo os dois querubins do Santo dos Santos por dois bezerros, estabelecendo dois centros cultuais, em Betel e Dã, trocando o sacerdócio levítico por outro de cunho nortista e estabelecendo novas datas litúrgicas para os sacrifícios e as festas religiosas (1Reis 12:26-33).

A decisão de Jeroboão foi chamada pelos redatores bíblicos de "pecado de Jeroboão" (1Reis 13:34), crítica estendida a todos os reis de Israel. Mas qual era exatamente esse pecado? Essa é uma questão complexa, porque Iahweh continuava sendo o Deus de Israel. Ao utilizar um símbolo cananeu de fertilidade, o bezerro, Jeroboão transgrediu o segundo mandamento, estabelecendo para Iahweh um "pedestal" distinto dos símbolos autorizados, os querubins. Ele também nomeou sacerdotes não levitas, rejeitando o símbolo escolhido por Deus para recordar Israel de sua graça — os levitas eram representantes dos primogênitos, a própria essência do povo de Deus. O principal, porém, foi que Jeroboão usou Iahweh como o guardião político de Israel. Seus templos foram colocados na fronteira sul e norte para salvaguardar o território e separar seu povo dos irmãos do sul. Ele ainda utilizou elementos da piedade popular relacionados a Jacó e aos juízes, e aproximou-se mais dos símbolos cananeus, tudo com o objetivo de subordinar a vida espiritual do povo às suas próprias exigências políticas. Assumiu o papel de profeta ao afirmar "vejam os deuses (*Elohim*) que vos tiraram do Egito"

---
31 GUSSO, 2006, p. 82.

(1Reis 12:28), assim como Arão fizera no passado distante. O pecado de Jeroboão, portanto, não foi a instituição da idolatria em sentido estrito, mas a criação de uma religião de Estado usando o verdadeiro Deus para finalidades políticas e de segurança de seu reino.[32] Ou seja, ele usou o Nome em vão. Nada que nos surpreenda: vemos Deus sendo usado para a glória humana em todos os reinos autoproclamados cristãos desde Roma até os nossos dias.

O culto instituído por Jeroboão não foi inventado, mas baseado em uma tradição bastante antiga de Israel, relacionada a Betel e Dã. Betel estava ligada aos pais migrantes; Dã, ao tempo dos juízes. A arqueologia encontrou complexos portões em Dã, além de um santuário que continha um "altar de quatro chifres" de cerca de 5 x 6 metros, no qual foram realizados cultos até a destruição de Israel. Altares desse mesmo modelo também foram encontrados em Megido (noroeste de Samaria), Berseba (sul de Judá) e Rehov (nordeste de Samaria), o que revela a amplitude de seu modelo. É o mesmo formato do altar construído em Jerusalém (1Reis 1:50-51).[33] O centro ritual de Dã estava construído sobre remanescentes de cultos cananeus mais antigos, e sua arquitetura possuía três partes: um pódio para a estrutura do templo, a área aberta quadrada do altar e câmaras laterais para rituais e administração. Esse templo foi ampliado no século IX a.C., talvez no reinado de Acabe.[34]

A tendência do culto israelita foi sincrética. Isso fica evidente nos fragmentos de cerâmica encontrados em Kuntillet 'Ajrud, ao noroeste da península do Sinai, datados da primeira metade do século VIII a.C., tempo de Jeroboão II. Há uma frase em hebraico dizendo: "A bênção de Iahweh de Samaria e sua Aserá". Junto à frase, o desenho de Iahweh como um touro ao lado de outra figura representando Aserá.[35] Também foram encontrados diversos jarros com imitações de pinturas fenícias, como uma vaca amamentando o bezerro, animais ao lado de árvores estilizadas, mulher tocando lira, uma procissão de figuras masculinas em atitude de oração, entre outras. A combinação de elementos judaítas com israelitas e fenícios talvez demonstre certa subordinação do reino de Judá ao de Israel naquele tempo.[36] Além do vínculo com Deus, o

---

32 ELLUL, Jacques. *Política de Deus, política do homem*. São Paulo: Fonte Editorial, 2006. p. 137-140.
33 KAEFER, 2016, p. 60-62.
34 MAZAR, 2003, p. 467-469.
35 Dois fatos chamam a atenção nesse sítio: a religião bastante sincrética de Jeroboão II (pois uniu o Deus dos israelitas com Aserá, além de representá-lo com um símbolo de Baal) e a extensão de seu domínio, chegando ao Sinai — lembrando que Judá ficava nesse caminho, o que parece indicar que o reino dos judaítas era vassalo de Jeroboão II. KAEFER, 2015, p. 63.
36 MAZAR, 2003, p. 427-428.

touro ou bezerro era ligado a Israel como símbolo religioso e nacional. Oseias fez uma crítica ao "touro jovem de Samaria" (Oseias 8:5-6). Efraim, a tribo mais forte de Israel, foi descrita na Torá como um touro selvagem (Deuteronômio 33:17).[37] Somando a evidência de Kuntillet 'Ajrud aos textos bíblicos de 1Reis 12:26-36, Êxodo 32, Oseias e Deuteronômio, há fortes razões para se acreditar que Iahweh foi cultuado em Samaria como um touro, a quem era atribuída a libertação do Egito.[38]

A idolatria no cotidiano de Israel e Judá

O sacerdócio judaíta parecia estar submetido às vontades dos monarcas. É gritante o silêncio dos sacerdotes diante das interferências da realeza no templo de Jerusalém. Nunca se encontra um protesto, uma ruptura com o poder do trono de Judá. Eles estão sempre subservientes à vontade da dinastia davídica, mesmo quando ela coloca ídolos dentro do templo de Iahweh, como ocorreu com Manassés. Os únicos casos de oposição declarada envolveram o reinado de Joás, quando o sacerdote Joiada promoveu um golpe para tirar a nortista Atalia do trono (2Crônicas 23:1-15). Décadas depois, seu filho protestou contra a idolatria do mesmo Joás, mas pagou com a vida pela ousadia (2Crônicas 24:17-22). Talvez isso explique a quietude sacerdotal diante da apostasia de seus reis. O que está evidente, tanto pela Bíblia como pela arqueologia, é que os separatistas não cultuavam apenas Iahweh. O cotidiano monárquico e popular era de culto a vários deuses e deusas, sendo frequentes Baal, sua esposa, Astarote, e Aserá. Iahweh era compreendido como uma divindade entre outras, a quem deveriam adorar com exclusividade — devoção constantemente esquecida e sempre cobrada pelos profetas, comunicadores da unicidade de Deus.[39]

Diversos sítios arqueológicos israelitas demonstram quão variados eram as práticas e os locais de culto. Em Megido e Láquis, havia altares monolíticos com chifres, pedestais para tigelas de oferendas, cálices e vasos para as cerimônias. Também foram encontradas evidências de práticas religiosas nos portões de diversas cidades. Os locais de culto a céu aberto são bastante mencionados na Bíblia (2Reis 14:4; 17:11; 18:4; Ezequiel 6:6), embora raramente tenham sido encontrados. Cultos ao ar livre não costumam deixar rastros arqueológicos. Exceções foram

---

37 KAEFER, 2015, p. 65.
38 KAEFER, 2015, p. 66.
39 KAEFER, 2015, p. 61.

encontradas do lado de fora de Samaria e nas proximidades de Jerusalém. Há registros de pedestais de culto relativos ao século X a.C. em Megido e Tanac, demonstrando uma vasta iconografia de figuras, como esfinges, leões, árvores da vida, disco solar alado e bezerro. Tais motivos tradicionais da arte cananeia aparecem também nos marfins de Samaria. Estatuetas de cerâmica atestam as práticas religiosas populares, especialmente pequenas mulheres segurando os seios, representando Aserá ou Astarote. Essas estatuetas foram encontradas em abundância em Judá, especialmente em Jerusalém, a maioria datada dos séculos VIII e VII a.C.[40]

Aliás, Jerusalém também parece não ter se preocupado muito em coibir outros cultos entre os sulistas. Além da constante referência bíblica à idolatria de Judá (1Reis 14:22-24; 2Reis 23:5), existiu pelo menos um templo a apenas seis quilômetros de Jerusalém, construído em cerca de 900 a.C. e em funcionamento pelo menos até o século VI a.C. A estrutura foi recentemente descoberta, e é muito semelhante à planta do templo de Salomão descrito em 1Reis e possuía um altar de sacrifícios onde foram encontrados ossos de animais "puros" segundo a lei levítica. Esse templo estava construído sobre um celeiro, o que parece demonstrar vínculo com as elites judaítas; provavelmente, tratava-se de um celeiro real de Jerusalém. O aspecto interessante é que esse templo não foi destruído no ataque babilônico e aparentemente continuou funcionando até o retorno do exílio.[41]

Outro templo foi encontrado em Arad, ao sul de Judá, datado do século VIII a.C., contendo duas estelas em seu santo dos santos, provavelmente representando as divindades masculina e feminina. A estela maior, pintada de vermelho, talvez represente Iahweh ou Baal, e a menor, Aserá. O mais evidente é que a estela masculina está ligada aos cultos da fertilidade, com a presença de lugares altos no seu entorno.[42] Um fator intrigante em relação a esse templo é o fato de ele seguir uma orientação semelhante ao de Jerusalém, com a entrada voltada para o Oriente, o nascer do sol, e por conter um altar à frente e deslocado para um dos lados.[43]

---

40 MAZAR, 2003, p. 474-477.
41 HASSON, Nir. *Ancient place of worship found near Jerusalem challenges assumptions about first temple*. Disponível em: <www.haaretz.com/archaeology/.premium-temple-found-near-j-lem-challenges-archaeologists-assumptions-on-first-temple-1.8492874>. Acesso em: 8 abr. 2020.
42 KAEFER, 2015, p. 62.
43 SCHWANTES, Milton. *Israel – Tel Arad*. Disponível em: <portal.metodista.br/arqueologia/artigos/2012/israel-tel-arad>. Acesso em: 6 set. 2019.

Outros achados arqueológicos demonstram quão complexa e diversificada era a composição religiosa dos separatistas. Em Rehov, ao sul da Galileia, há evidências de um grande apiário. Ali, provavelmente eram produzidos de 400 a 500 quilos de mel e de 50 a 70 quilos de cera por ano, com uma quantidade expressiva exportada para os egípcios usarem na fabricação de remédios e pomadas. Talvez esse tipo de produção justifique a expressão "terra que mana leite e mel" (Deuteronômio 26:9). Junto ao apiário, foi encontrado um santuário com objetos de culto, entre eles um altar usado pelo menos desde 1300 a.C., antes da presença dos israelitas em Canaã. As divindades ali cultuadas eram femininas, relacionadas à apicultura, e sua identidade não foi verificada. O fato de a oferta de mel ser proibida nos sacrifícios (Levítico 2:11) mostra como havia em Israel uma prática oriunda dos cananeus e rejeitada pelo culto levítico.[44]

Ou seja, a vida religiosa dos nortistas e sulistas era extremamente variada. O povo vivia entre diversas forças atrativas: os dois Estados com seus cultos centralizados, as antigas tradições oriundas das experiências familiares dos clãs, além das tendências cananeias e de outros povos. Isso explica a preocupação constante dos profetas com a idolatria nas suas mais variadas formas.

O movimento profético dos separatistas

A descrição sobre a variedade religiosa dos separatistas não deve nos fazer pensar que todos fossem completamente idólatras e infiéis a Iahweh. Houve movimentos piedosos de resistência entre a própria população. Um deles aparece insinuado no caso dos descendentes ou simpatizantes de certo Jonadabe, filho de Recabe. Esse personagem de cerca de 840 a.C. foi citado como um israelita devoto, convidado por Jeú para subir à sua carruagem e testemunhar o seu "zelo por Iahweh" enquanto exterminava os sacerdotes de Baal (2Reis 10:15-24). Mais de dois séculos e meio depois, Jeremias convocou ao templo os "recabitas", descendentes desse Jonadabe, com o intento de dar uma lição ao povo: ele lhes ofereceu vinho, o qual rejeitaram (Jeremias 35:6-7). Os recabitas eram um grupo que vivia voluntariamente à margem da civilização como nômades; eles não plantavam e habitavam apenas em tendas, mostrando-se fervorosos no culto de Iahweh e totalmente abstêmios.

---
44 KAEFER, 2016, p. 43-45.

Formavam um clã sobrevivente em Israel, ao mesmo tempo uma "seita religiosa" que seguia a "legislação" de seu antepassado. Jeremias os apresentou como exemplo de piedade e Iahweh os abençoou (Jeremias 35:19).[45]

Certamente havia mais grupos piedosos entre os nortistas e sulistas, embora não tenhamos referência direta nas narrativas bíblicas. Eventualmente, descobrimos a existência de "remanescentes fiéis", como na palavra divina ao profeta Elias sobre os 7 mil em Israel que não haviam dobrado os joelhos a Baal (1Reis 19:18), ou a menção a profetas de Deus mortos pela realeza israelita (1Reis 18:4). Eles foram como luminares em meio à escuridão ao longo dos tenebrosos séculos das monarquias separatistas. É sintomático constatar que a maioria dos profetas escritores tenha deixado seus registros justamente no tempo mais crítico dos dois reinos de Israel e Judá. O verdadeiro profetismo sempre foi, desde os tempos de Moisés, um movimento de oposição.

Os profetas eram seres estranhos. "Gênios solitários", por assim dizer, mas profundamente ligados à tradição teológica do passado e à realidade do presente. Eles percebiam o mundo à sua volta e o interpretavam. Tinham diversos estilos e origens, refletindo vínculos com contextos específicos. Oseias e Jeremias estavam ligados às tradições de Levítico e Deuteronômio; Amós tinha algo da sabedoria internacional; Isaías falava de dentro da ideologia real de Jerusalém; e Miqueias era um exemplar típico dos camponeses de Judá. Essa variedade nos demonstra como os profetas não eram proclamadores de verdades universais, mas lidavam concretamente com locais e tempos bem particulares. Surgiram em tempos de crise — ou melhor, geralmente eram os arautos da crise. Eles a anunciam quando ninguém se dá conta de haver qualquer problema.[46] Geralmente a palavra profética surgia quando tudo parecia estar bem e os reinos abundavam em prosperidade.

Por isso, os profetas não eram benquistos pelo poder monárquico e, muitas vezes, também foram rejeitados pelo povo ao qual se dirigiam. Na maioria das vezes, os profetas acabavam expulsos, perseguidos, aprisionados, torturados e até mesmo assassinados.[47] Sua reivindicação de serem a voz divina provocava rejeição pela maioria dos ouvintes, principalmente pelos que desejavam manter as coisas como estavam.

---
45 VAUX, 2003, p. 36-37.
46 BRUEGGEMANN, 2014, p. 806-808.
47 ELLUL, 2010, p. 57.

Oseias foi chamado de louco (Oseias 9:7), Amós foi acusado de ser um profeta de aluguel (Amós 7:12) e Jeremias foi confrontado por um falso profeta chamado Hananias (Jeremias 28).[48] Não era nada fácil ser profeta em Israel e Judá.

Os profetas e as metáforas de Deus

Embora estivessem imersos em crises públicas, os profetas nunca agiam politicamente. Não eram ativistas sociais, nem estavam engajados em causas populares ou em rebeliões de qualquer tipo. Pelo contrário, eles eram essencialmente *proclamadores*, usando todo o poder imaginativo da poesia. Em função dessa característica, o tempo dos separatistas foi o de maior produção literária e teológica do Antigo Testamento. Os profetas falavam por meio de imagens e metáforas, perturbando e desestabilizando as estruturas do seu tempo e invocando percepções alternativas da realidade. Eles eram capazes de descrever um mundo novo fora do óbvio. Essa imaginação profética vinha em etapas: primeiro, o profeta trazia a consciência da intensa aflição existente, mesmo quando escondida sob o disfarce do crescimento econômico; segundo, ele apresentava imagens inovadoras, convidando o povo de Deus a refletir sobre novas possibilidades de futuro; finalmente, sua advertência tinha a ousadia de afirmar que suas palavras eram poesia oriunda da boca de Iahweh.[49]

A poesia dos profetas se expressava por meio de imagens vívidas e radicais, tanto para acusar o pecado como para trazer a esperança de um novo mundo. Os profetas comparavam Israel a uma virgem caída (Amós 5:2), anunciavam um dia terrível de julgamento e desolação sob nuvens trevosas (Sofonias 1:15-16), descreviam os gritos angustiados de uma parturiente para conclamar ao arrependimento (Jeremias 4:31). Ilustravam o novo: um reino tão pacífico que leões e bois pastariam juntos (Isaías 11:7) ou invocavam a alegria da chegada do rei humilde montado em um jumento na esperança de dias melhores (Zacarias 9:9). Para os profetas, apesar das trevas da realidade vivida, Iahweh, o verdadeiro rei de Israel e Judá, ainda traria uma nova realidade.

Os profetas falavam de Deus, mas a glória divina não pode ser resumida a uma única figura simbólica. Por isso, traziam múltiplas vozes

---
48 BRUEGGEMANN, 2014, p. 816.
49 BRUEGGEMANN, 2014, p. 809-812.

e imagens proféticas, resistindo a qualquer reducionismo, sem se incomodar com a estranheza causada pelo seu radicalismo. Iahweh era um marido apaixonado e traído pela esposa prostituída (Oseias 3:1), um médico a tratar as chagas de um enfermo (Jeremias 30:12-17), um bom pastor a resgatar ovelhas dispersas (Ezequiel 34:11-16), uma mãe a parir e dar de mamar a seus filhos (Isaías 66:9-13). Foi um processo interminável, radical, sempre atualizado e ligado a algum aspecto contemporâneo da experiência de Israel e Judá.[50] Mas, entre tantas imagens, uma foi ganhando cada vez mais destaque: a do rei justo e bondoso como reação às monarquias tenebrosas daquele tempo. A piedade popular não via nos seus reis qualquer respeito aos preceitos de Iahweh. Não havia compaixão; a salvação teria de vir de Iahweh. O Deus que os libertou do jugo da escravidão no Egito seria fiel à própria aliança. Em tempos de injustiça, a palavra dos profetas anunciava um reino de justiça e paz "naquele dia" em que o descendente de Davi não seria como aqueles ocupantes do trono de Jerusalém ou Samaria, mas um rei messiânico, sobre o qual repousaria plenamente o Espírito de Iahweh.[51] No futuro, residia a esperança. E o verdadeiro povo de Deus continuava esperando.

Em suma, as características dos separatistas: a identidade dos israelitas continuou sendo profundamente influenciada pela emergência da monarquia. Entretanto, a unidade foi passageira e deixou poucas marcas: desde a morte de Salomão, as identidades foram forçadas por dois centros estatais, uma tentativa monocêntrica oriunda de Jerusalém e outra de Samaria. A população do sul era menor e mais homogênea, enquanto a do norte, maior e heterogênea. Os nortistas tinham potencial econômico para desenvolver um reino poderoso, e eram abertos a influências diversas, enquanto os sulistas procuravam melhorar as condições de vida no seu território isolado e menos favorável à produção de riquezas. Emergiam duas religiões ligadas às monarquias, ambas cultuando o mesmo Deus, mas cada qual disputando a fé particular do povo: a nortista ligada às tradições dos pais migrantes e juízes, espalhadas pelo território de Israel, e a sulista conformada à dinastia davídica com o foco em Jerusalém. Ambas, no entanto, eram profundamente in-

---
50 BRUEGGEMANN, 2014, p. 361-362.
51 FLOR, 2000, p. 15.

fluenciadas por idolatrias. No meio desse caos, a Palavra de Iahweh era proclamada pelos profetas, trazendo a imaginação de outra realidade possível — uma realidade em que as promessas de Deus se cumpririam, apesar dos pecados do povo e de seus reis.

A história bíblica dos separatistas de Israel e Judá

Os primeiros quarenta anos dos reinos de Israel e Judá foram caóticos. Enfrentaram uma invasão egípcia por volta de 925 a.C., quando o faraó Sheshonk (ou Sisac) conquistou várias cidades de Israel e tomou os tesouros do templo de Judá (1Reis 14:25-27). Além do problema externo, os dois reinos sofreram com uma luta contínua entre si, sem que a unidade fosse restaurada. As disputas perduraram até o rei Asa de Judá aliar-se aos arameus de Damasco, obrigando os nortistas a recuarem a uma posição mais pacífica (1Reis 15:16-22).[52]

O primeiro rei de Israel foi *Jeroboão* (931–910 a.C.),[53] antigo feitor de Salomão que ascendeu ao trono do Reino do Norte. Ele foi o criador do novo culto de Betel e Dã, assunto tratado na primeira parte deste capítulo. Seu filho *Nadabe* (910–909 a.C.) reinou apenas dois anos e sofreu o primeiro golpe dos muitos que ocorreriam na história de Israel, sendo morto quando estava em campanha contra os filisteus (1Reis 15:25-28). O autor do golpe foi *Baasa* (909–886 a.C.), numa ocasião em que exterminou toda a família de Jeroboão, ou seja, qualquer possível pretendente ao trono. O procedimento de matar todos os familiares do rei assassinado seria o padrão em cada uma das tomadas de poder de Israel (1Reis 15:29). Seu filho *Elá* (886–885 a.C.) reinou apenas dois anos até ser assassinado na casa do mordomo (1Reis 16:8-12). O autor foi *Zinri* (885 a.C.), comandante da carraria, o qual reinou apenas sete dias, sofrendo o cerco do exército popular assim que a notícia do golpe chegou ao acampamento. Zinri cometeu suicídio queimando o palácio sobre si, enquanto o general do levante, Onri, foi coroado rei de Israel (1Reis 16:15-22).[54] Essa foi a sequência nefasta de golpes e assassinatos dos primeiros reis de uma monarquia extremamente tumultuada.

---

52 MAZZINGHI, 2017, p. 73-74.
53 Não existe consenso entre os estudiosos sobre a cronologia dos reis de Israel e Judá. Tratei da questão cronológica na introdução. A base que estou usando é a cronologia apresentada na Bíblia de Jerusalém.
54 GUSSO, 2006, p. 95-96.

A dinastia davídica teve continuidade em Judá com *Roboão* (931-913 a.C.), filho de Salomão e provocador do cisma. Governou com muita dificuldade, enfrentando guerras contra Israel e a pressão do Egito. No início, parece ter sido fiel a Iahweh, mas passou a idolatrar diversas divindades, a exemplo do pai (1Reis 14:21-31). *Abias* ou *Abiam* (913-911 a.C.), filho de Roboão, manteve permanente estado de guerra contra Israel e conseguiu tomar alguns territórios em seu curto reinado de três anos (1Reis 15:1-8). O próximo rei da dinastia foi *Asa* (911-870 a.C.), elogiado por promover a primeira reforma religiosa em Judá, tentando eliminar a idolatria promovida por seus antepassados. Ele destituiu a própria mãe do posto de *Grande Dama* (uma espécie de rainha-mãe), por ser adoradora de Aserá. Ameaçado por Israel, Asa deu início à política de aliança com os reis arameus, o que lhe rendeu uma dura palavra profética a respeito de sua falta de confiança em Iahweh (1Reis 15:9-24).[55] Também pesou contra Asa o fato de ele ter imposto a corveia sobre seu povo para fortificar Geba e Mispá (1Reis 15:22), seguindo o padrão egípcio importado por Salomão. Ao que parece, a corveia foi um recurso frequente entre os reis judaítas, pois Jeoaquim também sofreu críticas contundentes do profeta Jeremias por usar do mesmo expediente na construção do seu palácio (Jeremias 22:13-15).[56]

Resumindo as décadas iniciais dos reinos separatistas: a tendência foi de progressivo enfraquecimento de Israel, com perdas de seu domínio sobre os reinos periféricos e golpes de Estado piorando a situação, enquanto Judá teve um pequeno crescimento com sua dinastia estável. Mas ambos os reinos estavam em uma situação bastante frágil.

A dinastia de Onri em Israel (885-841 a.C.)

O reino de Israel floresceu sob o governo de *Onri* ou *Amri* (885-874 a.C.), embora sejam dedicados pouquíssimos versículos na Bíblia a esse rei (1Reis 16:23-28). As únicas menções são a construção da capital em Samaria e o fato de ele se manter nos "pecados de Jeroboão". Entretanto, Onri foi um dos mais importantes reis de Israel, e sua política colocou o reino no cenário internacional. Muitos anos depois de terminada a sua dinastia, os assírios ainda chamavam Israel de "casa de Onri".[57] Seguindo o exemplo de Davi, Onri construiu uma capital para chamar de

---

55 GUSSO, 2006, p. 115-116.
56 VAUX, 2003, p. 175.
57 BRIGHT, 2003, p. 295.

sua, uma propriedade real adquirida em local neutro.[58] Samaria estava situada no topo de um monte no qual Onri executou uma ampla obra de terraplanagem e construção de plataformas, erigindo um enorme palácio com cerca de 55 x 40 metros, um dos maiores edifícios em toda a Canaã, além de diversos prédios administrativos auxiliares. Samaria era uma colina artificial que podia ser vista de longe.[59] Ainda havia uma série de fortalezas em pontos estratégicos protegendo a nova capital,[60] localizada no coração do reino. Estava guardada de ataques dos vizinhos, próxima do produtivo vale de Jezreel, e controlava as principais rotas comerciais do norte de Canaã.[61] Desde então, Israel teria em Samaria uma capital de referência, assim como Jerusalém era para Judá.

A economia de Onri e seus sucessores parece ter sido baseada na produção de azeite de oliva. A indústria de cobre, oriunda do sul do mar Morto, provavelmente beneficiou os nortistas nesse período, pois eles controlavam as rotas de distribuição. Israel também foi o principal fornecedor de cavalos do Egito para a Assíria, mantendo em Megido uma estrutura bem construída para a criação e o treinamento dos animais. Ainda possuía um grande contingente de bigas, outro produto importante no contexto militar do Antigo Oriente.[62] Seguindo uma tradição de longa data, Onri estabeleceu uma importante aliança com os fenícios de Tiro ao casar seu filho Acabe com a princesa Jezabel (1Reis 16:31). Foi um acordo significativo, pois Tiro estava no auge de sua expansão colonial — Cartago, por exemplo, seria fundada ainda naquele século.[63]

Provavelmente o texto bíblico não tratou da prosperidade de Onri porque seus redatores estavam mais preocupados com seu filho *Acabe* (874–853 a.C.), rei contemporâneo das narrativas dos profetas Elias e Eliseu. O poder e a riqueza de Acabe são atestados na estela assíria de Nimrud, erigida por Salmanassar III em 853 a.C., na qual Acabe foi citado por ter fornecido 2 mil bigas e 10 mil soldados a pé para a coalizão rebelde — o maior contingente de bigas dos aliados contra a Assíria.[64] A dimensão da riqueza de Acabe somente é comparável ao tamanho de sua apostasia. Ele estabeleceu um culto oficial a Baal em Samaria, mas

---

58 GUSSO, 2006, p. 79.
59 FINKELSTEIN, 2015, p. 116-119.
60 MAZAR, 2003, p. 398.
61 KAEFER, 2015, p. 70.
62 FINKELSTEIN, 2015, p. 140-142.
63 BRIGHT, 2003, p. 295.
64 KAEFER, 2015, p. 70-71.

sem proibir os santuários de Iahweh em Betel e Dã. Esse foi o resultado teológico da aliança selada no casamento com Jezabel de Tiro (1Reis 16:29-33). A troca de Iahweh por Baal significou o completo abandono da lei, fato exemplificado na disputa de Acabe pela vinha de um vizinho chamado Nabote (1Reis 21). A propriedade privada, que não podia ser alienada segundo os preceitos da Torá, foi simplesmente tomada pelo rei, em um ato despótico.[65] Portanto, a despeito da imensa prosperidade dos onridas, a memória dos redatores bíblicos foi marcada pela chegada do baalismo institucional em Israel. Como os nortistas sofreram a idolatria de Baal antes dos sulistas, os profetas clássicos apareceram primeiro entre eles: Elias e Eliseu no século IX a.C., e Amós e Oseias no VIII a.C.[66]

Elias foi um profeta misterioso, oriundo de Gileade, aparecendo repentinamente para profetizar uma seca em Israel como consequência da apostasia de Acabe. Interessante observar como essa seca atacava frontalmente Baal, o deus da tempestade e da fertilidade. Logo depois do anúncio, Elias desapareceu de forma também inesperada por mais de três anos (1Reis 17). A história desse profeta contém grandes milagres de cura e até ressurreição, sempre atuando com benevolência entre os mais pobres. Carinhoso com os miseráveis da terra, era outra pessoa contra os inimigos de Iahweh, trazendo uma palavra judiciosa e ações violentas contra o baalismo. Propôs uma disputa entre deuses no monte Carmelo, a fronteira entre Israel e a Fenícia, exigindo do povo a escolha entre Iahweh e Baal. Depois de um novo milagre, com fogo caindo do céu, promoveu uma verdadeira carnificina entre os sacerdotes e os profetas de Baal (1Reis 18). Finalmente, em pleno monte Horebe, tradicionalmente identificado com o Sinai, recebeu de Deus a tarefa de dar continuidade à purificação da terra, ungindo os arameus de Damasco para castigar seu povo por meio da guerra, e Eliseu para dar continuidade ao ministério profético (1Reis 19—20). Elias ainda teve a ousadia de acusar Acabe de seu pecado contra o vizinho Nabote e, surpreendentemente, viu no déspota sinais de arrependimento (1Reis 21:27-29). O ciclo de Elias é longo, chegando ao reinado do filho de Acabe, *Acazias* (853–852 a.C.). Esse rei morreu ainda jovem, ao cair de uma sacada (2Reis 1:1-18), depois de enfrentar uma rebelião em Moabe e tentar um projeto marítimo em parceria com o rei Josafá de Judá (2Crônicas

---
65 PIXLEY, 2001, p. 46.
66 CROATTO, 1968, p. 166.

20:35-37). O sucessor do trono foi seu irmão *Jorão* (852-841 a.C.), pois Acazias morreu sem deixar filhos. A história de Jorão esteve ligada ao profeta Eliseu, além de manter uma relação próxima com os reis de Judá até morrer em batalha, na rebelião de Jeú.[67]

Eliseu foi o sucessor do ministério profético em Israel depois do espetacular desaparecimento de Elias no episódio envolvendo um tornado e carruagens de fogo! Desde então, o jovem discípulo era o portador de uma porção dobrada do "espírito de Elias" (2Reis 2). Ele era a segunda etapa do ministério profético: depois da palavra judiciosa de Elias, representava o derramamento da bênção divina, trazendo cura até mesmo para os inimigos de Israel.[68] O julgamento sempre vem acompanhado da possibilidade de perdão e bênção. O longo ciclo de Eliseu é marcado pela presença graciosa do profeta entre o povo, abençoando especialmente as mulheres piedosas — como o milagre da multiplicação do azeite de uma viúva, a ressurreição do filho de uma sunamita — e restaurando comida envenenada, multiplicando pães e curando a lepra de Naamã, comandante do exército sírio (2Reis 4—5). Se Elias foi a figura que apontava para João Batista, conforme alguns profetas anunciariam séculos mais tarde, Eliseu apontava para Cristo: um homem sofrido que, em sua morte, trouxe ressurreição (2Reis 13:14,21).[69] As narrativas de Eliseu demonstram como ainda existia piedade entre os nortistas apesar dos desmandos de governantes e da idolatria popular. Finalmente, a guerra contra os arameus demonstra que, apesar dos pesares, Deus ainda interferia em favor de seu povo, assumindo uma guerra santa e livrando Israel de forma milagrosa (2Reis 6—7). O longo ciclo de Eliseu encerrou-se com a visita do profeta a Damasco, onde anunciou a emergência dos inimigos que fustigariam Israel como castigo divino (2Reis 8:7-15).

Judá e a dinastia onrida

Judá foi eclipsado pelo crescente poder de Israel na dinastia de Onri. Quem reinou por mais tempo sobre os judaítas nessa época foi *Josafá* (870-849 a.C.), um hábil administrador. Ele construiu alguns armazéns e fortalezas, além de ter sido um rei piedoso e preocupado com o ensino popular da lei (2Crônicas 17). Josafá foi próximo de Acabe e

---

67 GUSSO, 2006, p. 97.
68 KAISER, 2007, p. 191.
69 Jesus mesmo comparou-se ao profeta Eliseu quando não encontrou fé entre os seus conterrâneos (Lucas 4:24-27).

Jorão de Israel, ao lado de quem lutou algumas batalhas. Sua aliança com Israel foi selada por meio do casamento de seu filho com Atalia, uma princesa da casa de Acabe.[70] A posição de Josafá junto a Israel, participando das guerras da poderosa dinastia do norte, talvez signifique algum tipo de vassalagem, especialmente pelo fato de Atalia ter sido rainha sobre os judaítas, anos mais tarde.[71] Ela era casada justamente com o sucessor de Josafá, o rei *Jorão* (848-841 a.C.). Ele tinha o mesmo nome do rei de Israel dessa época e também introduziu o baalismo em Judá, provavelmente por influência da esposa, tal como aconteceu com Acabe e Jezabel (2Crônicas 21). Mas Jorão foi muito além em termos de perversidade, pois sua primeira atitude no trono de Judá foi assassinar todos os irmãos, talvez para eliminar a oposição ao culto instituído ou prevenir algum golpe futuro.[72] O narrador bíblico registrou dois castigos divinos contra sua conduta: a animosidade de filisteus e árabes, os quais invadiram seu reino e mataram todos os seus filhos (deixando apenas um sobrevivente), e a doença que lhe fez "saírem as entranhas para fora", até que morreu. Ele se foi "sem deixar saudades", como registra o cronista real (2Crônicas 21:19-20).

O drama da dinastia davídica continuou com o filho sobrevivente, *Acazias* ou *Jeoacaz* (841 a.C.), dando continuidade à política religiosa de seu pai e à aliança com Israel sob influência de sua mãe, Atalia, a Grande Dama de Judá. Seu reinado não passou de um ano, pois Acazias foi assassinado quando visitava o parente do norte, o rei Jorão de Israel, na conspiração levada a cabo por Jeú (2Reis 9:22-29). Então, a trágica história de Judá tomou um caminho dos mais horripilantes: a Grande Dama assumiu o trono de Davi. *Atalia* (841-835 a.C.) tornou-se rainha dos sulistas e iniciou seu reinado de uma maneira nefasta: assassinou toda a descendência real para garantir o reino, o que certamente incluía os seus netos. Escapou apenas o mais novo, um bebê chamado Joás, protegido por Jeoseba, irmã do falecido Acazias e esposa do sacerdote Joiada. O casal escondeu no templo o último sobrevivente da dinastia davídica durante sete anos. Passado esse tempo, o sacerdote Joiada convocou as tropas mercenárias de Judá e a guarda do templo, e promoveu o primeiro golpe de Estado da história do Reino do Sul, mandando assassinar Atalia e colocando no governo o menino Joás (2Reis 11).

---

70 GUSSO, 2006, p. 116-117.
71 KAEFER, 2015, p. 77.
72 GUSSO, 2006, p. 117.

O trono de Jerusalém voltava a ser ocupado por um descendente de Davi, embora o verdadeiro governante fosse o seu tutor, o velho sacerdote Joiada.[73]

As duas décadas de influência de Israel e do baalismo sobre Judá renderam uma narrativa macabra, com tramas palacianas sem precedentes na história do povo de Deus. Foram guerras, casamentos, golpes e assassinatos que não devem nada a um *Game of Thrones*. Observe a degeneração da tão louvada dinastia de Davi. Como essa família podia ser portadora da promessa incondicional de Deus, a bênção a todos os povos da terra? Esse problema viria a ser enfrentado pelos profetas meio século depois.

Declínio e apogeu do reino de Israel (841–743 a.C.)

Havia uma sombra sinistra emergindo sobre os separatistas no final do século IX: o Império Assírio em franca expansão. Por isso, o reinado de *Jeú* (841–814 a.C.) deve ser compreendido no contexto da emergência dos assírios sobre os arameus e israelitas. Jeú deu início à mais longa e próspera dinastia nortista, mas o seu reinado teve grandes dificuldades. O texto bíblico se concentra nas suas ações contra a dinastia onrida e o baalismo, descrevendo o massacre promovido para firmar seu reino, incluindo o assassinato do rei Jorão (de Israel), de todos os descendentes de Acabe, de Acazias (de Judá) e de seus irmãos, bem como Jezabel e os sacerdotes de Baal (2Reis 9—10).[74] Não foi pouco o sangue derramado. O texto bíblico se concentrou nesses fatos porque envolvia diretamente a questão do baalismo. Mas temos fontes extrabíblicas para completar o quadro da história de Jeú, demonstrando a complexidade da política internacional daquele tempo. Um obelisco assírio de 841 a.C. menciona um tributo pago por Jeú a Salmanassar III. Por isso, é provável que Jeú tenha sido vassalo da Assíria, sendo bem possível que seu golpe contra os onridas tenha tido apoio do império.[75] Ao mesmo tempo que a poderosa Assíria interferia na política de Israel, os arameus (ou sírios) de Damasco também pressionavam o reino. O sucessor de Jeú foi *Jeoacaz* (841–798 a.C.), também um rei criticado por "andar nos pecados de Jeroboão" e "provocar a ira de Iahweh", tendo seu exército dizimado na guerra contra Damasco (2Reis 13:1-9).[76] Entretanto, no

---

73 GUSSO, 2006, p. 117-118.
74 GUSSO, 2006, p. 98.
75 MAZZINGHI, 2017, p. 80-81.
76 GUSSO, 2006, p. 98.

seu reinado houve uma reviravolta dramática: a Síria foi atacada pelos assírios e deteve o avanço contra Israel. Essa provavelmente foi a libertação enviada por Iahweh mencionada pelo autor bíblico (2Reis 13:5). A partir de então, o reino dos nortistas permaneceu como tributário da Assíria, mas livre da pressão dos arameus.[77]

Depois disso, foi possível o desenvolvimento no reino de *Joás* (798-783 a.C.), condutor de uma excelente administração. Esse rei atacou Judá após a provocação do rei judaíta Amasias, a quem levou preso depois de destruir parte das muralhas de Jerusalém, saquear a cidade e tomar os tesouros reais. Mais tarde, permitiu a volta de Amasias para sua capital, mas na condição de vassalo, ocasião em que o rei de Israel se tornava o verdadeiro governante de Judá (2Reis 14:11-20).[78] Outro benefício inesperado ao reino de Joás foi a repentina suspensão do senhorio da Assíria, quando o império viu-se diante da expansão de outro reino, chamado Urartu, oriundo da Anatólia, que invadia o território pela fronteira noroeste, chegando até menos de cem quilômetros de Nínive. Os assírios foram obrigados a tomar uma posição defensiva inesperada, dando um alívio a Israel e aos outros reinos de Canaã.[79]

O caminho da prosperidade estava livre para Israel. O ápice da riqueza do Reino do Norte viria com o filho de Joás, *Jeroboão II* (783-743 a.C.).[80] Ele foi responsável pelo segundo e último grande período de expansão territorial e crescimento econômico dos nortistas. A afirmação bíblica de que o rei recuperou um vasto território — inclusive com a ajuda das profecias de certo Jonas, filho de Amitai — é evidente também em fontes externas à Bíblia (2Reis 14:23-29). As escavações arqueológicas em Samaria mostram uma verdadeira opulência nos tempos de Jeroboão II. Seu palácio possuía marfim em abundância, um luxo caríssimo, mostrando quanto o progresso de seu tempo beneficiou apenas a parte da população composta pelos grandes proprietários, burocratas e oficiais militares ligados ao rei.[81] Sua prosperidade foi sem igual, mas acompanhada do desprezo pelos pobres, abandono dos necessitados e culto hipócrita. Contra tal situação, levantaram-se os profetas Amós e

---
77 BRIGHT, 2003, p. 311-312.
78 PROVAN; LONG; LONGMAN III, 2016, p. 412.
79 FARACO, Sérgio. *Urartu*. Porto Alegre: Editora da UFRGS; Instituto Estadual do Livro, 1978. p. 40-41.
80 Usa-se o "II" (segundo) para diferenciar esse rei do outro Jeroboão, filho de Nebate, primeiro monarca de Israel. O texto bíblico não usa essa terminologia numérica, típica das monarquias medievais e modernas.
81 KAEFER, 2015, p. 89.

Oseias, de quem trataremos adiante. A dinastia de Jeú terminou com *Zacarias* (743 a.C.), filho de Jeroboão II, reinando apenas seis meses, até ser assassinado em um novo golpe de Estado (2Reis 15:8-12).[82]

Os reis judaítas e a prosperidade de Uzias

Vamos retroceder um pouco para compreender a situação de Judá nesse tempo. Jeú havia exterminado o baalismo institucional de Israel; logo em seguida, o sacerdócio de Jerusalém promovia um golpe contra Atalia, assassinando a rainha e colocando em seu lugar um menino de 7 anos, *Joás* (835–796 a.C.), o último sobrevivente da dinastia davídica. Esse rei também atacou o baalismo e restaurou a religião de Iahweh, orientado pelo tutor real, o sacerdote Joiada. Quando Joiada faleceu, com idade avançada, Joás também apostatou e mandou matar o filho do seu ex-tutor por lhe fazer oposição (2Crônicas 24:20-22). Joás terminou seus dias sendo assassinado em sua cama, quando convalescia de alguma enfermidade (2Reis 12:20-21). Seu filho *Amazias* (796–781 a.C.) assumiu o trono e matou os conspiradores, evitando um golpe de Estado. Depois, venceu os edomitas, colocando-os outra vez na condição de tributários. Embora, inicialmente, fosse fiel a Iahweh, passou a adorar os deuses trazidos de Edom. Finalmente, tomado de orgulho, desafiou o rei de Israel ao combate, sendo derrotado e submetido à condição de vassalo dos nortistas. O final de seu reinado também foi tenebroso, com a fuga de uma nova conspiração e sua morte em Láquis (2Crônicas 25).[83] Resumindo: em termos do culto, a monarquia davídica eliminou o baalismo, mas deu lugar a outras idolatrias; em termos políticos, estava submetida a Israel.

Após dois governantes assassinados em conspirações palacianas, o novo rei de Judá foi *Uzias* ou *Azarias* (781–740 a.C.). O texto de Reis dá poucas informações sobre ele, tratando-o como reformador religioso, mas dando mais destaque ao fato de ser leproso (2Reis 15:1-7). Já o texto tardio do cronista trata longamente do reino, até com certo entusiasmo sobre a riqueza alcançada a partir da vitória contra filisteus, árabes e amonitas (2Crônicas 26). É difícil saber se ele continuava submisso a Israel ou se conquistou a independência, mas temos certeza das relações amigáveis com Jeroboão II. Juntos, os reinos de Israel e Judá

---

82 GUSSO, 2006, p. 99.
83 GUSSO, 2006, p. 118.

somavam a mesma dimensão do glorioso reino salomônico.[84] O filho de Uzias, *Jotão* (740-736 a.C.), provavelmente governou alguns anos em corregência com o pai leproso. Também foi elogiado pelos autores bíblicos, responsável por diversas obras de defesa e pela vitória sobre os amonitas, dando continuidade à prosperidade de Judá (2Crônicas 27).

Portanto, a configuração histórica na metade do século VIII a.C. era o Império Assírio retraído e os reinos de Israel e Judá, sob os longos governos de Jeroboão II e Uzias, vivendo tempos de paz e prosperidade, podendo ostentar um luxo um tanto escandaloso. Justamente nessas décadas, supostamente felizes, surgiram alguns dos profetas mais importantes do Antigo Testamento.[85]

A intensificação do profetismo em Israel e Judá

O problema com a riqueza dos separatistas é o fato de ela ser marcada por uma profunda desigualdade. A arqueologia comprova a denúncia dos profetas. Um exemplo foi encontrado na cidade israelita de Tirza: as casas do século X a.C. eram todas da mesma dimensão, cada família com vida econômica igual à de seus vizinhos; já no tempo de Jeroboão II, foram encontradas casas grandes, construídas em um quarteirão separado, enquanto as moradias pobres estavam amontoadas em outro espaço urbano. Havia emergido em Israel uma classe elitizada de funcionários e amigos privilegiados do rei.[86] Em Judá, o exemplo mais significativo são os selos *lamelech* impressos nas asas de jarros, significando "pertencente ao rei", encontrados em abundância em toda a Judá. O que pertence ao rei chegou à sua posse por meio de impostos extraídos do seu povo.[87]

Há um padrão muito claro na ideologia (e na teologia) dos autores dos textos bíblicos, especialmente nos livros de Reis. Para eles, os "bons reis" foram justos com o povo, não abusaram do poder, adoraram o verdadeiro Deus e, por incrível que pareça, muitas vezes foram derrotados por seus inimigos. Já os "maus reis" conquistaram vitórias e terras, deixaram de adorar a Deus e incentivaram a idolatria, sendo, ao mesmo tempo, injustos e cruéis.[88] Condizente com esse ideal, alguns dos

---

84 MAZZINGHI, 2017, p. 83-84.
85 BRIGHT, 2003, p. 314-315.
86 VAUX, 2003, p. 97.
87 MAZAR, 2003, p. 432-435.
88 ELLUL, 2010, p. 56.

maiores profetas do Antigo Testamento atuaram justamente na época de maior prosperidade em Israel e Judá, um tempo de riqueza ostentada nos cultos entusiasmados e bem frequentados. Daí a crítica dos profetas ao culto, tanto em Jerusalém como em Betel. Eles não eram contrários à liturgia e aos sacrifícios, mas ao fato de a fé ser usada para manipular interesses particulares. O testemunho central de Deus havia sido perdido; os monarcas e seus súditos abandonaram a alternativa proposta por Iahweh, uma realidade na qual a verdadeira adoração deveria vir acompanhada da busca por santidade. Os profetas não quiseram abolir o fator simbólico do culto; não era uma questão de escolha entre ética e liturgia, pois ambas tinham lugar na fé. O problema era o abandono da ética à qual o culto estava vinculado.[89]

Essa foi a tônica dos discursos inflamados dos quatro profetas emergentes em Israel e Judá naquele tempo: Amós e Oseias entre os nortistas, Miqueias e Isaías entre os sulistas. Na boca de Amós, Iahweh afirmou que odiava as festas e reuniões, o ruído dos cantos e dos sacrifícios, pois desejava que o direito e a justiça corressem como rios (Amós 5:21-24). Oseias anunciou o desejo divino pelo amor em vez de sacrifícios, e o conhecimento de Deus acima dos holocaustos (Oseias 6:6). Miqueias questionava se Deus se agradaria de milhares de sacrifícios e libações, anunciando a exigência da justiça e da bondade (Miqueias 6:6-8). O grande profeta Isaías iniciou sua palavra acusando os prósperos judaítas de serem adúlteros como Sodoma e Gomorra, abominando os seus incontáveis sacrifícios e festas solenes, o rigor litúrgico associado à opressão dos necessitados (Isaías 1:10-20). Tais textos ilustram as quatro décadas de pregação desses estranhos arautos de más notícias em tempos de fartura. Nortistas e sulistas não imaginavam o que viria pela frente. A Assíria estava dormente, mas era um leão enjaulado. Apenas os profetas perceberam que a aparência de felicidade escondia algo de podre em suas entranhas. O julgamento de Deus, Aquele que sonda os corações, viria logo, e cabia aos profetas darem o sinal de alerta.

Amós era um boiadeiro oriundo da região mais rústica de Judá, uma cidadezinha próxima a Jerusalém. Apareceu em Betel, coração religioso de Israel, para pregar aos nortistas sobre o controle de Iahweh (Amós 4:12; 5:8-9; 9:5-6). Deus julgaria as nações por seus pecados e viria ao encontro de Israel por não se haver convertido (Amós 4:12), e seu

---

89 BRUEGGEMANN, 2014, p. 874.

castigo seria o fim do Reino do Norte. O julgamento seria severo por causa da posição inigualável de Israel, portador do chamado divino e, por isso mesmo, alvo de maiores exigências (Amós 3:2). Para aqueles que esperavam ansiosamente o Dia de Iahweh como um dia de glória para Israel, a mensagem era desalentadora: será um dia de trevas e não de luz (Amós 5:18-20)! Entretanto, apesar da calamidade anunciada, havia uma esperança para além da queda de Samaria: Deus reedificaria a tenda caída de Davi, então arruinada pela perversidade de seus reis, fazendo-a voltar a ser como nos dias antigos — quando Deus prometera um reino eterno por meio do qual seu Nome seria proclamado a todas as nações (Amós 9:11-15). Havia esperança para além da devastação.[90]

Diante do drama que se avizinhava, ninguém ilustrou melhor o amor de Deus do que *Oseias* de Israel. Ele se casou com Gômer, a quem amava profundamente. O problema é que seu amor não era correspondido; ela preferia correr atrás de amantes. Oseias deu nomes escandalosos aos seus filhos: *Jezrael*, "Deus espalhará", *Lo-Ruhamah*, "desfavorecida", e *Lo-Ammi*, "não meu povo" (Oseias 1). A própria vida de Oseias servia de ilustração aos atos de Israel: eles se haviam prostituído, abandonando o amor do Deus Vivo e passando a seguir outros deuses. Por isso, Deus levantaria um processo contra os israelitas, porque não havia fidelidade nem amor, tampouco conhecimento de Deus, mas apenas mentira, assassinato, roubo, adultério e violência. O resultado de todo esse pecado podia ser apenas a devastação (Oseias 4:1-10). Mas, apesar das prostituições da esposa de Iahweh — era a primeira vez que um profeta usava a figura do casamento para ilustrar o relacionamento de Israel com seu Deus —, havia oportunidade para a renovação dos laços matrimoniais. Daí os mais graciosos convites ao arrependimento da Bíblia: "Vinde, retornemos a Iahweh" (Oseias 6:1), "quando Israel era menino, eu o amei, e do Egito chamei meu filho" (Oseias 11:1), "em lugar de touros queremos oferecer nossos lábios" (Oseias 14:2).[91] Entretanto, a pregação de Oseias, mesmo apaixonada e escandalosa, não trouxe resultado. O profeta viu a falência completa de Israel.

Alguns podem pensar que o julgamento estava posto apenas sobre Israel, pois somente o seu reino fora exterminado, enquanto Judá mantinha-se supostamente no "culto certo" e, por isso, estaria mais próxi-

---
90 KAISER, 2007, p. 200-203.
91 KAISER, 2007, p. 204-207.

ma da justiça. Não foi esse o anúncio dos profetas, especialmente na palavra de outro camponês do meio judaíta. *Miqueias* era agricultor de uma vila que distava quarenta quilômetros de Jerusalém, e se horrorizava com o que via a cada visita à capital. Suas ameaças de destruição evocavam um clima de desespero (Miqueias 1:2-9). Deus estava injuriado com a classe abastada, comprando a terra e cancelando o direito sagrado dado ao povo como dádiva divina (Miqueias 2:1-3). Miqueias trouxe uma acusação contra os governos de Israel e Judá, devoradores das carnes de seus súditos, apoiados em profetas mercenários sucumbidos pelo materialismo (Miqueias 3:1-8). Entretanto, havia esperança: das cinzas de Jerusalém, um dia emergiria uma Nova Jerusalém, quando, então, a justiça seria, de fato, celebrada e os povos afluiriam para encontrar Iahweh, e a antiga autoridade assumiria a realeza para o bem de todos os povos (Miqueias 4:1-8). Afinal, não há Deus como Iahweh, que perdoa e concede graça (Miqueias 7:18-20).[92]

Isaías iniciou a profecia no mesmo contexto de Amós, Oseias e Miqueias, mas foi profeta de um longo ministério, por cerca de quarenta anos. Ao contrário de Amós e Miqueias, oriundos das camadas populares, Isaías era um aristocrata da corte judaíta que acompanhou de perto os reinados de Uzias a Ezequias e talvez Manassés. Por isso, a amplitude histórica de sua profecia: começou na prosperidade injusta da corte de Judá, testemunhou a aproximação dos assírios sob Tiglate-Pileser III e chegou pelo menos até a invasão de Judá por Senaqueribe, em 710 a.C. Todos esses fatos estão precisamente relacionados com a primeira metade de seu livro (capítulos 1 a 39).[93] Em meio a tantas mudanças internacionais, Isaías se deparou com uma dificuldade séria: a contradição entre a realidade teológica de Jerusalém, alvo de promessas divinas, e sua catastrófica realidade política. Por isso, suas profecias tratam

---

[92] LASOR; HUBBARD; BUSH, 1999, p. 292-298.
[93] Existe uma imensa discussão em torno da autoria do livro por um único Isaías ou dois (ou até mesmo três) "Isaías". A convicção modernista é a composição plural, embora conservadores insistam na autoria exclusiva de Isaías, filho de Amós, morador de Jerusalém no final do século VIII a.C. Não cabe aqui detalhar esse debate. A diferença entre os dois grandes blocos de Isaías (os capítulos 1 a 39, claramente pré-exílicos, e os capítulos 40 a 66, pós-exílicos) é evidente demais para ser ignorada. Assim como expliquei sobre Moisés e a Torá, Isaías tem origem no profeta de Jerusalém, cuja obra foi dirigida pelo Espírito Santo e deu o sentido fundamental de sua teologia. Então, o mesmo Espírito conduziu uma possível compilação de seus discípulos e inspirou um profeta anônimo depois do exílio, um par de séculos depois, a dar continuidade à obra. Autorias anônimas não são problema para os livros históricos de Reis e Crônicas, por exemplo, nem para Hebreus no Novo Testamento. Também não deve ser em relação à segunda parte de Isaías. O resultado dessa ação histórica de Deus foi uma obra magnífica, um todo teológico coerente que conferiu autoridade para o livro e base profunda para a compreensão da revelação divina. Para saber mais, consulte DILLARD, Raymond B; LONGMAN III, Tremper. *Introdução ao Antigo Testamento*. São Paulo: Vida Nova, 2006. p. 255-263.

da tensão entre duas ênfases teológicas distintas: por um lado, Iahweh estava comprometido com a promessa incondicional sobre a dinastia davídica e interferiria em favor de Jerusalém, para onde as nações afluiriam (Isaías 2:2-4); por outro lado, havia a consciência de que Judá estava constantemente em risco de ficar sem o cumprimento de tais promessas em função do seu pecado (Isaías 39:5-7). Como o problema foi resolvido? Pelo caminho da fé na restauração futura depois do castigo. Assim, o vasto livro de Isaías navega profundamente nas águas do pesar e da esperança — pesar pela situação presente, esperança pelo que Deus faria no tempo devido. Sua expectativa não estava na realidade dramática manifestada diante de seus olhos, mas nas promessas de Deus, em quem se deve confiar em qualquer circunstância.[94] Dessa esperança, fluíram as mais lindas imagens proféticas do Reino Prometido: o toco do carvalho derrubado será uma semente santa (Isaías 6:13), um menino nascerá e será chamado Príncipe da Paz (Isaías 9:6), um ramo brotará do tronco de Jessé e julgará os fracos com justiça (Isaías 11:1), Deus extinguirá a morte e enxugará as lágrimas de todos os rostos (Isaías 25:8), o deserto se transformará em mananciais de águas (Isaías 35:7), entre tantas outras.

A propósito, Isaías e Miqueias formaram uma dupla interessantíssima. O primeiro era aristocrata, estadista e amigo do rei, enquanto o outro era um camponês revoltado com a malícia dos poderosos. Embora estivessem em lados opostos da estrutura social, faziam a mesma defesa da aliança com Iahweh e da fé histórica de Israel.[95] Eles, ao lado de outros profetas, trouxeram novos elementos a respeito da revelação de Deus. Iahweh era Santo e não deixaria impune uma nação pecadora. Entretanto, era também amoroso e zeloso de suas promessas e, no final das contas, traria o seu Reino. Sim, Iahweh viria. "Naquele dia."

A queda do Reino de Israel

Voltemos à narrativa da história dos reis de Israel. A maior prosperidade do Reino do Norte precedeu sua completa ruína. A situação era de profunda instabilidade antes mesmo da chegada dos assírios, com sucessivos golpes na disputa pelos bens da coroa. A desestabilização do reino, somada à riqueza acumulada por Jeroboão II, era certamente um

---
[94] *The Life with God Bible*: New Revised Standard Version. New York: HarperCollins, 2005. p. 981-983.
[95] LASOR; HUBBARD; BUSH, 1999, p. 293

atrativo para o Império Assírio, em franca retomada no seu movimento de expansão.

Salum (743 a.C.) fora o autor da conspiração que assassinou o filho de Jeroboão II. Mas permaneceu no trono por apenas um mês (2Reis 15:13-16), sendo morto por *Menaém* (743-738 a.C.), novo militar a assumir o trono de Samaria. Ele foi atacado pela primeira vez pelos assírios, comandados por Tiglate-Pileser III, os quais se retiraram após o pagamento de um alto tributo recolhido da aristocracia (1Reis 15:17-22), deixando Israel na condição de vassalo da Assíria. *Pecaías* (738-737 a.C.) assumiu o trono em situação igual à de seu pai, sob o controle dos gigantes do norte, mas acabou assassinado após dois anos de governo, em mais uma conspiração promovida pelo comandante do exército, *Peca* (737-732 a.C.). As razões da conspiração podem ter sido sua condição submissa aos assírios, pois o novo rei logo aliou-se a Rezim, rei da Síria, para organizar uma defesa local contra os assírios. Os exércitos de Israel e da Síria atacaram Jerusalém, provavelmente para forçar o rei Acaz a participar da coligação. Este não apenas recusou, como também enviou tributos a Tiglate-Pileser III, colocando-se como vassalo da Assíria. Para proteger seu novo reino aliado, os assírios invadiram Israel (2Reis 15:27-31;16:5-9).[96]

A Assíria atacou Damasco e Samaria com todo o seu poder devastador. Os anais assírios registram a conquista de Damasco (734-732 a.C.) e, depois, de todo o território israelita. Cidades foram queimadas uma a uma e boa parte da população foi deportada. Os assírios pouparam Samaria, as montanhas ao seu redor e mantiveram um governo israelita. Oseias (732-724 a.C.), autor de novo golpe, assumiu o trono de Israel também na condição de vassalo da Assíria.[97] Após alguns anos de reinado, procurou apoio do Egito para se livrar da carga tributária, provocando o novo imperador, Salmanassar V. A Assíria veio com seus exércitos e destruiu Samaria após três terríveis anos de cerco (2Reis 17:1-6), dando fim ao Reino de Israel em 722 a.C. Muitos nortistas foram levados cativos para a Assíria, assentados em Hala, Habor, junto ao rio Gozã, e em cidades da Média, então sob o controle assírio. Nada se sabe acerca do destino desses exilados. Provavelmente aceitaram a situação depois de algum tempo, perdendo sua identidade nacional e

---

96 GUSSO, 2006, p. 99-100.
97 KAEFER, 2015, p. 93.

religiosa. Também não se sabe a razão para tal assimilação; talvez a fé debilitada pelos constantes sincretismos ao longo de sua história, ou a brutal política opressiva do império — ou ambas as influências. Permaneceu apenas a esperança de restauração das doze tribos originais e muita especulação em torno do destino das "dez tribos perdidas de Israel" — algumas delas completamente fantasiosas.[98]

Ainda há certo mistério em torno da população fronteiriça de Israel, especialmente as regiões de Naftali, Zebulom e Issacar, assim como Manassés e Gade, tribos localizadas no entorno do mar da Galileia. Era uma região muito produtiva e, antes mesmo da chegada dos assírios, foi alvo de invasões constantes dos arameus de Damasco (1Reis 15:16-21; 2Reis 10:32-33), além de estar em posição de uma verdadeira encruzilhada de impérios. Não se sabe se tais populações foram totalmente remanejadas na chegada assíria; talvez muitos camponeses israelitas tenham permanecido na terra, uma vez que os assírios instalaram uma província na Galileia e na Grande Planície para a cobrança de impostos. Esses sobreviventes podem ter ficado nas antigas aldeias ou até mesmo fundado novos povoamentos nas regiões mais acidentadas das montanhas.[99]

Temos mais dados sobre a população sobrevivente do coração administrativo do reino, o entorno da capital. Ali, houve uma população nortista sobrevivente, governada pela província assíria e chamada de *Samaria*. A cidade foi compartilhada com novos habitantes oriundos de diversas regiões do império, trazidos para repovoar a terra. Como vimos no início deste capítulo, essa era a estratégia de conquista e dominação da Assíria. O resultado político foi uma província administrada por assírios e uma população bastante heterogênea. Mas o aspecto religioso foi de manutenção do culto a Iahweh (o "Deus da terra" na concepção assíria), incluindo novas divindades e práticas sincretistas, as quais dariam origem, séculos depois, à oposição ainda mais acentuada entre judeus e os sobreviventes de Israel, os samaritanos (2Reis 17:24-41).[100]

---

98 Entre as especulações fantásticas sobre o destino das dez tribos perdidas de Israel, está a ideia de elas terem cruzado o Atlântico e se fixado nas terras que hoje são os Estados Unidos da América, conforme o Livro de Mórmon. KRÜGER, René. *A diáspora*: de experiência traumática a paradigma eclesiológico. São Leopoldo: Sinodal/EST, 2009. p. 23.
99 HORSLEY, Richard A. *Arqueologia, história e sociedade na Galileia*: o contexto social de Jesus e dos rabis. São Paulo: Paulus, 2000. p. 28-30.
100 MAZZINGHI, 2017, p. 87.

Judá sob o domínio da Assíria

Voltarei agora ao responsável pela destruição do Reino do Norte, o rei *Acaz* de Judá (736-716 a.C.). Ele assumiu o trono em grande dificuldade, sofrendo a pressão de Israel e Síria, vendo-se forçado a participar da coalizão contra a Assíria. Depois de resistir e manter Jerusalém intocada, enviou os tesouros do templo como tributo ao imperador assírio, sendo então auxiliado com a invasão e a posterior destruição de Samaria (2Reis 16:1-9). Embora a queda dos israelitas privasse Judá de um "Estado tampão" contra a Assíria, seu colapso trouxe uma inesperada oportunidade de desenvolvimento. Muitos nortistas migraram para Judá, provavelmente famílias ricas, e a população de Jerusalém teve um salto para 15 mil habitantes. Muitos imigrantes foram alocados em novos bairros de classe alta.[101] Acaz, pragmático, compreendeu que aliar-se à Assíria era sua melhor saída. Assim, como um vassalo leal, recebeu concessões econômicas e acabou por colocar Judá na rota da economia regional assíria, tendo considerável crescimento.[102]

Esse desenvolvimento não foi registrado pela Bíblia porque a atenção do autor bíblico estava concentrada na decisão teológica de Acaz. O rei judaíta mandou fazer a cópia de um altar assírio colocado por Tiglate-Pileser em Damasco, substituindo o altar de bronze original do templo de Jerusalém. Acaz manteve os ritos, o sacerdócio e os sacrifícios do culto levítico, mas mudou o altar por motivos políticos, a fim de ganhar a simpatia da Assíria. Repetiu o que Jeroboão fizera no passado com os israelitas, razão pela qual foi acusado de ter seguido o "procedimento dos reis de Israel" (2Reis 16:10-18). Ou seja, Acaz usou e transformou a religião para salvar a independência do reino.[103] Mas o "pecado de Jeroboão" cometido por Acaz foi apenas o início de sua apostasia: por fim, ele cedeu a todo tipo de idolatria, também buscando a bênção dos mais diversos deuses (2Crônicas 28:22-25). No final das contas, apesar de sua tentativa de alinhamento à política imperial, sofreu pressão de todos os lados e seu reino não continuou progredindo.

O sucessor de Acaz foi seu filho *Ezequias* (716-687 a.C.). Ele foi obrigado a manter a política de submissão à Assíria, pelo menos no início. Como era piedoso, empreendeu uma considerável reforma religiosa.

---

101 Segundo análise de arqueólogos. KAEFER, 2015, p. 94.
102 FINKELSTEIN; SILBERMAN, 2003. p. 365.
103 ELLUL, 2006, p. 142-145.

Afastou de Jerusalém todos os elementos estranhos trazidos por seu pai (2Reis 18:1-8), restaurou o sacerdócio e retomou as festas, especialmente a Páscoa (2Crônicas 29—31). Essas restaurações (especialmente a celebração de uma festa comemorando a libertação de um império escravizador) podem ter sido atos antiassírios, aproveitando um momento delicado para Nínive. A Assíria havia sofrido um revés em 705 a.C., com a morte de Sargão II, ocasião em que o novo imperador, Senaqueribe, precisou enfrentar várias rebeliões. Ezequias viu ali uma oportunidade e resolveu participar de uma coalizão com o Egito contra o império. Aí revela-se quanto Ezequias era um péssimo político, pois sua revolta terminou em desastre (2Reis 18:13-37).[104] Senaqueribe, após sufocar algumas revoltas na Mesopotâmia, voltou-se para Canaã, vencendo os fenícios e os filisteus. Veio com força sobre Judá em 701 a.C., devastando 46 fortalezas judaítas, provavelmente fronteiriças.[105] A tomada da última fortaleza, a imponente cidade de Láquis, foi celebrada em um famoso mural assírio, detalhando o sítio e o resultado da conquista com empalamentos e a deportação de judaítas — a velha política de terror assíria.[106]

Diante do cerco dos assírios a Jerusalém, Ezequias tomou consciência de seu erro ao confiar na aliança com o Egito ou em qualquer outro poder político. Isaías estava lá para lembrar o rei de sua falha (2Reis 19; Isaías 36—37). Ezequias finalmente descobriu que Iahweh era sua única força diante de tamanho poder bélico.[107] Então, aconteceu algo surpreendente: Senaqueribe deixou o cerco inesperadamente e voltou a Nínive, onde, mais tarde, seria assassinado. A Bíblia registra a intervenção milagrosa de Deus, o que obviamente não consta nos anais assírios (2Reis 19:35-36). Judá ficou momentaneamente livre dos invasores, mas teve um final de governo modesto: o outrora reino próspero de Uzias foi reduzido a Jerusalém e a um território fragilizado. A fidelidade a Iahweh não significava sempre a abundância; por vezes, o preço era não participar do banquete dos conquistadores.

Manassés (687–642 a.C.) foi o filho de Ezequias a sucedê-lo na dinastia davídica. Abandonou a política antiassíria de seu pai e colocou

---
104 FINKELSTEIN; SILBERMAN, 2003. p. 365.
105 Aqui devemos também desconfiar da propaganda assíria: eles afirmam ter ocorrido uma imensa devastação em Judá, o que provavelmente se trata de um exagero típico dos textos da Antiguidade. GUNNEWEG, 2005, p. 193.
106 MAZAR, 2003, p. 411.
107 ELLUL, 2006, p. 163.

Judá de volta à cooperação com o império, reintegrando o reino na economia regional e fazendo-o ressurgir em novo ciclo próspero.[108] No seu período houve um sensível aumento de assentamentos nas zonas rurais, mostrando um grande desenvolvimento econômico. Judá cresceu comercialmente, e o oásis de Cades-Barneia parece ter tido importância no seu governo. Ali, encontraram um poderoso forte do século VII a.C., além de muitas prensas de azeite em Eglom, mostrando ter sido um tempo bastante próspero.[109] Judá continuava na condição de vassalagem, pagando tributos anuais a Nínive. Provavelmente essa condição de submissão explique o entusiasmo de Manassés na promoção dos cultos mesopotâmicos, adorando os deuses astrais (os "exércitos dos céus") e todo tipo de sincretismo imaginável, incluindo a colocação de uma Aserá no Santo dos Santos para fazer companhia a Iahweh (2Reis 21:1-18). A Bíblia narra ainda o arrependimento de Manassés ao final de sua vida, motivo pelo qual tentou a purificação da idolatria por ele mesmo promovida (2Crônicas 33:11-20). Entretanto, como seu filho *Amom* (642–640 a.C.) voltou ao mesmo sistema religioso anterior, as ações reformistas não tiveram resultado. Amom, por sua vez, reinou por apenas dois anos e foi assassinado em uma nova conspiração palaciana (2Crônicas 33:21-25).

Resumindo a situação da primeira metade do século VII a.C.: nortistas e sulistas estavam vinculados à Assíria, mas em condições distintas. Israel foi o território conquistado e transformado em província imperial, desde então habitado por populações de israelitas e estrangeiros sob a administração assíria; Judá era um reino independente, mas na condição de vassalagem a Nínive.

Judá e o fim do Império Assírio

O século VII a.C. foi de grande prosperidade em Judá. Jerusalém atingiu o ápice de seu desenvolvimento e muitas outras cidades e aldeias também cresceram em um ritmo constante até a chegada da Babilônia, em 586 a.C.[110] Foi realmente um século brilhante. A vassalagem com a Assíria trouxe condições favoráveis, mas esse despertar provavelmente foi o resultado das grandes mudanças na política internacional

---

108 FINKELSTEIN; SILBERMAN, 2003. p. 366.
109 KAEFER, 2015, p. 100.
110 MAZAR, 2003, p. 417.

daqueles anos. Conforme vimos no início deste capítulo, crises internas desestabilizaram o poder assírio após a morte de Assurbanípal (627 a.C.), o que gerou um problema sucessório. A Assíria passou por uma série de guerras civis internas, o que enfraqueceu o reino e deu oportunidade para povos submetidos se rebelarem. Depois de uma série de batalhas, babilônios e medos somaram forças para despejar a fúria contra Nínive. A capital caiu em 612 a.C., decretando a ruína definitiva do avassalador Império Assírio.

O profeta Isaías havia profetizado o julgamento de Iahweh contra os pecados dos assírios. "Ai da Assíria, vara da minha ira; ela é o bastão do meu furor posto nas suas mãos" (Isaías 10:5). Ela era uma assolação levantada por Iahweh para castigo de Israel e Judá. Entretanto, os assírios não perceberam que seu sucesso era uma concessão divina e foram tomados de soberba (Isaías 10:12). Então, veio a queda celebrada pelo profeta judaíta *Naum*. Em uma poesia considerada esteticamente das mais elevadas em todo o Antigo Testamento, Naum descreveu, em tintas vívidas, o julgamento de Deus na guerra e no cerco de Nínive (Naum 3:2-3). Seu texto pode ser classificado como um escrito imprecatório (com maldições), testificando com palavras duras e imagens brilhantes a firme crença na justiça divina. Os profetas judaítas amaldiçoavam os inimigos porque levavam a sério a distinção entre certo e errado. O imperialismo assírio ofendia profundamente a justiça de Deus.[111] A conclusão do livro revelava um consenso internacional a respeito da queda da Assíria: "Não há cura para a tua ferida, tua praga é incurável! Todos os que ouvem notícias sobre ti batem palmas a teu respeito; pois, sobre quem não passou continuamente a tua maldade?" (Naum 3:19).

A queda do Império Assírio foi determinante para a nova situação de Judá. Sob *Josias* (640–609 a.C.), efetivou-se a independência de Jerusalém, pelo menos durante alguns anos. Os judaítas puderam respirar um pouco em meio à turbulência internacional.[112] Quando Josias subiu ao trono, ainda era criança e, durante o seu crescimento, ocorreu a desintegração do poder assírio. Houve um vácuo de poder em Canaã (os babilônios apenas começavam a expansão), oportunizando a Judá uma nova fase de desenvolvimento. O texto bíblico, como é de praxe, dedi-

---
111 LASOR; HUBBARD; BUSH, 1999, p. 347-348.
112 BRIGHT, 2003, p. 381.

ca-se à piedade do rei, considerando-o uma figura exemplar, tal qual Davi. Josias começou a "buscar o Deus de Davi" aos 16 anos e iniciou as reformas quando completou duas décadas de vida (2Crônicas 34:3). Longos capítulos bíblicos descrevem a reforma cultual empreendida, fundamentada em um "livro da lei" encontrado no templo.[113] Josias destruiu objetos cultuais mesopotâmicos e outros tipos de idolatria, avançando para além do território judaíta e chegando às regiões centrais do antigo Reino de Israel. Depois restaurou a festa da Páscoa, esquecida pelo menos durante o meio século dos governos de Manassés e Amom (2Reis 22:1—23:27; 2Crônicas 34:1—35:18).[114]

O turbulento cenário internacional teve no profeta *Sofonias* um analista severo. Ele era membro da nobreza, cuja ascendência remetia ao rei Ezequias. Sofonias descreveu a ira de Deus como uma fúria avassaladora e uma catástrofe iminente (Sofonias 1). O julgamento de Iahweh seria estendido a todas as nações, desde os vizinhos de Judá até a poderosa Assíria (Sofonias 2). Entretanto, Deus também julgaria Jerusalém, pois maior privilégio representava maior responsabilidade (Sofonias 3). A fúria divina sobre as nações atingiria Judá se não houvesse arrependimento. Como os demais profetas, ele anteviu a esperança. O julgamento divino era drástico, mas não final: um remanescente seria restaurado e seu amor triunfaria sobre um povo pobre mas consciente da própria fragilidade (Sofonias 3:11-20).[115]

As reformas de Josias foram apoiadas por Sofonias entre a nobreza e pelo profeta Jeremias entre o povo. Mas geralmente o texto bíblico é mais realista do que gostaríamos, e o sonho do reinado perfeito acabou de forma melancólica. O período de independência de Judá foi muito curto, terminando com a morte prematura de Josias em uma batalha inútil contra o faraó Necao II. Josias resolveu se meter em uma briga de gigantes, quando o exército egípcio marchava em direção ao norte para lutar contra os babilônios. Josias o enfrentou, talvez desejando impedir a retomada de um domínio egípcio ou assírio sobre seu território, ou como aliado dos babilônios. É difícil saber o que se passava em sua cabeça, mas o resultado foi a morte prematura em batalha (2Reis 23:28-30).

---

113 Muitos historiadores consideram essa narrativa do "achado da lei" como a real "escrita da lei", no mínimo o Deuteronômio. Como já afirmei em outro capítulo, não descarto acréscimos e edições posteriores ao texto mais antigo do código sinaítico. Mas devo insistir que esse trabalho jamais abandonou o espírito original e profético de Moisés.
114 GUNNEWEG, 2005, p. 195-196.
115 LASOR; HUBBARD; BUSH, 1999, p. 339-344.

O final de Josias foi um verdadeiro anticlímax na narrativa bíblica, marcando o início de um curto período de predomínio do faraó sobre Judá (609-605 a.C.).[116] Os judaítas eram novamente vassalos, mas dessa vez do Egito. Já pensou o que significaria, para os judaítas, celebrarem a Páscoa em um tempo desses?

A derrocada de Judá

Joacaz ou *Salum* (609 a.C.) assumiu o trono de Judá, mas foi aprisionado pelo faraó apenas três meses depois da coroação, colocando em seu lugar outro filho de Josias chamado *Eliaquim* ou *Jeoaquim* (609-598 a.C.). Esse rei foi um completo títere do faraó e tributário do Egito (2Reis 23:31-35). Jeremias, atuante desde o tempo do rei Josias, profetizou o exílio permanente de Joacaz, um sinal de futuras desgraças a que sobreviriam em Judá (Jeremias 22:8-12).[117]

Jeremias veio de uma vila do interior, provavelmente da família sacerdotal descendente de Abiatar, exilada por Salomão na instituição do sacerdócio de Zadoque (1Reis 2:26). Se isso for correto, Jeremias era guardião da mais antiga tradição de Iahweh, ligada diretamente a Moisés. Ele era profundamente influenciado por Oseias, igualmente terno e emotivo. Simpático ao povo a quem pregava, ao mesmo tempo era constrangido pelo julgamento divino. Entretanto, em vez de ser chamado a um casamento infeliz, como para Oseias, foi convidado ao celibato (Jeremias 16:1-4). Foi convocado ainda muito jovem (em 626 a.C.), em plena decadência assíria e no auge da reforma de Josias, a qual abraçou com fervor. Ele profetizou em Judá, mas também às nações: Iahweh se revelaria cada vez mais como o Senhor da história e juiz de todos os reinos (Jeremias 1:4-19).[118] Sua repreensão a Judá não foi dirigida apenas à classe dirigente, mas a toda a nação. Para Jeremias, assim como Oseias, o povo de Deus se degenerou depois de um começo sublime, terminando em idolatria, superstição e incapacidade de perceber a diferença entre Iahweh e os baalins (Jeremias 2:1-20).[119] Entretanto, enquanto lamentava a situação espiritual e social de Judá, o profeta anunciou uma das mais belas e esperançosas passagens de salvação do Antigo Testamento: o dia em que Iahweh restituiria Israel e Judá, e renovaria

---
116 BRIGHT, 2003, p. 390-391.
117 GUNNEWEG, 2005, p. 197-198.
118 SKINNER, John. *Jeremias*: profecia e religião. São Paulo: Aste, 1966. p. 29-43.
119 SKINNER, 1966, p. 61-78.

a aliança, não mais segundo os moldes antigos, com a lei gravada em pedra, mas escrita nos corações (Jeremias 31:27-34). Na Antiguidade, uma divindade "escrever nas entranhas", como nas adivinhações mesopotâmicas, significava uma revelação divina ao homem. Deus estaria presente entre o povo.[120] Em resumo, Jeremias não profetizou uma ruptura com a tradição do Sinai, mas a salvação escatológica baseada nas promessas do passado, apontando para algo que aconteceria em algum momento no futuro.[121]

Habacuque foi um profeta contemporâneo de Jeremias e também acompanhou de perto a degradação de Judá, vendo a perversidade tomar conta do governo e do povo judaíta. Sua alma sensível de poeta não podia se calar; então, ele recorreu à oração. Seu livro é um diálogo franco com Iahweh sobre aquela situação. Desesperado com a injustiça de Judá, questionou o silêncio de Deus. A resposta foi indigesta: Deus enviaria os babilônios para castigar seu povo. O profeta não se deu por satisfeito: como o Deus Santo pode usar uma nação ainda mais perversa para executar juízo? A resposta também não foi satisfatória: os babilônios seriam castigados no devido tempo. O profeta estava preso em uma roda histórica devoradora e sem sentido, enquanto procurava viver em retidão no meio do caos do pecado e do castigo. A questão, no fim, era existencial: como o justo sobreviveria enquanto Deus despejava sua ira sobre as nações? A resposta divina também foi difícil, mas verdadeira: com fidelidade (Habacuque 2:4). Em Habacuque, invoca-se uma fé que não perde a esperança nem abandona Deus, mesmo que tudo dê errado. O final de sua poesia é tocante: ainda que tudo falte, eu me alegrarei em Deus (Habacuque 3:16-19). Ele ganhava pés como os da corça para alçar novas alturas, percebendo não haver outra realidade a mirar. Habacuque esperava em Deus.[122]

Habacuque tinha razão em temer, pois a situação era terrível. Os egípcios haviam sido derrotados na batalha de Carquemis, em 605 a.C., e todo o território de Canaã e Síria passou para o domínio da Babilônia. Nabucodonosor II firmou sua posição em Judá levando alguns cativos e, assim, dando início ao exílio babilônico. Mas manteve Jeoaquim no poder (2Crônicas 36:5-8). Entretanto, em 601 a.C. o Egito conseguiu

---

120 WALTON, 2016, p. 158.
121 CROATTO, 1968, p. 191-193.
122 SAYÃO, Luiz. *O problema do mal no Antigo Testamento*: o caso de Habacuque. São Paulo: Hagnos, 2012. p. 110-140.

impedir o avanço do exército babilônico em seu território, o que levou o rei judaíta a tentar uma nova aliança com o faraó. A resposta de Nabucodonosor foi severa, invadindo Judá em 598 a.C. O rei judaíta morreu durante o cerco de Jerusalém, em uma situação não muito clara; talvez tenha tombado em algum confronto ou por outro motivo não registrado. Seu filho *Joaquim* ou *Jeconias* (598 a.C.), de apenas 18 anos, reinou durante três meses até a rendição, sendo levado prisioneiro para a Babilônia, juntamente com uma grande leva de cativos. Nessa deportação, começou a diáspora judaíta em grande escala. Os deportados eram basicamente membros da nobreza, administradores e sacerdotes (2Reis 24:8-17), entre os quais se encontrava Ezequiel. Nabucodonosor II colocou *Matanias* ou *Sedecias* (598–587 a.C.) no trono de Judá (2Reis 24:17-20). Sedecias era filho de Josias e tio do rei deposto, mas não foi diferente de seus predecessores, completando a decadência. Era um político comprometedor e vacilante, entrando em mais uma aliança ilusória com o Egito em 589 a.C. para se livrar da Babilônia. Nabucodonosor retornou a Judá em 587 a.C., devastando todo o território até sitiar a cidade de Jerusalém pela segunda vez. O cerco foi horrível: depois de dois anos de fome intensa, a capital caiu. Jerusalém foi incendiada, as muralhas, derrubadas, o templo, destruído, e boa parte da população foi deportada. Sedecias tentou fugir, mas foi capturado e teve o destino dos rebeldes: sua família foi massacrada bem na sua frente, ele teve os olhos arrancados e foi levado à Babilônia, onde permaneceu preso até a sua morte (2Reis 25:1-21; Jeremias 39:1-10).[123]

Jeremias observou tudo de perto. Sua pregação revelara-se completamente ineficaz, uma palavra encontrando ouvidos moucos. Viu a sequência de reis trágicos de Jerusalém, anunciou a destruição do templo, o julgamento final de Judá e o exílio, presságios confirmados até ele ser levado contra a sua vontade para o Egito (Jeremias 43:1-7). Já no exílio, o profeta compôs um verdadeiro réquiem, um hino catártico registrado em seu livro de Lamentações.

---

123 MAZZINGHI, 2017, p. 98-100.

Conclusão

Os séculos IX a VI a.C. foram uns dos mais turbulentos da história do Antigo Oriente Próximo, tempo de disputa entre grandes impérios emergentes da Mesopotâmia, especialmente a Assíria, oriunda do norte montanhoso, e, depois, a Babilônia, das terras baixas do sul. Conduzidos por reis ambiciosos, esses impérios transformaram radicalmente a estrutura política e social das terras por onde passaram. O Egito viveu suas últimas tentativas de marcar presença no contexto asiático, e Canaã ficou no caminho de disputas internacionais entre verdadeiras potências econômicas e militares.

No meio dessas disputas, as duas unidades políticas do povo de Deus tentavam sobreviver. Israel e Judá estavam organizados em Estados distintos, cada qual tentando fabricar identidades a partir dos próprios interesses: os sulistas centralizados em Jerusalém e no culto levítico, os nortistas nas liturgias alternativas e nas tradições dos pais migrantes. A população do norte era mais heterogênea, enquanto a do sul tendeu à homogeneização. Israel, mais rico e próximo das potências mesopotâmicas, teve o maior revés. Ao cair nas mãos dos assírios, viu grande parte da população deportada, não mais existindo como nação independente e deixando apenas rastros de si na história. Judá, cujo território estava mais protegido ao sul, sobreviveu às investidas iniciais e teve a vantagem de durar por tempo suficiente para ver a queda de Nínive, além de receber reforços populacionais dos sobreviventes do norte. Mas seu destino foi selado pelos babilônios, de política exploradora diferente, cujo exílio permitiria a manutenção de uma identidade coletiva. Em resumo, todas as identidades tribais constituídas ao longo dos séculos sofreram uma interferência avassaladora pelas invasões dos mesopotâmicos. Novas identidades emergiram, mas o povo de Deus nunca mais seria o mesmo.

Os separatistas do norte e do sul foram desobedientes à lei de Deus. Profetas apareceram para acusar seus pecados e lançar o clamor para um retorno a Iahweh. Mas o povo de Deus abandonou a proposta de vida alternativa do Sinai e tornou-se igual aos reinos ao seu redor. Aconteceu exatamente o que os israelitas haviam pedido no longínquo passado: "dá-nos um rei para que sejamos como as nações". Cumpriu--se o desejo; e eles assimilaram valores que jamais deveriam ter sido aceitos pelo povo sacerdotal. Entretanto, no meio dessa tragédia, descobriram uma nova face de Iahweh: o agente das grandes tramas internacionais, o Senhor da história. Seu Deus os castigou por meio dos piores inimigos, como a Assíria, a "vara de sua ira" (Isaías 10:5), ou a Babilônia, "povo cruel e impetuoso" (Habacuque 1:6). O último rei de Judá, sem sucessores, foi carregado cego e levado embora da Terra Prometida, para nunca mais voltar, dando um final melancólico à linhagem davídica.

A face do julgamento era a mesma do perdão. Permaneceria a promessa de Iahweh sobre a vinda de um rei ungido, justo e bondoso. A esperança não residia naquele sistema, mas em outro lugar no futuro escatológico. Esta foi uma das marcas da profecia: a palavra judiciosa vinha acompanhada da promessa de longo prazo, a reiteração de que algum dia o Reino de Deus viria para eles.

Capítulo 7
OS EXILADOS

A destruição de Jerusalém foi o mais traumatizante evento da história bíblica. Israel já não existia e Judá quase seguiu o mesmo destino. A experiência monárquica foi trágica — ruim na monarquia unida e pior ainda no tempo dos separatistas, terminando com a perda da Terra Prometida. Simplesmente aconteceu o contrário do êxodo. E o que é pior: essa perda fora anunciada como castigo divino por causa de seus pecados, insistentemente condenados pela voz profética, mas praticados de forma reincidente pelo povo e as autoridades. Os separatistas terminaram a jornada mais separados do que nunca, da sua terra e uns dos outros. Entretanto, a partir desse horror, nascia uma nova experiência — a dos exilados.

O exílio teve consequências determinantes. Os nortistas, amálgama de tribos israelitas e grupos cananeus, ficaram ainda mais misturados a outros povos trazidos dos quatro cantos do Antigo Oriente. Os sulistas, judaítas misturados com benjamitas, simeonitas e outros grupos cananeus, foram deslocados para uma diáspora de duas frentes: uma egípcia e outra babilônica. Houve ainda o grupo sobrevivente dos campos de Judá, esquecido pelo império e por boa parte da nossa historiografia. Nesse tempo, o povo espalhado nas diásporas passou a ser chamado de *judeu*. O exílio foi o gatilho inicial para a formação das características culturais e religiosas que viriam a acompanhar esse povo pelos séculos seguintes. Deus estava com eles, mas de uma forma misteriosa. Como havia certo padrão iniciado no exílio e mantido nos séculos depois do retorno de alguns exilados, decidi expandir o tempo cronológico deste capítulo para todo o domínio persa em Canaã até a chegada de Alexandre Magno.

Contexto geopolítico do Antigo Oriente Próximo

Os exilados judaítas viveram um tempo de intensas transformações no Antigo Oriente Próximo. O controle de Canaã passou dos neobabilônios para os persas, e o poder político e militar imperialista ganhou contornos de ordem universal. Foram dois séculos obscuros e com poucos registros bíblicos, mas aparentemente pacíficos. A chegada dos poderosos persas deslocava o centro de poder da Babilônia cada vez mais na direção do Oriente.

Decadência e queda do Império Neobabilônico (562–539 a.C.)

O Império Neobabilônico teve uma trajetória tão impressionante quanto fugaz. Sua ascensão à condição de potência mundial durou apenas o reinado de Nabucodonosor II. Ele reinou por 43 anos e, logo depois de seu falecimento, teve início a instabilidade. Awil-Marduk, filho de Nabucodonosor, reinou por alguns anos até ser assassinado. O trono foi ocupado pelo conspirador, um militar chamado Nergal-shar-usur durante quatro anos, até ser sucedido pelo filho Labashi-Marduk, vítima de um novo golpe, poucos meses após a entronização. O usurpador foi Nabonido, originário de Kharran, antigo centro assírio situado ao norte da Babilônia.[1] Por ter chegado ao trono depois de um tempo de grande instabilidade, sendo ele mesmo um usurpador, Nabonido precisou defender sua legitimidade, mas errou na estratégia. Inicialmente, reconheceu o papel de Marduk como a divindade central da Babilônia. Algum tempo depois, ampliou o quadro de cultos oficiais para atender a outras cidades e sacerdócios, acrescentando a devoção da tríade astral Shamash (adorado em Larsa e Sippar), Sin (de Ur e Kharran) e Ishtar (de Uruk e Acádia). A centralidade que passou a atribuir ao deus Sin irritou o sacerdócio babilônico de Marduk, oposição que se viu aumen-

---
1 LIVERANI, 2016, p. 723.

tada quando o rei decidiu transferir seu governo para Teima, na Arábia, onde residiu durante dez anos (551–541 a.C.), deixando a Babilônia nas mãos de seu filho Bel-shar-usur, o Baltasar da Bíblia.[2]

O fato de Nabonido ter deixado a capital justamente no tempo em que Ciro II avançava sobre a Média é motivo de controvérsia. Não se sabe se foi uma decisão estratégica com o propósito de mobilizar a parte ocidental do império contra os persas, ou se foi puro desconhecimento da gravidade dos acontecimentos. O fato é que a distância de Nabonido levou ao abandono da festa do Ano Novo, celebração tradicional dedicada a Marduk. O caos estava instaurado até o rei voltar às pressas para retomar as rédeas, mas já era tarde: Ugbaru, governador persa de Gutium, venceu o exército neobabilônico em Opis, logo depois de atravessar o rio Tigre, ocupou Sippar e, finalmente, a Babilônia, sem encontrar resistência. Ciro II entrou na grande cidade em 539 a.C., aclamado como libertador, destronou Nabonido e declarou-se enviado de Marduk para restaurar o seu culto. A Babilônia não foi saqueada, mas perdeu sua autonomia, sendo incluída no Império Persa como uma de suas capitais.[3] Assim, o fim do governo dos neobabilônios chegou sob o disfarce da continuidade. A decadência da gloriosa capital de Nabucodonosor somente seria percebida um bom tempo depois.

O Império Persa (559–330 a.C.)

A chegada dos persas à Babilônia foi o ápice de um longo processo histórico que deslocou para o leste dos montes Zagros o eixo central do imperialismo oriental. O longo Planalto Iraniano, estendendo-se do Irã ao Paquistão, era habitado por várias tribos desde cerca de 1300 a.C.: medos, persas, hircânios, partos, bactrianos, sogdianos, ários, drangianos e aracósios. Esses povos eram compostos por pastores especializados na criação de cavalos e camelos bactrianos (de duas corcovas), mas não viviam apenas do nomadismo. Desenvolveram uma agricultura baseada em sistemas de irrigação com canais de superfície e subterrâneos, adaptados às regiões montanhosas e a uma rede de oásis dentro das regiões semiáridas que compunham a maior parte de seus territórios.[4]

---
2 LIVERANI, 2016, p. 724.
3 LIVERANI, 2016, p. 727.
4 LIVERANI, 2016, p. 738.

A característica tribal desses povos não favorecia a unidade, razão pela qual permaneceram fragmentados durante séculos. Novas configurações políticas centralizadoras somente apareceram com os medos, quando *Ciaxares* (625-584 a.C.) conseguiu estabelecer um reino e obteve o apoio de outros povos iranianos. Foi ele o condutor do exército da Média que avançou sobre a Assíria e destruiu Assur em 614 a.C., participando da coalizão com a Babilônia para a destruição de Nínive, conforme vimos no capítulo anterior. Ciaxares era um líder de tipo carismático, e suas façanhas permitiram a ampliação de alianças para a unificação imperial. Foi sucedido no trono por Astiages, o qual manteve o sistema de alianças baseado em casamentos, acordos militares e comerciais com as outras potências, especialmente Babilônia e Egito, o que redundou em pelo menos trinta anos de paz no Antigo Oriente Próximo.[5]

Esse cenário mudou completamente com a ascensão do persa *Ciro II* (559-530 a.C.), rei de um dos povos integrados no Império da Média. Ciro rebelou-se entre 553 e 550 a.C., e tomou a hegemonia dos medos, invertendo a posição de liderança na "coalizão iraniana" e colocando a sua dinastia, chamada Aquemênida, no topo do império. Depois disso, o mérito de Ciro foi unir o ímpeto tribal e militar dos povos iranianos com um sistema estatal muito mais sólido, oriundo do Elão, sob domínio persa havia algum tempo. Assim, a Pérsia rompeu com a paz estabelecida havia três décadas e deu início à expansão do império, obtendo sucessivas vitórias militares e ampliando sensivelmente seu vasto domínio. Ciro anexou a Lídia e os reinos situados ao oriente, chegando próximo às planícies do Indo (na Índia); depois voltou-se para a Babilônia, conquistada em 539 a.C., garantindo de uma só vez a posse de toda a Mesopotâmia, Síria e Canaã.[6]

Os sucessores imediatos de Ciro ampliaram ainda mais seu domínio. Seu filho *Cambises II* (530-522 a.C.) conquistou o Egito e Chipre, mas morreu de maneira misteriosa depois da tentativa fracassada de avançar África adentro. Sua morte significou uma disputa interna pelo poder, vencida por *Dario I* (521-486 a.C.), membro de um ramo secundário da dinastia aquemênida. Esse rei precisou fortalecer a estrutura do império, mas conseguiu retomar as investidas militares, conquistan-

---
[5] LIVERANI, 2016, p. 745.
[6] LIVERANI, 2016, p. 747-748.

do a Trácia e as ilhas do Egeu, a Líbia, Núbia, parte da planície do Indo e os citas do norte, chegando ao mar de Aral. Enfim, o meio século de conquistas desde Ciro até Dario haviam mudado significativamente o cenário do Antigo Oriente Próximo.[7]

Xerxes I (486-465 a.C.) foi sucessor de Dario e começou o reinado enfrentando uma rebelião no Egito e na Babilônia, mas ficou famoso pelas guerras contra os gregos. Tentou superar o fracasso do pai em conquistar a Grécia. Conduzindo seu poderoso exército, Xerxes venceu a resistência espartana nas Termópilas e incendiou Atenas, enquanto via sua frota naval ser destruída pela armada grega na batalha naval de Salamina. Seu general Mardônio permaneceu na Grécia durante o inverno para completar a conquista, enquanto o imperador voltava para casa. Mas os persas foram vencidos por uma coalizão grega em Plateias e depois em Micala, em 479 a.C. A partir de então, Xerxes abandonou as tentativas em direção à Europa, terminando seus dias assassinado. O trono foi ocupado por seu filho *Artaxerxes I* (465-425 a.C.), rei de pouca expressão, mas de governo estável. As intrigas se intensificaram depois da sua morte, sendo dois de seus filhos e sucessores assassinados poucos meses depois de assumirem o trono. O reino foi novamente estabilizado com *Dario II* (424-404 a.C.). Esse rei foi sucedido por *Artaxerxes II* (404-359 a.C.), que amargou a independência do Egito. O sucessor foi *Artaxerxes III* (358-338 a.C.), cujo primeiro ato foi assassinar todos os familiares que tinham pretensão ao trono. Enfrentou levantes em todo o império, devidamente contornados, e conseguiu reconquistar o Egito. Ele também acabou sendo assassinado, assim como o próximo da lista, *Arses* ou *Artaxerxes IV* (337-336 a.C.). O usurpador *Dario III* (336-330 a.C.) invadiu novamente o Egito, outra vez em rebelião, mas não conseguiu retomar o crescimento do império. No seu governo, chegava o exército macedônico, liderado por Alexandre Magno, diante de quem foi derrotado na batalha de Granico, em 334 a.C., passando a suportar sucessivos fracassos até ser assassinado por cortesãos.[8] Terminava melancolicamente o grande Império Persa e tinha início a nova e perene influência grega.

---

7 LIVERANI, 2016, p. 748.
8 ROAF, 2006, p. 213-241.

O sistema imperial persa

O Império Persa unificou um vasto território com centros de desenvolvimento culturais completamente distintos e milenares: o mesopotâmico, às margens dos rios Tigre e Eufrates; o egípcio, no Nilo; o etíope, na África; o grego, no entorno do mar Egeu; o da Ásia Central; o indiano próximo ao rio Indo; o arábico, nos desertos da Arábia; e o Mediterrâneo Central. Toda a relação entre centro e periferia do Antigo Oriente foi profundamente alterada. O que antes era a periferia, a parte oriental dos Zagros, passou a ser o centro administrativo, e as antigas potências imperiais passaram a ser a zona periférica. Dado o caráter cultural nômade dos persas, a tradicional separação entre tribos e palácios foi diluída, permitindo maior integração entre os elementos urbanos e montanheses. Além disso, nasceu uma universalidade inovadora. Ao contrário da tradição centralizadora e exclusivista dos mesopotâmicos, os persas procuravam agregar as contribuições técnicas dos povos conquistados. Suas capitais foram revitalizadas; novas cidades eram construídas com materiais, engenheiros e artesãos provenientes de todas as partes do mundo que traziam para o império o que havia de melhor em termos civilizacionais.[9]

Um domínio tão vasto precisou mesclar estratégias de unificação e de fracionamento. Seus reis, especialmente Dario I, criaram um sistema centralizador em termos administrativos, mas diluído em mais de uma capital. A corte imperial estava em constante movimentação entre as grandes cidades de Susa, Babilônia, Ecbátana, Pasárgada e Persépolis, alternando a moradia entre palácios de verão e de inverno. Mantinham a tradição iraniana de transumância pastoril, com o rei em constante movimento, tanto para a guerra de conquista como para o fortalecimento da administração, acompanhado do seu aparato burocrático e militar. O imperador descansava nos parques construídos em suas capitais, onde havia florestas plantadas e animais selvagens para exercitar a caça.[10]

As línguas refletiam a imensa pluralidade do reino. As inscrições oficiais eram trilíngues: em elâmico, babilônio e persa. A língua administrativa era geralmente local: egípcio no Egito, aramaico na Síria, persa em Persépolis e Susa. Com o tempo, o aramaico acabou se tornando a

---

[9] LIVERANI, 2016, p. 748-749.
[10] LIVERANI, 2016, p. 749-751.

língua franca. Dario I dividiu o império em vinte satrapias, agrupando os reinos vassalos de acordo com características locais. Cada satrapia recolhia os impostos em prata, metal usado para cálculo de valor. Ainda no tempo de Dario, foi inventada a moeda, rapidamente adaptada para o império e chamada de *dárico* de ouro e de prata. Todos os reinos participavam do sistema de pagamento de tributos, exceto a Pérsia. Além de se haver apoderado das infraestruturas locais, o Império Persa melhorou o transporte e a comunicação, construindo ou ligando importantes rotas comerciais por todo o Antigo Oriente, até a Índia. Além da via terrestre, os persas investiram nas rotas marítimas, explorando o Golfo Pérsico, o mar Vermelho e o Mediterrâneo. Conquistaram a circum-navegação da África em parceria com os fenícios e abriram um canal entre o Nilo e o mar Vermelho, aproximando a navegação do Mediterrâneo com o Oceano Índico.[11]

Enfim, os persas construíram um império verdadeiramente universal, formado pela assimilação de tradições milenares, sem eliminar os poderes locais. Sua inferioridade administrativa em relação a reinos mais ricos e complexos não resultou na destruição de culturas conquistadas, mas na assimilação de cada uma para seus propósitos. Possivelmente os reis persas eram adeptos do zoroastrismo, religião monoteísta baseada na unicidade de Ahura Mazda. Mas, mesmo seguindo essa crença, os imperadores persas — especialmente Ciro — foram tolerantes com as outras religiões e seus cultos. Ciro buscou a simpatia dos povos conquistados, declarando-se devoto dos deuses locais, como Marduk na Babilônia e Iahweh entre os exilados de Judá. Cada povo ficou livre para venerar seus deuses, contando, inclusive, com incentivos imperiais para a reconstrução de templos e a reconstituição das festas tradicionais. Com isso, o imperador era tido como o bondoso patrono de todos os povos.[12]

A ascensão persa significou uma mudança significativa no imperialismo da Antiguidade, diferenciando-se de seus predecessores pela revogação da política de deportação, praticada por assírios e babilônicos. Os persas permitiriam autonomia parcial, especialmente nas questões culturais, ligando os povos dominados à casa dinástica aquemênida, por meio da lealdade tributária e militar.[13] Mas não sejamos ingênuos: a

---
11 LIVERANI, 2016, p. 752-753.
12 LIVERANI, 2016, p. 757.
13 KESSLER, Rainer. *História social do antigo Israel*. São Paulo: Paulinas, 2009. p. 168.

tolerância persa não era uma espécie de atitude mental iluminada pela bondade, mas uma eficiente e bem calculada política em busca de uma dominação mais eficiente. Também não era caso de frouxidão, pois as cobranças de impostos e o poder decisório continuavam centralizados nas capitais do império, e qualquer tentativa de autonomia era reprimida com crueldade, como qualquer outro reino dominante costumava fazer.[14]

As características dos exilados

A destruição de Jerusalém produziu uma crise de identidade sem precedentes em Judá, registrada em textos catárticos como o livro de Lamentações. De um lado, lamentava-se o pecado, visto como causa da ruína nacional e motivo do castigo divino (Lamentações 1:8); de outro, havia confiança no amor de Deus e na misericórdia para com seu povo, mesmo com o castigo determinado (Lamentações 3:22-24). Na visão dos escritores bíblicos, o exílio da Babilônia não foi um acontecimento isolado, mas, sim, o resultado de um amplo processo em andamento desde a primeira deportação e com um objetivo pedagógico.[15] O espalhamento dos judaítas pelo Antigo Oriente foi um processo histórico traumatizante e, por isso mesmo, transformador. Por um lado, significou a emergência da identidade dos exilados; por outro, significou a destruição ou a reconfiguração de outras identidades, como a dos antigos israelitas, séculos depois, tornando-se os "samaritanos". Além disso, há de se considerar um aspecto muitas vezes esquecido pelo leitor da Bíblia: os exilados na Babilônia eram apenas uma pequena parcela da comunidade judaíta, justamente aquela oriunda das antigas elites de Jerusalém. Quem eram os outros? Quais comunidades se desenvolveram no Egito? O que aconteceu com os sobreviventes no território de Judá?

As múltiplas identidades emergentes da crise

O desastre de 587 a.C. produziu uma consciência desalentadora em Israel: o rei, o templo e Jerusalém fracassaram. Não havia como negar os fatos. Os profetas Jeremias e Ezequiel, principais testemunhas dos eventos cataclísmicos do final de Judá, apontaram os pastores como

---

14 DONNER, Herbert. *História de Israel e dos povos vizinhos.* Volume 2: Da época da divisão do reino até Alexandre Magno. São Leopoldo: Sinodal; Petrópolis: Vozes, 1997. p. 446.
15 SCARDELAI, 2008, p. 82.

os responsáveis pela dispersão das ovelhas (Jeremias 23:1-2 e Ezequiel 34:1-6).[16] Os governantes falharam em sua tentativa de constituir uma identidade estatal monocêntrica. Sem Cidade Santa, sem templo, sem o controle sobre a Terra Prometida, o sonho do Reino Eterno se esfacelou em diversas comunidades fora de Canaã.[17]

Os exilados na Babilônia eram a antiga elite de Jerusalém. Os mesmos que, anos antes, haviam queimado as profecias enviadas por Jeremias e lançavam o profeta no fosso para padecer de fome e sede. Faziam parte do grande grupo que era alvo das denúncias de pecado e, em boa medida, foram os causadores da queda de Jerusalém. Eram nascidos em berço de ouro, cabeça do Estado judaíta, mas foram repentinamente reduzidos à escravidão. Antigos opressores passaram à condição de oprimidos. Não viam mais necessidade de expulsar gente como Amós ou Miqueias. Entre eles mesmos, levantaram-se profetas como Ezequiel.[18] Mesmo esse grupo de privilegiados do exílio babilônico não era monolítico: apareceram os escribas com a defesa intransigente da exclusividade de Iahweh, entendendo definitivamente a autoridade da Torá; os sobreviventes do sacerdócio de Jerusalém, por sua vez, esperavam a restauração da "casa de Israel", centralizada não mais no palácio do rei, mas no templo e na atuação sacerdotal; e havia a população judaíta "laica", que viria a se adaptar à vida na Babilônia e aos seus cultos. Além disso, precisamos lembrar que os exilados não foram os únicos judaítas sobreviventes. Muitas histórias de Israel nem sequer mencionam os que viviam espalhados em Judá e nos arredores. Eram os pobres que haviam recebido alguma terra dos babilônios (Jeremias 39:10; 40:11-12). Nada sabemos sobre eles, mas podem ter dado várias respostas à crise: alguns podem ter mantido as propostas comunitárias deuteronomistas e a crítica às elites; os levitas de hierarquia sacerdotal inferior parecem ter defendido a reconstrução de Jerusalém e sua importância para a identidade judaíta; e havia aqueles que não aceitavam a exclusividade do culto a Iahweh, os idólatras com seus cultos de deuses familiares e locais.[19] Isso sem mencionar os refugiados judaítas no Egito e os nortistas, resultado da amálgama de povos orientais com os antigos israelitas.

---

16 BRUEGGEMANN, 2014, p. 795-796.
17 ZABATIERO, 2013, p. 72.
18 SCHWANTES, Milton. *Projetos de esperança*: meditações sobre Gênesis 1-11. Petrópolis: Vozes; São Leopoldo: Sinodal, 1989. p. 27-28.
19 ZABATIERO, 2013, p. 204-211.

Tantas identidades constituídas nesse meio século de crise entre a queda de Jerusalém e o edito de Ciro entraram em choque quando um grupo de exilados retornou à sua terra natal. Naquele momento, emergiu a seguinte pergunta: quem era o verdadeiro Israel? O grupo que ficou em Judá ou os desterrados da Babilônia? Onde estava a herança teológica? Os que ficaram no território acreditavam ser os herdeiros das promessas de Deus (Ezequiel 33:24), mas Jeremias e o próprio Ezequiel questionavam essa pretensão. Para esses profetas, os deportados eram os portadores da prerrogativa das promessas divinas, convertidos de coração a Iahweh (Jeremias 24:1-10).[20]

Pois foi justamente a partir da experiência dos exilados que novas expectativas teológicas se reconfiguraram. Israel, como entidade espiritual, sobreviveu à própria morte da nação. No final das contas, o exílio significou a continuidade física e intelectual do povo de Deus, emergindo a ideia de que era possível viver o Reino de Deus em meio a um mundo passageiro.[21]

Uma identidade constituída pela Torá

O exílio privou temporariamente a fé israelita do maior dos seus símbolos de unidade religiosa: o templo e seu sistema sacrificial. Assim, surgiu uma nova forma de cultuar baseada na leitura pública da Torá. Essa leitura gradativamente foi ganhando caráter litúrgico nas reuniões das comunidades na Babilônia e, depois do retorno de Esdras, também em Jerusalém (Neemias 8).[22] Além disso, com a suspensão temporária do sacerdócio, a antiga tradição de consultar a Deus por meio da sorte (1Samuel 14:41; Levítico 8:8; Números 27:21) caiu em desuso, dando lugar à consulta da Torá. Ou seja, os livros sagrados de Moisés foram ganhando relevância cada vez maior nas comunidades de exilados.[23]

O estudo da Torá provocou maior obediência às ordenanças levíticas, especialmente aquelas com uma poderosa carga cultural diferenciadora. Uma delas foi o *sábado*. Os povos antigos suspendiam periodicamente o trabalho, mas nada como o sábado bíblico. Enquanto as festas religiosas e a contagem de meses eram vinculadas a eventos cósmicos como a lua cheia (caso também da Páscoa e da festa dos Tabernáculos de Israel), o sábado não possui qualquer ligação com datas

---

20 KRÜGER, 2009, p. 26.
21 GUNNEWEG, 2005, p. 202.
22 SCARDELAI, 2008, p. 96.
23 SCARDELAI, 2008, p. 65.

naturais ou com fenômenos da natureza. O sábado possui frequência matemática independente, o que talvez aponte para a luta contra as práticas das religiões pagãs.[24] De tradição muito antiga, os textos sobre o sábado remontam à própria criação. Daí a forma solene com que ele foi registrado no livro do Gênesis: poético, composto para a recitação em reuniões litúrgicas. Sacerdotes e levitas reivindicavam o sábado, celebravam a criação divina e o "descanso de Iahweh" em pleno exílio. Era uma atitude ousada: uma vez a cada sete dias, negavam aos seus algozes o trabalho, pois colocar-se a serviço deles aos sábados seria renegar a Deus e sucumbir à idolatria.[25]

Além do sábado, os deportados valorizaram a *circuncisão* como sinal do pacto, ritual que, até então, tinha caráter muito mais de iniciação do que propriamente de um compromisso para a vida inteira. Assim como o sábado, a circuncisão podia ser praticada em qualquer local, independente do templo. Por isso, pode-se falar de uma "privatização" ou "familiarização" da fé, tornando a família uma das colunas sustentadoras dos mandamentos divinos. Essa solidez seria fundamental diante da imponente estrutura religiosa oficial da Babilônia, centrada no culto público de Marduk, com suas impressionantes festas públicas, procissões, templos e suntuosidade de encher os olhos.[26] Era no seio da família, em meio a uma "sociedade do espetáculo" (desculpe o anacronismo), que a fidelidade à Torá era mantida.

Finalmente, os exilados procuravam se encontrar como uma comunidade. Um salmista registrou um dado interessante do exílio. Ali, à beira dos canais da Babilônia, os exilados sentaram e choraram as saudades de Sião (Salmos 137:1). Ao que parece, o ambiente das reuniões era improvisado, em local aberto, à beira de rios ou debaixo de árvores. A improvisação já demonstrava uma liturgia rudimentar, com "choro", "cânticos" e gestos de "pendurar as harpas". As casas também podem ter sido local de reuniões. Tais experiências de encontros estreitaram os vínculos entre as famílias e ajudaram a manter e até mesmo a construir uma identidade étnica, suprindo as lacunas deixadas pela ausência de um templo centralizador. Tal prática viria a se consolidar durante os quatro séculos entre o exílio e a época de Cristo em diversos locais bem além da Babilônia. O hábito de reunir-se para a leitura pública da Torá provavelmente deu origem às *sinagogas* (o *qahal*, ou

---

24 SCARDELAI, 2008, p. 89-90.
25 SCHWANTES, 1989, p. 25-29.
26 KRÜGER, 2009, p. 27-28.

"assembleia reunida").[27] Como não há registros arqueológicos de sinagogas no exílio, durante muito tempo as reuniões deviam ser apenas informais. Também não houve padrão arquitetônico quando as sinagogas começaram a ser construídas, variando de acordo com a cultura local. O mesmo se deu em relação à liturgia: não temos detalhamento a esse respeito.[28]

Os símbolos de fé da Torá, manifestos nas prescrições do sábado e da circuncisão, sem falar nas leis alimentares e no credo monoteísta do *Shema Israel*, auxiliaram na constituição de uma identidade coletiva de caráter étnico, o que ganhou força na diáspora — justamente pelo contato com os outros povos econômica e culturalmente mais poderosos. A construção da identidade de "exilado" foi bem mais longa do que os oficiais setenta anos do exílio. Isso aconteceu por duas razões: 1) grande parte dos judaítas permaneceu vivendo na diáspora, mesmo depois do retorno descrito em Esdras; 2) as características do período foram sendo fixadas ao longo de séculos, embora tenha iniciado nas décadas do exílio. Assim, novos elementos foram acrescentados a essa identidade-base. Provavelmente o principal deles derivou da construção do segundo templo em Jerusalém.

A importância do segundo templo para os exilados

Depois do retorno do exílio, em 538 a.C., a emergente elite sacerdotal de Jerusalém reconstruiu uma nova identidade hegemônica. Submetidos aos persas, os sacerdotes foram gradativamente transferindo o antigo monocentrismo monárquico para outro ponto focal: o templo de Jerusalém. O governo de Israel não estava mais com um rei em seu trono, mas deslocava-se para o sacerdote no templo. O templo era o centro administrativo escolhido pelos persas, o que talvez justifique os investimentos ou a liberalidade com o sacerdócio. Somando-se à tradição fundada por Esdras em torno da etnicidade judaíta, podemos falar na emergência de uma identidade monocêntrica étnico-religiosa entre a população de Jerusalém.[29] Essa identidade foi lentamente ganhando

---

27 SCARDELAI, 2008, p. 97-98.
28 Não se conhece como eram as liturgias e os rituais do culto no templo de Salomão. O sacerdócio não deixou registros nesse sentido. Temos apenas alguns fragmentos mencionados por terceiros. O mesmo ocorreu com a liturgia da sinagoga. Não há nenhum culto descrito na Antiguidade; apenas deduções de como ele pode ter sido. O mais antigo texto com uma "liturgia sinagogal" está registrado em um livro de orações do século X d.C. MAIER, Johann. *Entre os dois Testamentos*: história e religião na época do Segundo Templo. São Paulo: Loyola, 2005. p. 111.
29 ZABATIERO, 2013, p. 247-248.

proeminência até atingir seu auge na revolução dos macabeus frente ao helenismo, o que abordaremos no próximo capítulo.[30]

A preocupação com a reconstrução do templo veio com a comunidade que voltou da Babilônia. Esse dado é importante. O segundo fator determinante foi o demográfico: a população depois do exílio era bem menor do que antes e vivia em uma área geográfica muito compacta, correspondente às vilas próximas de Jerusalém. Isso permitia o acesso da maioria da população ao segundo templo, fisicamente muito mais próxima do que no tempo do vasto território de Israel e Judá. A nova situação, embora precária, passou a significar proximidade do povo com o templo. Assim, a nova estrutura contava com condições melhores para ser considerada o único local legítimo para se realizarem cultos e sacrifícios. Tal configuração ajudou a constituir uma fé bem mais avessa às idolatrias, desenvolvendo gradativamente uma "comunidade de cidadãos do templo". A exclusividade do culto a Iahweh seria reforçada depois da reforma de Esdras e da criação de novos impostos para o templo.[31] No longo prazo, a entrada de dinheiro para o sacerdócio significava algum incremento econômico, provavelmente ampliado pelo fato de o segundo templo tornar-se um empregador de peso tanto para a classe de levitas como para os comerciantes no seu entorno.[32]

Portanto, o segundo templo tinha condições de ser muito mais centralizador e relevante do que fora o primeiro, apesar de suas modestas estruturas em relação à fama dos gloriosos Davi e Salomão. A sociedade da Judeia poderia, com o passar dos anos, ser chamada de "comunidade do templo".

A emergência dos judeus

Nada melhor para ilustrar uma grande mudança identitária do que perceber a transformação da linguagem. Isso se deu em duas esferas: na nomenclatura relativa à unidade territorial e na referência à população residente. Até o exílio, o reino dos sulistas era *Judá* (transliteração relativa ao hebraico *Yehudah*). Depois, o território passou a ser chamado de *Judeia* (transliteração do aramaico *Yehud*, mais tarde adaptado para o grego *Ioudaía*). O nome Judeia, designado para o território original da antiga tribo de Judá, foi mantido mesmo quando os reis asmoneus

---
30 ZABATIERO, 2013, p. 72-73.
31 GERSTENBERGER, Erhard S. *Israel no tempo dos persas*: séculos V e IV antes de Cristo. São Paulo: Loyola, 2014. p. 119.
32 GERSTENBERGER, 2014, p. 123.

expandiram seu reino e conquistaram praticamente todos os territórios tradicionais do antigo reino de Davi e Salomão.[33] O mesmo aconteceu com a designação para os habitantes da Judeia: os exilados passaram a ser chamados pelos babilônios de *judeus* (do aramaico *yehudim*), dada sua origem na província da Judeia. Com a gradativa apropriação do idioma arameu, os próprios deportados passaram a usar o termo, razão pela qual ele foi assimilado por todos os membros da diáspora autoidentificados como oriundos da antiga Judá.[34]

Assim, ao longo do período persa, todos os exilados da Babilônia, os refugiados do Egito e os sobreviventes na antiga terra de Israel passaram a ser reconhecidos como *judeus*. Por isso, seria anacrônico utilizar esse termo antes do exílio. Mais incorreto ainda é mencionar um *judaísmo* (como expressão étnica de uma nova ordem sociorreligiosa) para esse tempo. A palavra "judaísmo" nem sequer aparece na Bíblia hebraica.[35]

As influências na língua hebraica

O Império Persa promoveu uma impressionante universalização cultural, aproveitando diversas experiências estéticas, religiosas e sociais, as quais acabaram sendo divulgadas por todo o seu território. Foi um tempo muito propício às assimilações culturais também por parte dos judeus — o que não significou necessariamente a aceitação de qualquer crença. Os exilados reagiram de variadas formas; algumas vezes, com mais apego à Torá, em outras, com certa permissividade. A narrativa de José no Egito, por exemplo, poderia servir como estímulo para a aceitação dos elementos externos, o que se reflete na frequência de nomes babilônicos como Sesbazar e Zorobabel, além do uso do calendário mesopotâmico, adotado sem restrições. Já a narrativa de Moisés promove o contrário, o confronto com o palácio dos dominadores.[36]

O mesmo aconteceu com a língua falada e escrita dos judeus. O hebraico clássico sofreu grandes influências no exílio, tanto que os estudiosos lhe deram uma denominação específica: *Hebraico Pós-Exílico* ou *Hebraico Tardio*. Os judeus passaram a falar aramaico, língua semítica muito próxima ao hebraico e idioma internacional desde a dominação

---

33 PAUL, 1983, p. 94-95.
34 KESSLER, 2009, p. 211.
35 SCARDELAI, Donizete. *O escriba Esdras e o judaísmo*: um estudo sobre Esdras na tradição judaica. São Paulo: Paulus, 2012. p. 58-59. É por essa razão que preferi utilizar até aqui o termo "judaíta" para os membros da tribo de Judá, mais adequado às expressões paralelas como "israelita" e "efraimita", reservando o termo "judeu" para o mesmo povo durante e depois do exílio.
36 SCARDELAI, 2012, p. 51.

assíria. Por isso, os judeus intercambiavam o uso de duas línguas: o aramaico e uma versão popular do hebraico, o qual viria a se tornar, séculos mais tarde, o *hebraico rabínico* ou *talmúdico*. Uma das características do hebraico pós-exílico é a clara influência do aramaico, fazendo uso abundante de aramaísmos, especialmente nos livros de Esdras, Neemias, Daniel, Jó, Crônicas, Ester, Eclesiastes e Cântico dos Cânticos.[37] Outra mudança significativa foi no alfabeto, quando passaram a usar o *abecedário assírio* ou *quadrático*, com as letras quadradas típicas do aramaico. A influência foi tão marcante que todos os textos hebraicos anteriores foram reescritos nesse novo alfabeto.[38]

Apesar de a língua hebraica ter sido praticamente substituída pelo aramaico no cotidiano popular, é possível observar uma perenidade na língua-mãe. O hebraico se manteve relativamente constante. Os escritos clássicos e os pós-exílicos são muito mais próximos uns dos outros, por exemplo, do que a carta de Pero Vaz de Caminha e o atual português do Brasil ou de Portugal. É um fato extraordinário, pois as línguas mudam rapidamente. Essa perenidade do hebraico se deve a alguns fatores: 1) a reverência dos escribas em relação às Escrituras; 2) a eventual atualização dos textos mais antigos, trocando nomes e expressões por versões da época da cópia; 3) o fato de o hebraico ter deixado de ser uma língua viva, falada nas conversas e negociações cotidianas, para se tornar litúrgica e relacionada ao estudo da Torá.[39]

A obscuridade e a ambiguidade de Iahweh

É impressionante o testemunho dos judeus sobre Deus. Eles não apresentam Iahweh apenas em suas características desejáveis, mas reveem constantemente seus enunciados sobre o divino dentro do próprio texto bíblico. É surpreendente constatar que tal reexame não é um ato de incredulidade, mas parte crucial de sua forma de praticar a fé. Não há questionamento por pura especulação teórica, mas na própria experiência de vida. O testemunho básico de Israel é que Iahweh intervém com salvação e proporciona uma vida abundante; entretanto, muitas vezes, a vida não produz essa ordem. Então, surgem testemunhos contrários: Deus é obscuro, ambíguo, instável, talvez até negativo! Esse questionamento aparece especialmente nos salmos e hinos de lamentação, com expressões do tipo *Até quando?* diante de uma situação

---
37 FRANCISCO, p. 8-9.
38 FRANCISCO, p. 20-21.
39 MILLER; HUBER, 2006, p. 17.

insuportável: "Todo o meu ser estremece; e tu, Iahweh, até quando?" (Salmos 6:3). Outra pergunta é *Por quê?*: "Iahweh, por que ficas longe e te escondes no tempo de angústia?" (Salmos 10:1); ou ainda *Onde?*: "As lágrimas são meu pão noite e dia, e todo dia me perguntam: onde está o teu Deus?" (Salmos 42:3).[40] Tais textos não são exclusivos da experiência do exílio, mas ocorreram em diversos episódios de sofrimento da experiência do povo bíblico.

Os judeus sabiam que seu Deus não era visível em todo lugar, embora estivesse atento. Por isso, a literatura sapiencial apresenta reflexões bastante revisadas sobre Deus, especialmente no sofrimento.[41] Veja-se o caso de Jó, debatendo com seus amigos sobre o drama de sua vida ante a justiça de Deus (Jó 10:1-7), e do autor de Eclesiastes, considerando que muitas vezes a desejada e ordenada busca da sabedoria não leva a lugar algum (Eclesiastes 2:13-16). Essa revisão aparece também nas ordenanças divinas ao longo do próprio texto bíblico. Veja o caso da rigorosa lei deuteronomista contra eunucos e alguns estrangeiros, considerados desqualificados para o culto (Deuteronômio 23:1-7). O oráculo profético de Isaías anunciou a revogação dessa lei na salvação de Iahweh, quando eunucos e estrangeiros teriam lugar e um nome eterno junto aos salvos (Isaías 56:3-8).[42] Também registraram o fato de Deus não responder apenas com a bênção, eventualmente usando até mesmo seu melhor rei para castigar o povo (2Samuel 24:1,10-13). Tais textos demonstram a liberdade de Iahweh, cuja soberania jamais pode ser constrangida por nada da criação — nem mesmo pelos escolhidos.[43]

Iahweh, o Deus Único entre as nações

A posição de Israel no centro geográfico entre as grandes potências imperiais permitiu ao povo bíblico o conhecimento dos grandes temas culturais e religiosos de seu tempo.[44] Isso significou também uma reação a determinadas ideias, como no caso dos contratos de vassalagem assírios e sua lealdade incondicional ao rei de Assur. O Deuteronômio manifestava tendência antiassíria ao transferir essa lealdade

---

40 BRUEGGEMANN, 2014, p. 427-433.
41 BRUEGGEMANN, 2014, p. 447-448.
42 BRUEGGEMANN, 2014, p. 487-488.
43 BRUEGGEMANN, 2014, p. 495.
44 SCHMID, Konrad. Os primórdios da religião politizada: a teologização de conceitos políticos imperiais no Israel antigo. *Estudos Teológicos*, São Leopoldo, v. 58, n. 2, p. 483-496, jul./dez. 2018. Disponível em: <periodicos.est.edu.br/index.php/estudos_teologicos/article/view/3499>. Acesso em: 19 jun. 2020. p. 488.

do monarca para Deus, evidenciada no *Shema Israel*: "Ouve, ó Israel: Iahweh nosso Deus é o único Iahweh! Portanto, amarás a Iahweh, teu Deus, com todo o teu coração, com toda a tua alma e com toda a tua força" (Deuteronômio 6:4-5). O verbo "amar", no contexto do Antigo Oriente, não era um termo emocional; era político, significando fidelidade em submissão. É justamente na contraposição com a exigência de "amar ao rei" que a Torá exige a lealdade absoluta somente a Deus. O servo de Iahweh jamais deve jurar fidelidade a uma potência, qualquer que seja.[45]

Quando começou a dominação persa, a percepção judaica sofreu novamente uma mudança. Se a posição dos autores bíblicos foi sempre rejeição ao domínio imposto por assírios e babilônios, a relação com o Império Aquemênida foi bem mais positiva. Não existe uma única maldição bíblica contra os persas, fato comum a todos os outros reinos em contato com Israel. Seria tal simpatia uma resposta à tolerância religiosa dos reis persas? Não é possível concluir nada a esse respeito. O que podemos verificar é a tendência teológica: os escritos sob o domínio persa apresentam uma visão teocrática segundo a qual Deus faz uso dos reis estrangeiros para governar o mundo (2Crônicas 36:22-23). Iahweh é o soberano universal, a quem cabe obediência, e todo governo secular é apenas um detentor indireto e provisório do poder pertencente ao verdadeiro Dominador do mundo.[46]

Ou seja, o monoteísmo foi sendo fixado entre os judeus. Na vivência entre os outros povos, Israel passa a entender que outras divindades não existem em qualquer lugar — Iahweh é o único no mundo inteiro. É uma posição bem diferente de Jefté, por exemplo, juiz que citou o benefício do deus Camos aos amonitas sem maiores problemas de consciência (Juízes 11:24). Os judeus passaram a pensar na unicidade de Deus em sentido universal, negando de maneira até ofensiva qualquer poder divino no mundo que não fosse o poder do Único Iahweh (Isaías 43:10-13; 44:6-8). Entretanto, essa percepção ampliada levou à "perda da exclusividade", pois todos os povos também poderiam relacionar-se com Iahweh, inicialmente em julgamento, mas também com participação na salvação, pensada anteriormente primeiro para os judeus (Isaías 52:10-15; 55:1-5).[47] Ou seja, os outros povos vieram a ser potenciais crentes

---
45 SCHMID, 2018, p. 488-489.
46 SCHMID, 2018, p. 492-494.
47 FELDMEIER, 2015, p. 120.

em Iahweh, e o povo de Israel, espalhado por entre esses povos, passou a ter responsabilidade de testemunho. Assim surgiu uma relação dialética entre a necessidade da pureza do povo de Deus e a esperança de que Iahweh seria universalmente reconhecido.[48] Com a diáspora, nascia o testemunho da bondade de Deus entre as nações.

Em suma, as características dos exilados: se antes dos eventos cataclísmicos a identidade do povo de Iahweh era pressionada pelas tentativas centralizadoras das monarquias, durante e depois do exílio novas perspectivas se abriram. O trauma das invasões destruiu muitas linhas identitárias constituídas até então e fez emergir novas características culturais: a Torá ganhou centralidade, a orientação teológica saiu do sacerdócio e foi para o contexto leigo dos escribas, e a guarda do sábado e a circuncisão tornaram-se os principais elementos diferenciadores dos judeus entre os povos. Se uma piedade em torno da Torá foi gestada na Babilônia, também outras identidades foram se formando na diáspora do Egito, entre os nortistas do antigo Israel e também entre os pobres sobreviventes na terra abandonada. Essas identidades entraram em conflito quando os exilados começaram a retornar à sua terra pátria. Finalmente, novas características foram acrescentadas aos repatriados da Judeia, quando uma identidade se constituiu no entorno do segundo templo. Durante todo esse processo, a língua mudou, deixando rastro até mesmo nas Escrituras, e a percepção quanto a Deus foi ganhando uma universalidade cada vez maior.

A história bíblica e arqueológica dos exilados

O exílio e o período pós-exílico são tempos obscuros da história bíblica. Carecemos de fontes extrabíblicas e mesmo de maior detalhamento na Bíblia. Não é de se estranhar, pois todo tempo de desagregação política é marcado justamente pela ausência de documentação escrita. Com o fim das monarquias caem também os registros dos escribas, geralmente sustentados por elas. Com Judá, não foi diferente. A crise desse tempo fica ainda mais evidente se considerarmos que a maior parte dos escritos foi reconstituição do passado, caso dos livros de Crônicas, Esdras e Neemias. Se, antes, os israelitas eram muito inte-

---

48 KRÜGER, 2009, p. 36.

ressados na história, registrando os atos dos reis e as palavras dos profetas, isso desapareceu depois da queda de Jerusalém. Para os exilados, a história contemporânea era completamente desinteressante. Por isso, não temos detalhes de cada uma das diferentes diásporas e conhecemos os fatos do povo de Judá apenas por fragmentos. Ou seja, o quadro histórico resultante é apenas geral.[49]

A queda de Jerusalém diante o Império Neobabilônico espalhou a população judaíta por várias partes do mundo, especialmente Babilônia e Egito, formando comunidades relativamente independentes umas das outras. Entretanto, o território não ficou desocupado: a parte mais pobre do povo continuou vivendo em Jerusalém e arredores, sob o governo provisório de certo Gedalias, do mesmo círculo de Jeremias e simpático aos babilônios. Ele tentou pacificar e sanear o território flagelado pela guerra, reunindo os judaítas dispersos nos reinos próximos, mas acabou sendo assassinado por Ismael, um miliciano da casa dinástica de Davi (Jeremias 40:9-12; 41:1-3). O atentado provocou pânico e medo de represália por parte dos babilônios, levando mais judaítas a fugirem para o Egito.[50] Portanto, o quadro geral era de sobreviventes vivendo de maneira precária na terra desolada pela guerra; de famílias com algum recurso fugindo para o Egito; e das elites deportadas para a Babilônia.

Comparando as diásporas, podemos afirmar que a do Egito foi baseada em migrações voluntárias, enquanto a babilônica foi produto da violência. O Egito foi o destino de soldados e comerciantes; a Babilônia recebeu grande parte da nobreza, de sacerdotes, burocratas e artesãos. A diáspora para o Egito começou antes, em um processo gradual durante a crise das invasões, enquanto a diáspora para a Babilônia deu-se em massa apenas em 598 a.C. As respostas emocionais das duas diásporas também foram distintas: enquanto o sentimento dos emigrantes para o Egito foi considerar a terra dos faraós uma possível nova pátria, os judaítas babilônicos sustentavam o sonho de voltar para sua terra natal. Finalmente, os grupos da diáspora babilônica influenciaram a vida e a política de Jerusalém durante o período persa, enquanto o grupo da diáspora egípcia foi influente bem mais tarde, no tempo do domínio helenista.[51]

---

49 ARENHOEVEL, Diego. A era pós-exílica: época do anonimato. p. 314-329. In: SCHREINER, Josef. *O Antigo Testamento*: um olhar atento para sua palavra e mensagem. São Paulo: Hagnos, 2012. p. 314.
50 GUNNEWEG, 2005, p. 206.
51 KESSLER, 2009, p. 167.

Os que ficaram: judaítas pobres e samaritanos

A Bíblia descreve a permanência de um "povo da terra" (*am ha--aretz*) sobrevivente da destruição de Jerusalém. Era composto de camponeses do entorno das cidades, explorados pelos poderes urbanos durante séculos. Alguns deles peregrinavam até as ruínas de Jerusalém para realizar cerimônias de lamento e penitência junto ao antigo templo (Jeremias 41:4-5). Como a Babilônia não marcava presença administrativa ou militar nos territórios conquistados, a população judaíta ficou à própria sorte. As terras abandonadas foram passadas ao controle dos lavradores mais pobres, mas em uma situação desmilitarizada e desurbanizada (2Reis 25:12; Jeremias 39:10). Muito possivelmente eles tenham voltado ao estatuto tribal pré-estatal, ao estilo dos anarquistas, vivendo em aldeias próximas às terras em que plantavam.[52]

O norte de Judá continuava na mesma condição desde a queda de Samaria, em 721 a.C. Ainda não havia um povo samaritano propriamente dito. Os samaritanos seriam identificados como tais somente por volta do século II a.C. O povo descendente dos antigos israelitas, misturado aos povos trazidos pelos assírios, ainda se considerava herdeiro legítimo do culto criado por Moisés, cujas leis haviam sido estabelecidas por Josué no acordo de Siquém. Os sobreviventes dos israelitas esperavam a vinda de um profeta comparável a Moisés (Deuteronômio 18:15-18). Como a maior parte dos profetas era oriunda do sul, os nortistas não aceitavam suas profecias, razão pela qual seguiam exclusivamente a Torá. Só por esse detalhe podemos ver as rupturas entre os dois grupos. Por isso, apesar do uso comum dos escritos de Moisés, não é possível considerar sulistas e nortistas dois povos unidos pela tradição bíblica, uma vez que jamais houve um registro de "restauração" das tribos do norte ou um retorno à pátria, como aconteceu com os irmãos do sul.[53]

Ao que parece, não houve conflito entre os sobreviventes do norte e do sul durante as décadas de exílio. O dualismo Judá-Israel viria a se restabelecer apenas no retorno dos exilados, quando a rivalidade se manifestaria na disputa entre as províncias de Judeia e Samaria no contexto do Império Persa.[54]

---

52 SCHWANTES, Milton. *Sofrimento e esperança no exílio*: história e teologia do povo de Deus no século VI a.C. 3. ed. São Leopoldo: Oikos, 2009. p. 26-27.
53 SCARDELAI, 2008, p. 79-81.
54 KESSLER, 2009, p. 171.

A condição dos exilados no Egito

Um grupo de judaítas emigrou para o Egito após a destruição de Jerusalém (2Reis 25:25-26), levando o profeta Jeremias e seu secretário Baruque (Jeremias 43:4-7). A primeira leva de refugiados judaítas foi assentada em Migdol, Tafnes, Nofe (Mênfis) e Patros. Esse grupo de refugiados manteve a idolatria: eles não consideraram a invasão um castigo de Iahweh, atribuindo-a ao fato de terem abandonado o culto de Ishtar, a "rainha dos céus" (Jeremias 44:15-30). Isso nos demonstra quão sincrética era a prática religiosa dos judaítas ainda na Terra Santa e como muitos deles levaram consigo crenças em outros deuses para a diáspora. Jeremias trouxe uma palavra profética contra aquela prática, mas perdeu a batalha pelo monoteísmo javista.[55]

O povo que foi para a diáspora no Egito não demonstrou interesse em voltar para sua pátria, mesmo depois da restauração de Jerusalém. Embora o Egito fosse chamado de "terra da servidão" em diversos textos bíblicos (Êxodo 13:3,14; Deuteronômio 5:6; Josué 24:17), muitos judaítas consideravam a terra do Nilo um ótimo lugar para viver e, inclusive, viver bem.[56] Muitas frutuosas comunidades judaítas continuaram a se desenvolver entre os egípcios. Não por acaso o local de refúgio dos pais de Jesus, quando fugiam de Herodes Magno, foi o Egito.

A condição dos exilados na Babilônia

O povo exilado na Babilônia não vivia propriamente a condição de escravo, como no Egito de Moisés. Os exilados do "cativeiro" não eram prisioneiros — exceto a família real, como Joaquim e sua corte, os quais viriam a ser anistiados depois da morte de Nabucodonosor (2Reis 25:27-30). Os exilados foram assentados no Baixo Eufrates e no Tigre, formando uma população de súditos semilivres. Talvez reconstruíssem cidades ou fossem enviados para desbravar novos territórios, mas isso é apenas especulação. Como o profeta Ezequiel menciona a presença dos anciãos (os chefes dos clãs), parece que era possível manter as estruturas familiares (Ezequiel 8:1; 14:1; 20:1). O próprio profeta tinha uma residência em que podia receber esses anciãos, e uma carta enviada por Jeremias recomendava que mantivessem casas e hortas, pois permaneceriam durante muito tempo no exílio (Jeremias 29:28). O fato é que,

---

55 KRÜGER, 2009, p. 45.
56 KRÜGER, 2009, p. 48.

depois de adaptados ao novo ambiente, os exilados chegaram a ter uma vida abastada.[57]

Justamente por causa dessa prosperidade, a maior parte dos exilados não quis voltar a Jerusalém após o edito de Ciro em 538 a.C., uma vez que viviam na maior metrópole econômica do mundo e, aparentemente, levavam uma vida tranquila. Alguns textos bíblicos nos apresentam pistas dessa riqueza, como nas ofertas em prata e ouro enviadas para Jerusalém a fim de restituir o sacerdócio e reconstruir o templo (Zacarias 6:11; Esdras 7:16). Além disso, podemos encontrar outras referências a esse sucesso nas narrativas da diáspora, as quais tratam de personalidades com carreiras políticas importantes entre as potências estrangeiras, como Daniel na Babilônia ou Ester na Pérsia.[58] Observe que não podemos imaginar respostas homogêneas quando falamos de um povo. Mesmo entre os exilados da Babilônia, onde permanecia o sonho de retorno, havia muitos que preferiam ignorar essa esperança e seguir com sua vida entre as nações.

A profecia na Babilônia

A frequência da profecia bíblica foi maior antes da queda de Jerusalém. Muitos profetas acusaram os pecados de Israel e Judá, buscando reverter o caminho que viria a desembocar na destruição. Depois da catástrofe, a ocorrência profética caiu drasticamente. Durante todo o exílio, temos notícia de apenas dois profetas, Ezequiel e (segundo a tradição) Daniel.

Ezequiel era sacerdote e foi levado para a Babilônia na segunda deportação, ocorrida em 598 a.C., quando o rei Joaquim foi preso por conspiração. Sua profecia começa com a visão deslumbrante da glória divina. Ele descreve Deus em palavras fugidias, como "aparência" ou "semelhante", sem trazer detalhes sobre o indescritível Iahweh, demonstrando reserva piedosa (Ezequiel 1:26-28). O que é impressionante na sua visão é o fato de não ter acontecido no templo em Jerusalém ou em qualquer local sagrado da Terra Santa, mas entre os exilados junto ao rio Cobar (Ezequiel 1:1-3). A descrição incrível de seres móveis com asas e rodas, impulsionados pelo Espírito para todos os lados, declara a mobilidade de Deus e sua presença em plena Babilônia.[59] Iahweh

---
57 GUNNEWEG, 2005, p. 210-211.
58 KRÜGER, 2009, p. 32-33.
59 KLEIN, Ralph W. *Israel no exílio*: uma interpretação teológica. São Paulo: Paulinas, 1990. p. 83-88.

revelou-se soberano em todo o mundo, e sua glória foi vista pelo profeta até mesmo entre os incontáveis templos dos ídolos mesopotâmicos. Era algo surpreendente para o sacerdote, tão vinculado ao templo de Jerusalém.

A missão de Ezequiel era dura. Continuou anunciando a condenação divina, como Jeremias fazia na terra natal: os exilados estavam na Babilônia por castigo divino. Entretanto, nada escapa ao controle de Iahweh; o mais frequente enunciado de Ezequiel, citado mais de oitenta vezes, é: "saberão que eu sou Iahweh" (Ezequiel 7:2-4; 25:3-5). O conhecimento de Deus viria pela condenação das nações, cuja destruição seria irremediável. Entretanto, Iahweh é livre e não limitado em relação à sua ira, pois o final dos atos divinos será sempre a graça. Israel reconhecerá que Iahweh é seu Deus quando os exilados voltarem para sua terra (Ezequiel 39:28). A motivação para a graça não estava em Israel; estava no próprio Deus, cuja reputação fora profanada quando o povo foi levado cativo, mas cujo Nome será santificado ao resgatar os espalhados e redimir os pecadores (Ezequiel 36:22-28). Deus age para sua glória, e essa ênfase teocêntrica fica explícita na visão dos ossos secos, quando a ressurreição de uma multidão é descrita como o sopro divino de uma nova criação do homem (Ezequiel 37:1-14).

Por outro lado, estava a questão dos príncipes de Judá. Eles fracassaram na missão como ungidos de Deus, razão pela qual Iahweh levantaria um pastor bondoso, o seu servo Davi, príncipe de antigas raízes, para apascentar as ovelhas desgarradas (Ezequiel 34:1-31). Enfim: diante do caos do presente, todas as esperanças de Ezequiel estavam postas no futuro, culminando com a própria presença de Iahweh no meio do seu povo. Nesse tempo, Israel viverá na terra, Davi será príncipe, será firmada uma nova aliança e o templo estará junto deles para sempre (Ezequiel 37:25-28). Ezequiel sabia que Deus era fiel às próprias promessas e agiria para além do julgamento, criando uma nova realidade. O novo Israel iria ultrapassar em muito o antigo, e Iahweh seria conhecido entre todas as nações.[60]

Outro profeta situado pela tradição bíblica no exílio babilônico e no início do domínio persa foi *Daniel*. Seu texto está escrito em estilo literário apocalíptico, razão pela qual foi posicionado ao final da Bíblia Hebraica. Seu grande propósito não é registrar o cotidiano dos

---
60 KLEIN, 1990, p. 89-112.

exilados, mas demonstrar como Iahweh controla a história humana. O interesse do autor é exclusivamente no futuro escatológico — tanto que Daniel não menciona elementos típicos da profecia tradicional, como a condenação de pecados, nem recomenda a guarda da Torá, algo frequente em Ezequiel.[61] A profecia registrada em Daniel mostra claramente a total antítese entre o Reino de Deus e os sucessivos reinos humanos, conflito retratado no contraste dos símbolos. Os reinos do mundo estão resumidos em uma estátua forjada pela tecnologia humana, utilizando metais preciosos em valor decrescente desde o ouro até a base de ferro e barro, os quais são despedaçados por uma pedra bruta rolada do topo de uma montanha — pedra solta sem mão humana (Daniel 2:25-49). A segunda profecia exemplar dessa relação descreve os impérios mundanos oriundos do mar tempestuoso (sempre símbolo de caos para os israelitas), descritos como bestas-feras devoradoras, contrapostas pela figura digna de um mediador humano combinado com a posição gloriosa reservada a Deus (Daniel 7:1-28). Daniel apresenta a visão profética típica do gênero apocalíptico: após intenso sofrimento e propagação do mal, virá a vitória final do Reino de Deus, quando, então, o Messias vencerá o maligno e introduzirá seu governo para a felicidade dos santos, ressuscitados para a vida esplendorosa na eternidade (Daniel 12:1-3).[62]

O livro de Daniel é profundamente subversivo. Do coração do império, debaixo do poder tirânico e mundano de reis conquistadores, o profeta anunciava a resistência, afirmando, por meio de imagens alegóricas, que os reinos deste mundo ruirão e Deus vencerá. Por isso, o livro de Daniel foi tão importante para os judeus em tempos de perseguição intensa, como o de Antíoco Epifânio, no século II a.C.[63] A visão apocalíptica de Daniel, assim como o Apocalipse de João no Novo Testamento, cumprem o propósito de trazer esperança em meio às piores tribulações. Por mais calamitosa que fosse a experiência da realidade, permanecia a certeza de que Deus cumpriria suas promessas. Os exi-

---

61 LASOR; HUBBARD; BUSH, 1999, p. 618. A discussão sobre a data e autoria do livro de Daniel é acirrada. Enquanto os mais conservadores situam o livro no final do século VI a.C., a maior parte dos acadêmicos sustenta sua escrita por volta de 165 a.C., no contexto macabeu. A discussão permanece em aberto, mesmo no contexto tradicional, uma vez que o livro não menciona explicitamente sua autoria. É um livro que exige humildade e cuidado em qualquer conclusão nesse sentido. Para saber mais, veja LASOR; HUBBARD; BUSH, 1999, p. 625-628.
62 KAISER, 2007, p. 252-257.
63 WRIGHT, Nicholas Thomas. *Simplesmente Jesus*. Rio de Janeiro: Thomas Nelson Brasil, 2020. p. 126.

lados seguiam com a mesma esperança acalentada desde o tempo dos pais migrantes, peregrinando sobre uma terra prometida sem ter a sua posse, amparados por sua fidelidade ao Iahweh provedor.

O lento e gradual retorno do exílio

O exílio durou em torno de setenta anos. As duas primeiras décadas possuem registro razoável: Jerusalém ainda estava politicamente ativa e os profetas Jeremias e Ezequiel deixaram registros. Mas as informações cessaram após a destruição da cidade. Não fazemos ideia do que aconteceu, havendo um lapso de cinquenta anos de total escuridão entre o final dos livros históricos de Reis e Crônicas e o início das narrativas de Esdras.

Assim como a destruição de Judá e o início do exílio não aconteceram de uma única vez, o retorno também foi gradativo e incompleto. Houve um longo período entre o cativeiro na Babilônia e o final das atividades de Esdras e Neemias, período que pode ser dividido basicamente em quatro etapas: 1) o exílio propriamente tido; 2) o edito de Ciro e a inauguração do segundo templo; 3) a transição sob o domínio dos imperadores Dario I e Xerxes I; 4) as atividades de Esdras e Neemias. As informações mais detalhadas correspondem aos dois primeiros períodos; o restante é bastante esparso e alvo de muitas controvérsias.[64] Para compreender as etapas principais de retorno do exílio, vejamos os livros de Esdras e Neemias. Após o decreto de Ciro, em 538 a.C., houve o retorno inaugural liderado por Sesbazar, que aconteceu em data desconhecida, mas próxima do edito, e que foi seguido por outro grupo, com Zorobabel (Esdras 1). A sequência do livro narra a reconstrução do templo, concluído em 515 a.C. Passados cerca de oitenta anos do edito de Ciro, talvez por volta de 457 a.C. (as datas são desconhecidas), foi a vez de o sacerdote Esdras retornar com uma pequena comitiva (Esdras 7—8). Ou seja, a primeira parte do livro narra os fatos ocorridos duas gerações antes de Esdras. Finalmente, foi a vez de Neemias retornar, encontrando Esdras em Jerusalém por volta de 445 a.C., para reconstruir as muralhas e reformar a administração da província (Neemias 2).

---

64 SCARDELAI, 2012, p. 45.

A satrapia da Transeufratênia e os judeus

A Terra Prometida pertencia a terceiros. Pouco sabemos dessa época, pois ainda não foram encontrados arquivos persas sobre a região. Dario I criou um sistema administrativo adaptado da Assíria, definindo uma satrapia menor, com sede em Trípoli ou Damasco, chamada *Transeufratênia*. Essa satrapia abrangia as atuais Síria, Jordânia e Israel, e era dividida em províncias.[65]

Os governantes da Judeia eram membros das elites locais a serviço dos persas. Essa também era a situação das outras províncias do entorno, como Samaria, Asdode e Gaza, todas funcionando como "pequenos Estados", governadas por dinastias locais, com cortes administrativas, pequenas tropas militares e até mesmo com o direito de cunhar moedas no período mais tardio. Jerusalém tinha, portanto, certa continuidade com a experiência estatal do passado monárquico, pois existia um governante apoiado por uma burocracia administrativa. Por outro lado, houve uma ruptura com os padrões antigos porque tais administradores não eram reis de um Estado independente, mas representantes do domínio externo.[66] Difícil é saber se essas personalidades eram governantes persas de caráter oficial ou apenas líderes carismáticos de caravanas e sobreviventes.

Apesar da presença de líderes como Zorobabel, gradativamente a proeminência foi passando para figuras anônimas. Os textos relatam a presença de uma liderança natural chamada de "anciãos" (Esdras 5:9-11). Essas figuras eram representantes do povo, falavam com naturalidade, como se fossem administradores, e apresentavam-se em nome dos judeus — sem que fossem sacerdotes, escribas ou profetas. Ou seja, apenas os idosos negociavam, sem haver menção à nobreza.[67] Eles eram os antigos chefes de clãs tribais. Os anciãos retornaram como autoridades sociais, revelando a sobrevivência de uma estrutura muito antiga, perpassando o período monárquico e emergindo na crise do exílio.

Os pioneiros do retorno: Sesbazar e Zorobabel

A narrativa do retorno do exílio começa com *Sesbazar*. Esse é um nome babilônico, talvez uma corrupção de Shamash-ab-ussur, "Shamash proteja o pai", embora seja descrito como príncipe dos judeus e

---
65 GERSTENBERGER, 2014, p. 98-99.
66 KESSLER, 2009, p. 190-191.
67 GERSTENBERGER, 2014, p. 114.

revestido da autoridade de "governador". As únicas menções a ele foram a incumbência de trazer os tesouros do templo e lançar sua pedra fundamental (Esdras 1:8-11; 5:14-16). *Zorobabel* é o segundo personagem ligado ao retorno do edito de Ciro, também um nome babilônico, Zer-babili, "rebento da Babilônia", descendente de Davi (1Crônicas 3:19). Ele aparece na lista dos que retornaram, agindo frequentemente com o sacerdote Josué (Esdras 3:2) e também ligado aos profetas Ageu e Zacarias no que se refere à construção do templo (Ageu 2:2-5; Zacarias 4:8-10).[68] Zorobabel certamente não era um líder nacionalista reivindicando o trono de Jerusalém, mesmo sendo descendente de Davi. Ele estava mais para um funcionário dos persas, homem de boa reputação com o objetivo de construir um bom relacionamento entre imperialistas e dominados, reinserindo os exilados na sociedade persa, de acordo com sua política pacifista.[69]

Na perspectiva dos exilados, o primeiro retorno foi um evento glorioso. No passado distante, os nortistas de Israel se haviam perdido entre as nações e nunca mais se soube notícia deles. Com os judeus, acontecia uma novidade sem precedentes. As profecias estavam se cumprindo e o povo — ou parte dele — estava voltando para casa. Os exilados ficaram como quem sonha, "sua boca se encheu de riso" (Salmos 126:1). Logo o deserto se transformaria em um paraíso e Jerusalém seria finalmente o centro do mundo. Quando o grupo liderado por Sesbazar chegou, trazendo os tesouros do antigo templo, rapidamente procurou reconstruir o altar e lançar os alicerces do santuário (Esdras 5:16). Não há clareza, mas parece que algo não deu certo: as fundações foram interrompidas,[70] e Sesbazar desapareceu de cena sem sabermos o motivo.

O texto de Esdras é bastante truncado e não relaciona Sesbazar a Zorobabel, embora haja quem acredite serem a mesma pessoa. De qualquer forma, os dois estavam ligados na complicada obra de reconstrução do templo. Ao que parece, algum tempo depois de Sesbazar, Zorobabel voltou liderando o segundo grupo, com uma população bem maior. Não era um êxodo de judeus em massa, como as profecias indicavam que um dia aconteceria. Apesar disso, a obra do templo ganhou um novo impulso com a reunião dos chefes de família e o levantamento de ofertas voluntárias (Esdras 2:68-70). Mesmo com a construção dando seus primeiros passos, a decepção tomou conta outra vez. Não foi

---

68 GERSTENBERGER, 2014, p. 112.
69 SCARDELAI, 2012, p. 72-73.
70 ARENHOEVEL, 2012, p. 315.

possível esconder o desencanto, escancarado pelos idosos, as testemunhas oculares do primeiro templo, chorando de decepção com a obra (Esdras 3:12-13). Quando o trabalho foi iniciado, os nortistas entraram em cena desejando participar da construção. Parecia ser uma boa notícia, mas Zorobabel não aceitou ajuda, dando início às disputas históricas entre os dois grupos. Veio, então, a oposição do povo de Samaria perante as autoridades persas, interrompendo a construção por mais de uma década (Esdras 4:1-24). Finalmente, levantaram-se os profetas Ageu e Zacarias, que se postaram diante das ruínas para estimular o povo a retomar as construções (Esdras 5:1-2). Zorobabel esclareceu a posição dos judeus diante do império e finalmente concluiu-se o segundo templo, por volta de 515 a.C. (Esdras 6:15-18).[71] Entretanto, muito rapidamente a condição mostrou-se bem complicada. Algo estava faltando.

Os profetas e o segundo templo

Ageu e Zacarias estão entre os últimos remanescentes do profetismo canônico. Sua participação foi fundamental para a retomada da obra no templo. *Ageu* provavelmente era um idoso, dada sua referência à glória do primeiro templo (Ageu 2:3). Ele trouxe quatro profecias, sendo três delas com o intuito de encorajar a reconstrução do templo. O desafio do profeta era colocar Iahweh materialmente em primeiro lugar, construindo o templo antes de casas particulares (Ageu 1:4-13). A razão para a retomada da obra? Iahweh traria as riquezas das nações para aquele lugar. Mas todo o esforço deveria vir acompanhado de santificação, premissa fundamental para a restauração de Israel (Ageu 2:10-19). Ou seja, o retorno não fora glorioso como o esperado porque o povo ainda não estava comprometido com Deus. O final da profecia de Ageu é messiânica, tomando Zorobabel — ou a figura que ele representava — como alvo da esperança do cumprimento do Reino eterno (Ageu 2:22-23).[72]

O exílio terminou, as promessas se cumpriram parcialmente, mas o Reino prometido ainda não havia chegado. Zorobabel não era o Messias, isso estava evidente. Além disso, há um silêncio constrangedor no livro de Esdras. A inauguração do Tabernáculo contou com uma

---
71 ARENHOEVEL, 2012, p. 315-316.
72 LASOR; HUBBARD; BUSH, 1999, p. 427-428.

nuvem manifestando a presença de Iahweh (Êxodo 40:33-35), e o mesmo acontecera na inauguração do templo de Salomão, quando a glória aterradora encheu o santuário (1Reis 8:10-11). Entretanto, nada disso foi descrito na inauguração do segundo templo, nem na futura ampliação feita por Herodes. A obra foi concluída, os sacerdotes assumiram seu ofício e o povo cantou de alegria. Apenas isso — nada da manifestação de Iahweh. Ele não voltou.[73] Qual a razão? Talvez o colega de Ageu tivesse alguma resposta.

Zacarias foi o segundo profeta a proclamar a importância daquela obra.[74] Ele anunciou oito visões proféticas estimulando a reconstrução do templo, por meio do qual seria restabelecida a glória futura de Jerusalém (Zacarias 1:14-17). O quadro desanimador em que viviam tinha seus dias contados porque o julgamento divino estava se completando, tanto na Judeia como nas potências mundiais. Então, finalmente, Jerusalém seria exaltada como a morada de Iahweh, quando as nações viessem adorar no monte Sião (Zacarias 2:1-13). O jovem profeta relembrou as promessas do Messias, imaginando seu glorioso aparecimento com diferentes figuras simbólicas: seria um servo e um renovo (Zacarias 3:8), e reconstruiria o verdadeiro templo de Iahweh, unificando no trono os ofícios do sacerdócio e do reinado (Zacarias 6:12-13).[75] Assim, a esperança dos exilados era outra vez projetada para o futuro; talvez o exílio de Iahweh não tivesse terminado.

Esperar já era uma tradição entre os judeus. Iahweh é misterioso, mas compassivo e digno de confiança; cabia aos que se sentiam exilados, mesmo vivendo na pátria, a continuarem fiéis. Depois de Ageu e Zacarias, temos um novo período de silêncio profético e histórico. O registro dos fatos da Judeia também findou com a reconstrução do templo e assim permaneceu durante mais de meio século. Nada sabemos desse longo período, a não ser a situação revelada quando Esdras chegou em Jerusalém.

---

[73] WRIGHT, Nicholas Thomas. *Paulo*: uma biografia. Rio de Janeiro: Thomas Nelson Brasil, 2018. p. 37.
[74] O livro de Zacarias é claramente dividido em duas partes, a primeira ligada ao contexto da reconstrução (capítulos 1 a 8) e a segunda com visões apocalípticas, em linguagem completamente distinta e sem mencionar o templo. Por isso, os capítulos 9 a 14 costumam ser datados dentro do período helenista. Sobre questões de autoria e data de Zacarias, ver LASOR; HUBBARD; BUSH, 1999, p. 435-536.
[75] KAISER, 2007, p. 261-262.

Os exilados e o antissemitismo

Apesar do primeiro retorno, grande parte dos judeus permaneceu espalhada. A diáspora continuou com sua força centrífuga, enviando judeus para locais cada vez mais distantes de Jerusalém. Esse espalhamento, combinado com a manutenção da identidade em torno da Torá e das observâncias rituais como o sábado e a circuncisão, acabou por caracterizar as comunidades judaicas como uma espécie de "povo à parte". Isso resultou em crises pontuais.

Uma dessas crises aparece em Daniel, livro que relata as elites administrativas do império disputando espaço no palácio imperial. Daniel e seus amigos foram alvo de inveja, e a piedade foi usada como arma contra eles mesmos. Entretanto, nesse relato, a questão contra os judeus ficou restrita às intrigas palacianas. No livro de Ester, a situação é diferente, pois o problema também nasceu no palácio, mas envolvia o povo. Todos os judeus estavam com a vida em jogo. Entretanto, o dado mais significativo do livro de Ester é a virada na percepção da ação de Deus: há um completo silêncio divino; nesse texto, temos realmente um "Deus que se esconde" (Isaías 45:15). Iahweh continuou sendo o Deus libertador, como fora no Egito; entretanto, a libertação descrita em Ester não aconteceu nos moldes do êxodo, em que a "mão poderosa" foi manifesta em atos extraordinários de interferência divina (Êxodo 6:1). Ela ocorreu pela coincidência dos fatos, combinada com a coragem da ação humana. Esse aspecto fica ainda mais evidente pelo fato de o nome de Iahweh não ser sequer citado em todo o livro, que se limita a reiterar a piedade dos judeus em orar e jejuar (Ester 4:3).[76]

Não é possível situar historicamente o livro de Ester. É uma narrativa registrada para explicar a origem da festa do Purim no período persa, mas escrita de forma retroativa. Isso significa que o texto pode ter sido escrito, compilado ou completado bastante tempo depois dos fatos descritos, o que explicaria os acréscimos em grego. De qualquer maneira, destacam-se dois dados importantes dessa emocionante narrativa. O primeiro é a emergência de uma doutrina da providência, a certeza de que Deus traria o livramento, embora não visto diretamente em atos de poder (Ester 4:14), seja por meio da protagonista da história, seja de outra forma qualquer. O segundo é a gênese de uma forma de antissemitismo, que se manifesta na animosidade contra os judeus, ao

---

[76] GOLDINGAY, 2020, p. 242.

ponto da tentativa de genocídio. No Novo Testamento, esse ataque seria relacionado ao povo de Deus e ao seu propósito redentor (Hebreus 11; Apocalipse 7).[77] Nesse caso, o ataque partiu da potência das trevas, que buscava exterminar o povo sacerdotal, testemunha da salvação de Iahweh.

A perene influência do sacerdote-escriba Esdras

As duas tentativas de retomada da soberania judaica com Sesbazar e Zorobabel fracassaram. O segundo templo foi construído, é verdade, mas Jerusalém ainda vivia na miséria e não possuía nem mesmo muralhas para garantir a segurança da população. Provavelmente a paisagem urbana era constituída de ruínas, talvez com alguma retomada econômica, mas sem causar maior impacto regional. O silêncio narrativo da Bíblia sobre os quase sessenta anos entre a inauguração do segundo templo e a chegada de Esdras talvez demonstre um tanto dessa decepção. Eram necessários novos impulsos para a comunidade de Jerusalém reencontrar sua identidade. Essa recuperação seria o propósito de Esdras e Neemias.[78]

Esdras fazia parte da diáspora na Babilônia. A antiga capital de Nabucodonosor, agora parte do Império Persa, veio a se tornar o maior e mais ativo centro judaico durante o exílio e muito tempo depois. Mesmo quando uma parte dos exilados voltou para Jerusalém, as comunidades judaicas que lá permaneceram exerceram notável influência sobre a vida intelectual e social judaica, tornando-se um centro de referência teológica. Para se ter uma noção da perenidade da influência dos judeus babilônicos, um dos seus mais importantes sábios, Hillel I (110 a.C.–10 d.C.), fundador de uma das principais correntes teológicas do farisaísmo do tempo de Cristo, era nascido na Babilônia.[79] É significativo o fato de que Esdras, o reorganizador da vida espiritual da comunidade judaica em Jerusalém, tenha vindo de fora dela. As maiores autoridades da Torá não viviam na sua pátria.

---

77 LASOR; HUBBARD; BUSH, 1999, p. 589-591. O livro de Ester é bastante contestado academicamente. Não se sabe sua origem e geralmente é classificado como um romance histórico, dadas as dificuldades em explicar diversos pontos de sua narrativa (a chegada dos personagens à Pérsia durante o exílio babilônico, a identidade de Assuero, por vezes relacionada a Xerxes I, o massacre de 75 mil persas, entre outras informações de difícil harmonização com a historiografia). Mas o objetivo da obra é claro: explicar a origem da festa de Purim, comemorada anualmente pelos judeus. LORETZ, Oswald. O romance e o conto em Israel. p. 368-387. In.: SCHREINER, Josef. *O Antigo Testamento*: um olhar atento para sua palavra e mensagem. São Paulo: Hagnos, 2012. p. 374-375.
78 ARENHOEVEL, 2012, p. 316.
79 SCARDELAI, 2008, p. 83.

Esdras era um sacerdote da linhagem de Zadoque, vinculado ao sacerdócio oficial do templo de Salomão (Esdras 7:1-6). Ele foi incumbido de levar o dinheiro doado por judeus da Babilônia a fim de investir no templo e restabelecer a lei na Judeia. Esdras foi citado pelo imperador como um "escriba do Deus do céu", incumbido de aplicar a lei mosaica, mas como funcionário persa (Esdras 7:12). A novidade não foi a Torá em si, mas o fato de sua aplicação vir amparada pela autoridade imperial.[80] A submissão ao poder persa continuava sendo a realidade política fundamental da Judeia. Nessa condição, Esdras trouxe os tesouros ofertados para o segundo templo, chegando em segurança depois de dispensar a escolta militar persa — afinal, ele queria mostrar ao imperador sua confiança em Iahweh (Esdras 8:21-23).

A chegada de Esdras a Jerusalém ficou longe de se mostrar tranquila. Ela revelou um conflito social dos mais sérios em curso nos subterrâneos daquela sociedade. Ainda existia uma pergunta sem resposta: : Quem era o "verdadeiro Israel"? Aqueles que voltaram do exílio ou os que ficaram e viviam na terra desde a queda de Jerusalém? Existia uma distinção entre os judeus desde o tempo de Zorobabel, quando os imigrantes chegados da Babilônia eram chamados *bnei ha-golâ* ("filhos do exílio") e a população residente era os *am ha-aretz* ("povo da terra"). Essa nomenclatura apareceu na celebração da Páscoa, logo depois da conclusão do segundo templo (Esdras 6:21). A distinção foi mantida por Esdras, pois suas convocações para reunião e estudo da Torá eram exclusivas para o primeiro grupo, a *Qahal ha-agolâ*, "assembleia dos exilados" (Esdras 10:8; Neemias 8:17). Para ele, portanto, os judeus oriundos do exílio eram o verdadeiro Israel. Nisso, ele concordava com Jeremias e Ezequiel. Essa assembleia viria a controlar o templo e exercer o direito de excluir seus opositores.[81]

Mas o que frustrou Esdras foi justamente o comportamento dos exilados, restaurados havia oitenta anos. Esdras descobriu que eles se haviam misturado aos "povos da terra" e aos estrangeiros por meio de casamentos (Esdras 9:1-15). O sacerdote ficou indignado porque a lei proibia uniões com etnias diferentes (Deuteronômio 7:1-4).[82] Esdras reagiu de maneira enfática, lamentando as transgressões e levando o próprio povo a desfazer esses matrimônios irregulares. No final, houve

---

80 KESSLER, 2009, p. 198-201.
81 SCARDELAI, 2012, p. 62-65.
82 SCARDELAI, 2012, p. 109.

um divórcio coletivo, com a expulsão de esposas estrangeiras e seus filhos. O fato é controverso e motivo de críticas; mas possivelmente o principal alvo da investida de Esdras contra tais casamentos estava na contaminação da idolatria. Esse era o objetivo da restrição deuteronomista. O casamento com pessoas de outros povos trazia consigo o grave risco de idolatria pela entrada de crenças religiosas estranhas na família. Por isso, a ação de Esdras deve ser compreendida no contexto da aliança: as estrangeiras deviam ser mandadas embora para que Israel restabelecesse seu pacto e firmasse um compromisso sério com Deus no cumprimento da Torá (Esdras 10:1-3).[83]

Essa prática tinha uma referência antiga, pois os pais migrantes buscavam casamentos dentro do mesmo clã. Abraão, por exemplo, buscou uma esposa para Isaque entre seus parentes. Isso não impedia matrimônios com estrangeiras, fato comum na história bíblica, como em José, Moisés, Davi e Salomão, apenas para citar alguns. O que não acontecia era o incentivo a essas uniões. A preocupação fundamental era a unidade espiritual de Israel, baseada nas famílias, as quais seriam ameaçadas pela união com outros clãs. A família era a unidade fundamental da identidade de Israel, especialmente na diáspora.[84] A questão, portanto, não era étnica, mas espiritual. É importante ressaltar esse fato porque eventuais convertidos eram assimilados em Israel. De outra forma, não se pode explicar o caso de mulheres importantes como Raabe e Rute, ambas figurando nas genealogias de ninguém menos que Davi e Jesus.

É claro que as repercussões de qualquer ato são complexas, principalmente na dimensão de um divórcio coletivo. A longo prazo, o elemento étnico pode acabar predominando em detrimento do espiritual. Além disso, é possível perceber nas entrelinhas da profecia de Malaquias, décadas depois, que o divórcio acabou por se tornar uma prática comum e aberta a todo tipo de abuso contra as mulheres (Malaquias 2:13-16). As ações de Esdras tiveram influência nesse problema? Provavelmente. Ele intencionava essa frouxidão? Certamente não.

Entretanto, apesar desse início tumultuado, Esdras teve uma contribuição muito mais importante. Ele chegou a Jerusalém na condição de *escriba*, embora, na verdade, fosse sacerdote. Esse dado é importante porque o sacerdócio não estudava a Torá como os escribas; sua preocupação era a liturgia e o estrito cumprimento das normas do sistema

---
83 SCARDELAI, 2012, p. 137-138.
84 SCARDELAI, 2012, p. 145-146.

sacrificial. Esdras era sacerdote e apareceu junto a Neemias realizando um culto com a congregação de Israel. Porém, não celebrou um sacrifício, como o sacerdote Samuel fez inúmeras vezes diante das tribos de Israel; ele convidou o povo a ouvir atentamente a leitura pública da Torá e depois explicou o conteúdo da Lei (Neemias 8:1-8).[85] O fato de ele ser um escriba treinado no exame das Escrituras e, ao mesmo tempo, um sacerdote é caso único na Bíblia. Esdras fundiu as funções de escriba e sacerdote no serviço litúrgico em torno de um livro. As tradições das comunidades da diáspora, reunidas em torno do estudo da Torá, chegaram finalmente aos repatriados. Também é notável o fato de o ambiente da leitura ser público: realizado na praça (Neemias 8:1), às margens do rio (Esdras 8:15) ou diante do templo (Esdras 10:1). Esdras foi um pioneiro: a partir dele, teve início uma transferência gradativa da autoridade interpretativa da Torá, deixando o contexto sacerdotal para se fixar entre estudiosos leigos.[86]

Em resumo, Esdras pode ser considerado o fundador de uma nova cultura da Torá. Os escribas de Esdras (os *soferim*) trouxeram o despertar da exegese baseada no estudo e na interpretação do texto bíblico, aperfeiçoando as práticas de ler, traduzir e dar sentido em um processo literário que viria a dar origem à própria noção de Escritura Sagrada.[87]

As reformas do empreendedor Neemias

Os judeus experimentavam uma situação um tanto estranha desde a chegada de Esdras. Havia um centro religioso no segundo templo de Jerusalém; a centralidade da Torá veio com o escriba da Babilônia. Entretanto, em última instância, a fonte da autoridade do texto bíblico era Jerusalém. A Judeia ainda era uma província muito frágil, pois o poder econômico estava em Samaria, cujos habitantes também confessavam a validade da Torá. Ou seja, havia três centros em tensão permanente no Israel pós-exílico: Jerusalém, Samaria e a diáspora babilônica.[88]

A chegada de Neemias explicitou a situação. Ele representava a autoridade oriunda da diáspora, partindo da corte do imperador em Susa, ainda mais distante do que a Babilônia, no coração do Império Persa (Neemias 1:1). Neemias ouviu notícias de Jerusalém e descobriu o

---
85 SCARDELAI, 2012, p. 82-83.
86 SCARDELAI, 2012, p. 87-88.
87 SCARDELAI, 2012, p. 255.
88 KESSLER, 2009, p. 204-205.

destino dos repatriados: eles estavam na miséria, e se sentiam humilhados por viver em uma cidade ainda sem muralhas e portões. Era uma desolação de longa data. Jerusalém fora destruída por Nabucodonosor havia 140 anos e, desde então, seus muros ainda permaneciam em ruínas. Não era uma condição aceitável para a Cidade de Davi, que deveria, segundo as profecias, reger as nações. Neemias tinha certeza de que tal situação estava relacionada ao pecado daquela geração e dos seus antepassados (Neemias 1:5-11). Tomou, então, a resolução de retornar a fim de reconstruir as muralhas e tornar a Judeia novamente viável, o que aborreceu os concorrentes de Samaria (Neemias 2:1-10).

Neemias foi um personagem completamente distinto de Esdras em termos de temperamento. Esdras era o sábio que viu a situação, sentou e chorou a condição dos judeus, cujo carisma levou ao voluntarismo popular. Em Neemias, temos o líder exigente e até mesmo hostil, impetuoso e alimentador de conflitos com os adversários de Samaria e outros opositores (Neemias 2:19-20; 13:6-30). Enquanto Esdras agia à luz do dia diante da comunidade, Neemias caminhava à noite, planejando sozinho a reconstrução (Neemias 2:11-18).[89] Ele costuma ser elogiado pelos comentaristas bíblicos pelo caráter empreendedor, pela capacidade de liderança organizacional e a coragem para pôr as mãos à obra.[90] Esses atributos aparecem evidenciados no levantamento de voluntários e em sua organização na reconstrução das muralhas (Neemias 3:1-32), além da estratégia de não parar as obras enquanto defendia possíveis ataques de Samaria (Neemias 4:1-18). Há uma tradição do tempo dos macabeus segundo a qual Neemias fundou uma biblioteca em Jerusalém (2Macabeus 2:13-14), muito provavelmente no templo. Suas ações revelam alguém preparado no palácio persa para articular bons resultados com poucos recursos.

Entretanto, a sequência da narrativa nos mostra a existência de problemas estruturais muito mais graves, os quais não seriam solucionados pelo simples amontoar de pedras. No meio das tarefas, Neemias ouviu uma queixa do povo: estava em condição de terrível miséria. Era um fato constrangedor, porque a revolta não era contra os dominadores persas, mas por causa dos ricos da própria comunidade, os quais se haviam aproveitado das dificuldades dos pobres para ampliar suas ri-

---
89 SCARDELAI, 2012, p. 94-95.
90 CHAMPLIN, Russel Norman. *O Antigo Testamento interpretado*: versículo por versículo. Volume 3: 2Reis, 1Crônicas, 2Crônicas, Esdras, Neemias, Ester, Jó. São Paulo: Hagnos, 2001. p. 1787.

quezas, chegando ao ponto de escravizarem judeus na cobrança de dívidas (Neemias 5:1-5). Tanto as vítimas como Neemias apelaram para a solidariedade étnica; eles lembravam como os judeus cuidavam uns dos outros no exílio, resgatando para a liberdade os escravizados por estrangeiros (Neemias 5:6-9). Essa situação escancarou o que acontecia em Jerusalém: os exilados eram a antiga classe alta, aqueles que haviam mantido na memória a consciência de serem herdeiros legítimos das tradições judaicas. Mas a terra havia ficado para as camadas inferiores, que assumiram parte das propriedades. O que aconteceu quando os exilados voltaram? O texto não nos informa. Talvez tenha surgido uma disputa pela terra. Isso não significa que tenha havido uma simples divisão entre os exilados e o povo da terra; provavelmente muitos repatriados também caíram na pobreza.[91] Mas nós temos certeza da dramática situação em que alguns poucos bem-sucedidos exploravam a infelicidade econômica dos demais, aproveitando a crise para adquirir terras. Quem vendia sua propriedade por necessidade perdia a própria subsistência, entrando em um ciclo de endividamento sem solução. O resultado foi o empobrecimento geral, apesar de haver recursos na mão de alguns.

A Torá já havia previsto um gatilho para impedir esse problema. Tratava-se das leis do Ano Sabático, que libertava escravos por dívidas, e do Ano do Jubileu, que obrigava a devolução das terras aos clãs originais. Teria o exílio provocado o abandono desse direito, já que não existiam mais as famílias originais em cada território? Ou essas leis simplesmente jamais foram cumpridas? É difícil saber. O fato é que Neemias convocou os nobres e outros usurários e lhes impôs o perdão das dívidas e a restituição das terras (Neemias 5:10-19). O texto não menciona uma invocação da lei do Sabático ou do Jubileu, mas seus pressupostos foram aplicados. O que adiantaria reconstruir as muralhas se elas abrigariam uma multidão esfomeada sob o olhar conivente de alguns privilegiados? Esse erro acontecera muitas vezes na história de Israel e Judá. Neemias não pretendia repetir seus antepassados.

Depois da reforma social, Neemias concluiu a construção das muralhas, apesar das intrigas dos sambalatidas (Neemias 6:1-7:3). Então, o empreendedor promoveu um programa de repovoamento em Jerusalém e de assentamentos na Judeia (Neemias 7:4-73). Finalmente,

---
91 KESSLER, 2009, p. 179-180.

sob a direção de Esdras, a narrativa prossegue com a leitura pública da Torá, com grande comoção (Neemias 8:1-18), seguida de uma cerimônia expiatória em busca de arrependimento nacional (Neemias 9:1-38). Depois, Neemias promoveu uma reforma econômica marcada pelo cumprimento da Torá, tratando do comércio no sábado, da guarda do Ano Sabático, dos dízimos para o sacerdócio e da instituição de um imposto para o templo (Neemias 10:1-39). O restante de seu relato acrescenta uma série de listas populacionais de Jerusalém e da Judeia (Neemias 11—12), além da repetição de discursos antiestrangeiros semelhantes a Esdras (Neemias 13:1-3).

As coisas pareciam estar melhorando. Neemias findou seu trabalho reformador e voltou para a Pérsia. Algum tempo depois, retornou a Jerusalém, mas encontrou uma situação bem constrangedora para o seu propósito de purificação da Judeia (Neemias 13:6-7). Primeiro, as salas do templo haviam sido emprestadas para Tobias, um amonita ligado a Sambalate de Samaria, o mesmo que lhe fizera oposição na reconstrução das muralhas. A reação de Neemias foi típica de sua impetuosidade: lançou os móveis de Tobias na rua e expulsou o sacerdote (Neemias 13:4-9). Depois, descobriu que não se entregavam mais os dízimos ao templo, levando os levitas a abandonarem os postos de trabalho por falta de sustento (Neemias 13:10-14); o sábado foi completamente ignorado, sendo realizado comércio sem qualquer tipo de restrição durante o dia sagrado (Neemias 13:15-22); e, para completar o quadro, os judeus voltaram às estrangeiras e até o filho do sumo sacerdote se casara com a filha de seu maior inimigo, Sambalate (Neemias 13:23-31).

O final do livro de Neemias é decepcionante para quem pretendia ser o grande reformador da Judeia. Se algo deu certo em todo o seu empreendimento, é difícil saber.[92] Talvez essas dificuldades expliquem as constantes súplicas de Neemias a Deus para se lembrar dele por tudo o que fez pelo seu povo (Neemias 13:14,22,31). É como se ele dissesse: "Não deu certo, mas eu tentei. O Senhor viu; leve isso em conta ao julgar os meus atos e resultados".

Norte e sul: a ampliação da contenda

Vimos no capítulo dos separatistas como a relação entre sulistas e nortistas sempre foi complicada. Apesar de serem o mesmo povo, não eram exatamente uma unidade, vivendo muito mais tempo em desa-

---

92 SCARDELAI, 2012, p. 103.

vença do que integrados. O extermínio do norte e a formação de uma população mista nos antigos israelitas selaram a separação. Depois de Esdras e Neemias, quando os estrangeirismos foram considerados a razão da punição divina, a imagem dos nortistas perante os judeus azedou de vez.

Tanto Esdras como Neemias foram construtores de muros. Neemias construiu uma muralha física, mas também estimulou um sentimento nacionalista marcado pela separação física entre judeus e estrangeiros. Isso incluía os vizinhos do norte, que tanto atrapalharam as obras da muralha, e também os amonitas. Esdras, por sua vez, utilizando a lei de Deus, colocou uma fronteira espiritual entre seu povo e as demais nações. A ênfase na proibição de casamentos com estrangeiros procurava constituir um povo mais adequado para viver dentro dos muros de Neemias. O desejo dos dois, no final das contas, era ver um povo santo vivendo dentro de uma cidade santa.[93]

Essa pretensão aumentou a rivalidade com os nortistas. Não existem dados históricos sobre a sequência das disputas entre Jerusalém e Samaria, mas as pistas apontam para o recrudescimento da rivalidade. A tradição samaritana situa o início do conflito em Esdras, enquanto Josefo o coloca no estremecimento entre Neemias e os sambalatidas. O fato é que ambos foram peças fundamentais na intensificação das hostilidades, pois a comunidade reestruturada por Neemias e a religião exclusiva de Esdras não permitiam abertura para o contexto sincrético do samaritano em formação.[94]

Os judeus do Egito e a pluralidade da diáspora

Se o eixo entre a diáspora babilônica e Jerusalém fixava uma espécie de ortodoxia judaica, as comunidades do Egito viviam uma situação bastante diferente. Isso nos serve de ilustração para entender a complexidade da condição judaica no mundo. O texto bíblico não trata da diáspora egípcia porque seus autores estavam focados nos acontecimentos do outro lado do Antigo Oriente.

Para suprir essa ausência de dados, temos o auxílio da arqueologia. Um local de assentamento com farto material em documentos escritos é a colônia militar Yeb, situada na ilha de Elefantina. Essa colônia era formada por mercenários judeus cuja origem não está claramente

---
93 PROVAN; LONG; LONGMAN III, 2016, p. 467.
94 DONNER, 1997, p. 493.

definida, mas provavelmente haviam chegado ao Egito por volta do século VI a.C. Uma peculiaridade era o fato de as mulheres terem estatuto legal bastante amplo para o contexto antigo. No entanto, o que mais chama a atenção é o fato de ali ter sido construído um templo dedicado a Iahweh, cujo nome era escrito *Yahu*, usando uma grafia judaico-egípcia. Havia um altar destinado a sacrifícios e recipientes de ouro e prata. Os textos mencionam, além de Iahweh, o deus *Isumbetel* e a deusa *Anatbetel* (união de Anate, deusa cananeia, com Betel). Isso gera debates, pois não se sabe se eram personificações das qualidades divinas ou deuses cultuados ao lado de Iahweh.[95] Esse templo esteve operante pelo menos até a invasão de Cambises, em 525 a.C., foi destruído por opositores egípcios e veio a ser restaurado depois, sendo mencionado em um documento datado de 402 a.C. Cartas entre a comunidade de Yeb e as autoridades de Jerusalém revelam consultas a respeito de rituais, mas não sabemos se houve resposta. Com o fim do domínio persa no Egito, essa comunidade acabou dispersa e o templo desapareceu.[96]

Os documentos demonstram que não houve contestação da Judeia ou da Babilônia aos sacrifícios de Elefantina. Ou seja, a exigência de Jerusalém como o único local de culto não deve ser levada de maneira tão literal quanto se pretende. Não havia uma regra de fé única e homogênea prescrita pela autoridade central e obedecida em todo canto do mundo. Se temos dificuldade em manter uma "ortodoxia" em nossos ambientes denominacionais controlados, imagine a experiência religiosa da Antiguidade. Havia uma amplitude muito grande de formas de cultuar e até mesmo de sincretismo, casamentos liberais e diferentes espiritualidades concorrentes. Não se pode pensar em uma fé judaica unificada durante o longo período persa.[97]

A profecia e a vinda de Iahweh

Os livros de Esdras e Neemias contaram como Deus restaurou os judeus em sua pátria. Mas grande parte das promessas divinas ainda não se havia cumprido: Iahweh não estava reinando na vida cotidiana do seu povo e o tão esperado Reino de Deus estava incompleto.[98] Tal ausência significava, entre outras coisas, precariedade econômica. Vimos

---
95 KRÜGER, 2009, p. 46.
96 VAUX, 2003, p. 379.
97 GERSTENBERGER, 2014, p. 148-149.
98 GOLDINGAY, 2020, p. 250.

tal condição em Neemias, quando lidou com o endividamento popular (Neemias 5:1-5). Além disso, a fragilidade tradicional da Judeia não permitia a produção e o armazenamento de excedentes, extraindo da terra basicamente o suficiente para viver. A consequência era sentida no bolso: a pressão dos impostos do Império Persa, acrescidos do imposto do templo, podia levar algumas famílias ao desespero.[99] Muitos talvez tenham caído em completa incredulidade diante de tal situação.

Malaquias, o último profeta, parece mostrar essa decepção.[100] Seu texto reflete um tempo de decadência e traz uma resposta contundente contra a zombaria. O povo desanimado da Judeia perguntava: Onde está o Deus da justiça? (Malaquias 2:17). A resposta de Malaquias foi dura: Iahweh escolheu Israel em detrimento de Esaú e de todos os outros povos (Malaquias 1:1-5), mas não é honrado pelo seu próprio povo, que profana seu Nome ao descumprir os os mandamentos (Malaquias 1:6-14). As coisas divinas eram tratadas de maneira leviana desde as camadas populares até o sacerdócio (Malaquias 2:1-17). Sim, Iahweh viria, mas não como esse povo imaginava. Ninguém poderia sobreviver quando o Santo de Israel chegasse, pois ele é como o fogo fundidor (Malaquias 3:1-6). Por causa do juízo, seria necessário um mensageiro para preparar o caminho do Senhor (Malaquias 3:1; 4:5-6). O Deus de Israel é abrasador como a fornalha e, por isso, destruirá os maus e presunçosos; mas, por fim, derramará graça e justiça sobre os que temem o seu Nome (Malaquias 4:1-3).[101]

Malaquias impressiona porque revela o sentimento corrente entre os judeus: Deus não havia voltado para Jerusalém mesmo depois de um século da repatriação. Por essa razão, muitos judeus ainda se consideravam exilados até o tempo dos romanos. Em seu significado teológico e político, o exílio ainda não havia terminado. Aquela miséria, aquela exploração permanente de potências estrangeiras, não podia ser a promessa do Deuteronômio e dos profetas.[102] Alguns acreditavam que o Reino estava sendo gradativamente instalado, mas ainda se mostrava incompleto; outros, céticos, não viam Iahweh onde deveria estar. Mesmo vivendo em Jerusalém, ainda estavam exilados. O pior: exilados de seu Deus.

---
99 GERSTENBERGER, 2014, p. 124.
100 Malaquias talvez não seja nome próprio, pois significa "meu mensageiro". É possível que seja uma obra profética anônima. LASOR; HUBBARD; BUSH, 1999, p. 450.
101 KAISER, 2007, p. 264-266.
102 WRIGHT, 2018, p. 34.

Os séculos obscuros e a emergência da Bíblia

Não existem fontes históricas seguras da Judeia para o período entre Esdras (século V a.C.) e as narrativas da rebelião dos Macabeus (relatando os fatos do século II a.C.). Novamente estamos tratando de séculos de total escuridão histórica. É tarefa inútil tentar reconstituir uma suposta história judaica para esse período, a não ser por alguns lampejos pontuais como os textos de Yeb.[103] Sabemos apenas os resultados da dominação estrangeira nos relatos do livro apócrifo de 1Macabeus, o que será tratado no próximo capítulo.

Isso não significa que nada tenha acontecido nesse longo período. Na verdade, pode-se falar de um grande renascimento de Israel. Acabou a era dos heróis, dos protagonistas individuais de miraculosos feitos divinos. Ganhou destaque o ajuntamento comunitário na reconstrução da fé e da vida econômica. Desapareceram os episódios teofânicos da intervenção divina: em Esdras e Neemias, não temos narrativas de Deus abrindo o mar como em Êxodo, derrubando muralhas como em Josué ou desbaratando inimigos como em Juízes. Iahweh não mostrou sua glória no segundo templo; se o livro de Ester sequer cita o nome de Deus, em Esdras e Neemias não temos qualquer ação divina contundente. Deus age, mas de forma oculta. Mudou a concepção teológica dos autores dessas obras tardias; agora, os grandes líderes são porta-vozes do povo, e não arautos de milagres dos céus. Depois do exílio, nascia uma consciência comunitária, na qual a nova autoridade não era mais oriunda do rei, do sacerdote, do profeta; ela foi gradativamente transferida para o texto das Escrituras.[104] Foi um tempo marcado pela busca de restauração do antigo. Esdras e Neemias apenas narram o passado para determinar o presente. Então, cessou o profetismo: o salmista declarava que "não há mais profeta" (Salmos 74:9). A tentativa de restauração fixou a atenção nos textos e o escriba ganhou preeminência.[105]

O silêncio divino e profético era correspondido pelo trabalho silencioso dos escribas. Nesse tempo de obscuridade histórica, possivelmente ocorreu a conclusão do Antigo Testamento, ou pelo menos a compilação de grande parte dessa literatura. A datação das obras veterotestamentárias são controversas e não há espaço neste livro para

---
103 DONNER, 1997, p. 490-491.
104 SCARDELAI, 2012, p. 21-23.
105 ARENHOEVEL, 2012, p. 319.

apresentar tais discussões. Teria sido acrescentado material textual aos documentos proféticos? Sim, é possível — os escribas também podem ter sido inspirados pelo Espírito Santo. Havendo acréscimo ou não, o fato é que, nessa época, os antigos textos ganharam caráter sagrado. Nascia um fenômeno novo: a fé centralizada em um livro ainda em compilação. Os judeus não mais diziam: "Ouça a voz de Deus!" (Isaías 1:10), mas "investiguem na Escritura e leiam!" (Isaías 34:16).[106]

Como esses textos chegaram a ser reunidos e considerados sagrados? É um mistério histórico. Tomemos como exemplo os livros dos profetas. É muito difícil acreditar que eles circulassem na corte de Jerusalém antes do exílio, pois a monarquia era o alvo dos mais severos presságios. Veja como o rolo de Jeremias foi queimado diante do rei (Jeremias 36:10-23). Muito provavelmente as palavras proféticas foram guardadas na memória do povo comum ou talvez como textos escritos circulando entre os clãs. Certa vez, anciãos mencionaram profecias em defesa de Jeremias para o rei de Judá (Jeremias 26:12-24). É muito possível que parte dos textos proféticos tenham ficado nas mãos dos remanescentes da Judeia, os pobres sobreviventes das invasões, recuperados nos séculos seguintes pelos exilados que retornaram.[107] Enfim, não sabemos como isso aconteceu. O texto da Torá ganhou estatuto de escritura canônica pelo menos desde Esdras. Depois, essa confiança foi ampliada para os demais escritos históricos, proféticos e sapienciais. A leitura litúrgica desses documentos levou à lenta substituição do sistema sacrificial pelo culto baseado na palavra, pressuposto para o desenvolvimento das sinagogas.[108] Enfim, da obscuridade dos séculos de história perdida dos exilados, começou a emergir a Bíblia.[109]

Conclusão

O exílio não significou o fim do povo judeu, mas sua transformação. Também não produziu uma identidade monolítica válida para todas as partes do mundo. A diáspora foi múltipla, assim como os judeus emergentes dela. Algumas características ganharam preeminência, outras

---

106 DONNER, 1997, p. 494-495.
107 SCHWANTES, 2009, p. 63.
108 DONNER, 1997, p. 495.
109 Sobre a formação histórica e teológica da Bíblia, veja WON, Paulo. *E Deus falou na língua dos homens*: uma introdução à Bíblia. Rio de Janeiro: Thomas Nelson Brasil, 2020.

ficaram pelo caminho. Houve conflitos, como o dos nortistas com os judeus, ou dentro da Judeia, entre os exilados e os sobreviventes. Mas duas tendências foram ganhando forma: uma identidade centralizada na Torá e nos diferenciais do sábado e da circuncisão, ressaltados pelos casamentos intraétnicos; e outra com o foco no segundo templo, ganhando um exclusivismo que nem a obra de Salomão havia alcançado. Essas duas identidades não eram mutuamente excludentes, pois o judeu da diáspora geralmente tinha o seu coração voltado para Jerusalém e para a expectativa de ver Iahweh em seu templo. Daniel não orava voltado para Jerusalém?

A percepção da divindade também cresceu. Com Iahweh, não se brinca. Ele é livre para agir e também para silenciar. Típicas de tempos de crise intensa foram as diferentes respostas ao mesmo problema. Se alguns perguntavam pela ausência de Deus, também emergiam novas compreensões. Iahweh se revelou como o Deus universal para todas as nações, não apenas para Israel. Assim como trouxe julgamento sobre os eleitos, também traria para todos os povos, cujos pecados clamavam por justiça. Assim como trouxe graça e bondade sobre Israel e Judá, também o faria sobre toda a terra. A misteriosa promessa a Abraão — abençoar todos os povos — ganhava contornos levemente mais claros. Em meio aos pagãos, renovava-se a esperança do Ungido reinando em Jerusalém. Iahweh ainda voltaria para os seus. Foi um tempo de tristeza, angústia, dúvidas até, mas também de esperança. No silêncio de Deus, o caráter de homens e mulheres era forjado.

Capítulo 8
OS REVOLUCIONÁRIOS

Os séculos entre o Antigo e o Novo Testamento foram chamados pelos protestantes de "período interbíblico". Tal nomenclatura foi dada pelo entendimento de um suposto silêncio profético entre Malaquias e João Batista. De certa maneira, a concepção está correta, pois muitos judeus continuavam sentindo-se exilados pela "ausência" de Iahweh no templo. Entretanto, não foi uma época improdutiva ou de desolação; foi de altíssima imaginação, sonhos e esperança.

Era um tempo de grande agitação na Judeia. Depois de séculos de miséria e desamparo, finalmente houve bom desenvolvimento econômico, aumento significativo da população, expansão da diáspora e relacionamento entre diversas comunidades judaicas espalhadas pelo mundo. O centro catalisador dessa unidade "nacional" foi o segundo templo de Jerusalém, umbigo do mundo e destino das peregrinações. De uma vila nos arredores de Jerusalém, nasceu um movimento nacionalista sem precedentes na história bíblica: a revolução dos macabeus. Desse sensacional episódio, emergiriam facções, cada uma com leituras peculiares da realidade vivida e da multifacetada expectativa em torno do Deus de Israel, o Único. Entre tantas esperanças, ganhou evidência a de um Messias guerreiro, um libertador a conduzir o povo de Israel para dentro do Reino. Foi um tempo de revolucionários.

O contexto geopolítico do Antigo Oriente Próximo e da Europa

Jerusalém estava em condição miserável após o retorno do exílio, e seu povo levantava o segundo templo a muito custo. Enquanto isso, o poderoso Império Persa invadia a Europa. Duas culturas de bases completamente distintas se chocavam. Os persas haviam sonhado em conquistar a Grécia e expandir o império em direção ao Ocidente, mas fracassaram. Os gregos emergiam do conflito com possibilidades de crescimento e influência até então nunca imaginadas. A vitória veio justamente na época áurea da cultura grega, o Período Clássico, e significou, no longo prazo, a transição do imperialismo do Oriente para o Ocidente.

Os persas invadiram a Trácia em 512 a.c., sob o comando de Dario I. O imperador persa não conseguiu superar os citas do norte do Danúbio, mas já estava com um pé dentro da Europa. Sucessivos levantes levaram Dario a voltar em 490 a.c., ocasião em que incendiou a Etréria e escravizou seus habitantes. Depois chegou a Maratona, onde o exército persa foi destroçado por 10 mil atenienses, basicamente da infantaria. O feito trouxe repentina glória para Atenas em sua fase mais impressionante de cultura e civilização. A cidade devota de Atena surgia como a principal potência entre as cidades gregas. Dario amargou a derrota e preparou uma nova invasão, mas faleceu antes de concretizar seu sonho, transferido para Xerxes I.[1]

Xerxes convocou uma impressionante força militar e invadiu a Grécia em 480 a.C. Esparta tentou formar uma coalizão, mas fracassou. Atenas recuou o exército para proteger sua cidade, enquanto as cidades do Peloponeso, no sul da Grécia, não convocaram suas forças por causa das festividades olímpicas. As tropas persas desembarcaram nas Termópilas, onde enfrentaram apenas 1.400 soldados de Tebas e Téspias, além de trezentos espartanos comandados pelo rei Leônidas. A resistência aos persas durou alguns dias até os gregos sucumbirem e entrarem para a história como uma das maiores narrativas de bravura de todos os tempos. O exército persa avançou até Atenas, onde venceu as tropas terrestres e destruiu a cidade abandonada. Os atenienses

---

1 LEVI, Peter. *A civilização grega*. Barcelona: Folio, 2008. [Grandes civilizações do passado] p. 129-133.

se haviam retirado para o mar, no qual mantiveram a superioridade e destroçaram a armada persa na batalha de Salamina. Depois disso, Xerxes retirou-se para Sardes, enquanto o exército persa se reagrupava na Tessália para sitiar as fortalezas da região. Então, os gregos finalmente se articularam: Esparta enviou 5 mil soldados acompanhados de 5 mil aliados do Peloponeso e 20 mil servos, os quais, unidos aos 8 mil atenienses e a outras forças regionais, formaram um considerável exército. Gregos e persas voltaram a se confrontar na planície de Plateias no ano seguinte, em 479 a.C., quando os invasores foram completamente derrotados. O general persa morreu, os aliados gregos dos persas foram executados em Corinto, e o butim — a maior riqueza que os gregos jamais haviam visto — foi distribuído entre os aliados.[2]

As disputas na Grécia e a emergência dos macedônicos

Atenas foi a grande vitoriosa das guerras com os persas. Conquistou hegemonia e organizou uma liga de cidades sediada em Delos (chamada Liga Délia), a partir da qual recolhia impostos para sustentar uma política militar sob sua liderança. Os atenienses conquistaram o predomínio naval no Mediterrâneo, tomando a supremacia dos fenícios. Essa expansão de Atenas sobre a Grécia começou a ser questionada na década seguinte, razão pela qual outra coalizão organizou-se ao sul, a Liga do Peloponeso, liderada por Esparta. Não funcionou e a posição de Atenas fortificou-se ainda mais, ampliando sua riqueza com voracidade. A partir de 440 a.C., Péricles encabeçou uma brilhante política de obras públicas, transformando Atenas na rica e magnífica sede da arte grega clássica.[3]

Os conflitos de interesses entre Atenas e as outras cidades gregas, principalmente Esparta, acabaram estourando na guerra direta, opondo as forças da Liga Délia e a Liga do Peloponeso, em 431 a.C. O conflito foi iniciado com a invasão de tebanos a Plateia e de espartanos ao território de Atenas, com respostas ofensivas da frota ateniense. Depois disso, o que se viu foi um estado de guerra permanente, em combates anuais, durante quase três décadas, enfraquecendo gradativamente a Grécia como um todo. Apesar de uma tentativa de paz e de novas coligações entre 421 e 420 a.C., a violência entre as cidades aumentava,

---
2 LEVI, 2008, p. 133-139.
3 LEVI, 2008, p. 140-141.

enquanto Atenas enfraquecia. Por fim, os persas também se envolveram apoiando Esparta. Atenas rendeu-se em 404 a.C., tendo a maior parte de suas possessões estrangeiras confiscadas, sua frota reduzida ao mínimo e suas muralhas derrubadas. Os espartanos ascenderam na hegemonia da Grécia, mas sua supremacia era muito frágil, como se veria nos anos seguintes.[4]

O elemento definitivo para o futuro grego viria de fora, do norte da Grécia, onde existiam vários pequenos reinos. Entre eles, um Estado instável, governado por monarcas envoltos em assassinatos e sucessivas tomadas de poder. Era a Macedônia, um reino que disputava predomínio enquanto a Grécia se esfacelava em guerras intermináveis. Em 359 a.C., o general Felipe II organizou um exército de 10 mil soldados bem disciplinados e conseguiu controlar toda a Macedônia. Depois, avançou contra a Trácia e tomou Anfípolis com suas minas de ouro, onde confrontou diretamente os interesses de Atenas. Seguiram-se outras conquistas até Filipe assumir o título de rei, em 356 a.C. Nos anos seguintes, avançou, aproveitando outra série de disputas entre os gregos, e vencendo sucessivamente suas cidades até chegar ao confronto decisivo contra uma coligação organizada por Atenas e Tebas na planície de Queroneia. Filipe venceu os gregos em uma batalha encarniçada em 338 a.C. e pôde impor suas condições. Dali em diante, sob o controle da Macedônia, a Grécia voltaria os olhos para o Oriente. Filipe anunciava, em 337 a.C., a intenção de iniciar uma guerra total contra a Pérsia.[5]

Alexandre Magno

O conquistador da Grécia não conseguiu levar seu propósito adiante. Filipe foi assassinado no teatro de Pela, a capital da Macedônia. O trono ficou para seu filho, o audacioso Alexandre III, um jovem de 18 anos educado aos pés de Aristóteles. Alexandre ratificou a soberania macedônica na Grécia e, em 335 a.C., iniciou a campanha contra a Trácia, a fim de resgatar o território ainda sob o domínio persa. Retomada aquela parte da Europa, atravessou o istmo e entrou na Ásia Menor em 334 a.C. Começou a campanha dentro do território do Império Persa, sacrificando aos deuses em Troia e conquistando a primeira vitória às margens do rio Granico. Refundou Troia, libertou Sardes e restaurou

---
4 LEVI, 2008, p. 142-143.
5 LEVI, 2008, p. 176-177.

a democracia em Éfeso, iniciando uma série triunfal de libertações de cidades gregas. Em Mileto, superou o poderio naval persa. No ano seguinte, encontrou o imperador Dario III em Issus, na costa sudeste da Ásia Menor, e destroçou seu exército. Dario fugiu enquanto Alexandre avançava livre para o sul, conquistando a Síria e a Fenícia. Deteve-se por oito meses no cerco a Tiro até invadir a cidade, e depois tomou Gaza, chegando então à África, onde conquistou o Egito. Fundou a cidade de Alexandria em homenagem a si mesmo, procedimento repetido em muitas outras cidades criadas durante suas conquistas. Após ser proclamado rei do Egito, voltou para a Ásia, conduzindo uma infantaria de 40 mil soldados e 7 mil cavaleiros. Em 331 a.C., atravessou o Eufrates e o Tigre, e novamente enfrentou Dario, em Gaugamela. Foi uma batalha longa e exaustiva, mas Alexandre venceu e o rei persa fugiu outra vez. Babilônia e Susa capitularam ante o macedônico e o caminho para o coração da Pérsia ficou livre. Alexandre destruiu a fortaleza chamada "Portas da Pérsia" em 330 a.C. e entrou, triunfante, em Persépolis, onde apoderou-se do formidável tesouro dos imperadores persas.[6]

Dario III fugiu para o norte, em direção a Ecbatana, mas acabou refém de um parente e foi atacado pelos próprios cortesãos. Alexandre o encontrou morto; estava finda a conquista da Pérsia. Muitos macedônios voltaram para casa, carregados de tesouros, enquanto novos soldados foram recrutados entre os vencidos. Alexandre passou às conquistas em direção ao Oriente. Ao final de 330 a.C., estava na fronteira norte do Afeganistão e, em 326 a.C., cruzava o rio Indo. Quando se viu dentro do território indiano, seus soldados não suportaram mais, ameaçando desertar. Haviam sido levados além do limite imaginável. Alexandre desistiu de seguir adiante, precisando voltar pelo sul através do delta do Indo e atravessar o medonho deserto da Gedrosia, onde muitos morreram. Em 323 a.C., finalmente chegou à Babilônia, onde estabeleceu a capital de seu imenso império. Morreu no mesmo ano, com apenas 32 anos, talvez de febre e excesso de bebida. Deixava inconclusa a ideia de unificar a Grécia e a Pérsia, além de não levar a cabo o plano de uma campanha naval em direção ao Ocidente.[7] Muitos o consideram o maior estrategista militar de todos os tempos, valendo-lhe o epíteto de Alexandre Magno (o Grande).

---
6 LEVI, 2008, p. 178-179.
7 LEVI, 2008, p. 181.

Os impérios dos diádocos de Alexandre

Com a morte de Alexandre, ruiu a unidade do império. Muito jovem, não tinha um sucessor adulto para dar continuidade à sua dinastia. Seu filho ainda era criança e o resultado foi uma contínua disputa entre os generais de Alexandre, provocando caos por toda parte. A coroa da Macedônia ficou dividida entre um meio-irmão e seu pequeno filho até 319 a.C., quando Cassandro tomou o poder e matou os dois, além da mãe de Alexandre.[8] Os *diádocos* (sucessores) de Alexandre lutaram pelo domínio durante uma geração inteira, cada um estabelecido em uma região do vasto império. Cerca de quarenta anos depois, três grandes reinos se acomodaram: o Egito, com Ptolomeu II, filho de Ptolomeu (a dinastia dos lágidas); a Ásia, com Antíoco I, filho de Seleuco (a dinastia dos selêucidas); e a Macedônia, com Antígono II Gônatas. Sobre este último, permaneceu o verdadeiro poder continental da Europa, pois a Grécia estava em franca decadência, vivendo apenas da aparência de cidades outrora gloriosas, como Atenas e Corinto.[9]

Mas não foi a Macedônia que sustentou o brilho do poder monárquico de Alexandre: foram os reinos do Oriente. O reino africano do Egito foi o mais rico, reencontrando a majestade perdida desde o tempo dos faraós mais bem-sucedidos. Durante os governos dos cinco primeiros lágidas, houve colaboração dos gregos, marcante expansão territorial e vitórias diante dos selêucidas. Essa prosperidade durou até o século II e a anexação ao Império Romano no tempo de Cleópatra, em 30 a.C. Mas o Egito não foi o maior reino, embora fosse o mais rico. O reino asiático de Antíoco era absurdamente vasto, pois ficou com a parte mais oriental das conquistas de Alexandre, estendendo-se desde o Afeganistão à Ásia Menor e do Mar Negro até a Síria. Nesse imenso território, falavam-se as mais variadas línguas, como grego, persa, aramaico e dialetos asiáticos, e praticavam-se diversas religiões, como o politeísmo grego, o zoroastrismo, o judaísmo e os cultos de mistérios da Anatólia. Tanta variedade resultava em uma tendência permanente de desagregação, cuja unidade era mantida à força. Os selêucidas escolheram como centro de governo a Síria, onde foi construída a capital Antioquia, por volta de 300 a.C. A fundação da capital, próxima ao Mediterrâneo e não no Oriente, explicitava a intenção dos selêucidas

---

8 LEVI, 2008, p. 181.
9 LÉVÊQUE, Pierre. *O mundo helenístico*. Lisboa: Edições 70, 1987. p. 22-24.

de serem definitivamente gregos. Esse império viria a perder a Média, a Pérsia e a Babilônia para os partas a partir do século II a.C. Depois, a decadência foi acentuada até permanecer apenas a Síria, finalmente conquistada pelos romanos em 64 a.C.[10]

O helenismo

Alexandre era entusiasmado pela cultura grega. Decidiu levá-la para o mundo inteiro, e seus sucessores mantiveram o mesmo entusiasmo. Do encontro dos gregos com o Oriente, nasceu o *helenismo*, termo derivado da forma como os gregos chamavam a si mesmos — *helenos*, os habitantes da *Hélade*. Como dezenas de povos passaram a ser governados por elites de origem macedônica, o grego tornou-se a língua oficial. Além disso, foram fundadas muitas cidades como Alexandria e Antioquia, nas quais desenvolveu-se uma vida intelectual bastante intensa, estabelecendo trocas culturais as mais variadas.[11] Entretanto, deve-se tomar certo cuidado com o conceito de helenismo: por vezes entendido como uma feliz amálgama ou combinação de culturas, na maioria dos casos foi mesmo a imposição grega sobre as antigas culturas participantes do Império Persa. Mais tarde, quando se defrontou com Roma e perdeu o domínio político, o elemento grego sobreviveu, influenciando também os romanos.[12]

A língua da Grécia e seus dialetos (jônico-ático, dórico e eólio) já eram difundidos desde a colonização grega no Mediterrâneo, no século VII a.C. Depois, com a hegemonia de Atenas, o dialeto ático falado em suas ruas desenvolveu a prosa, tomando emprestados elementos dos outros dialetos, até dar origem ao *koinê*, a língua universal entre os gregos. Quando foi levado por Alexandre para o Oriente, o *koinê* tornou-se a língua popular e literária de todo o contexto helenista. Mesmo depois da conquista romana, permaneceu como língua franca no lado oriental do império e frequentou também os palácios em Roma. O *koinê* era caracterizado pela variedade estilística e expressiva, uma vez que estava espalhado por diversos contextos do Mediterrâneo e do Oriente Próximo. Em função da popularização, desenvolveu-se uma distinção entre texto e oralidade: nas escolas, ainda se estudavam os clássicos, os

---

10 LÉVÊQUE, 1987, p. 39-45
11 FUNARI, Pedro Paulo. *Grécia e Roma*. 3. ed. São Paulo: contexto, 2004. p. 76.
12 KOESTER, Helmut. *Introdução ao Novo Testamento*. Volume 1: história, cultura e religião do período helenístico. São Paulo: Paulus, 2005. p. 44.

quais ditavam as regras gramaticais na escrita, enquanto ganhava corpo uma língua falada e viva, a qual viria a dar origem ao grego moderno.[13] A influência helenista não acontecia apenas na língua. O elemento grego manifestava-se visivelmente na forma de uma vasta cultura material revelada em peças do cotidiano como a cerâmica, nas obras de arte como esculturas e pinturas, além da majestosa arquitetura helenista marcada pela monumentalidade. Além disso, reflexos dessa influência poderiam ser percebidos no estilo de arte local, chegando até mesmo a regiões longínquas como o Afeganistão e alguns elementos da arte budista. O local de maior helenização foi muito próximo a Roma, especialmente na Etrúria e no sul da Península Itálica. Daí a profunda relação do helenismo com o futuro mundo romano.[14]

As características dos revolucionários da Judeia

A vida cotidiana na Judeia era pacífica durante o domínio persa, embora pouco promissora. A chegada de Alexandre e seus sucessores trouxe profundas transformações na própria cultura judaica. O processo instaurado pelo helenismo foi intenso entre os judeus da diáspora ocidental e atingiu também a terra pátria da Judeia. O helenismo era um estilo de vida das camadas superiores; era moda, mas também uma imposição civilizacional. Quem quisesse ascender na sociedade helenista precisava assimilar seus princípios. Muitos judeus adotaram costumes e nomes gregos, em busca dos benefícios dessa assimilação. Isso não significava necessariamente abandonar a identidade judaica, pois os judeus helenizados foram os tradutores da Septuaginta, por exemplo. Mas até mesmo a comunidade mais tradicional, aquela que não aceitou a maioria das influências helenistas, não escapou aos princípios de seu tempo. A lei foi associada ao conhecimento no sentido filosófico, e a sinagoga tornou-se a escola em que esse processo aconteceu. Assim como o pagão ascendia a uma cultura superior por meio da educação grega, o judeu ascendia em sua própria cultura por meio do estudo da

---

13 SCHREINER, Josef. *Forma e exigências do Novo Testamento.* São Paulo: Teológica, 2004. p. 40-42.
14 LEVI, 2008, p. 200.

Torá. Outro desenvolvimento decorrente foi a emergência dos "mestres da lei": assim como os filósofos eram cercados de alunos, os judeus mais sábios também constituíam discípulos ávidos por saber.[15]

Uma identidade firmada no segundo templo

Como vimos no capítulo dos exilados, a comunidade da Judeia passou a constituir uma identidade religiosa e nacional no entorno do segundo templo. O povo estava próximo de Jerusalém, participava das celebrações, e o sacerdócio ganhava cada vez mais importância. Com o tempo, os sacerdotes tornaram-se a elite local. Nessa época, passou-se a chamar sua autoridade máxima de *sumo sacerdote*, termo inexistente até então.[16] A pequena comunidade do segundo templo conseguiu um feito que nem os poderosos Davi e Salomão haviam conquistado. Jerusalém e seu templo ganharam o coração do povo.

Essa centralidade efetiva permitiu o desenvolvimento de uma verdadeira separação ritual dos estrangeiros, projeto sem muito sucesso antes do exílio. O princípio estava registrado na Torá: era preciso "separar o sagrado e o profano, o impuro e o puro" (Levítico 10:10). As ideias de sacralidade operam com polos opostos: um sagrado e outro profano. Ou seja, o sagrado só é compreendido em relação ao profano como seu oposto. Os judeus, povo pertencente ao espaço sagrado de Iahweh, tornavam-se o elemento "puro" e "santificado", em oposição aos outros, relacionados ao profano e ao elemento "impuro". Assim, as celebrações do tempo sagrado em festas religiosas e o espaço sagrado no templo ganharam fronteiras mais rígidas, separando os judeus dos demais povos. Não apenas o templo, mas também as casas dos judeus, passaram a estabelecer áreas de possível convívio com os estrangeiros, algumas zonas intermediárias e, por fim, a completa separação do espaço sagrado do Santo Deus.[17] Ancorado nesse princípio, veremos, por exemplo, o apóstolo Pedro reticente ao entrar na casa de gentios em Cesareia (Atos 10:28), pois ele era o elemento "puro" penetrando em um espaço "impuro". Essa compreensão levou a atos extremos como no tempo dos reis asmoneus, intensamente judaizantes, quando os estrangeiros foram expulsos se não adotassem a circuncisão e as leis judaicas.[18]

---
15 GUNNEWEG, 2005, p. 252-254.
16 ARENHOEVEL, 2012, p. 321.
17 SCHMIDT, Francis. *O pensamento do templo de Jerusalém a Qumran*: identidade e laço social no judaísmo antigo. São Paulo: Loyola, 1998. p. 74-75.
18 SCHMIDT, 1998, p. 113.

Ou seja, se houve uma separação étnica iniciada com Esdras, ela ganhou maior intensidade a partir da singularidade ideológica do templo na vida das comunidades, estabelecendo gradativamente uma separação radical entre judeus e gentios.

A imensa pluralidade das comunidades da diáspora judaica também teve a identidade geral reforçada aos poucos. Apesar de falarem línguas diferentes e expressarem elementos culturais distintos, havia um eixo principal que conferia coerência, o que permitia a sobrevivência em um ambiente às vezes hostil. Esse eixo principal era o mesmo do exílio: a centralidade na Torá, o monoteísmo e a identidade étnica reforçada pelas leis alimentares, a circuncisão e a guarda do sábado. Os encontros nos sábados ficaram ainda mais marcados pela construção dos primeiros prédios para abrigar as sinagogas. Eram os locais em que funcionava a casa de oração, organizavam-se tribunais próprios e realizava-se a assistência aos pobres da comunidade. Os mais antigos prédios com função sinagogal foram encontrados no Egito, construídos entre 246 e 221 a.C. As sinagogas não possuíam padrão arquitetônico, seguiam as influências da cultura local, mas mantinham como elemento comum um espaço para o depósito dos rolos bíblicos e uma plataforma para a palavra do expositor das Escrituras. Como era um local aberto também às mulheres, a sinagoga tornou-se um verdadeiro centro da vida cultural, judicial e social dos judeus da diáspora.[19]

Havia, portanto, muitas comunidades judaicas espalhadas pelo mundo e uma situada na Judeia, próxima ao segundo templo. A união entre essas comunidades ocorria nas festas, especialmente na Festa da Páscoa, na Festa dos Tabernáculos e no Dia do Perdão (ou Expiação). Cada judeu sentia a necessidade de, pelo menos uma vez na vida, visitar o templo de Iahweh, além de remeter anualmente o imposto do templo para o sacerdócio e seguir os decretos do Sinédrio de Jerusalém. A importância da Terra Prometida ganhava os contornos de uma pátria, especialmente pelo vínculo do termo *judeu* à localidade chamada *Judeia*. Finalmente, havia ainda as vantagens comerciais proporcionadas por uma rede de comunidades espalhadas pelo mundo, onde comerciantes em deslocamento recebiam hospedagem e bons negócios.[20] Esse

---
19 KRÜGER, 2009, p. 72-78.
20 KRÜGER, 2009, p. 79-80.

contexto promovia um forte vínculo de identidade cultural, dando aos judeus reconhecimento em diversos lugares do mundo. Mas atenção: isso não significava uma homogeneização, como veremos adiante.

A língua dos revolucionários

A experiência da diáspora levou os judeus a se adaptarem a circunstâncias variadas. Novos idiomas foram introduzidos além do hebraico e do aramaico: o grego no Egito, o latim em Roma, o aramaico babilônico na Babilônia, entre outras línguas nos locais em que os judeus viviam. Era necessário interpretar e ensinar a lei na língua local a fim de sustentar a tradição judaica, mantendo a identidade de Israel e adaptando o conteúdo da fé para cada geração e contexto. Ou seja, a mesma cultura judaica foi traduzida para diversos idiomas. Mas os sábios, escribas e líderes das sinagogas insistiram no hebraico e no aramaico em suas liturgias, mantendo as línguas originais em função do estudo e da interpretação da Torá.[21]

Como vimos no início deste capítulo, a chegada de Alexandre produziu a emergência de um novo poder internacional, um império de fala grega. Com o passar do tempo, o helenismo elevou o *koinê* ao status de língua franca. Essa nova condição também se impôs aos judeus que se encontravam debaixo da autoridade dos impérios macedônicos, os quais controlavam desde a Babilônia até o Egito. Por isso, costuma-se falar do surgimento de um *judaísmo helenístico*. Essa vertente era composta por judeus que assimilaram elementos culturais gregos tanto na vida cotidiana como na linguagem e na escrita. Exemplos clássicos desse tipo de judaísmo foram Fílon em Alexandria e Josefo em Jerusalém, ambos escrevendo em grego e utilizando referências da literatura e da filosofia helenistas. Mas é importante ressaltar: tal uso não significou um comprometimento impensado com a cultura grega. Houve diálogo e apropriação, mas também contínua e tensa negociação de valores. A Torá continuava sendo a regra de fé e comportamento.[22] Um produto direto desse binômio "assimilação-fidelidade" foi a tradução da Torá para o grego na famosa Septuaginta, como veremos adiante.

---

21 SCARDELAI, 2012, p. 204.
22 RIOS, César Motta. O que é e não é judaísmo helenístico? *Revista Caminhos* – Revista de Ciências da Religião, Goiânia, v. 15, n. 2, 0. 234-248, jul./dez. 2017. Disponível em: <seer.pucgoias.edu.br/index.php/caminhos/article/view/4492>. Acesso em: 8 jul. 2020. p. 237.

O nascimento do termo "judaísmo"

Se o exílio tornou o termo judeu popular entre os descendentes dos judaítas, uma nova palavra de caracterização coletiva surgiu no período dos revolucionários: o termo *judaísmo*. A expressão apareceu pela primeira vez nas narrativas dos macabeus, escritas em grego por volta de 120 a.C. (2Macabeus 2:21; 14:38). A palavra "judaísmo" deriva da designação étnica "judeu" encontrada no livro de Ester (Ester 2:5; 5:13). Nascia um termo relacionado à localização da Judeia, mas não seguindo a mesma correspondência geográfica; era a referência a um povo com características étnicas e políticas, com determinadas práticas religiosas e espalhado por todo o mundo.[23] O judaísmo não era uma "religião", um sistema teológico, mas um conjunto característico de crenças e modo de vida recebido dos antepassados e retransmitido aos descendentes.

Por isso, o judaísmo não pode ser reduzido a um único aspecto. Cada comunidade possuía ideias diferentes de como um judeu deveria ser e se comportar, seguindo formulações definidas em determinado tempo e em determinado lugar. Os estudiosos preferem falar em "judaísmos", uma vez que comportavam grupos bem específicos, como fariseus, saduceus e essênios, entre outros. Muitos desses grupos disputavam a preferência popular. Se levar em conta os números, cada facção possuía alguns milhares de membros, o que não representava a maioria da população. Como já mencionei, havia uma série de características que poderiam ser entendidas como um judaísmo geral: a fé monoteísta em Iahweh, o próprio povo de Israel conforme a tradição, o templo de Jerusalém como centro da fé e a Torá como palavra divina revelada.[24] Foi em torno desses fundamentos básicos do "judaísmo universal" que se desenvolveram as diversas doutrinas, teologias e especulações.

Havia também diferentes interações desses judaísmos com as outras culturas. Os judeus do meio helenista eram os que mais negociavam. Por causa desse constante diálogo, também não se pode falar em um judaísmo helenista monolítico, mas em diversas correntes até mesmo dentro das mesmas comunidades. Em Alexandria, por exemplo, houve judeus helenistas que chegaram a escrever uma peça teatral sobre Moisés, adaptando totalmente a sua tradição aos moldes gregos, enquanto

---
23 SCARDELAI, 2008, p. 77.
24 CAMPBELL, Jonathan G. *Deciphering the Dead Sea Scrolls*. 2. ed. Oxford: Blackwell, 2002. p. 113-115.

outros viviam isolados em vida ascética e contemplativa, dedicando-se ao estudo da Torá. Ou seja, na diáspora existiam comunidades agrupadas por afinidades teológicas e ideológicas, o que produzia diversas tradições. Isso se reflete, por exemplo, no judaísmo que mantinha um templo em Leontópolis, enquanto as sinagogas de Alexandria o ignoravam completamente, mantendo peregrinações ao templo de Jerusalém.[25] Ainda como exemplo dessa diversidade, pode-se falar em um judaísmo enoquita, os judeus seguidores da tradição apocalíptica baseada no livro de 1Enoque, cuja visão de mundo os levava a se considerarem uma comunidade de escolhidos aguardando o julgamento e o fim dos tempos. Os enoquitas rejeitavam o segundo templo por sua impureza e aguardavam sua destruição, para então Deus promover a reformulação cósmica de todas as coisas.[26] Trataremos melhor dessas crenças apocalípticas mais adiante.

Enfim, assim como temos o surgimento de uma identidade suficientemente sólida para ser identificada como "judaísmo", também o judaísmo possuía uma incrível pluralidade de ideias, como se fossem afluentes de um mesmo e caudaloso rio.

As comunidades da diáspora judaica

O Egito continuou a ser um dos centros judaicos mais importantes fora da Judeia. Alexandria era a capital desde Ptolomeu I Sóter, atraindo imigrantes judeus durante todo o período do segundo templo. Especula-se que na primeira metade do século I d.C. havia em torno de um milhão de judeus no Egito.[27] Os de Alexandria viviam sob forte influência do helenismo. O impacto foi tão grande que ali se desenvolveu uma filosofia greco-judaica, cujo maior representante foi Fílon de Alexandria (15 a.C.–45 d.C.), além de florescer uma vasta literatura apócrifa, apocalíptica e sapiencial. Os judeus de Alexandria chamavam Iahweh de *Kyrios* (*Senhor* em grego), uma tradução direta do hebraico *Adonai*, substituto reverente do nome divino. Os judeus de Alexandria falavam o *koinê*, enquanto os da Babilônia continuavam utilizando o

---
25 RIOS, 2017, p. 241-242.
26 TERRA, Kenner Roger Cazotto; ROCHA, Abdruschin Schaeffer. Judaísmo enoquita: pureza, impureza e o mito dos vigilantes no Segundo Templo. *Horizonte* – Revista de Estudos de Teologia e Ciências da Religião, Belo Horizonte, v. 17, n. 52, p. 148-166, jan./abr. 2019. Disponível em: <periodicos.pucminas.br/index.php/horizonte/article/view/P.2175-5841.2019v17n52p148>. Acesso em: 8 jul. 2020. p. 153, 163-164.
27 KRÜGER, 2009, p. 44.

aramaico como língua corrente. Os judeus da diáspora egípcia fundaram mais um templo em Leontópolis, construído sobre um antigo templo egípcio abandonado. Esse templo surgiu a pedido do sacerdote Onias IV, emigrado para o Egito após fracassar em assumir o cobiçado cargo de sumo sacerdote em Jerusalém. A reforma realizada no templo de Leontópolis seguiu a planta de Jerusalém, em uma obra concluída em 160 a.C., contando com ritual sacerdotal e serviço de levitas iguais aos da Judeia.[28] Esse templo permaneceu ativo até 73 d.C., depois da destruição de Jerusalém. Os judeus de outras localidades o viam com maus olhos e seus sacrifícios eram contestados pela Mixná (a tradição oral). Entretanto, por razões desconhecidas, ele não foi condenado pela lei do santuário único.[29]

Outra comunidade judaica importante no norte da África encontrava-se em Cirene, na atual Líbia, onde muitos judeus ocupavam importantes cargos políticos e culturais. Além do litoral africano, todo o entorno do Mediterrâneo foi alvo de migrações judaicas, tanto na condição de foragidos, prisioneiros de guerra ou escravos, como em novos assentamentos comerciais e agrícolas. A expansão dos reinos helenistas promovia a fundação de cidades, necessitando, portanto, de colonos, cujas ofertas de cidadania e estímulos comerciais atraíam os judeus. Segundo Josefo, a Síria era a região com o maior percentual de judeus, especialmente Antioquia, seguida por Damasco. A comunidade judaica de Antioquia provavelmente teve seus primeiros judeus migrados no século III a.C. e continuou a crescer até o Império Romano. Também há testemunhos da presença judaica na Ásia Menor, Grécia e Itália, fato atestado nas viagens paulinas registradas em Atos. Os contatos dos asmoneus com os romanos (1Macabeus 8:17-32; 14:16-24) mostram a existência de judeus em Roma pelo menos desde o século II a.C., desfrutando certa prosperidade no tempo de Augusto.[30]

Apesar da tendência migratória em direção ao Ocidente, as comunidades da diáspora oriental (formada pelos deportados na Assíria e na Babilônia) continuaram a crescer e se fortalecer nos séculos seguintes. Os mais importantes centros do judaísmo mesopotâmico foram Nehardea (no rio Eufrates) e Nisibis (no rio Jabur). As comunidades orientais

---

28 KRÜGER, 2009, p. 51-53.
29 VAUX, 2003, p. 380.
30 KRÜGER, 2009, p. 53-56.

viriam a ter ainda maior importância no futuro, pois desenvolveriam o Talmude Babilônico, um longo conjunto de debates rabínicos a respeito da Torá, concluído por volta de 500 d.C.[31]

A comunidade samaritana

Os israelitas sobreviventes das invasões assírias passaram gradativamente a ser vinculados ao nome da capital de sua província, Samaria. Assim, no período helenista, foi forjada a identidade dos *samaritanos*. Separados dos judeus pelas regras da pureza étnica, os samaritanos fiéis a Iahweh construíram sua identidade em oposição e resistência ao monocentrismo do culto judaico. Eles promoveram um monocentrismo concorrente, afirmando estar entre eles o local correto de culto a Iahweh, segundo as tradições vinculadas aos locais de adoração dos pais Abraão e Jacó. A oposição a Jerusalém viria a ser concretizada na construção de um templo próprio samaritano em Gerizim, monte tradicional na localidade de Siquém.[32] É muito provável que o sacerdócio do templo de Gerizim tenha vindo de Jerusalém, afastado por discussões internas. Com a assimilação da província de Samaria pelos asmoneus, as tensões entre judeus e samaritanos aumentaram. O fato é que os samaritanos se entendiam como israelitas, descendentes diretos do grande Israel, do qual Judá se havia separado no passado. Os judeus, por sua vez, viam os samaritanos de forma bem ambivalente, por vezes até mesmo como pagãos.[33]

A escolha de Gerizim estava vinculada à história "nacional" de Israel: ali foi celebrada a aliança com Iahweh por meio de Josué (Josué 8:32-35). A tradição samaritana afirmava que seu templo fora fundado por Josué, destruído por Nabucodonosor e reconstruído por Sambalate no retorno do exílio. Josefo, por sua vez, especulava a construção por volta de 332 a.C. De fato, não se sabe quando esse templo foi construído; há certeza de sua existência em 167 a.C., quando Antíoco Epifânio o dedicou a Zeus Xênios (2Macabeus 6:2). Foi destruído por João Hircano I em 128 a.C.[34] A destruição do templo acabou por cimentar definitivamente a hostilidade entre Samaria e Judeia. Os samaritanos resistiram à brutalidade da política religiosa dos asmoneus mantendo o local

---

31 KRÜGER, 2009, p. 58.
32 ZABATIERO, 2013, p. 261.
33 KESSLER, 2009, p. 232-233.
34 VAUX, 2003, p. 382.

como santuário de devoção até o tempo do domínio romano, inclusive recebendo de Roma o reconhecimento de religião lícita distinta de Jerusalém.[35]

As conversões ao judaísmo

Apesar de evitar a "contaminação" dos gentios, o judaísmo se dispôs a certo acolhimento. A conversão de estrangeiros era uma prática comum na diáspora, o que aumentava o tamanho das comunidades judaicas.[36] Talvez a maior atração para os estrangeiros tenha sido a afirmação universal do monoteísmo. O helenismo não desconhecia esse princípio, especialmente na Antiguidade Tardia. A ideia de a realidade derivar de um princípio maior já existia no pensamento socrático. Essa tendência a um entendimento do divino no singular estimulou a aceitação dos princípios monoteístas ao longo do tempo e até mesmo aumentou nos primeiros séculos da nossa era. Entretanto, a essência do "monoteísmo inclusivo" do meio pagão não era a mesma do monoteísmo desenvolvido entre os judeus, pois o Deus de Abraão, Isaque e Jacó não era considerado um substrato dos ídolos, mas o Deus vivo, com vontade de relacionamento e expressão de personalidade. O *Absoluto* da metafísica platônica era diferenciado da realidade plural pelo fato de ser idêntico somente a si mesmo, imperecível e atemporal; isso o aproximava do Deus bíblico. Mas a noção de Iahweh era relacional; por isso, o mandamento de "amar a Deus com todo o seu ser" não tinha paralelo na fé dos antigos.[37] Tal relacionamento pessoal com o divino era um atrativo para os novos convertidos. Além disso, a dimensão internacional do judaísmo trazia vantagens pela solidariedade interna dos judeus, podendo impulsionar economicamente os novos membros.[38]

Assim, numerosos gentios aproximaram-se das comunidades judaicas espalhadas pelo mundo. Esses convertidos eram basicamente de dois tipos: os "tementes a Deus" e os "prosélitos". Os *tementes a Deus* provavelmente eram os simpatizantes da tradição judaica, mas sem a conversão, embora assumindo o monoteísmo e alguns costumes, como o sábado, o jejum e as prescrições alimentares. Os *prosélitos* davam o

---

35 KOESTER, 2005, p. 247. Esse local, ao lado das ruínas do templo, foi palco da conversa de Jesus com a mulher samaritana junto ao poço de Jacó (João 4).
36 SCHMIDT, 2004, p. 429.
37 FELDMEIER, 2015, p. 126.
38 KRÜGER, 2009, p. 80-81.

passo final, passando pela circuncisão e o batismo, aceitando totalmente as disposições da Torá — ou seja, tornando-se judeus plenos. Também é possível que as esposas e os filhos dos tementes a Deus, a segunda geração nascida no judaísmo, fossem plenamente integrados às comunidades judaicas.[39] Esse fenômeno pode ser observado em documentos antigos, como o de Nippur, próximo à Babilônia, e de Elefantina, no Egito, onde havia inúmeros casos de pais com nomes locais e parte dos filhos com nomes hebraicos. O texto bíblico também menciona essas conversões: no final do livro de Ester, há referência a muitos gentios se tornando judeus (Ester 8:17).[40]

Mas observe: o judaísmo não era uma religião sistematizada. Não havia uma instância superior judaica referendando as conversões. A admissão e a expulsão eram exclusividade das comunidades locais, nas quais determinadas regulamentações podiam ser controladas, como no caso da comunidade de Qumran, por exemplo. Os critérios para a admissão dos prosélitos seriam elaborados apenas séculos mais tarde pelo judaísmo rabínico, quando, então, seria exigido um resumo da profissão de fé judaica, preparação e aprovação, circuncisão, reconhecimento da Torá como revelação divina e imersão completa na água para a purificação da idolatria. No caso das comunidades de Jerusalém, seria incluído um sacrifício para a inserção definitiva na comunidade.[41] Nascia, assim, um novo judeu entre os gentios.

O martírio e a crença na ressurreição

A fé judaica cristalizou a tradição em torno da Torá e do segundo templo. A fidelidade à lei ganhou ainda mais relevância e foi definitivamente fixada diante da crise com o helenismo. A separação entre o povo eleito e as nações vizinhas tinha um novo capítulo, acirrando ainda mais a piedade judaica tradicional.[42] A obediência à Torá foi posta em prova durante a perseguição de Antíoco IV Epifânio, trazendo reflexões realmente novas, especialmente a respeito do martírio. Muitos judeus piedosos preferiram morrer a negar a fé em Iahweh, sacrifício considerado o mais alto grau de fidelidade manifesto por um crente.

---
39 KRÜGER, 2009, p. 81-82.
40 SAND, Shlomo. *A invenção do povo judeu*. São Paulo: Benvirá, 2011. p. 277-278.
41 MAIER, 2005, p. 314.
42 SAULNIER, Christiane. *A revolta dos Macabeus*. São Paulo: Paulinas, 1987. [Coleção Cadernos Bíblicos, 41] p. 41-44.

Testemunhos dos mártires aparecem registrados nos livros de Macabeus (1Macabeus 1:62-64) e também são referidos em Daniel.[43] O termo *mártir* é oriundo do grego e significa *testemunha*. O mártir testemunha sua fé diante da imposição dos pagãos. Por isso, não era aceita a dissimulação para escapar da morte, como se alimentar apenas de elementos puros ao participar de uma refeição pagã; era preciso demonstrar publicamente a rejeição da impureza (2Macabeus 6:21-26). Além disso, a testemunha tinha uma responsabilidade coletiva: por ser injustamente condenada, a culpa recaía diretamente sobre o perseguidor. Finalmente, a perseguição não foi considerada um abandono de Iahweh diante dos inimigos, mas justamente a aprovação divina de Israel e uma forma de expiar os pecados da nação como um todo (2Macabeus 6:14-16).[44]

O Mundo Antigo não considerava a morte algo definitivo: os semitas pensavam nela como uma diminuição da existência, enquanto os gregos acreditavam em castigo ou recompensa, e os egípcios sustentavam teologias altamente complexas. Os judeus, porém, tiveram uma evolução bastante lenta. Para eles, morrer era reunir-se ou adormecer com os pais (Gênesis 25:17). A morada dos mortos era o *Sheol*, abaixo da terra dos vivos, um lugar subterrâneo no qual jaziam até mesmo os soberanos (Isaías 14:9-13), lugar de silêncio em que não se pode mais louvar a Deus (Salmos 6:5). Por isso, a vida terrena era o bem supremo, o único espaço de retribuição (Jó 2:4; Eclesiastes 9:4). No exílio, com a concepção do governo de Iahweh sobre toda a humanidade, nasceu a profecia de que Deus iria reviver o seu povo morto (Ezequiel 37:11). Essa ideia deu margem à possibilidade do retorno dos falecidos à vida, a crença na ressurreição. Mas foi apenas no texto dos Macabeus que tal esperança se concretizou, sofrendo um drástico desenvolvimento diante do paradoxo do martírio, pois a retribuição última somente poderia ocorrer depois da morte. Além da ideia na ressurreição, também se imaginou ser possível interceder pelos mortos a fim de terem seus pecados perdoados (2Macabeus 12:43-45). A certeza da vitória estava em Deus e na vida inesgotável concedida por ele (2Macabeus 7:9). E como seria essa ressurreição? Pelo poder do Deus Criador, trazendo de volta os mártires (2Macabeus 7:20-23,28). A vida em Deus está

---
43 SCARDELAI, 2008, p. 91.
44 SAULNIER, 1987, p. 52-54.

reservada apenas ao justo, e o perseguidor não pode participar dela (2Macabeus 7:36).[45]

Entretanto, não tome a ressurreição como uma ideia teológica organizada e fixada entre os judeus. Nos textos de 4Macabeus, a morte foi considerada positiva no sentido platônico, pois os mártires estariam livres do corpo perecível, vivendo com Deus na eternidade etérea. De maneira geral, a ressurreição era uma concepção ligada à Torá: obedecer a seus preceitos leva à vida em última instância, pois Deus é bom e retribui conforme a justiça.[46]

A transcendência de Deus

Não existia entre os judeus a ideia de "transcendência" como um espaço divino totalmente diferente e separado da realidade terrestre. Alguns princípios relacionados a esse conceito surgiam pela influência helenista. O mundo judaico-helenista forjou o conceito da incompreensibilidade de Deus, um "além" a ser admitido sem ser compreendido. Com os princípios transcendentes, também surgia a noção da imortalidade da alma, com muitas outras implicações. Não era uma assimilação extravagante, pois tal pensamento era combinado com a ideia da morada celeste de Deus (Isaías 66:1), já presente na tradição bíblica. Além dessas noções transcendentes do divino e da alma, emergia a teologia de uma salvação supraterrestre, uma nova era no além — a vida no céu. Isso era especialmente relevante na literatura apocalíptica diante da realidade catastrófica que se desenhava nesse tempo dos revolucionários. Tal caracterização não tinha fundo filosófico: era uma resposta ao problema do mal no mundo, a teodiceia. Os judeus, em obras como 4Esdras, não discutiam se Deus deixava de agir nas experiências particulares de perseguição ou nos infortúnios da vida, mas acreditavam ser negada à humanidade, como criação, a compreensão do sentido da história e da transcendência divina.[47] Deus venceria o mal no fim, disso eles estavam certos. Mas não entendiam como.

---

45 SAULNIER, 1987, p. 56-63.
46 SAULNIER, 1987, p. 63-64.
47 MAIER, 2005, p. 208-209.

Em suma, as características dos revolucionários: a identidade constituída no entorno do segundo templo ganhou relevância e centralidade cada vez maior no tempo dos revolucionários. Somada aos conceitos de observação da Torá, já bem fixados, nascia gradativamente a noção de uma identidade étnico-religiosa efetiva, baseada nas separações rituais entre puro e impuro, o que aumentava a distinção entre judeus e gentios, fazendo emergir os princípios básicos do judaísmo. Isso, contudo, não significou isolamento, pois houve diversas conversões de estrangeiros e sua integração às comunidades judaicas na diáspora e na Judeia. Essa nova identidade também não significava ausência de assimilações: a língua grega foi amplamente utilizada, assim como as ideias e os procedimentos das escolas filosóficas. As intensas crises vividas no tempo dos macabeus trouxeram noções inovadoras a respeito da transcendência de Deus, da ressurreição e da vida após a morte, até então não aprofundadas na experiência histórica pregressa de Israel.

A história intertestamentária dos revolucionários

Alexandre Magno foi simpático aos judeus quando chegou a Jerusalém — pelo menos segundo o relato de Josefo. Antes de partir para conquistar o mundo, o macedônio teria sonhado com uma divindade profetizando sobre as vitórias contra os persas. Essa divindade estava usando as vestes sagradas do sumo sacerdote de Jerusalém. Assim, encontrando as mesmas vestimentas na capital da Judeia, reconheceu serem os adoradores daquele Deus. Esse fato explicaria a isenção de tributos no ano sabático e a permissão aos judeus para praticarem a sua religião com liberdade.[48] Essa narrativa sensacional não é levada muito a sério pela historiografia. Não se sabe se houve qualquer tipo de contato entre o sumo sacerdote e Alexandre. De qualquer maneira, os judeus buscavam a aprovação dos dominadores — e Alexandre não era exceção. No final das contas, ele contou com a simpatia dos judeus e seu nome foi dado a muitos recém-nascidos tanto na Judeia como na diáspora helenista.[49]

---

48 JOSEFO, Flávio. *História dos hebreus*. 8. ed. Rio de Janeiro: CPAD, 2004. Livro XI, Capítulo 8, 452.
49 MAIER, 2005, p. 155.

Ao que parece, Alexandre e seus sucessores não tocaram nos privilégios tributários concedidos pelos persas a Jerusalém. Fazia parte da atitude intelectual dos helenistas manter certa autonomia das províncias e reconhecer seus cultos. Portanto, a troca de poder dominante não significou alteração no cotidiano intelectual e religioso. Mas o futuro mostraria que a força centrípeta do helenismo seria forte demais para deixar incólumes as crenças judaicas.[50] Quem primeiro sentiu essa potência foram os irmãos do norte: enquanto a anexação da Judeia foi pacífica, Samaria foi alvo de um banho de sangue na rebelião de 331 a.C. A cidade somente seria reconstruída algum tempo depois, nos moldes helenistas e como colônia macedônica.[51] Note que a resposta pacífica a um e violenta a outro não teve relação com simpatias pessoais: isso significa apenas a reação imperial diante da submissão ou da rebelião. Quando se considera um período sob domínio estrangeiro "pacífico", isso significa submissão incondicional diante do poder superior. Basta pagar tributos e escravizar gente do próprio povo para se viver em paz.

O domínio dos Ptolomeus sobre a Judeia (312–200 a.C.)

Ptolomeu I, diádoco de Alexandre e fundador da dinastia lágida no Egito, ocupou a Judeia em 312 a.C., tomando o território dos selêucidas. A pátria dos judeus foi palco de guerras entre os reinos lágida e selêucida durante alguns anos, debilitando ainda mais a economia local. Logo depois da conquista de Jerusalém, Ptolomeu tratou duramente os judeus, levando parte da população escravizada para o Egito. Mas logo a Judeia passou a desfrutar certa tranquilidade e até mesmo alguma prosperidade. Há registros revelando um comércio ativo com o Egito na metade do século III a.C., com base na exportação de azeite, vinho, cereais, bálsamo de Jericó e escravos. Muitos judeus ainda incrementaram a diáspora no Egito atuando como mercenários do exército de Ptolomeu.[52]

No tempo dos lágidas, foi feita pela primeira vez uma tradução das escrituras hebraicas para outra língua. Os judeus da diáspora egípcia, especialmente em Alexandria, já não falavam mais hebraico, o que demandava uma tradução para uso cotidiano. A solução foi reescrever a

---

50 GUNNEWEG, 2005, p. 246.
51 MAZZINGHI, 2017, p. 133.
52 MAZZINGHI, 2017, p. 134.

Torá em grego. Essa tradução está envolta em lendas. Uma delas afirma que o rei Ptolomeu II Filadelfo (281-246 a.C.) pediu aos judeus que traduzissem a Torá, a fim de incluir a obra no acervo da biblioteca de Alexandria. A empreitada teria sido realizada por 72 estudiosos de Jerusalém em apenas 72 dias. Outra tradição de origem cristã afirma que setenta anciãos realizaram a tradução, razão pela qual esse documento é chamado de *Septuaginta* (LXX). O que sabemos ao certo é que, em meados do século III a.C., os cinco livros de Moisés foram traduzidos para o *koinê*. Nos séculos seguintes, os demais livros proféticos e escritos judaicos foram gradualmente traduzidos em um trabalho somente concluído pela igreja cristã.[53] Todo esse processo foi bastante inovador, pois os judeus eventualmente inventavam palavras novas quando não existia equivalente direto para o hebraico. Com isso, alguns termos gregos ganharam novos significados pelo uso em sinagogas e nos textos da Septuaginta, criando uma tradição peculiar do *koinê* oriental. Tal influência seria determinante para a escrita do Novo Testamento.[54]

Se no Egito os judeus da diáspora tiveram boas oportunidades, o mesmo aconteceu na Judeia. As estruturas governamentais permaneceram as mesmas do tempo dos persas, com a liderança civil entregue ao sacerdócio. A Judeia era governada por um *hiparco* acompanhado de um especialista em finanças dos lágidas. O cargo de hiparco sempre era ocupado pelo sumo sacerdote, assessorado pela *gerúsia* (um conselho de anciãos), que, mais tarde, viria a ser chamado Sinédrio.[55] A classe sacerdotal saiu fortalecida, tornando-se uma verdadeira aristocracia judaica. Quem comandava essa elite, chamada de *oníadas*, era a família de Onias I e Simão Justo. Supostamente, os oníadas eram *sadoquitas* (descendentes de Zadoque, o sacerdote oficial de Salomão), e o sumo sacerdote sempre vinha dessa família, geralmente por hereditariedade. Os oníadas dividiam o poder com a rica família dos *tobíadas*, leigos proprietários de terras em Amom e Gileade e controladores dos impostos sobre a Síria e a Fenícia. Esse estrato superior era auxiliado pelo séquito de servidores do Estado, composto de sacerdotes e funcionários importantes do templo — como diretores, escribas e cantores —, os quais conquistaram facilidades e isenções tributárias dos reis helenis-

---
53 MILLER; HUBER, 2006, p. 48-49. Sobre o longo trabalho de tradução e composição da Septuaginta, bem como o aparecimento dos apócrifos, veja WON, 2020, p. 63-70.
54 SCHREINER, 2004, p. 43-44.
55 GUNNEWEG, 2005, p. 249.

tas.[56] Essas isenções de impostos concedidas ao sacerdócio não eram um ato de piedade dos reis, mas atos de cooptação das elites judaicas, pois o sacerdócio era o governo local e o representante do império estrangeiro.

O sacerdócio, portanto, acumulava tanto as funções religiosas como políticas, sem falar no poder econômico resultante dessa amálgama. Seria a tão sonhada teocracia judaica — o governo de Deus?

O domínio dos selêucidas sobre a Judeia (200-164 a.C.)

Os selêucidas nunca aceitaram a anexação da Judeia pelos lágidas, tentando muitas vezes retomar a posse da região, sem sucesso. Essa situação perdurou durante um século, até Ptolomeu IV repelir o exército de Antíoco III pela última vez, em 217 a.C. O filho daquele, Ptolomeu V, acabou perdendo a disputa pelo território para o mesmo rei selêucida em 200 a.C.[57] A Judeia, que nada tinha com as brigas entre os impérios, declarou submissão aos novos senhores sem maiores crises e recebeu a recompensa, mantendo a autonomia interna e uma nova série de privilégios fiscais importantes para o sacerdócio.[58] Onias III, filho de Simão Justo, tornou-se o sumo sacerdote exatamente na transição de domínio. Nessa época, ele terceirizou os serviços bancários do templo aos tobíadas.[59] Aliás, não estranhe o fato de o segundo templo ser também um banco. A maioria dos templos da Antiguidade guardava tesouros das monarquias — vimos ao longo deste livro alguns reis entregando tais recursos aos invasores. A diferença na época de Onias III estava na novidade da economia monetária. Embora os persas tenham cunhado moedas, a circulação de dinheiro somente tomou impulso com os helenistas. Como os objetos de luxo não eram práticos para entesourar, o valor abstrato do dinheiro trouxe novas perspectivas para a acumulação de riquezas. Com isso, os ricos podiam ser depositários de parte de bens, tornando-se administradores e investidores. O templo, por sua vez, veio a ser uma espécie de caixa-forte para os depósitos.[60] Assim, no

---

56 STEGEMANN, 2004, p. 153-154.
57 SAULNIER, 1987, p. 18.
58 MAZZINGHI, 2017, p. 135. A narrativa da revolução dos macabeus é bastante discutida e não há certeza sobre todos os seus fatos, dada a situação complicada e contraditória das fontes do período. Por isso, o detalhamento desse século não é totalmente confiável; optei por fazer um levantamento aproximado dos principais acontecimentos. SAULNIER, 1987, p. 24-25.
59 KOESTER, 2005, p. 214.
60 KESSLER, 2009, p. 220-221.

tempo helenista aumentava a proximidade entre as três grandes esferas de poder na Judeia, todas centralizadas no segundo templo: a religião, a política e a economia.

Dado esse contexto monetário, imagine a repercussão dos acontecimentos seguintes. Apesar da conquista da Judeia, o império de Antíoco III não ia bem. Roma conquistou a Macedônia em 197 a.C. e avançou contra os selêucidas em 190 a.C., vencendo Antíoco na batalha de Magnésia. A derrota diante de Cipião Africano resultou em um tratado de paz muito caro: os selêucidas perderam a Ásia Menor e foram obrigados a pagar 12 mil talentos em tributos, o que arrastou o reino à falência. O próximo rei, Seleuco IV (187-175 a.C.) tentou remediar a situação saqueando os templos mais ricos, incluindo o de Jerusalém. Esse ato foi visto como um sacrilégio pelos judeus, dando início ao sentimento de hostilidade contra os dominadores.[61]

Mas o conflito ainda não viera à tona. Isso aconteceria apenas com o desenrolar dos acontecimentos no reinado de Antíoco IV Epifânio (175-164 a.C.).[62] A relação dele com os judeus começou dentro da tradição — ou seja, com muito dinheiro e corrupção. Jasão (versão grega de Josué), irmão do sumo sacerdote Onias III, enviou uma substancial quantidade de dinheiro para comprar o cargo máximo do sacerdócio, conseguindo a indicação real.[63] Até aí, sem maiores problemas para a comunidade judaica, pois ele era um oníada e a dinastia oficial estava preservada. Entretanto, Jasão era muito propenso à helenização. Seu projeto era transformar Jerusalém em uma autêntica *pólis* grega, dando a seus cidadãos os mesmos direitos civis das camadas políticas mais altas dos selêucidas. O problema era que a própria tradição judaica trazia alguns impedimentos para tais pretensões. Como eliminar a separação entre judeus e gentios manifesta nos tabus alimentares, os quais dificultavam as refeições em conjunto? E a proibição de casamentos mistos, impossibilitando a ligação sanguínea entre grandes famílias? O sábado também atrapalhava os interesses comerciais, sem falar na Torá e em suas regras de igualdade social manifestas em leis como o Ano Sabático ou do Jubileu. Como operar esse ideal dentro de uma sociedade como

---

61 MAZZINGHI, 2017, p. 136-137.
62 O título *Epifanès* (que significa "deus revelado", ou a manifestação terrestre de Zeus) foi transformado em *Epimanès* ("louco") na boca do povo quando iniciaram as hostilidades. Esse rei viria a ser a inspiração de parte da literatura apocalíptica, tido como modelo do poder do mal. MAZZINGHI, 2017, p. 137.
63 MAZZINGHI, 2017, p. 138.

a helenista, radicalmente estratificada e escravagista? Ainda havia um último problema referente à questão étnica: o direito à cidadania de Jerusalém não estaria mais vinculado à genealogia ou a etnicidade, como definido pela tradição desde Esdras, mas à inscrição em uma lista de cidadãos dentro do modelo grego (2Macabeus 4:9).[64]

A crise estava posta diante de judeus piedosos, desejosos por manter as antigas tradições. Nesse contexto, é preciso entender por que foi um escândalo construir um *ginásio* e uma *efebia* em Jerusalém. Não significava apenas adotar costumes gregos, mas assumir instituições políticas típicas da pólis grega. Para manter os direitos cívicos, o candidato passava pela efebia usando o *pétaso*, um chapéu de exercícios utilizados pelos atletas, e então jurava fidelidade à cidade, tornando-se cidadão de pleno direito. O ginásio era a base da educação intelectual e física. Isso significava que Jerusalém estava formando seus jovens segundo o modelo grego.[65] As novas instituições fizeram com que muitos judeus deixassem de circuncidar seus filhos, porque nos ginásios os atletas competiam nus e a circuncisão era motivo de chacota. Muitos judeus helenizados sentiram-se atraídos pelas novas tendências culturais, submetendo-se ao regime, profanando o sábado e comendo alimentos proibidos pela lei mosaica.[66]

Além do aspecto político e cultural, havia a pressão econômica. O sistema tributário da pólis funcionava com base da rotatividade dos cobradores de impostos, cuja administração era alugada a terceiros. A atividade de cobrança de impostos era concedida após leilão, o que beneficiava os mais ricos. Assim, alguns poucos acabaram dirigindo a economia local e influenciando profundamente o poder sacerdotal com todo tipo de corrupção.[67] Se as elites tiravam proveito do domínio selêucida, o mesmo não acontecia com a massa popular. Os reinos helênicos eram escravagistas, uma vez que a economia grega tinha nos escravos um fundamento imprescindível. O trabalho braçal não competia a homens livres, os quais deveriam dedicar-se a funções mais "nobres". Esses princípios chegariam a níveis absurdos no tempo dos

---

64 KESSLER, 2009, p. 227-228.
65 SAULNIER, 1987, p. 22.
66 SCARDELAI, 2008, p. 110.
67 VASCONCELLOS, Pedro Lima; SILVA, Rafael Rodrigues da. *Como ler os livros dos Macabeus*: memórias da guerra: o livro das batalhas e o livro dos testemunhos. São Paulo: Paulus, 2004. [Série Como Ler a Bíblia] p. 10-11.

romanos. Por esses motivos, foi muito comum a escravização dos camponeses judeus nas guerras contra os revoltosos macabeus (1Macabeus 1:32; 3:29-41; 5:13).[68]

Mas nada disso parecia importar ao sacerdócio de Jerusalém. A disputa pelo poder continuava. Um funcionário do templo chamado Menelau ofereceu a Antíoco um valor maior do que Jasão e conquistou o cargo em 172 a.C. Jasão acabou expulso apenas três anos depois de ter roubado o cargo do irmão. Para garantir a continuidade no poder, Menelau assassinou Onias III, o último sacerdote legítimo, provavelmente com o apoio dos tobíadas (2Macabeus 4:23-50).[69] Nesse momento, a tensão aumentou significativamente em Jerusalém, pois Menelau não era da família sacerdotal tradicional, enfrentando forte oposição dos judeus tradicionais. Esses fatos levaram ao início da organização de uma franca oposição aos desmandos do segundo templo.[70]

Nesse ínterim, Antíoco Epifânio tentou invadir o Egito (169-168 a.C.), mas sua campanha acabou sendo interrompida por ordem de Roma, que lhe impôs um ultimato. Falido e humilhado, tirou proveito de notícias da Judeia, onde Jasão tentava retomar o cargo de sumo sacerdote, à frente de um pequeno exército. Antíoco resolveu interferir, invadiu a Judeia e tratou a população com extrema dureza. Construiu em Jerusalém um presídio militar chamado Acra e deixou ali uma guarnição de soldados. Então, começaram as maiores atrocidades. Em dezembro de 167 a.C., o rei ordenou a renúncia à Torá, proibiu os sacrifícios, a circuncisão e a celebração do sábado, sob pena de morte (1Macabeus 1:41-50).[71] Para completar o quadro, destruiu o altar do templo e construiu no seu lugar outro dedicado à "abominação da desolação" (1Macabeus 1:54-59), referência nada elogiosa ao culto de *Zeus Olímpico*, assimilado como *Baal Shamem* na Síria. Não se sabe exatamente por que ele fez isso. Provavelmente Antíoco tenha deixado a Judeia de lado por muito tempo e não discerniu bem o que acontecia. Ele percebeu que a resistência dos revoltosos estava vinculada ao duplo fundamento da Torá e do templo, e tentou quebrar essa base — o que poderia parecer normal para outros povos acostumados ao politeísmo. Mas foi uma

---

68 KONZEN, Léo Zeno; WALKER, Décio José. "Noventa cabeças por um talento...": sobre a escravidão no tempo dos macabeus. *Estudos Bíblicos* (Vozes), n. 18, p. 45-52, 1988. p. 47-49.
69 MAZZINGHI, 2017, p. 138.
70 KOESTER, 2005, p. 215.
71 MAZZINGHI, 2017, p. 139.

abominação para os judeus. A rebelião estourou e revelou o tamanho da encrenca. Antíoco percebeu o erro pouco antes de morrer e revogou o edito de intolerância, mas já era tarde demais.[72] O caldo revolucionário já havia fervido.

A revolução dos macabeus (164 a 134 a.C.)

Muitos judeus foram defensores do helenismo, especialmente os sacerdotes e as classes mais abastadas. Mas outros, principalmente os populares e alguns sacerdotes, escolheram a fidelidade às tradições herdadas dos antepassados. A perseguição de Antíoco foi severa, implicando pena de morte, muitos judeus pagando o preço da fidelidade com o martírio. Nesse cenário, apareceu um sacerdote autoexilado na vila de Modin, a 25 quilômetros de Jerusalém. Seu nome era *Matatias*, da família de Hasmon, antiga linhagem de Joiaribe e provável opositor do sacerdócio oficial (1Macabeus 2:1-14).[73] Os emissários dos selêucidas vieram à sua vila para pedir a prova do sacrifício pagão. O velho sacerdote e seus filhos se recusaram a realizar o procedimento diante do povo. Como o impasse estava montado, um judeu saiu de suas fileiras para realizar o sacrifício e apaziguar a situação. Matatias não teve dúvida e o matou na mesma hora. Em seguida, ele e seus filhos assassinaram também os enviados do rei. Era um atentado contra o império e a resposta viria logo. Matatias, seus filhos e outros simpáticos à causa fugiram para as montanhas (1Macabeus 2:15-28).

Assim, a família de Matatias deu início a um movimento de guerrilha contra os selêucidas. Uma das estratégias da resistência foi buscar a solidariedade judaica. Os revoltosos infiltraram-se nas aldeias e convocaram os fiéis a lutarem contra as imposições dos helenistas, lembrando as antigas ligas tribais do tempo dos juízes (2Macabeus 8). Conseguiram reunir 6 mil homens para defender seu direito à vida, à liberdade e à fé em seu Deus.[74] Deram início a um "combate de Israel" (1Macabeus 3:2), com uma assembleia convocada em Mispá, como no tempo dos juízes (1Macabeus 3:46-60); realizaram jejum, oração e consulta à

---

72 MAIER, 2005, p. 162. Para a linha histórico-crítica, é dessa época a escrita do livro de Daniel, especialmente pela menção à "abominação da desolação" (Daniel 9:27). Antíoco Epifânio seria, nesse caso, personagem central da profecia das setenta semanas. A escrita tardia em relação aos livros proféticos provavelmente levou os mestres judeus a colocá-lo no final do cânon hebraico, junto aos Escritos. Para saber mais, veja WON, 2020, p. 224-225.
73 MAZZINGHI, 2017, p. 141-142.
74 VASCONCELLOS; SILVA, 2004, p. 20.

Torá; e houve louvor a Deus antes e depois das batalhas (1Macabeus 4:8-11,24-25). Entretanto, apesar desses elementos de piedade, não foi uma "guerra santa" — a guerra não foi divinamente ordenada e Iahweh não interferiu como nos tempos antigos. A revolução teve elementos de uma *guerra religiosa*, pois seus participantes lutaram pela liberdade. A linguagem do relato dessa guerra usa termos como "luta contra o mal", "combate aos ímpios, malfeitores e pecadores" (1Macabeus 2:44,48; 3:5-6) e "ataque aos compatriotas aliados dos pagãos" (1Macabeus 3:14; 4:2; 7:5).[75]

Matatias acendeu a chama revolucionária, mas faleceu logo em seguida, dada sua idade avançada (1Macabeus 2:70). A liderança da rebelião ficou com seu filho *Judas*, chamado *Macabeu* (termo que significa "martelo", talvez porque ele esmagava os inimigos). De maneira muito rápida e carismática, agregou vários grupos de resistência, especialmente os autodenominados *assideus* (do hebraico *hassidim*, "piedosos"), leigos profundamente devotos da Torá (1Macabeus 2:42). Eles eram o resultado cultural do trabalho de Esdras, séculos antes. Judas Macabeu conseguiu articular a milícia em uma série de ações de guerrilha, evitando o confronto direto com o exército selêucida, invencível naquelas circunstâncias. Antíoco Epifânio estava lutando contra os partas na Mesopotâmia, razão pela qual não pôde dar maior atenção ao conflito. Diante dessa oportunidade, Judas alcançou muitas vitórias, conseguindo conquistar Jerusalém, exceto a fortaleza de Acra, ainda controlada pela guarnição selêucida. No dia 25 de Casleu (18 de dezembro) de 164 a.C., realizou os rituais de purificação do templo, restabelecendo o culto interrompido (1Macabeus 4:36-61). Esse episódio deu origem à festa judaica do *Hanucá*.[76] Depois de diversas batalhas entre selêucidas e judeus, especialmente na tentativa de conquistar a fortaleza de Acra, o rei acabou cedendo e proclamou um edito de tolerância (1Macabeus 6:18-61). O governo permanecia selêucida, mas a liberdade de culto estava garantida.

Antíoco Epifânio morreu nessa época, e seu filho Antíoco V, de apenas 9 anos, assumiu o trono sob a tutela do general Lísias, mas foi

---

75 VAUX, 2003, p. 304-305.
76 A festa do Hanucá (que significa "dedicação") comemora anualmente a purificação do templo e também é conhecida como Festival das Luzes, uma tradição judaica praticada até hoje e próxima ao Natal cristão. MAZZINGHI, 2017, p. 142-143.

assassinado por outro pretendente, Demétrio I. Este tentou apaziguar a situação com os judeus enviando um novo sumo sacerdote a fim de substituir o sórdido Menelau. Era um homem chamado Alcimo, de linhagem sacerdotal antiga, mas também com tendência helenizante. Parte dos assideus aceitou o compromisso dos selêucidas e tentou dialogar com o novo sumo sacerdote. Alcimo revelou-se ainda pior que seu predecessor, trucidando os emissários assideus e provocando a retomada da luta de Judas Macabeu (1Macabeus 7:1-24). Nesse meio-tempo, os judeus iniciaram negociações com os romanos, buscando apoio contra os selêucidas (1Macabeus 8:1-32), o que seria determinante a longo prazo. Demétrio aproveitou a retomada do conflito e atacou os revolucionários, liderando um imenso exército. Nessa batalha, ocorrida em 161 a.C., morreu o herói Judas Macabeu (1Macabeus 9:1-18). Sua morte parecia dar fim à causa.[77]

Jônatas, irmão de Judas, assumiu a liderança pouco promissora, mas soube aproveitar as disputas internas dos selêucidas pelo trono. Além disso, tinha conquistado o apoio dos romanos, o que lhe garantiu maior poder de barganha. Em meio às disputas em Antioquia, Jônatas e o exército assideu lutaram ao lado do rei Demétrio I contra Alexandre Balas. Depois da vitória, em 152 a.C., Jônatas foi reconhecido como regente vassalo, ao mesmo tempo que recebia a nomeação para o sumo sacerdócio (1Macabeus 10:1-21). O fato de Jônatas aceitar o cargo foi uma inovação indigesta: embora a combinação do templo com a liderança política já ocorresse desde os persas, no seu caso havia ainda uma força militar de apoio. Uma nova dimensão de poder estava posta diante dele. O problema foi o desconforto que ele provocou no próprio exército assideu, pois ele não era um zadoquita e, portanto, não estava habilitado ao sumo sacerdócio. Entre muitas ações diplomáticas e militares, inclusive firmando aliança com os espartanos, Jônatas conseguiu estabilizar seu domínio junto aos selêucidas (1Macabeus 12:1-23). Tudo parecia caminhar para um desfecho de sucesso, mas a política implica mudanças bruscas. Em visita a Trifão, outro pretendente ao trono selêucida, Jônatas foi sequestrado e morto durante uma nova campanha contra os judeus (1Macabeus 13:23-30). Sua morte inesperada e traiçoeira ameaçou novamente as pretensões dos macabeus.[78]

---

77 MAIER, 2005, p. 164-165.
78 MAIER, 2005, p. 166-167.

No meio dessa confusão, emergiram tendências políticas diversas entre os judeus, como acontece em todo tempo de disputas. Os atos de Jônatas, em especial o fato de haver arrebatado da mão dos zadoquitas o sumo sacerdócio, talvez tenha provocado a emergência de três facções que viriam a ter grande influência no século seguinte: os fariseus, os saduceus e os essênios. Os últimos eram dissidentes assideus liderados por um sacerdote chamado de "Mestre da Justiça".[79] Tratarei dessas facções com mais detalhes adiante.

Voltemos à revolução dos macabeus. *Simão* foi o último dos irmãos a assumir o comando, em 143 a.C. Manteve o cargo de sumo sacerdote e conseguiu um reconhecimento significativo do rei Demétrio II como *estratego* e *chefe dos judeus* (1Macabeus 13:36-42). Ou seja, ele concentrou em suas mãos o poder religioso no cargo de sumo sacerdote, o militar como estratego e o civil como chefe — confirmando a acumulação de funções de Jônatas.[80] Os contratos e documentos passaram a ser datados assim: "No primeiro ano de Simão, sumo sacerdote insigne, estratego e chefe dos judeus" (1Macabeus 13:42). Desde então, o governador da Judeia tinha autoridade sobre Samaria e a zona marítima. Tratava-se da independência de fato, embora ainda não reconhecida pelo reino selêucida.[81] Mais de quatro séculos depois da destruição de Jerusalém, os judeus recuperavam a autonomia como nação independente. O maior feito de Simão, depois disso, foi finalmente conquistar a fortaleza de Acra no interior de Jerusalém, em 141 a.C. (1Macabeus 13:49-53). Ainda renovou as alianças com Esparta e Roma, firmando a nação internacionalmente (1Macabeus 14:16-24). Sua glória atingiu o ápice quando lhe foi concedido, pela assembleia popular, o caráter vitalício e hereditário do cargo (1Macabeus 14:41-49). Nascia uma nova dinastia — a dos asmoneus.[82]

Simão não tinha o cargo oficial de monarca, mas ele se comportava como um verdadeiro rei helenista. Sua autoridade era baseada em poder militar, ele usava vestes reais (púrpura e fivela de ouro), e as rebeliões contra sua autoridade eram punidas com severidade. Os seus feitos eram gravados em placas de bronze que eram colocadas no recinto do

---

79 ESHEL, Hanan. *The Dead Sea scrolls and the Hasmonean state*. Cambridge: Eerdmans, 2008. p. 60.
80 MAZZINGHI, 2017, p. 144-145.
81 SAULNIER, 1987, p. 36.
82 MAIER, 2005, p. 168.

templo, para demonstrar o seu poder. Foi um tempo de euforia, mas ocultava uma situação sombria. O livro de 1Macabeus, que termina com grandes elogios a Simão e seu sucessor, não menciona a severa oposição se alinhando na Judeia.[83] De qualquer maneira, o entusiasmo com Simão também encontrou um fim trágico: ele foi assassinado em 135 a.C. pelo seu genro, chamado Ptolomeu, o qual pretendia o trono da Judeia.[84] Junto com ele, foram mortos dois filhos, Matatias e Judas, mas o sobrevivente João Hircano assegurou o poder e deu sequência à dinastia.[85]

Os judeus se dividiram diante dos caminhos tomados pelos irmãos de Judas Macabeu. Muitos adversários do helenismo viram naqueles fatos um terrível momento escatológico; outros viram a resistência ao império como circunstâncias naturais dentro das disputas de poder. Os governantes, por sua vez, procuraram legitimar sua imagem, mostrando a família dos Macabeus como salvadora de Israel, zelosa da Torá e do santuário. Essa última narrativa prevaleceu. Matatias foi eternizado como o herói da luta pela fé contra Epifânio, cristalizado na imagem heroica dos livros dos Macabeus e na cultura judaica em geral.[86] Seus filhos foram consagrados como símbolos de um heroísmo sem precedentes, lembrando as narrativas dos líderes tribais do tempo dos juízes, um heroísmo nacionalista-popular bastante agressivo e bélico.[87]

Ou seja: a experiência revolucionária dos macabeus levou seus apoiadores a acreditarem no cumprimento das esperanças messiânicas. Por outro lado, havia a oposição dos piedosos, contrários ao governo sacerdotal e às suas artimanhas políticas, o que foi agravado porque os descendentes dos macabeus, os asmoneus, agiam como déspotas impiedosos. A contestação ao messianismo dos sacerdotes-guerreiros aumentava em alguns círculos.[88] E o segundo templo, local de comércio e de tantas intrigas e assassinatos, também caía em descrédito. A percepção da ausência divina e, pior, do abandono de Jerusalém desde a destruição dos babilônicos, crescia aos poucos. A tristeza pelo sentimento de que Deus não havia retornado depois do exílio marca toda

---

83 KOESTER, 2005, p. 220.
84 TOGNINI, Enéas. *O Período Interbíblico*: 400 anos de silêncio profético. São Paulo: Hagnos, 2009. p. 117.
85 SAULNIER, 1987, p. 36.
86 MAIER, 2005, p. 163.
87 SCARDELAI, 2008, p. 112.
88 ARENHOEVEL, 2012, p. 328.

a literatura do período dos revolucionários.[89] Para muitos, entretanto, isso não significava desesperança. Diversos salmos ressaltavam o fato de Iahweh, cuja justiça ainda prevaleceria, ser o verdadeiro rei de Jerusalém. Um dia, Deus assumiria o controle e colocaria ordem no mundo (Salmos 10:16-18; 47:1-9; 95:3-7; 145:1,10-13). Apenas Deus reinará, e mais ninguém. Essa era a esperança dos judeus.[90]

A produção literária do tempo dos revolucionários

A pluralidade de posições dentro do judaísmo do segundo templo pode ser percebida na imensa quantidade de escritos, especialmente no tempo dos revolucionários. Havia muitos textos circulando, embora nenhum deles tenha sido canonizado pela tradição judaica. Para fins de compreensão, podemos classificar a literatura do período em três gêneros: sapiencial, nacionalista e apocalíptico.

O gênero sapiencial tem como maior exemplo o livro *Eclesiástico de Sirac*, uma tradução grega de um original hebraico datado por volta de 130 a.C., obra que retomou a tradição dos livros de sabedoria e meditação. O gênero nacionalista era composto por obras enaltecedoras dos movimentos de resistência dos judeus, o maior deles, *1Macabeus*. Muitos classificam o livro de Ester também como literatura nacionalista. Semelhante é *Judite*, livro no qual a heroína personificava a nação judaica na luta pela liberdade. Finalmente, o gênero apocalítico é uma literatura extremamente variada. A obra mais significativa desse período foi o "corpus de Enoque", o personagem antediluviano de Gênesis, nas obras *Livro dos Vigilantes*, o *Livro Astronômico* (anteriores ao século II a.C.), a *Carta de Enoque* e o *Apocalipse das Semanas* (ambos da segunda metade do século II a.C.). Outros livros importantes foram *Livro dos Jubileus* e possivelmente a segunda parte de *Zacarias*.[91] Os textos eram variados, mas geralmente tinham alguns elementos em comum: um cenário da audiência da profecia, outro cenário da teofania (a presença divina) e uma revelação recebida pelo profeta por meio de sonhos, visões, ou de um anjo trazendo a mensagem divina. Daniel 7 foi um modelo desse tipo de literatura. Já o conteúdo revelado era ainda mais variado. Alguns textos apresentavam uma renovação, ou seja, a

---
89 WRIGHT, 2019, p. 106.
90 WRIGHT, 2020, p. 69.
91 SAULNIER, 1987, p. 12-13.

volta para os inícios da humanidade, com a restauração cosmológica do mundo, ou a emergência de uma nova criação — daí a importância de personagens como Enoque.[92]

A literatura apocalíptica foi fruto da decepção com a realidade, somada à esperança na interferência divina. O retorno do exílio, a reconstrução do templo, o reparo das muralhas e a fidelidade exclusiva a Iahweh representavam o cumprimento de uma parte das profecias. Mas estava longe de ser o tão almejado Reino de Deus. Isso ficou evidente desde a festa do lançamento das fundações do segundo templo, quando alguns se alegravam enquanto outros choravam de tristeza (Esdras 3:11-13). Desde aquele tempo, havia pelo menos duas vozes soando: uma acomodada aos fatos e outra considerando a realidade tão miserável que restava apenas a esperança no futuro escatológico. A tendência apocalíptica foi a radicalização da decepção de diversos pequenos grupos do judaísmo. Para eles, era necessário ocorrer uma catástrofe, o juízo divino, para, então, tudo ser recriado em um "tempo vindouro". Assim, a situação do presente era suportável pela beleza do mundo do porvir, imaginado pelas profecias escatológicas. Ao lado da esperança apocalíptica, vinha ancorado o messianismo, com a esperança da vinda do rei descendente de Davi, levantado por Iahweh para governar o mundo inteiro (Salmos 72; Daniel 7).[93]

As facções emergentes na crise dos macabeus

O período revolucionário dos macabeus e do governo asmoneu foi de intensa fermentação política e religiosa. Novos grupos sociais se articularam, alguns deles derivados dos assideus. Não sabemos muito bem como eles atuavam, mas há boas evidências para sustentar que deles derivaram os *fariseus* e os *essênios*.[94] Eles formaram comunidades para enfrentar as perseguições, mantendo viva a esperança escatológica do Reino de Deus sob a direção do Messias. A classe sacerdotal, por sua vez, revelou-se extremamente adaptada à situação política de cada momento, assumindo maior influência do helenismo e colaborando com o poder estrangeiro. Seu comportamento acabou por distanciar o sacerdócio do povo. Eles viriam a ser chamados de saduceus.[95]

---

92 MAIER, 2005, p. 132-134.
93 ARENHOEVEL, 2012, p. 326-327.
94 SCARDELAI, 2008, p. 116.
95 GUNNEWEG, 2005, p. 272-273.

A grande variedade de posicionamentos diante da crise costuma ser dividida nesses três agrupamentos. Explicarei em linhas gerais.

Os *fariseus* nada mais eram do que sábios e escribas piedosos, oriundos de qualquer classe social leiga, rica ou pobre. O fato de geralmente serem leigos não significava que não houvesse entre eles alguns de origem levita. O diferencial estava no fato de sua autoridade não ser ligada ao templo ou a qualquer genealogia, como o sacerdócio, mas à relação entre mestre e discípulo no estudo sistemático da Torá. Os fariseus reivindicavam ser os legítimos sucessores espirituais dos primeiros escribas treinados por Esdras. Eles transmitiam as tradições orais e as adaptavam ao cotidiano da vida judaica, interpretando para o povo o modo de viver a santidade proposta por Deus. Disso resulta a própria nomenclatura: o substantivo "fariseu" vem do hebraico *perushim* ("separados" ou "segregados"), um termo muito usado pelos seus adversários — o que pode ser uma crítica, dado seu caráter sectário contra os "impuros".[96] Eles formavam uma associação e chamavam-se mutuamente de irmãos. Para eles, a lei devia ser interpretada para trazer ao presente e ao futuro uma vida de pureza e santidade.[97] Tal separação não os fez escapar da influência helenista. As linhagens de sucessão entre mestres e discípulos eram semelhantes às escolas dos grandes filósofos gregos, nas quais os alunos eram vinculados a determinada linha de um professor em evidência. As escolas farisaicas também adotaram muitos termos filosóficos e usavam o *koinê* em seus debates. Não eram uma seita, não tinham rituais de iniciação, mas eventualmente se reuniam para compartilhar as refeições. Seu laço era a casa do sábio, na qual era oferecida instrução aos jovens. Os fariseus compactuavam das ideias apocalípticas circulantes, esperando uma nova era, um juízo final e a ressurreição dos justos. A realização das promessas divinas, para eles, estava diretamente vinculada ao cumprimento da Torá.[98]

Os fariseus participaram ativamente da política durante todo o período revolucionário e além dele. Evitaram o isolamento social e estiveram envolvidos em diferentes graus nas questões nacionais, especialmente em Jerusalém.[99] Nisso, eles eram muito semelhantes aos assideus,

---
96 SCARDELAI, 2008, p. 126-127.
97 GUNNEWEG, 2005, p. 276-277.
98 KOESTER, 2005, p. 241-242.
99 NEWMAN, Hillel. *Proximity to power and Jewish sectarian groups of the Ancient Period*: a review of lifestyle, values, and Halakhah in the Pharisees, Sadducees, Essenes, and Qumran. Boston: Brill, 2006. p. 59.

próximos dos macabeus desde o início da revolução até o reinado de João Hircano. Entretanto, esse rei acabou excluindo os fariseus das suas relações e passou a contar com o apoio dos saduceus, tendência mantida até o final do reinado de Alexandre Janeu. Foi Salomé Alexandra quem retomou a aproximação com os fariseus, garantindo um tempo de estabilidade em Jerusalém. Nesse período, a participação política farisaica foi ampla: controlaram diretamente algumas estruturas de governo, incluindo contingentes militares, dirigiram a interpretação da Torá no templo, comandaram o Sinédrio e influenciaram profundamente a vida social de Jerusalém.[100]

Os *saduceus* eram basicamente a classe sacerdotal. Na revolução dos macabeus, a maior parte do sacerdócio ficou ao lado dos revoltosos. Os asmoneus monopolizaram o cargo de sumo sacerdote, e as demais famílias sacerdotais faziam parte da estrutura de governo e do templo. Desde então, as famílias apoiadoras eram chamadas "saduceus", termo equivalente a zadoquita, provavelmente por alegarem a ascendência de Zadoque (o que é bem duvidoso). De qualquer maneira, os saduceus resistiam a qualquer mudança no culto, pois mantinham-se rigorosamente fiéis aos preceitos rituais da Torá, permanecendo vinculados à tradição construída durante séculos em torno do segundo templo.[101] Mesmo sendo uma sociedade sacerdotal com sede em Jerusalém, havia saduceus em diversos locais da Judeia e da Galileia, mas todos mantinham algum vínculo com o templo e as instituições à sua volta. Por isso, eles se consideravam os verdadeiros líderes do povo, e quem compartilhasse essa ideologia poderia ser considerado um saduceu, mesmo não sendo sacerdote.[102] Muitas vezes os saduceus aparecem em oposição aos fariseus, com quem disputavam posições nos órgãos públicos, razão pela qual estavam sempre perto dos monarcas. Entretanto, não se devem considerar os saduceus um grupo monolítico. Houve também dissidência interna, quando alguns deixaram o templo e se estabeleceram em Qumran, criando um sistema legal e sacrificial próprio.[103]

Os *essênios* foram a radicalização dos movimentos de resistência à helenização. Sua principal característica estava na alta coesão interna. Retiraram-se da sociedade para morar nas periferias das cidades ou em

---

100 NEWMAN, 2006, p. 65-67.
101 KOESTER, 2005, p. 231-232.
102 NEWMAN, 2006, p. 73.
103 NEWMAN, 2006, p. 79-82.

completo isolamento. Tinham ritos de passagem para que outros participassem do grupo, exigindo rigorosas regras de separação ao admitir novos integrantes. Não se envolveram com as atividades políticas nem religiosas justamente pela rejeição do sacerdócio de Jerusalém, pois o consideravam corrupto, bem como todos os rituais praticados no templo. Na condição de comunidades fechadas, organizavam o cotidiano de acordo com princípios de igualdade e fraternidade, faziam as refeições juntos e compartilhavam seus bens. Realizavam muitos rituais de purificação para viver uma vida espiritual de pureza, vestiam roupas idênticas e a maioria evitava a vida familiar. Assim, não tinham reprodução natural, e o crescimento da comunidade ocorria apenas pela admissão de novos membros.[104] Anacronicamente falando, podemos comparar os essênios aos monastérios.

A *comunidade de Qumran* tem sido considerada um grupo essênio, mas essa identificação não está muito clara. Ela é muito parecida com os essênios em termos sociais, tanto pelo aspecto comunal e ideológico como pela rejeição do poder de Jerusalém. O problema é que eram ritualisticamente mais próximos dos saduceus, enquanto seu sistema teológico os aproximava dos fariseus. Provavelmente não eram diretamente vinculados a nenhum deles.[105] Os sectários de Qumran romperam com os macabeus quando Jônatas assumiu o cargo de sumo sacerdote, radicalizando o movimento dos assideus. A seita foi fundada por um "Mestre da Justiça", provavelmente um sacerdote dissidente perseguido pelas autoridades de Jerusalém. Ele fundou a comunidade e ergueu um complexo no local de uma antiga fortaleza em ruínas, nas proximidades do mar Morto. Era um conjunto composto por prédio principal com salas comuns e um grande salão para refeições e reuniões, cercado de várias cisternas e canais para o abastecimento de água a centenas de pessoas. Ao redor, nas proximidades havia outras estruturas, como depósitos, oficinas, moinhos e cemitério. Nas cavernas próximas foram encontrados os "manuscritos de Qumran". Essa comunidade considerava-se o verdadeiro povo de Deus e a renovação da aliança do final dos tempos. Vivia isolada do restante dos judeus para manter a pureza ritual, buscar a santidade e interpretar a Torá. Compilaram normas rituais e éticas em um manual de disciplina. A orientação teológica principal era escatoló-

---
104 NEWMAN, 2006, p. 97-98.
105 NEWMAN, 2006, p. 99.

gica — sua vida comunitária em pobreza pessoal e indistinção entre ricos e pobres era considerada a própria vida da era messiânica, marcada por compartilhamento de refeições, isolamento social, divisão do trabalho, regras morais rígidas e rejeição completa ao culto do templo.[106]

Mencionei os famosos manuscritos encontrados nas cavernas de Qumran. São centenas de documentos de vários tipos, que podem ser divididos em: regras da comunidade; hinos e poemas; calendários, liturgias e orações; literatura sapiencial; interpretação das Escrituras; pseudoepígrafos; e composições diversas.[107] Esses textos revelam as crenças circulantes na comunidade. Um dos principais traços de sua teologia era o dualismo, a ideia de oposição no mundo entre os *Filhos da Justiça*, governados pelo Príncipe das Luzes, e os *Filhos do Mal*, sob o controle do Anjo das Trevas. A maneira de participar da luta entre o bem e o mal era amando a Deus e odiando o mal e os filhos das trevas. Essa era a razão do profundo sectarismo que levou muitos deles ao isolamento no deserto. A divisão da humanidade entre os justos e os maus era sustentada na escolha divina pelos bons — a predestinação dos justos —, razão pela qual eles se chamavam mutuamente de *Eleitos de Deus*. Eles não se consideravam poderosos por serem eleitos, mas alvo da graça divina; eram pó e cinza, humanamente frágeis, mas conduzidos pela vontade onipotente de Deus. Daí o termo "graça" ser constante em seus escritos. Como o sacerdócio de Jerusalém estava completamente corrompido, eles o rejeitaram, esperando um dia oferecer sacrifícios corretos no futuro templo purificado, um templo escatológico "não construído por mãos humanas". Para eles, os rituais não sacrificiais (purificações, orações, observação da lei e batismo) poderiam ser substitutos do ritual do templo. A própria comunidade de Qumran, então, via a si mesma como uma espécie de templo espiritual, a manifestação da Nova Aliança profetizada por Jeremias.[108]

Tais percepções reveladas nos escritos de Qumran nos mostram como havia entre os judeus um crescente entendimento a respeito de potestades malignas por trás das ações dos reinos do mundo. Os regentes de Jerusalém, Antioquia ou qualquer outro reino eram marionetes do Anjo das Trevas, o verdadeiro governante conduzindo os humanos

---
106 KOESTER, 2005, p. 236-238.
107 CAMPBELL, 2002, p. 78-79.
108 FLUSSER, David. *O judaísmo e as origens do cristianismo*. Volume 1. Rio de Janeiro: Imago, 2000. p. 52-70.

na sua maldade. O livro de Daniel também operava nesse sentido, tratando de potestades que comandavam as ideologias nas regiões espirituais dos grandes impérios (Daniel 10:12-21). Para aqueles judeus decepcionados com o mundo — claro, não todos —, existiam potências por trás dos tristes fatos visíveis aos seus olhos. Esse era mais um tema a contrapor as discussões entre fariseus, saduceus e grupos sectários da Judeia.

A dinastia dos asmoneus (134-63 a.C.)

Voltemos aos acontecimentos em torno da dinastia dos asmoneus. Os macabeus lutaram contra os selêucidas pela fé judaica e por seu monoteísmo, mas não necessariamente contra o helenismo em si. O processo de assimilação por que os judeus passavam, do qual até mesmo grupos tradicionais como os fariseus participaram, não foi refreado pelos netos de Matatias. Pelo contrário, foi acelerado.[109] A consolidação do governo nos moldes helenistas veio com *João Hircano* (134-104 a.C.). Ele era o filho de Simão e sucessor do governo da Judeia depois de vencer a disputa com seu cunhado Ptolomeu. No início do governo, ele ainda foi obrigado a acompanhar os selêucidas contra os partas em 129 a.C., mas o rei morreu na batalha. Com isso, os judeus finalmente se libertaram das interferências de Antioquia e puderam concentrar-se em seu próprio Estado.[110] João Hircano estava com o caminho livre.

A antiga estrutura de governo dos oníadas e tobíadas desapareceu na revolução. Essas famílias foram substituídas pela família sacerdotal de Modein, da qual procediam os líderes das tropas revolucionárias. Clãs sacerdotais, antes desfavorecidos, passaram repentinamente para o topo da administração do novo Estado em formação, somando-se a alguns membros da antiga elite sacerdotal sobreviventes no sistema.[111] Tal estrutura administrativa precisava contar com um séquito de servidores para assumir as funções burocráticas. Esse corpo de funcionários dependia economicamente do templo e era recrutado entre os sacerdotes e outras famílias do estrato superior da Judeia, mas também podia ser composto até mesmo por escravos hábeis em determinadas funções.[112]

---

109 SAND, Shlomo. *A invenção do povo judeu*. São Paulo: Benvirá, 2011. p. 283.
110 KOESTER, 2005, p. 221.
111 STEGEMANN, Ekkehard W. *História social do protocristianismo*. São Leopoldo: Sinodal; São Paulo: Paulus, 2004. p. 154-155.
112 STEGEMANN, 2004, p. 152.

Mais do que reestruturar a administração, João Hircano de fato colocou em andamento um projeto expansionista. Ele avançou militarmente sobre os territórios do norte, anexando a Samaria em 128 a.C., ocasião em que destruiu o templo dos samaritanos. A piedade judaica exigia que houvesse apenas um templo para o Deus Único.[113] Em 125 a.C., Hircano submeteu a Idumeia, localizada ao sul da Judeia, e obrigou todos os seus habitantes à circuncisão e ao modo de vida judaico. Essa população era composta pela antiga Edom, descendente de Esaú. Nascia, com Hircano, a noção de um judaísmo com fortes conotações de civilização religiosa.[114] As populações das cidades da Judeia e arredores foram convertidas ao judaísmo ou expulsas, e as que permaneceram gentias foram privadas dos privilégios reservados aos súditos dos asmoneus. Por outro lado, apesar de ser um Estado com caráter nacionalista, o comportamento de Hircano era profundamente helênico, o que se revelava, inclusive, nos nomes dos seus filhos: originalmente chamados Judas, Matatias e Jônatas, foram alterados para Aristóbulo, Antígono e Alexandre. Por fim, ele também mudou o sistema do exército, passando a contratar mercenários, prática comum aos monarcas helenistas. Isso resumia o que ele pretendia a todo custo: ampliar o poder de seu Estado e converter todos os habitantes do território em judeus — à força, se fosse preciso.[115] Nesse tempo, designou como estratego (ou chefe militar) da Idumeia certo Antipas, de uma família de prosélitos. Essa família seria de grande influência no futuro.[116]

Resumindo, o objetivo original dos macabeus — libertar o templo e Jerusalém das abominações pagãs — tornou-se, na mão dos descendentes asmoneus, uma justificativa para transformar os habitantes do território em cidadãos leais a Jerusalém. Esse procedimento provocou reações entre as comunidades mais piedosas. Muitos judeus, especialmente os fariseus, não viam com bons olhos a política de imposição da fé judaica. Isso não era compatível com a ideia de povo eleito de Deus.[117] Mas o principal problema para os fariseus estava na posição de Hircano como sumo sacerdote. Ele não tinha legitimidade, por não ser de família zadoquita, razão pela qual lhe sugeriram a devolução do cargo ao

---
113 MAIER, 2005, p. 169.
114 SAND, 2011, p. 285-286.
115 KOESTER, 2005, p. 222.
116 STEGEMANN, 2004, p. 155. Esse Antipas era pai de Antípater e avô de Herodes Magno.
117 KOESTER, 2005, p. 222.

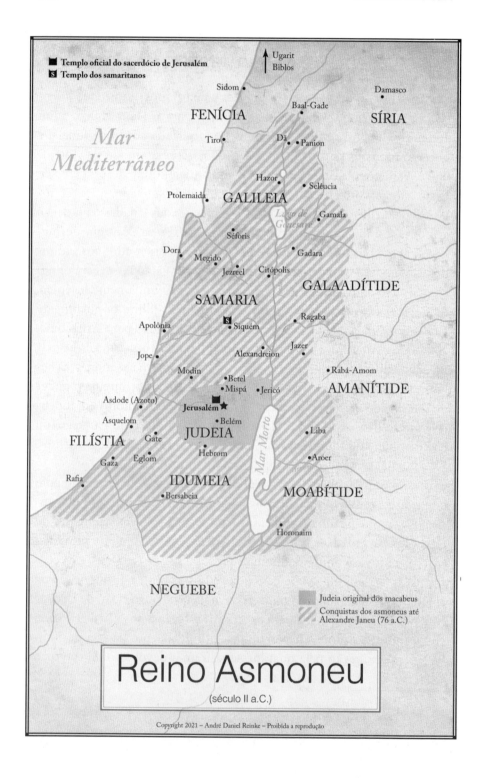

sacerdócio tradicional e a sua permanência apenas com o governo civil. Mas esse pedido ignorava o fato de que a tradição, desde o tempo persa, vinculava a autoridade civil ao templo. Assim, em vez de deixar o sumo sacerdócio, João Hircano apenas afastou os fariseus do governo, trazendo a rica e prestigiada classe dos saduceus para sua base de apoio.[118]

Com o falecimento de João Hircano, em 104 a.C., *Aristóbulo I* (104-103 a.C.) herdou o comando da Judeia. Manteve a política expansionista do pai, anexando a Galileia e forçando os itureus — cuja origem é desconhecida, talvez fenícia ou árabe — a se converterem ao judaísmo, sendo circuncidados e passando a obedecer à Torá.[119] Quanto à população da Galileia, trata-se de um mistério ainda não resolvido. Ela pode ser produto de uma mistura de povos decorrente das invasões assírias, como os samaritanos; ou pode ser composta por camponeses sobreviventes das antigas tribos de Israel da fronteira norte. Se for esse o caso, a assimilação ao novo Estado judaico teria sido mais tranquila, pois eles tinham heranças em comum com a Torá. O fato é que os galileus eram considerados um povo à parte. Autores antigos como Josefo, mais de um século depois, continuavam a demarcar diferenças entre judeus, galileus, idumeus e samaritanos, considerados povos distintos.[120] Independentemente da genealogia dos galileus, a posição geográfica do seu território determinou a contínua povoação de estrangeiros desde o início do exílio até a época dos macabeus, o que lhe valia o título de *Galileia dos gentios* (Isaías 9:1). Depois de Aristóbulo, as campanhas empreendidas pelos reis asmoneus naquela região foram de intensiva judaização: os registros arqueológicos revelam o abandono de locais de culto a divindades fenícias e egípcias, provavelmente em função da "limpeza religiosa" asmoneia, e o início de um processo contínuo de assentamentos de comunidades judaicas.[121] Ou seja, com a conquista dos asmoneus, muitos habitantes da Judeia começaram a migrar para a Galileia em busca de terras novas e produtivas para cultivar.

Aristóbulo governou por apenas dois anos em meio a muitas conspirações, chegando a mandar assassinar a mãe e o irmão. Ele foi o primeiro a se autodenominar rei, assumindo oficialmente o título que

---

118   HORSLEY, Richard A. *Bandidos, profetas e messias*: movimentos populares no tempo de Jesus. São Paulo: Paulus, 1995. p. 42.
119   SAND, 2011, p. 287-288.
120   HORSLEY, 2000, p. 32-33.
121   FREYNE, Sean. *Jesus, um judeu da Galileia*: nova leitura da história de Jesus. São Paulo: Paulus, 2008. p. 78-80.

faltava aos asmoneus. Era apenas a confirmação da prática de décadas. Seu reinado foi interrompido pela doença, e seu sofrimento intenso até a morte foi considerado um julgamento divino.[122] O trono foi assumido por outro filho de João Hircano, chamado *Alexandre Janeu* (103-76 a.C.). Ele enfrentou anos tensos de guerras entre os selêucidas e os lágidas, atuando em favor do Egito. Sua participação em um conflito internacional demonstra a ascensão da Judeia a certa relevância política e militar regional. O governo foi próspero e a dinastia asmoneia alcançou imensa riqueza. Entretanto, sofreu forte oposição do partido dos fariseus, também por ser considerado inepto ao cargo de sumo sacerdote. O governo levantou uma terrível perseguição contra os fariseus, até explodir a guerra civil. Alexandre Janeu venceu os opositores em batalha e capturou oitocentos fariseus, crucificando-os diante das muralhas de Jerusalém.[123] Depois, ainda trucidou as mulheres e os filhos à vista deles. Imagine o sofrimento de estar pregado a uma cruz e ver sua família ser assassinada. O fato foi absurdamente impactante, pois, até então, os judeus não conheciam esse método de execução.[124] A consternação tomou conta do povo, pois a gloriosa dinastia asmoneia se tornara igual a todas as monarquias helenistas do Antigo Oriente, justamente o modelo contra o qual seus antepassados se haviam levantado.

Com a morte de Alexandre Janeu, em 76 a.C., o trono foi assumido pela sua viúva, *Alexandra Salomé* (76-67 a.C.). Obviamente, ela não poderia assumir o cargo de sumo sacerdote por ser mulher. Herdou o título real, mas o sumo sacerdócio passou para seu filho mais velho, Hircano II. Assim, a função sacerdotal foi automaticamente separada da monárquica, resolvendo a problemática relação com os fariseus. Conciliadora, Alexandra buscou entendimento com eles, no que teve sucesso. Assim, durante um governo feminino, o partido fariseu voltou a determinar a política interna da Judeia.[125] A rainha dos judeus conseguiu pacificar o país, mantendo as fronteiras conquistadas pelos antecessores, e seu reino entrou para a tradição judaica como a Idade de Ouro.[126]

---

122   MAZZINGHI, 2017, p. 147.
123   TOGNINI, 2009, p. 125.
124   MAZZINGHI, 2017, p. 147.
125   MAIER, 2005, p. 170-171.
126   MAZZINGHI, 2017, p. 147.

CAPÍTULO 8: OS REVOLUCIONÁRIOS

Alexandra Salomé morreu em 67 a.C. O trono ficou vago e sob a disputa de seus filhos Hircano II e Aristóbulo II. O primeiro já era sumo sacerdote e reivindicou o poder civil outrora pertencente ao cargo; e o segundo também desejava unir os poderes na sua própria pessoa. Estava montado o cenário para a guerra civil, colocando frente a frente os partidários dos dois irmãos candidatos ao trono de rei-sacerdote de Jerusalém. No meio dessa confusão, estava Roma, não mais como um contato diplomático de apoio, mas como uma potência capaz de intervir.[127] E essa interferência seria determinante. Aristóbulo II subiu a Jerusalém com um exército e tomou o trono e o sumo sacerdócio. Hircano II, a conselho de Antípater (filho de Antipas e estratego da Iduméia), fugiu para a Arábia, onde conseguiu o apoio do rei Aretas para conduzir um exército de 50 mil soldados. Marchou contra seu irmão e o derrotou, levando Aristóbulo a se refugiar no templo, então uma fortaleza cercada de muralhas. Nesse meio-tempo, o romano Pompeu estava em campanha no Oriente, vencendo Mitríades e tomando Damasco. Recebeu notícias dos acontecimentos em Jerusalém e ordenou a retirada de Aretas, salvando Aristóbulo. Naquele momento, Pompeu estava propenso a apoiar esse pretendente ao trono. Mais tarde, a posição de Antípater acabou levando o cônsul romano a inclinar-se para o lado de Hircano II. Por fim, Pompeu aproveitou a retomada dos combates entre os irmãos e, em 63 a.C., atacou Aristóbulo II, o qual amargou a derrota e refugiou-se outra vez com 12 mil homens na fortaleza do templo. Depois de três meses de cerco, os romanos invadiram o local e promoveram uma verdadeira chacina. Pompeu entrou no templo e ficou admirado por não haver ali uma imagem do Deus de Israel. Levou Aristóbulo preso para Roma e colocou Hircano II como rei da Judeia, deixando-o sob o olhar atento do idumeu Antípater.[128]

Terminava melancolicamente a independência dos judeus, agora vassalos de Roma. O fato teve ainda um sinistro toque simbólico, pois a entrada de Pompeu no Santo dos Santos foi tanto chocante como emblemática: parecia a vinda de Epifânio, um século antes. O poder estrangeiro voltava a Jerusalém de maneira tenebrosa.[129]

---

127 MAIER, 2005, p. 171-172.
128 TOGNINI, 2009, p. 126-128.
129 MAIER, 2005, p. 174.

A crise política sob o controle romano

Os ressentimentos continuaram intensos e a interferência dos romanos não conseguiu frear a guerra civil na Judeia. Alexandre, um dos filhos de Aristóbulo II, iniciou uma rebelião em 57 a.C., comandando um exército para tomar o poder, mas foi derrotado por Gabínio, procônsul romano da Síria. Depois foi a vez de Antígono, outro filho de Aristóbulo II, escapar da prisão de Roma e promover um novo levante, conclamando a população para lutar contra Hircano II. Outra vez, as legiões romanas derrotaram as tentativas da oposição. No mesmo ano, o próprio Aristóbulo II escapou da prisão e lançou a terceira tentativa em Jerusalém, igualmente fracassada. Finalmente, Alexandre apareceu outra vez para tentar um golpe, foi derrotado e finalmente executado por Pompeu. Tudo parecia estar resolvido na fervente Judeia. Mas o problema, dessa vez, foram os próprios romanos. Nesse tempo, irrompeu a disputa entre Pompeu e Júlio César, e eles acabaram envolvendo os judeus em suas escaramuças. César libertou Aristóbulo II e o enviou à Judeia a fim de conquistar o país, mas este acabou envenenado pelos partidários de Pompeu. Na sequência, Pompeu foi derrotado por César em Farsalos, em 48 a.C. Hircano II e Antípater, próximos a Pompeu, ficaram em uma situação complicada, mas não titubearam e logo ofereceram seus préstimos ao lado vencedor. Seu exército auxiliou César a estabilizar o Egito, e Hircano II foi confirmado como sumo sacerdote, enquanto Antípater era nomeado governador da Judeia. Os cargos civil e religioso foram separados novamente, dessa vez em caráter definitivo. Antípater, na condição de governante civil, colocou seus filhos na administração: Fasael sobre Jerusalém e Herodes controlando a Galileia.[130]

Não vou detalhar o imbróglio que se seguiu, pois é complexo e não cumpriria o propósito deste livro. Atenho-me aos principais acontecimentos. Júlio Cesar foi assassinado em 44 a.C. e Antípater foi morto no ano seguinte, mas Herodes e seu irmão permaneceram em seus antigos postos. Em 40 a.C., os partas invadiram a Síria, deslocando os romanos em direção ao norte para o combate. Antígono, filho de Aristóbulo II, reapareceu com um exército e tomou Jerusalém, ao mesmo tempo que os partas chegavam à Judeia. Herodes conseguiu escapar para o Egito,

---

[130] BORGER, Hans. *Uma história do povo judeu*: volume 1: de Canaã à Espanha. 5. ed. São Paulo: Sêfer, 2015. p. 185.

mas Fasael e Hircano II foram presos — o primeiro cometeu suicídio e o segundo teve a orelha cortada para não poder mais exercer o sacerdócio. Antígono II foi proclamado rei da Judeia pelos partas, enquanto Herodes partiu do Egito para Roma, onde conquistou o apoio dos triúnviros (Otaviano, Marco Antônio e Lépido), recebendo do Senado o título de rei da Judeia. Herodes, então, retornou com um exército de mercenários e legiões romanas e, com o auxílio dos idumeus, dominou a Samaria. Nesse meio-tempo, os romanos conseguiram expulsar os partas e voltaram-se para auxiliar Herodes na luta contra Antígono. Este conseguiu resistir durante cinco meses em Jerusalém, até ver a cidade ser devastada pelos legionários. Herodes exigiu a decapitação de Antígono, dando fim ao último dos asmoneus em 37 a.C.[131] Herodes, o rei dos judeus, reinava absoluto.

Durante três anos, os judeus haviam visto sua terra ser devastada por quatro exércitos: os mercenários de Herodes, as legiões romanas, os invasores partas e as milícias de Antígono. Foi uma vergonhosa luta pelo domínio, encerrada de maneira emblemática com a decapitação do último asmoneu descendente dos grandes revolucionários macabeus. A experiência histórica dos macabeus, conduzindo mais de um século de lutas armadas contra invasores, levantou uma tendência entre os judeus. Pegar em armas contra impérios tornava-se uma opção tentadora, fazendo da Terra Santa um verdadeiro caldeirão de revoluções. Mas, no fundo dessa rebeldia, residia um princípio ligado à fé. Os judeus rejeitavam todo domínio porque apenas Iahweh era o verdadeiro o rei de Israel.[132]

Conclusão

A experiência da diáspora judaica no período helenista teve duas orientações: uma centrífuga e outra centrípeta. A orientação centrífuga era o espalhamento dos judeus pelo Mundo Antigo, levando a cultura e a fé judaica para todo canto. Eles assimilaram novas línguas e novos costumes, além de haverem traduzido suas crenças para outras culturas. O sentido centrípeto foi produzido por dois movimentos oriundos

---
131 BORGER, 2015, p. 186-187.
132 SAULNIER, 1987, p. 49.

de Jerusalém: a identidade étnico-religiosa fundada na Torá, uma tradição de séculos que remontava a Esdras, e a identidade monocêntrica do segundo templo. Os dois movimentos significaram a manutenção da fé bíblica e a convergência da esperança para um único ponto focal na Terra Prometida, dando um sentido nacionalista ao povo judeu.

O segundo templo atingiu centralidade espetacular. O sacerdócio assumiu o poder civil, governando durante séculos uma Judeia debaixo do furacão dos impérios. Tratava-se do governo de Deus, tendo o templo como centro da vida comunitária? O ápice desse movimento sacerdotal aconteceu com a revolução dos macabeus, um ato vibrante de patriotismo e fidelidade a Iahweh. Estariam as esperanças messiânicas sendo concretizadas? Imagine a expectativa de cada piedoso ao empunhar a espada para defender seu comandante, seu povo e o direito de adorar ao seu Deus. Mas a sequência da história foi impiedosa. Já na primeira geração, os macabeus foram seduzidos pelo poder e seus descendentes mostraram uma face impiedosa, agindo da mesma maneira que todos os invasores. Pior: impuseram sua fé aos conquistados de uma forma tão abusiva quanto Epifânio fizera com eles mesmos.

Não era essa a esperança do Messias. O templo e seus donos nada tinham a ver com o Reino de Deus, isso começava a ficar claro. Seu comportamento era dos filhos das trevas sob as potências do mal. Para muitos judeus, Iahweh jamais havia voltado a Jerusalém. A identidade finalmente unificada irrompia em desavenças internas sobre as profecias, a fidelidade à Torá, os reinos deste mundo e o Reino de Deus. Saduceus, fariseus, essênios eram diferentes reações ao drama da história. A empreitada dos revolucionários, depois de muito sangue derramado, terminou em mais uma frustração. Mas os revolucionários eram homens e mulheres profundamente piedosos, e sua fidelidade a Deus havia sido levada ao extremo do martírio. Eles ainda esperavam, mas Iahweh continuava em silêncio. Até quando?

Capítulo 9

OS OPRIMIDOS

A milenar história bíblica chegou ao domínio romano. Vários impérios passaram pela Terra Prometida e deixaram contribuições e muitos estragos. Os revolucionários, decepcionados com a tentativa de implantar o Reino de Deus à base da força, ainda aguardavam o Messias. Os judeus viam-se novamente oprimidos diante de uma potência escravizadora, como no tempo do Egito. Um novo êxodo era a esperança de um povo marcado pela memória dos feitos de Iahweh no passado, celebrados anualmente a cada Páscoa.

A agitação do tempo dos revolucionários terminara com uma onda de decepções batendo contra o rochedo de Roma. Oprimidos diante desse poder assombroso, eles viveram tempos ainda mais sombrios. A reação ao mais drástico dos domínios estrangeiros foi ampla, tanto em colaboracionismo como na franca rebelião. Por isso, apesar de serem uma nação com uma identidade já bem constituída, os judeus estavam fragmentados em diversos grupos segundo suas próprias reflexões a respeito de Deus, dos mandamentos e das promessas proféticas. No meio dessa crise, surgiu um humilde pregador do interior da Galileia, chamado Jesus de Nazaré, divisor da história em duas grandes partes: antes e depois dele.

O contexto geopolítico da Europa e do Antigo Oriente Próximo

A Grécia foi a fonte dos novos padrões culturais estabelecidos em boa parte do Antigo Oriente Próximo. Mas os impérios helenistas mantiveram os centros de poder no Oriente, tanto no Egito como na Síria, uma vez que seus reis viviam nessas localidades e ali mantinham a administração. A emergência de Roma deslocou o centro imperial definitivamente para o Ocidente. A Judeia não estava mais no caminho da disputa dos grandes reinos, mas basicamente na periferia do maior e mais devastador império jamais visto. O encontro de Roma com os judeus traria desdobramentos definitivos para a história do mundo.

A expansão do Império Romano (509-27 a.C.)

Roma era bastante jovem em comparação com a milenar história do Egito e de Israel. Em 753 a.C., ano mítico de sua fundação, o Egito já tinha mais de dois mil anos, e os reinos de Israel e Judá prosperavam antes da chegada dos assírios. Roma era habitada por uma etnia de latinos que viviam sob um regime monárquico por dois séculos e meio. Seus últimos três reis eram etruscos, época com algum desenvolvimento na área de produção artesanal e comercial. A sociedade romana era dividida entre patrícios — as famílias ricas autoproclamadas fundadoras da cidade — e plebeus — os camponeses e membros mais humildes da comunidade. O rei controlava o governo e os poderes militar, religioso, legislativo e judicial, tendo como órgãos consultivos o Senado e os comícios curiais (a assembleia geral dos cidadãos, divididos em trinta cúrias agrupadas em três tribos). Tanto o Senado como os comícios eram controlados pelos patrícios; foram eles que tomaram o poder ao expulsarem o último rei em 509 a.C., dando fim à monarquia e criando a República Romana.[1] Com o golpe, o controle do governo passou para o Senado, o qual elegia anualmente dois cônsules para o exercício do mais alto cargo executivo.

Uma das razões para o sucesso de Roma foi a capacidade de resolver crises, equilibrando os interesses da elite com os direitos da plebe romana. Um exemplo dessa capacidade aconteceu logo depois do

---

1 LIBERATI, Anna Maria; BOURBON, Fabio. *A Roma antiga*. Barcelona: Folio, 2005. [Grandes civilizações do passado] p. 22-24.

início da República, quando patrícios e plebe entraram em confronto. O poder econômico e político dos senadores era sustentado por uma justiça baseada apenas na tradição oral, o que resultava em insegurança jurídica nas demandas dos plebeus. A reivindicação por direitos civis redundou na criação de uma assembleia de magistrados plebeus e na nomeação de representantes do povo para a publicação de leis escritas (as XII Tábuas). Depois, uma série de leis acabou por limitar o poder absoluto do patriciado, permitindo a ascensão de uma classe nobre: os plebeus de famílias enriquecidas. Assim, acomodavam-se pelo menos algumas aparências: o poder político "de direito" era das assembleias populares, mas o poder "de fato" estava nas mãos do Senado. A reorganização interna pacificou os ânimos e deu impulso ao crescimento externo. Roma era uma sociedade militarizada extremamente eficiente e, em pouco mais de dois séculos, conquistou quase toda a península. Dominaram primeiro o Lácio, depois venceram os etruscos e gauleses ao norte e finalmente os úmbrios, samnitas, campanos e gregos da Magna Grécia ao sul. Então, apareceu sua capacidade de articular interesses também no sentido externo: após as três Guerras Samníticas (343–290 a.C.), Roma organizou um Estado federal unindo os romanos aos demais povos latinos, estendendo-lhes os direitos de cidadania. Assim, na segunda metade do século III a.C., Roma controlava toda a Península Itálica e já havia lançado as bases para avançar sobre o Mediterrâneo.[2]

Então, veio o encontro de duas potências. A cidade de Cartago, localizada do outro lado do mar, de frente para a Sicília, era a grande potência marítima do Mediterrâneo. Eram descendentes dos fenícios e controlavam a costa desde o Egito até a Espanha, onde estabeleceram colônias comerciais, incluindo as ilhas de Sicília, Sardenha e Córsega. A expansão romana ameaçava seu império. O conflito entre ambas começou na Sicília, em 264 a.C., e estendeu-se para as demais ilhas até a vitória definitiva de Roma, em 241 a.C. A segunda guerra terminou com a vitória definitiva dos romanos em 201 a.C., selando a supremacia de Roma no controle da parte ocidental do Mediterrâneo. Em apenas seis décadas, o domínio romano cresceu assombrosamente, abrangendo desde a Itália até a Espanha. Depois, os romanos voltaram-se para o outro lado: aproveitando o fato de os reinos da Grécia e do Oriente

---
2 LIBERATI; BOURBON, 2005, p. 26.

estarem em constante instabilidade, começaram uma política de "intervenções", jogando com apoio diplomático nos conflitos e avançando militarmente nos momentos oportunos. As décadas seguintes viram a expansão das fronteiras em vitórias espetaculares, especialmente contra os helenistas, destacando-se a vitória nas guerras macedônicas em 168 a.C. e a destruição de Corinto em 146 a.C. Em meados do século II a.C., Roma tornava-se senhora de todo o Mediterrâneo e podia chamá-lo de *Mare Nostrum* ("nosso mar").[3]

A expansão das conquistas significou o aumento de propriedades do Estado romano, o *ager publicus*, cujo uso era cedido aos membros da comunidade para pastagens ou cultivo, em troca de taxas de ocupação. Com o tempo, essas terras públicas foram alvo de disputas e acabaram na posse dos grandes proprietários romanos. As sociedades assimiladas, por sua vez, viram seus pequenos agricultores perdendo as terras e vivenciando um imenso êxodo rural, o que engrossava as fileiras de artesãos, comerciantes e clientela nas cidades. Surgiram imensos latifúndios durante o século II a.C., firmando-se como sistema produtor no último século da República. Os latifundiários aumentavam suas posses basicamente pelas conquistas militares e pela posição privilegiada dentro da estrutura política de Roma.[4] Ou seja, o Império Romano era um grande e lucrativo balcão de negócios de guerreiros bem-sucedidos no campo de batalha.

A conquista do Mediterrâneo não freou seus ânimos. Os romanos impuseram uma política intensa de exploração e anexação de territórios, avançando sobre áreas periféricas como Numídia, Gália e Britânia, sem falar nos reinos milenares do Oriente. Esse impulso tinha uma razão quase "psicológica": Roma acreditava que a segurança nacional somente seria garantida na vitória, mostrando força militar superior e extraindo a lealdade dos conquistados pela violência. A anexação de um território significava devastação de aldeias, pilhagem das cidades, carnificina de multidões e escravização em massa. A brutalidade espetacular da conquista servia justamente para aterrorizar. E a forma mais elaborada de provocar terror público era a crucificação, técnica extremamente dolorosa de torturar até a morte, pena aplicada especialmente a rebeldes e escravos. Após serem flagelados, os condenados

---

3 LIBERATI; BOURBON, 2005, p. 28.
4 FLORENZANO, Maria Beatriz B. *O mundo antigo*: economia e sociedade (Grécia e Roma). 4. ed. São Paulo: Brasiliense, 1984. p. 65-69.

eram expostos nas principais vias de trânsito, deixados para morrer e apodrecer, o que causava horror nos transeuntes. Era um aviso público do destino daqueles que se opunham à ordem estabelecida.[5]

Apesar do impressionante avanço, da anexação de territórios e afluência de riquezas, a instabilidade social interna sempre voltava em Roma. As benesses do crescimento econômico permaneciam apenas com as classes mais abastadas, e a tensão retornava. Tibério Graco, tribuno da plebe, tentou uma reforma agrária para diminuir a miséria do povo de Roma e acabou assassinado pelos senadores em 133 a.C. Esse fato deu início a uma crise interna que durou décadas, tempo marcado pela oposição entre Caio Mário, representante do partido reformador, e Sila, dos conservadores. Sila saiu vencedor e fortaleceu o caráter autoritário do Estado romano até a sua morte, em 78 a.C. A tensão continuou com graves distúrbios sociais, inclusive com uma espetacular rebelião de escravos liderada por Spartacus, que quase pôs o império abaixo. Apesar da expansão externa, a oligarquia romana não contava com a simpatia de proletários, soldados, comerciantes e habitantes das províncias, excluídos das vantagens das conquistas.

Nesse ambiente de disputas, destacava-se Pompeu, general de expressivas vitórias e forte apelo popular, conseguindo dar fim à Constituição restritiva de Sila. Pompeu representava um poder emergente, o dos equestres, os cavaleiros do exército. Para estabilizar o governo, os romanos forjaram um acordo político informal, criando o Primeiro Triunvirato, o poder executivo dividido entre três cônsules, composto por Pompeu, Crasso e Júlio César. O acordo não durou muito, pois Crasso morreu em 53 a.C. e os outros dois iniciaram a disputa pelo poder, provocando, então, uma guerra civil. César trouxe suas legiões a Roma e, com rápidas vitórias, conseguiu concentrar o governo em suas mãos, minando, assim, a autoridade do Senado e sendo declarado ditador vitalício. Entretanto, um grupo de senadores o assassinou em 44 a.C., dando um fim à ditadura — mas não à crise. Os herdeiros políticos de Júlio César, Marco Antônio e Otaviano (seu sobrinho e filho adotivo) buscaram conciliação no Segundo Triunvirato, aliando-se à figura inexpressiva de Emílio Lépido, logo abandonado e exilado. Com a vitória alcançada contra os conspiradores em 42 a.C., Antônio e Otaviano

---

5   HORSLEY, Richard A. *Jesus e o império*: o Reino de Deus e a nova desordem mundial. São Paulo: Paulus, 2004. p. 33-34.

dividiram o império em duas partes: Otaviano ficou com o Ocidente e Antônio com o Oriente, onde o segundo ganhou imenso prestígio ao conquistar o Egito. Então, novamente explodiu a disputa entre os dois cônsules, mas Otaviano levou a melhor e venceu Antônio na batalha de Actium, em 31 a.C.[6] Com o suicídio de seu oponente, o poder concentrava-se na mão do herdeiro de César. Então, Otaviano passou a se dedicar à tarefa de reconstruir o Estado romano, extremamente poderoso, mas politicamente fragilizado pelas constantes guerras civis entre seus próprios generais.

O principado de Augusto (27 a.C.-14 d.C.)

Otaviano foi um excepcional estrategista político. Ao vencer Antônio, ficou com todo o controle político e militar em suas mãos. Mas, em vez de seguir o absolutismo explícito de Júlio César, rejeitou qualquer título monárquico, sendo exaltado em 27 a.C. como *Princeps* (o "primeiro cidadão"), mantendo, assim, a fachada republicana e o aparente poder dos senadores.[7] Além de príncipe, Otaviano recebeu o título de *Augusto* ("o mais ilustre", "ótimo"), nome que adotaria a partir de então. O processo de ascensão de Augusto na política romana foi longo e progressivo. Respeitando todos os cargos e liturgias da República Romana, ele conseguiu gradativamente concentrar na sua própria pessoa diferentes títulos e funções. Os mais importantes foram o poder dos tribunos, conferindo-lhe o prestígio de representar o povo, e o *imperium*, o comando do exército, de onde deriva o título de *Imperator*. Em 13 a.C., logo após retornar de uma missão de pacificação na Gália e na Hispânia, recebeu do Senado a homenagem da *Ara Pacis Augustae*, um altar ricamente decorado, dedicado à deusa *Pax* (paz). Augusto finalmente trouxera a paz universal aos homens. O imperador foi consagrado, tendo erigidas mais de oitenta estátuas em sua homenagem somente em Roma (a mais famosa delas é a Prima Porta), e outras tantas por todo o império.[8]

Augusto soube assentar diversos interesses em sua base política. O principal deles foi a concessão de tarefas administrativas aos equestres, tanto na condição de procuradores (seus agentes pessoais) como nos cargos públicos de administração das províncias, especialmente como

---

6 LIBERATI; BOURBON, 2005, p. 30-33.
7 CORNELL, Tim; MATTHEWS, John. *A civilização romana*. Barcelona: Folio, 2008. [Grandes civilizações do passado] p. 74.
8 LIBERATI; BOURBON, 2005, p. 34.

prefeitos da guarda pretoriana e do fornecimento de trigo. Em outras palavras, ele trouxe para junto de si a classe militar enriquecida, a real base de sua autoridade. A classe média romana teve suas expectativas satisfeitas em um programa de "regeneração espiritual e moral", restaurando, assim, a tradição da religião estatal e revitalizando antigas festas religiosas, além de frear os divórcios e tornar o adultério crime público. A virtude de Augusto era exaltada em poemas de escritores como Propércio, Horácio e Virgílio, enquanto os nobres heróis de Roma eram eternizados na obra de Tito Lívio. As artes visuais floresceram, com pintores, escultores e arquitetos, embelezando Roma no vasto programa de edificações públicas de Augusto. Já os interesses da plebe foram satisfeitos com um planejamento urbano e a reorganização da distribuição de trigo, além da eventual doação de dinheiro e da promoção de entretenimento em jogos e espetáculos gratuitos. O entusiasmo popular pelo novo regime foi incondicional. Augusto ainda conquistou a simpatia do exército ao diminuir o número dos ativos, criando um sistema de recrutamento, serviço de vinte anos com salário e doação de terras em novas colônias na aposentadoria. Augusto estacionou as 28 legiões nas fronteiras mais importantes, mantendo o exército longe de Roma, ao mesmo tempo que o vinculava diretamente a si, pois era o seu comandante em chefe. Enfim, Augusto criou um império altamente eficiente, com um governo forte e contando com a lealdade de várias classes sociais, tanto em Roma como nas províncias. Em 2 a.C., Augusto recebeu ainda o título de *Pater Patriae* ("pai da pátria"), termo relacionado à forte e bondosa mão do *pater familias*, antiga tradição do patriarcado romano.[9] Augusto, o ótimo, o excelente imperador, era louvado como o pai de todos.

    A ideia de paternidade de Augusto não era mero eufemismo; fazia parte de um conceito profundamente arraigado na sociedade romana. A aristocracia de Roma, desde os tempos mais antigos, era rodeada por uma imensa rede de apoio mútuo chamada "clientela". Os *clientes* eram os agregados no entorno de um *patrono*, a quem apoiavam politicamente enquanto recebiam proteção, auxílio e cargos na administração. Tais arranjos políticos e sociais proporcionavam poder pessoal e muitas vezes força militar. Esse patrono era o pai de uma família importante, a célula básica da sociedade romana, sob cuja autoridade se alinhavam

---

9 CORNELL; MATTHEWS, 2008, p. 74-77.

filhos, escravos e propriedades.[10] Esse sistema informal era uma tradição social desde os tempos mais antigos do patriciado, manteve-se na República e foi mantido no regime imperial, quando se reorganizou. O imperador tornou-se o patrono de todos, o topo da pirâmide de um sistema que abrangia cada cidade do império. As elites locais eram cooptadas para dentro do sistema, tornando-se elas mesmas os patronos de seus reinos, e tendo como patrono o próprio imperador. Por isso, o exército não era colocado como força de ocupação nos reinos conquistados, mas posicionado nas fronteiras e nas províncias rebeldes como força repressiva. Era um sistema sutil e complexo, que fazia interagir a religião e a economia em uma rede de relações de uma extensa pirâmide de relacionamentos.[11]

A Pax Romana: *o coração da propaganda imperial*

Os romanos glorificavam a vitória, razão pela qual, no tempo da República, o comandante do exército celebrava um *triunfo* na capital. Com Augusto, essa cerimônia passou a ser exclusiva do imperador. Era um desfile cerimonial no qual os despojos da guerra eram exibidos em meio a carros alegóricos com representações teatrais de episódios da guerra, que simulavam cidades devastadas, fortalezas tomadas, áreas inundadas de sangue e países em chamas, demonstrando ao povo o poderio militar de Roma. Ao final da procissão, para o delírio da plateia, vinha acorrentado o general ou rei vencido, sendo executado publicamente conforme antigo costume romano. Depois do triunfo, a vitória era perpetuada em uma parafernália de textos literários, moedas, obras de arte e monumentos. Exemplo desse tipo de memória era o Arco de Tito, celebrando o massacre sobre os judeus nas guerras de 66 a 70 d.C.[12]

Roma proclamava o estabelecimento de uma paz mundial, solidificada pelas vitórias e imposta pela força das armas. A primeira vez que os próprios romanos discursaram sobre essa paz foi celebrando Augusto como chefe militar. O conceito da paz trazida pelas armas foi representado pela construção do altar da paz a Augusto (*Ara Pacis Augustae*), erguido justamente sobre o Campo de Marte, o deus da guerra. Foi um anúncio a Marte de que o reinado da deusa Pax havia começado, dando

---
10 FLORENZANO, 1984, p. 60-61.
11 HORSLEY, 2004, p. 28-29.
12 HORSLEY, 2004, p. 32.

sentido à história de violência do vencedor Augusto.[13] O imperador era o vértice a partir do qual emanava o poder do comando e, por isso, o mais alto símbolo do império. Dessa forma, as preces romanas eram dirigidas a ele, pois os deuses salvam o mundo e estabelecem a paz, a harmonia, a segurança, a riqueza e a honra por meio de seu príncipe. Horácio o elogiava como "pai e guardião do gênero humano", e comparou Augusto a Júpiter, um "deus na terra". Para Aristides, essa veneração à figura do imperador era necessária não apenas ao povo, mas também aos governadores locais, pois eles eram altos representantes de Roma e deveriam levantar, louvar e rezar duas orações: uma aos deuses pelo imperador e outra ao imperador por si mesmos. A exaltação do imperador até o nível sobre-humano não era apenas a linguagem dos poetas, mas também vivenciada na prática de um servilismo religiosamente exaltado.[14]

Se em Roma o imperador era glorificado pelos poetas como divindade, nas províncias isso acontecia nos documentos oficiais do Estado. A província da Ásia transferiu o início do ano para o nascimento de Augusto, o dia do "aniversário de deus". Documentos egípcios registram pagamentos de empréstimos em que Augusto é chamado de "filho de deus". Lion possuía um altar consagrado à deusa Roma e ao deus Augusto, centro do culto ao imperador na Gália. No tempo de Tibério, as comunidades da Ásia Menor decidiram construir um templo dedicado ao imperador, à sua mãe e ao Senado, ocasião em que onze cidades disputaram o privilégio de sediar a construção. Pediram para o Senado decidir e Esmirna foi escolhida — Pérgamo ficou de fora porque já tinha um templo dedicado a Augusto. Assim, o culto ao imperador tornou-se o vínculo de unidade imperial, um símbolo de fidelidade ao Estado ao qual todo cidadão deveria prestar homenagem.[15]

O Império Romano era uma imensa máquina movimentada por exércitos, impostos e estrutura administrativa, apoiada e exaltada por um poder de propaganda montado em símbolos visíveis nos templos, imagens, sacrifícios e festivais. Era uma paz estabelecida pela vontade celestial: o imperador era o mediador entre os deuses e a humanidade, o representante divino na ordem do mundo e da sociedade. Mas ele

---

13 WENGST, Klaus. *Pax Romana*: pretensão e realidade: experiências e percepções da paz em Jesus e no cristianismo primitivo. São Paulo: Paulinas, 1991. p. 21.
14 WENGST, 1991, p. 70-73.
15 WENGST, 1991, p. 74.

também necessitava da proteção dos céus, garantida pelos sacrifícios aos deuses realizados para o bem de Augusto.[16] Ou seja, Roma deu o passo final na escalada imperialista na Antiguidade. Não bastavam as riquezas dos homens — Roma queria também seus corações.

A dinastia Júlio-Cláudia (14-68 d.C.)

Augusto faleceu aos 77 anos, em 14 d.C. Como o sistema por ele implementado mantinha a aparência de República, não estava claro quem assumiria o império. Simplesmente não havia uma regra de sucessão. O posto de Augusto acabou com um filho adotado chamado *Tibério* (14-37 d.C.), assumido sem muita convicção. O Senado optou por manter as honras e os poderes conferidos a Augusto em uma única pessoa, tornando a instituição imperial uma realidade permanente e não mais sujeita à separação de ofícios, como fora na República. Ou seja, com Tibério foi definitivamente estabilizado o sistema imperial. Entretanto, Tibério foi um tanto tirano, tornando a figura do imperador ainda mais centralizadora e autoritária. Afastou-se do Senado ao mesmo tempo que seu poder militar tornava-o semelhante aos antigos reis helenistas. Tibério foi sucedido por *Gaio* (futuro *Calígula*, 37–41 d.C.), filho do bem-sucedido e popular general Germânico. Calígula foi aclamado muito mais em função da impopularidade de Tibério do que pelos próprios méritos, chegando a Roma com as honras de ser filho do grande herói romano, o que dava a esperança de um retorno à glória de Augusto. Um completo engano: após alguns anos de ordens absurdas, rebeliões nas províncias, criação de impostos e desmandos com o Senado, acabou assassinado pela própria guarda pretoriana, nos porões do Palatino.[17]

Note quanto a guarda pretoriana, a proteção pessoal do imperador, passou a interferir na política romana. Os pretorianos colocaram no lugar de Calígula um sobrinho de Tibério e irmão de Germânico chamado *Cláudio* (41-54 d.C.). Pessoa um tanto inexpressiva, acabou aclamado pela multidão pela ligação com o herói nacional, sendo confirmado pelo Senado. Cláudio soube retomar a aparência piedosa de Augusto, evitando as extravagâncias de seus predecessores. Conseguiu expandir

---
16 HORSLEY, Richard A. *Paulo e o império*: religião e poder na sociedade imperial romana. São Paulo: Paulus, 2004(b). p. 32.
17 GRIMAL, Pierre. *O império romano*. Lisboa: Edições 70, 1999. p. 84-87.

o império com a conquista de boa parte da Grã-Bretanha e outras terras. Desde aquele tempo, os impérios sabiam que vitórias externas sempre ajudam a estabilizar crises internas. Mas nem tudo foi sucesso. Ele enfrentou uma conspiração em seu palácio e chegou a mandar executar sua esposa, casando-se depois com a sobrinha, chamada Agripina. Foi ela quem conspirou para envenenar o marido.[18] Nessa conspiração, Agripina conseguiu assegurar o poder imperial ao seu filho, um jovem de 17 anos chamado *Nero* (54–68 d.C.), indicado pela guarda pretoriana e também confirmado pelo Senado. Inicialmente, Nero trouxe as promessas de uma nova idade de ouro, como ocorrera com Augusto, mas acabou enveredando por todo tipo de capricho. Seus atos lembravam Calígula e ele granjeou a antipatia de todos os senadores. Alvo de uma nova conspiração e abandonado pela própria guarda, foi assassinado em um golpe articulado pelo Senado.[19]

A confusão da dinastia Júlio-Cláudia, sucessora de Augusto, terminou com Roma sendo governada por quatro imperadores no mesmo ano. Nero foi morto em julho de 68 d.C.; *Galba*, o novo imperador, foi morto pelos pretorianos em janeiro do ano seguinte. Enquanto os pretorianos aclamavam *Otho* como imperador em Roma, *Vitélio* recebia o juramento de seus soldados na Germânia. Voltava a tão temida guerra civil ao império, mas Otho acabou derrotado e suicidou-se. O problema é que Vitélio era desprezado pelos romanos por causa de seu caráter perverso. Toda a estabilidade imperial conquistada a muito custo por Augusto ameaçava ruir. Então, o exército do Oriente proclamou como imperador seu comandante, Vespasiano. Ele era um militar de muito prestígio, homem maduro e com austeridade suficiente para ser um "bom imperador". Seu nome logo angariou o apoio das demais legiões orientais e ele retornou da Judeia, onde lutava contra os rebeldes. Venceu as tropas de Vitélio, morto durante a fuga, e entrou em Roma em dezembro de 69 d.C. No dia seguinte, o Senado concedeu a *Vespasiano* (69–79 d.C.) as honras de imperador, terminando as disputas e dando início à dinastia Flaviana.[20]

---

18 GRIMAL, 1999, p. 88-90.
19 GRIMAL, 1999, p. 90-91.
20 GRIMAL, 1999, p. 92-93.

As características dos oprimidos da Judeia

Os revolucionários vivenciaram grandes transformações na Judeia. Saíram da insignificância para uma condição de razoável desenvolvimento econômico no período helenista, seguido de uma luta incansável pelo direito de adorar exclusivamente ao seu Deus. Conseguiram uma verdadeira revolução, conquistando a independência e alcançando um domínio territorial compatível com o dos grandes reis Davi e Salomão. Eram governados pela casta sacerdotal, o que parecia ser indicativo da aprovação divina. Mas os revolucionários levaram algum tempo para perceber que, depois de tanto sangue derramado, nada realmente havia mudado. Seus reis-sacerdotes jogavam o mesmo jogo repetido por todos os reinos antes e depois deles. O conhecimento da glória de Deus não cobriu a terra, mas apenas violência e injustiça. Para piorar, o poder invasor estava outra vez sentado no trono de Jerusalém. Os revolucionários tomaram um choque de realidade ao se verem na condição de oprimidos.

A identidade étnico-nacionalista judaica

A essa altura da história, o judaísmo já era uma realidade. Entenda: judaísmo não era uma questão de "religião". Já explicamos esse conceito no primeiro capítulo. A "religião" dos antigos era uma série de atividades que mantinham o vínculo entre as pessoas de uma comunidade e desta com os deuses. Nada disso era separado de "política", como praticamos hoje, ao lançar a religião para a esfera da vida privada. Fé, cultura, política: tudo era parte de uma mesma realidade. O judaísmo também não era uma religião no sentido de sistema doutrinário, mas a propagação da defesa do estilo de vida ancestral dos judeus.[21] Por isso, os elementos religiosos estavam profundamente vinculados à construção de uma identidade "nacional" dos judeus. O tempo dos oprimidos sob o Império Romano não foi de inovações nessa identidade, mas de aperfeiçoamento e aprofundamento do que já se vinha constituindo desde o tempo dos exilados e dos revolucionários.

Os judeus continuavam se espalhando na diáspora por todo o Império Romano e para além dele. Não é à toa que as festas em Jerusalém contavam com peregrinos oriundos de Pártia, Média, Elão, Babilônia,

---
21 WRIGHT, 2018, p. 17-18.

Judeia, Capadócia, Ponto, Ásia, Frígia, Panfília, Egito, Líbia, Cirene, Creta e Arábia (Atos 2:9-11). Existiam pelo menos 150 comunidades judaicas fora da Judeia nesse tempo. Não sabemos exatamente como viviam, mas há bons indicativos de que os judeus da diáspora desejavam viver segundo a lei e manter sua identidade. A fé professada nas sinagogas conquistou em 42 a.c. o estatuto de *religião lícita*, permitida pelo Império Romano. Isso assegurava as reuniões regulares das sinagogas, nas quais os judeus podiam administrar a justiça sobre seus membros (sem a possibilidade de ditar sentenças capitais), manter costumes como o sábado (inclusive no serviço militar), construir sinagogas e cemitérios, bem como arrecadar ofertas e impostos para enviar ao templo em Jerusalém. Ganharam até mesmo um benefício exclusivo: a isenção de participar do culto ao imperador.[22] Bastava orar por ele ao Deus de Jerusalém.

As sinagogas já eram uma realidade marcante em toda a diáspora e também na Judeia, onde existia pelo menos uma em cada povoado. Cidades maiores, como Jerusalém, Antioquia, Alexandria e Roma, possuíam várias sinagogas cultuando, estudando a Torá e ensinando as crianças. O vínculo entre a lei de Moisés e a sinagoga tornou-se natural, e os judeus chegavam a acreditar que suas assembleias existiam desde tempos muito antigos (Atos 15:21). Apesar de não ser necessária a presença de um sacerdote ou escriba, apreciava-se quando um mestre pregava ou um sacerdote proferia a bênção.[23] Mas atenção: tome cuidado ao pensar em sinagoga como uma igreja com prédio, culto e estatuto organizado. Muitas vezes, a reunião da sinagoga acontecia em residências, sem uma estrutura própria. Na Galileia, por exemplo, não houve prédios exclusivos para sinagogas até o século III d.C. Na maioria dos casos, a sinagoga era apenas uma assembleia comunitária local. Além disso, era muito mais do que um local de culto, pois ali eles recolhiam impostos e discutiam sobre a política local. As comunidades tratavam da vida como um todo, sem separar os assuntos "espirituais" dos "mundanos".[24]

Essas comunidades tinham o foco na Torá e em seus ensinamentos, cujos princípios definiam quem era e como se comportava um judeu. Também se intensificavam nesse tempo a diferença dos gentios, a identidade firmada no segundo templo e os conceitos de "puro" e "impuro".

---
22 KRÜGER, 2009, p. 50-51.
23 LOHSE, Eduard. *Contexto e ambiente do Novo Testamento*. São Paulo: Paulinas, 2000. p. 148-149.
24 HORSLEY, 2000, p. 121 e 133.

Quando Herodes ampliou o templo, essa separação tornou-se ainda mais explícita com a construção de um muro para impedir o acesso à área interna, onde cartazes avisavam: "Nenhum estrangeiro deve ingressar no interior da balaustrada que rodeia o santuário e seu recinto. Quem for apreendido ali será, para si mesmo, a causa de sua morte, como consequência imediata de seu ato". Foi uma evolução significativa: dois séculos antes, cruzar essa fronteira significava uma multa de 3 mil dracmas. Sob pena de morte, tal separação tornara-se intransponível.[25] A distinção entre judeus e gentios manifestava-se nas festas populares: de um lado, as festas pagãs, como *Calendas, Saturnais, Dies natalis*; do outro, Páscoa, Pentecostes, Tabernáculos. Os estrangeiros foram proibidos de participar das festas judaicas, fato bastante inovador se pensarmos nas grandes festas da comunhão dos tempos antigos. Finalmente, as regras que mantinham essa separação na área do templo foram ampliadas para as relações das comunidades da diáspora, estabelecendo novas cercas entre judeus e não judeus. Isso aparecia principalmente na comensalidade, com novos graus de pureza sendo determinados em relação aos alimentos do cotidiano, o que tornava impossível a judeus e gentios comerem à mesma mesa. A proteção da profanação pagã não estava mais localizada apenas no templo, mas ampliada de forma simbólica e ritual a toda a comunidade judaica.[26] Essa separação aparece na crítica recebida pelos discípulos de Jesus por não lavarem as mãos antes de comer (Mateus 15:1-2). Não era uma questão de higiene, mas um ato de purificação ritual do contato com a "imundície" dos gentios.[27]

Em resumo: existia uma espécie de "mínimo denominador comum", ou seja, a marcação de alguns elementos de distinção entre judeus e gentios que transcendiam os conflitos internos do próprio judaísmo.[28] No tempo de dominação do Império Romano, havia uma cultura judaica sólida, com um forte caráter étnico-nacionalista, bem delineada e com padrões reconhecíveis fora dela mesma; basicamente, a mesma do tempo dos revolucionários. Isso não significava a inexistência de diferentes interpretações da Torá nas respostas às contingências de seu tempo, o que pode ser visto nos intensos conflitos durante todo o século dos oprimidos.

---

25 SCHMIDT, 1998, p. 94.
26 SCHMIDT, 1998, p. 222-224.
27 CHAMPLIN, Russell Norman. *O Novo Testamento interpretado versículo por versículo*. Volume 1: artigos introdutórios, Mateus, Marcos. Guaratinguetá: A Voz Bíblica, s.d. p. 429.
28 ZABATIERO, 2013, p. 280.

A língua dos judeus e a escrita do Novo Testamento

A língua hebraica continuou evoluindo desde o século dos revolucionários. Textos encontrados em Qumran demonstram como o hebraico utilizado na comunidade dos essênios possuía coloquialismos, empréstimos estrangeiros e linguagem popular. Muitos judeus falavam e escreviam em hebraico, aramaico e grego. Houve certo distanciamento do hebraico clássico, uma vez que o vocabulário do primeiro século estava muito mais aberto a influências e inovações, utilizando palavras de origem aramaica, persa, grega e latina. O hebraico começava a se aproximar daquele que seria, no futuro, o hebraico rabínico.[29] Mas a língua nacional dos judeus estava mais restrita à liturgia e à leitura da Torá, ou seja, ao círculo erudito. O elemento realmente inovador, manifestado havia dois séculos, era o uso frequente do grego.

A partir da emergência da literatura dos seguidores de Jesus de Nazaré, houve uma mudança realmente significativa na escrita judaica. O mundo helenista tinha a tendência de separar a língua escrita da falada, mantendo a erudição clássica nos seus textos. Os autores do Novo Testamento romperam completamente com esse paradigma, usando o *koinê* também na escrita, conforme a tradição oriunda das sinagogas falantes de grego. Como eles usavam a Septuaginta para pregar, ela influenciou muito seus próprios textos. Os semitismos, particularidades linguísticas do hebraico e do aramaico, são frequentes nos Evangelhos, no Apocalipse, nas cartas de João e de Tiago e, eventualmente, nas cartas paulinas. Mas os estilos eram diversos. Paulo, por exemplo, escreveu em um *koinê* elevado nas cartas pastorais, com certa influência do helenismo erudito. A carta aos Hebreus também é em grego elevado, enquanto o Evangelho de João e as cartas joaninas possuem um estilo marcante. O universo dos escritos do Novo Testamento foi o resultado de uma produção literária de autores bilíngues, cuja primeira língua era semítica e a segunda, grega. Possivelmente houve documentos em aramaico que serviram de base à escrita dos Evangelhos.[30] A própria experiência de fé dos cristãos foi criadora de linguagem, inventando novas palavras, como *antíkhristos*, *diábolos* e *euanggelismós*, entre outras.[31]

---

29 FRANCISCO, p. 12-13.
30 SCHREINER, 2004, p. 42-45.
31 O *koinê* bíblico foi criticado na Antiguidade Tardia justamente pelo aspecto popular. Apologetas cristãos formados nas letras clássicas (como João Crisóstomo) justificavam o estilo descuidado e de certa maneira "tosco" dos escritos bíblicos pela sensibilidade e popularidade de seu estilo. TREBOLLE BARRERA, 1995, p. 83-85.

O grego, portanto, foi o veículo da fixação dos Evangelhos e do restante do Novo Testamento. Deus não se revelou apenas em hebraico; também a língua da Hélade foi veículo da Palavra, abrindo os horizontes da fé em Iahweh a todo o mundo.

Os privilegiados do império: os herodianos

A ascensão de Herodes no governo da Judeia significou a manutenção da estrutura já existente dos asmoneus, porém com uma mudança drástica na burocracia estatal, fazendo nascer uma nova identidade entre os judeus: os administradores e apoiadores de Herodes chamados herodianos. A casa real, formada pelos seus parentes, tomou conta da administração: Feroras, o irmão mais novo, recebeu a Pereia como tetrarquia; o sogro, Costobar, administrou a Idumeia; e o primo Aquiabe ficou com a Judeia. Como o próprio Herodes não podia assumir o cargo de sumo sacerdote por não ser de família sacerdotal, passou a escolher sacerdotes adequados aos seus interesses, buscando homens aptos ao ofício no Egito e na Mesopotâmia, especialmente na Babilônia.[32] Essas famílias sacerdotais trazidas da diáspora construíram suas mansões na Cidade Nova, nas proximidades do templo, com o luxo e a suntuosidade típicos do helenismo, dando origem a novos bairros de classe alta sacerdotal e herodiana em Jerusalém.[33]

O séquito dos altos cargos dos herodianos foi recrutado entre gentios, como o administrador financeiro Ptolomeu de Rodes e o conselheiro Nicolau de Damasco. Os cargos da magistratura eram todos ocupados por parentes do rei, os quais também controlavam os cobradores de impostos chamados *publicanos*, contratados dentre a população judaica. Muitos funcionários podiam alcançar extraordinária riqueza, como o caso bíblico do publicano Zaqueu de Jericó (Lucas 19:1-2). O tradicional Sinédrio passou a ter todos os seus membros indicados por Herodes. No entanto, os mais privilegiados eram a casa real e a aristocracia judaica. Além do prestígio, elas tinham imenso acesso a terras, com as quais presenteavam aos seus favorecidos. Com esse tipo de tomada de vantagens e apropriação de recursos, não era aconselhável manter militares nacionalistas; por isso, seguindo o modelo helenista, o exército era composto por mercenários estrangeiros. Foi um tempo de imensa prosperidade em Jerusalém, com obras suntuosas demons-

---
[32] STEGEMANN, 2004, p. 156.
[33] HORSLEY, 2000, p. 36.

trando o poder da Judeia. Entretanto, tamanha riqueza não significava prestígio ou orgulho para os judeus. Pelo contrário: muitos deles estavam oprimidos por uma carga imensa de impostos e não reconheciam suas elites.[34]

Enfim, os judeus eram governados com mão de ferro por um prosélito idumeu e sob a imposição de uma potência invasora. Os sonhos dos revolucionários de um século antes estavam pulverizados.

Oprimidos sob o poder imperial

O povo judeu não conseguiu escapar da avassaladora dominação romana. Todas as esferas da vida judaica foram transformadas. Uma minoria de elites nativas colaborava com o poder invasor, usufruindo seus privilégios à custa da massa popular. A base fundamental da economia antiga era a agricultura e, na Judeia, o problema da terra tornara-se agudo. Era comum haver confisco de terras, além do pesado sistema tributário, por vezes em moeda e, outras vezes, em produtos. O resultado final desse processo foi a concentração de terras na mão dos latifúndios romanos, um endividamento excessivo dos pequenos agricultores e a escravização por dívidas. Isso tudo acontecia justamente quando a tradição da Torá estava firmemente alicerçada entre os judeus, cujas leis determinavam o equilíbrio entre os direitos dos agricultores — como a proibição da cobrança de juros e o perdão de dívidas — e dos sacerdotes — os quais deveriam viver dos dízimos para sua manutenção. Imagine a crise: estudar a Torá com as leis divinas sobre o Ano Sabático, ou sobre o comportamento do sacerdócio e da monarquia, e ver o contrário acontecer na sua cidade. Então, vinham os intensos debates entre saduceus, essênios, fariseus e muitos outros sobre os textos proféticos e escatológicos. Os judeus viviam uma crise em vários níveis.[35]

Houve muitas reações não violentas à dominação romana. Primeiro, o próprio culto nas sinagogas, no qual eram entoados salmos que tratavam do Reino justo de Iahweh ou invocando a defesa divina contra os exércitos inimigos (Salmos 98 ou 46, por exemplo). A adoração constante ao poder régio de Deus era um ato de resistência judaica, talvez o mais importante deles, pois mantinha a esperança viva.[36] Entre

---
34 STEGEMANN, 2004, p. 157-159.
35 STEGEMANN, 2004, p. 121-123.
36 WRIGHT, Nicholas Thomas. *O dia em que a revolução começou*: reinterpretando a crucificação de Jesus. Brasília: Chara, 2017. p. 129.

os fariseus, a posição era mais complicada. Eles eram uma espécie de bússola moral do povo, atuavam politicamente com os asmoneus, mas viviam um dilema no tempo romano: não podiam apoiar o sacerdócio corrompido e o governo estrangeiro, mas também não faziam oposição pública. Esse desconforto resultou em situações ambíguas, nas quais os fariseus podiam eventualmente trabalhar em determinados postos do governo, mas sem influência sobre o povo. Daí a posição periférica da maioria deles nas discussões políticas, às vezes entendida como neutralidade.[37] Ainda assim, houve alguns deles, um grupo de intelectuais chamado *Quarta Filosofia*, que compartilhavam o ideal da liberdade fincado na tradição do êxodo e no princípio de que Deus era o verdadeiro rei de Israel. Eles insistiam em algumas ações não violentas, mas bastante concretas, pregando, por exemplo, o não pagamento de impostos. Eram pensadores que estimulavam as massas à sonegação dos recursos nacionais ao poder estrangeiro.[38]

O não pagamento de impostos resultava em forte reação. Roma respondia com repressão em diversos níveis: desde a "perseguição branda", como a escravização de insubordinados, até a radicalização, com assassinatos seletivos, geralmente crucificando os líderes. Isso tinha valor pedagógico, por assim dizer. Entretanto, muitas vezes a resposta romana não terminava em repressão, aumentando sensivelmente a espiral de violência e fazendo as massas se revoltarem. Esses levantes raramente eram organizados; eram mais explosões populares em uma situação insustentável.[39] Nesses momentos, a resistência não violenta sucumbia à pressão e respondia na mesma moeda. Tais conflitos eram intensificados nas festas, especialmente na Páscoa. Imagine o significado da memória de libertação do Egito nesse tempo de escravidão sob uma potência estrangeira. No fundo, a Páscoa era uma completa fantasia diante da realidade, expressão profunda do desejo por liberdade em tempos sombrios. Justamente por isso, era uma festa na qual as autoridades romanas ficavam especialmente tensas. A presença das multidões do interior da Judeia e dos peregrinos da diáspora colocava o exército em prontidão contra qualquer motim.[40]

---

37   HORSLEY, Richard A. *Jesus e a espiral da violência*: resistência judaica popular na Palestina romana. São Paulo: Paulus, 2010. p. 61-63.
38   HORSLEY, 2010, p. 69-79.
39   HORSLEY, 2010, p. 44.
40   HORSLEY, 2010, p. 31-32.

Bandidos, zelotas e sicários

Além das estratégias de resistência pacífica, havia situações de violência propriamente dita. A mais frequente delas era o surgimento do *banditismo social*, uma forma de rebelião típica de sociedades agrárias. Eram bandos de salteadores oriundos do povo comum, compartilhando com ele a mesma fé, razão pela qual muitas vezes eram exaltados pelo povo como campeões da justiça. Desse tipo de situação, emergiram lendas como a de Robin Hood, por exemplo.[41] Quando Herodes era governador da Galileia (48-47 a.C.), perseguiu e chacinou um bando atuante na fronteira norte, guiado por certo Ezequias. Uma década depois, quando já governava todo o território, reprimiu novamente salteadores galileus que viviam nas cavernas e assaltavam a zona rural. Como não há mais notícias desse tipo de ação durante o restante do seu reinado, é possível que o regime de Herodes tenha sido eficiente o bastante para reprimir esses atos. No tempo de Pilatos, temos o registro da perseguição ao bando de Tomolau, depois de um bandido no tempo de Fado e, finalmente, de outro sob o governo de Félix, chamado Eleazar ben Dinai, promotor de ousados assaltos aos administradores imperiais. Este último atuou por mais de vinte anos (40-60 d.C.) até finalmente ser capturado, enviado para Roma e crucificado com seus companheiros. A continuidade das ações desse bandido, que, durante mais de duas décadas, escapou das autoridades, só pode ser explicada pela ajuda popular.[42] Provavelmente, os dois ladrões entre os quais Jesus foi crucificado tenham sido bandidos desse tipo, pois a cruz não era o destino de ladrões comuns (Marcos 15:27). A cruz sempre tinha um sentido político.

Os *zelotas* provavelmente surgiram a partir de um movimento popular semelhante ao banditismo social durante a Guerra dos Judeus (66-70 d.C.), quando as legiões romanas avançaram pela Galileia executando a estratégia da "terra arrasada". Essas legiões destruíam aldeias, massacravam milhares de camponeses e escravizavam outros tantos, colocando como administradores os soldados romanos ou as aristocracias judaicas, que se entregavam sem resistência. Os camponeses não tinham opção: ou eram mortos na invasão ou fugiam, não tendo outras aldeias para viver. A solução era agrupar bandos e vagar pelos

---

41 HORSLEY, 1995, p. 57-58.
42 HORSLEY, 1995, p. 69-73.

territórios ainda não atacados pelas legiões, vivendo do produto dos assaltos no meio do caos total. À medida que as legiões avançavam, empurravam esses bandos para Jerusalém, o coração da rebelião, onde tiveram atuação importante.[43]

O único movimento de protesto violento, agindo de forma política e planejada, foi o dos *sicários* ("homens da adaga", em função da arma que usavam), verdadeiros terroristas surgidos na Judeia a partir dos anos 50 e 60 d.C. Eles cometiam assassinatos e sequestros de autoridades do sacerdócio. Esfaqueavam sacerdotes e aristocratas judeus em meio às festas, misturando-se à multidão, ou sequestravam suas famílias para exigir a libertação de companheiros. A escolha de autoridades religiosas mostra uma estratégia de efeito demonstrativo, pois elas eram colaboracionistas dos invasores. Entretanto, os sicários eram poucos e o resultado final de sua atuação foi apenas o aumento exponencial da violência romana na repressão de seus assassinatos.[44]

Movimentos proféticos, messiânicos e afins

Para Josefo, a sociedade judaica era uma teocracia. Ou seja, Deus era o rei dos judeus, princípio adequado às mais antigas tradições israelitas. Segundo ele mesmo, o domínio divino estava humanamente traduzido no governo da aristocracia sacerdotal, razão pela qual ele estimulava a submissão àquela forma de Estado. O sacerdócio era o controlador da Torá, a qual lhe conferia autoridade. Justamente por isso, ficou evidente a contradição: os sacerdotes não tinham legitimidade dinástica, além do fato de ignorarem completamente os preceitos sociais de Moisés. Para completar, o trono de Jerusalém não estava ocupado pelo descendente de Davi, mas por um poder invasor. Restava a tensão permanente marcada pela contradição entre uma alegada teocracia e o fato constrangedor de um governo aristocrático de base estrangeira. O reinado de Iahweh era intermediado por homens corruptos, escancarando o fracasso da proposta dada a Israel desde o êxodo. Então, surgiram movimentos de resistência que desejavam o verdadeiro governo divino, com as mais variadas expectativas: alguns aguardavam um novo sumo sacerdote; outros, um rei, um messias escatológico e até mesmo um profeta.[45]

---
43 HORSLEY, 1995, p. 190-192.
44 HORSLEY, 2010, p. 36-39.
45 THEISSEN, Gerd. *O movimento de Jesus*: história social de uma revolução de valores. São Paulo: Loyola, 2008. p. 268-269.

A relação com o templo estava estremecida. O templo simbolizava a presença de Deus, mas, para grande parte da população, nada mais era do que um instrumento de domínio e palco de todo tipo de exploração. Ora, o templo significava a ordem divina no mundo, representava Deus e a eleição de Israel, o ponto focal dos judeus residentes na Judeia e dos compatriotas espalhados pelo mundo. Era decepcionante: alguns, como os essênios, consideravam o sacerdócio culpado de profanação e se afastaram; os extremistas queriam tomar o controle pela luta armada; houve apocalípticos prevendo a destruição daquele lugar porque Deus se afastara de Israel; outros, por sua vez, se refugiaram em conceitos helenistas, realçando o aspecto simbólico e aguardando uma manifestação espiritual de um novo templo que não fosse feito por mãos humanas.[46] Diante de tal crise, emergiram diversos messias, sempre na Páscoa. Josefo registrou três deles: um messias conhecido como "o Samaritano" no tempo de Pilatos (26-36 d.C.); o profeta Teúdas, no governo de Fado (44-45 d.C.); e um messias conhecido como "o Egípcio", no governo de Félix (52-60 d.C.). Comum a todos esses três movimentos messiânicos, além de terem sido massacrados pelos romanos, era a crença de que Deus iria realizar um ato milagroso de libertação, como fizera no êxodo.[47]

Também surgiram personalidades proféticas nos círculos piedosos, com ministérios de cura, não ligados à ideia messiânica. Um dos mais proeminentes foi Hanina ben Dosa, um galileu conhecido por seus milagres, pregando depois da Guerra dos Judeus. Outro foi Honi, que desenhava círculos para fazer chover, conhecido dentro dos grupos carismáticos. Um neto de Honi, chamado Abba Hilkiah, também ficou conhecido pelo poder de fazer chover. De maneira geral, os líderes carismáticos eram temidos pelas autoridades, não tanto pelas questões teológicas ligadas às suas profecias, mas por causa das mensagens contra o problema social originado pela presença romana na Judeia.[48] Entre esses profetas e messias de Israel, surgiu um mestre, oriundo do interior da Galileia, chamado Jesus de Nazaré. O impacto das suas pregações e de seus seguidores traria novas e profundas alterações na identidade do povo bíblico de Israel.

---

46 MAIER, 2005, p. 210-211.
47 HORSLEY, 2010, p. 32-33.
48 SCARDELAI, 2008, p. 100-101.

Em suma, as características dos oprimidos: a identidade étnico--nacional judaica estava consolidada. Ser judeu era algo reconhecível na diáspora, bem como na Judeia e na Galileia, estabelecendo comunidades separadas dos gentios tanto pelas regras da Torá como pelos novos costumes e rituais de purificação. Por outro lado, o nacionalismo em torno do segundo templo estava abalado pela condição do sacerdócio, uma aristocracia coadunada com o poder invasor do Império Romano. A extrema opressão levou à emergência de novos grupos: além dos saduceus, fariseus e essênios já estabelecidos mais de um século antes, havia herodianos, bandidos, zelotas, sicários, messiânicos, profetas, curandeiros — enfim, uma constelação de reações à situação crítica vivida. Mas eram todos fundamentalmente judeus, na cultura e na esperança.

A história bíblica dos oprimidos

Herodes ganhou grande prestígio com os romanos ao expulsar os partas e reconquistar Jerusalém. Conquistou o apoio do Segundo Triunvirato e mostrou-se um aliado valoroso. Ficou em uma situação complicada quando estourou o conflito entre Otaviano e Marco Antônio, pois era favorecido pelo segundo. Mas demonstrou astúcia: esperou a resolução da crise e a vitória de Otaviano em Actium, em 31 a.C., viajou pessoalmente até Rodes e depositou sua coroa aos pés do vencedor. Seu gesto conquistou a simpatia do futuro imperador e ele foi mantido como rei da Judeia. Algum tempo depois, ainda teve acrescentados ao seu domínio o litoral, Samaria, Jericó e as áreas do entorno da Galileia. Herodes tornava-se, durante as décadas seguintes, rei absoluto e fiel vassalo de Augusto.[49]

Herodes era um tirano com mania de perseguição, odiado por boa parte dos judeus. Seu nome não foi eternizado pela piedade, mas pelas impressionantes realizações administrativas e arquitetônicas, produzindo um desenvolvimento econômico sem precedentes. Tentava agradar a todos, sendo helenista com os pagãos e respeitando as tradições com os judeus. Por outro lado, reprimia com violência qualquer oposição, não poupando nem os próprios membros da família, e controlava o cargo de sumo sacerdote com rigidez.[50]

---
49 KOESTER, 2005, p. 392.
50 MAIER, 2005, p. 176.

CAPÍTULO 9: OS OPRIMIDOS

Herodes emplacou um vasto empreendimento de obras públicas helenistas. Construiu a cidade de Sebaste (tradução grega de "Augusto") no lugar das ruínas de Samaria, erigindo um templo e um teatro dedicados ao imperador. Construiu outra cidade no litoral, chamada Cesareia, também em homenagem a Augusto, local que viria a se tornar o mais importante porto da região.[51] Jerusalém, a joia dos judeus, foi amplamente reformada, planejada e executada com esmero arquitetônico, utilizando o que havia de melhor na arquitetura e na engenharia greco-romana. O templo foi inteiramente remodelado, o santuário ornamentado com tanto luxo e grandiosidade como jamais havia sido, o que conquistou o respeito dos grandes partidos dos judeus. Para agradar aos romanos, construiu a fortaleza Antônia, ligada ao templo pelo pátio dos gentios. A fortaleza servia como proteção da cidade, mas existia fundamentalmente para controlar o templo e as possibilidades de rebelião que poderiam ocorrer ali.[52] Como bom representante romano, investiu em outros locais sagrados como o de Abraão em Mambré e não negligenciou os templos pagãos, construindo um santuário de Pã nas nascentes do Jordão.[53] Herodes ainda reforçou fortalezas na parte oriental do reino, possivelmente pensando na defesa contra os partas. Herodium era a residência de verão, erguida em uma colina artificial a doze quilômetros de Jerusalém. Herodes também ampliou Massada, uma fortaleza espetacular construída por Alexandre Janeu a 50 quilômetros ao sul da Cidade de Davi, tornada inexpugnável e dotada de um engenhoso sistema de captação e armazenamento de água para um monumental palácio.[54] Pelas suas imensas obras, entrou para a história como Herodes Magno.

Mas não devemos nos enganar pelas aparências. O longo governo de Herodes e sua *pax romana* significaram um tempo de estagnação para a maioria dos judeus. Ele era filho de prosélitos, situação contrária a qualquer ideal de realeza davídica, além de ser constrangedor aos judeus terem um edomita sentado no trono de Davi. Embora mantivesse os rituais do templo, ele mesmo não se submetia à Torá. Era basicamente um *basileu* helenista, não um *melek Yisrael* (um "rei de Israel"). A experiência gloriosa da revolta dos macabeus e o entusiasmo da

---

51 KOESTER, 2005, p. 394.
52 MAIER, 2005, p. 177.
53 KOESTER, 2005, p. 394.
54 KAEFER, 2012, p. 55-58.

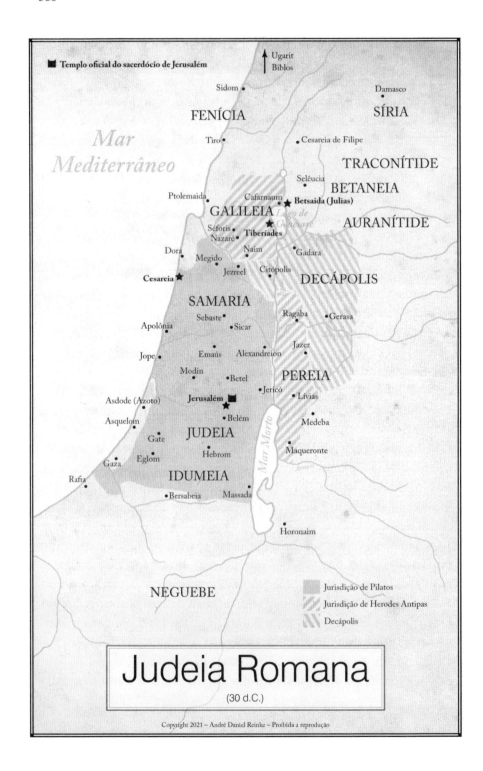

expansão militar dos asmoneus eram apenas uma memória; o presente significava a suspensão da história, a não ação de Deus, um povo preso, sob o jugo do poder de Roma e de seu vassalo idumeu. O Reino de Deus estava adiado. "Foi uma era caracterizada por pessimismo, nostalgia de salvação, recalque de rebeldia e de esperanças, e por uma ira mal contida."[55]

Os herdeiros de Herodes Magno

Herodes Magno morreu em 4 a.C., depois de mais de três décadas de reinado. Inicialmente, o território foi dividido entre os filhos, conforme dispunha seu testamento. A divisão foi reconhecida por Augusto, apesar dos protestos de uma delegação de Jerusalém. *Herodes Antipas* foi nomeado tetrarca da Galileia e da Pereia, as quais governou até 39 d.C. Ele seguiu os passos do pai na crueldade e no despotismo, assim como na paixão pelo esplendor arquitetônico. Ampliou Séforis e construiu uma nova capital para a Galileia chamada Tiberíades, em homenagem ao imperador Tibério, por volta de 18 d.C. Outro filho de Herodes a receber territórios foi *Filipe*, escolhido tetrarca de Traconítide, Gaulanite e Auranite, regiões ao norte e a leste da Galileia. Construiu uma cidade chamada Cesareia aos pés do Hermon, a qual veio a ser conhecida como Cesareia de Filipe. Ampliou a aldeia de Betsaida, situada no local em que o Jordão deságua no mar da Galileia, e a renomeou para Julia, em homenagem à filha de Augusto. O terceiro filho contemplado foi *Arquelau*, que recebeu o território mais importante — a Judeia e a Samaria — com o título de etnarca, sob a promessa de, no futuro, ser nomeado rei.[56]

Arquelau foi o personagem central de uma rebelião ocorrida em Jerusalém, em 4 a.C., logo no início do seu governo. Acreditando na sua bondade, durante a Páscoa, populares começaram a pedir a redução dos tributos anuais, a abolição dos impostos herodianos, a punição de oficiais violentos e o afastamento do sumo sacerdote indicado por Herodes. O aumento dos protestos assustou Arquelau e ele mandou uma coorte prender os líderes. A multidão apedrejou os soldados até a morte e voltou aos sacrifícios, enquanto o rei mandava o exército e a cavalaria sobre eles, massacrando 3 mil pessoas. Arquelau partiu

---
55 MAIER, 2005, p. 178.
56 KOESTER, 2005, p. 394-395.

para Roma a fim de receber a confirmação do título real, deixando o comando com o procurador Sabino, enquanto uma legião continuava atacando insubordinados espalhados pela Judeia. Pouco depois, chegou a festa dos Tabernáculos, e uma multidão oriunda de todas as regiões da Terra Santa acampou ao redor da cidade. Não se sabe a razão, mas logo iniciaram as hostilidades, e Sabino ordenou o ataque, resultando em rebeliões em Jerusalém e nas zonas rurais da Judeia, da Galileia e da Pereia. Quando Arquelau voltou, já havia perdido o controle de seus súditos. Em todos os lugares surgiram líderes populares se declarando reis, aclamados pelo povo e governando durante algumas semanas em pequenas localidades. Na Galileia o líder foi Judas, filho de Ezequias (o bandido morto por Herodes), atacando o palácio de Séforis; na Pereia, Simeão invadiu palácios reais e propriedades da aristocracia; na Judeia, o líder foi Atronges, um pastor que conduziu um ousado bando contra romanos e herodianos. Enquanto as rebeliões da Galileia e da Pereia foram rapidamente sufocadas, a da Judeia levou alguns meses para suplantar as táticas de guerrilha.[57]

Toda a Terra Santa fervia de indignação contra o sucessor de Herodes. A extrema crueldade de Arquelau continuou durante todo o seu reinado, até Roma não mais tolerar o clima tenso de sua administração. Augusto o depôs em 6 d.C., após nove anos de governo, enviando o tirano para o exílio na Gália e colocando os distritos da Judeia, da Idumeia e da Samaria sob a responsabilidade de um prefeito. Essa autoridade passou a governar a Judeia a partir da Cesareia Marítima, subindo até a residência em Jerusalém apenas durante as festas do templo. Assumiu todas as atividades antes confiadas ao rei, ou seja, administração, coleta de impostos por meio dos publicanos, manutenção da ordem e nomeação anual do sumo sacerdote.[58]

O antigo território de Israel, unificado com muito sangue no tempo dos asmoneus e mantido a braço de ferro por Herodes Magno, estava novamente repartido entre reis perversos e governantes estrangeiros. Os sonhos dos profetas estavam cada vez mais distantes.

---

57 HORSLEY, 2010, p. 45-48.
58 KOESTER, 2005, p. 396. Por isso Jesus foi julgado em Jerusalém e Paulo em Cesareia: a prisão de Jesus aconteceu na Páscoa e as principais autoridades encontravam-se naquela cidade.

Jesus de Nazaré e as expectativas dos oprimidos

A Galileia era uma região de intensos contrastes. Era altamente produtiva e habitada por camponeses havia muitos séculos. O vale do lago de Genesaré possuía recursos naturais excelentes, com um suprimento abundante de água dos riachos correndo das montanhas ao redor. Combinada com a fertilidade natural pela atividade vulcânica recente, sua terra permitia a produção de todo tipo de árvores e plantas.[59] Além da produtividade, havia o farto pescado naquele lago popularmente chamado de "mar da Galileia". Era o mar dos galileus, já que o Mediterrâneo lhes fora vetado pelos fenícios desde sempre. Às suas margens, Herodes Antipas construiu Tiberíades, a nova capital do distrito, para substituir Séforis. Os simples galileus passaram a ver de perto a opulência dos prédios herodianos nessas novas cidades, fazendo coro com a propaganda imperial de outras metrópoles, como Sebástia e as duas Cesareias. Os custos para construir tais monumentos acabaram por drenar de vez os recursos das populações locais, tanto em termos materiais como humanos. Junto com as cidades, apareceu a classe privilegiada dos herodianos, além do corpo de administradores, soldados e burocratas. Esse aparato precisava ser sustentado, o que significava novos impostos sobre a população. Aumentava a pobreza, aparecendo tipos até então pouco conhecidos pelos judeus: os diaristas (trabalhadores por salário diário) e os mendigos.[60]

Nesse contexto, apareceu o pregador e mestre Jesus. Entre tantos centros urbanos majestosos, sua família escolheu a periferia pobre, estabelecendo-se em Nazaré, uma pequena e desprezada vila nas proximidades da poderosa Séforis. Nesse lugar, Jesus trabalhou como auxiliar de carpinteiro pelo menos durante os seus primeiros 30 anos (Lucas 3:23). Quase nada se sabe de sua infância e juventude; foi chamado de *Jesus Nazareno* por causa da origem (Mateus 21:11). Quando foi rejeitado pela própria vila, Jesus escolheu Cafarnaum como base para suas peregrinações (Mateus 4:13). Cafarnaum ficava às margens do mar da Galileia, onde havia uma aduana para cobrança de impostos e um destacamento militar, na fronteira para Decápolis, dez cidades helenistas do outro lado do mar. Era uma cidade pequena, mas cosmopolita, aberta às ideias de seu tempo.[61]

---

59 FREYNE, 2008, p. 46-47.
60 FREYNE, 2008, p. 128-129.
61 TOGNINI, Enéas. *Geografia da Terra Santa e das terras bíblicas*. São Paulo: Hagnos, 2009. p. 247-250.

O foco do ministério e das visitas de Jesus era basicamente a zona rural, evitando os centros urbanos da Galileia. Jerusalém foi a única grande cidade frequentada por Jesus, onde geralmente sofria calorosa oposição. A título de comparação, tanto ele como João Batista podem ser vistos como parte de um movimento judaico de caráter ascético, como os essênios e outros círculos devotos, decepcionados com a opulência dos herodianos. Jesus nunca se deixava impressionar pelas demonstrações de poder econômico e político; evidenciava certo desprezo ao luxo ao comparar João Batista a Herodes Antipas (Mateus 11:7-10) e fez críticas mordazes aos governantes, descrevendo-os como tiranos (Marcos 10:42-44).[62] A opinião de Jesus sobre eles não diferia muito da percepção geral do povo e de outros mestres.

Mas não era nada fácil tentar classificar o mestre de Nazaré. Vimos a quantidade de expectativas judaicas diante da experiência histórica de Israel e da esperança no cumprimento das profecias. Jesus viveu a confrontação com esses ideais quando começou a pregar. Muito cedo, perdeu a aceitação na própria casa, junto à sua parentela e em seu local de moradia (Marcos 6:4). Tornou-se um apátrida em uma sociedade determinada pela honra; não tinha onde recostar a cabeça, pagando o preço do ministério itinerante (Lucas 9:58). Na condição de líder carismático, seguido pelas massas, esperavam dele um dos três papéis tradicionais: mestre, profeta ou Messias. Na Judeia e na Galileia, já havia muitos mestres e eventualmente também surgiam profetas; Messias, esperava-se apenas um. Por mais que o povo tentasse classificá-lo, Jesus não cabia em nenhum desses paradigmas. Os mestres eram figuras familiares, atendiam aos discípulos em suas casas; Jesus foi um mestre itinerante, um tipo desconhecido no judaísmo até então. Destacava-se dos demais pelo seu carisma, pois ensinava de um jeito diferente (Marcos 1:22). O povo também o chamava de profeta, mas ele transcendeu completamente os profetas anteriores, pois, enquanto eles anunciavam o juízo de Deus e a futura vinda do Reino, Jesus afirmava que esse Reino já havia chegado (Mateus 13:11-17). Apresentava a prova disso com milagres e exorcismos, anunciando por meio da fuga dos demônios a conquista do espaço divino. Jesus também se defrontou com a esperança de um Messias: confirmou a Pedro que realmente o era, mas mandou que ele guardasse segredo (Marcos 8:29-30).[63] O título de Messias não

---

62 FREYNE, 2008, p. 140-141.
63 THEISSEN, 2008, p. 52-59.

entusiasmava o pregador de Nazaré, dadas as expectativas revolucionárias em torno dessa figura. Havia uma contradição com as esperanças populares de um libertador e um guerreiro, pois Jesus constantemente falava em rejeição, morte e ressurreição (Marcos 8:31-34).[64]

Algumas décadas depois, os evangelistas registraram detalhes sobre o nascimento e a infância de Jesus, revelando uma expectativa profética desde a sua concepção. No *Magnificat* de Maria, os poderosos seriam derrubados e os humildes, exaltados, trocando as benesses dos ricos pela bênção aos famintos (Lucas 1:52-55). O cântico de Maria continha um forte aspecto político de libertação do poder opressor de Roma. Outra profecia foi trazida por Zacarias, na qual também era ressaltada a salvação de inimigos. Entretanto, havia nele um detalhe envolvendo o próprio povo judeu: Deus havia permitido a dominação da potência estrangeira por causa da infidelidade de Israel nos séculos passados, razão pela qual era necessário o perdão dos pecados, sem o qual não seria possível a presença de Iahweh (Lucas 1:71-79).[65] Definitivamente, Jesus não era o Messias esperado, nem um mestre ou um profeta nos moldes clássicos. Havia muito mais naquele pregador enigmático.

Jesus e o Reino de Deus

Jesus foi um mestre no uso de símbolos. Ensinava por meio de parábolas, tomando as experiências do cotidiano galileu e aplicando-as em profundas verdades para a vida. Usando os elementos da natureza disponíveis na Galileia, como as flores do campo e as aves do céu (Mateus 6:26-28), demonstrava o benefício da natureza criada por Iahweh ao seu povo. Nisso, seguia os tradicionais recursos poéticos dos salmistas e profetas (como em Salmos 68:9-10). Deus é bom, e a própria natureza era prova disso. O trabalho diário também era elevado à presença divina. Utilizando exemplos dos trabalhadores como o semeador, o pastor e o endividado, Jesus demonstrava como o relacionamento com Deus estava próximo da casa, da aldeia e do campo. O sagrado, nas parábolas de Jesus, tomava forma no cotidiano da vida. Seus ensinos eram metáforas de fé firmadas na labuta diária e na antiga tradição de Israel, na qual Deus era o criador de tudo o que existe no mundo.[66]

---

64 GOLDINGAY, 2020, p. 307.
65 GOLDINGAY, 2020, p. 252.
66 FREYNE, 2008, p. 56-57.

O aspecto simbólico da jornada de Jesus transcendia o discurso nas parábolas, pois ele executava verdadeiras ações proféticas. O batismo no início de seu ministério tinha um significado: era necessário haver purificação como resposta à impureza nacional — não mais em um sacrifício no templo, mas no comprometimento direto com Deus. Segundo João Batista, ele era o Filho de Deus que traria um batismo com o fogo do Espírito Santo (João 1:26-34). Também as ações de Jesus aos sábados tinham profundo simbolismo, pois o sábado deveria ser um tempo de salvação para Israel. A escolha de doze apóstolos remetia às doze tribos, uma recriação explícita da experiência dos pais e da própria gênese de Israel.[67] Ao fazer seu famoso discurso sobre a montanha, ele era como Moisés. A escolha da Páscoa para sua derradeira ação anunciava um novo êxodo em andamento.[68]

Todo o simbolismo de Jesus, tanto nas pregações como em seus atos, girava em torno do grande tema do Reino de Deus, tão esperado e tão ausente da vida dos oprimidos da Galileia e de todo o mundo. A oração ensinada começava no Reino: "Pai nosso que estás nos céus, santificado seja o teu Nome, venha o teu Reino, seja feita a tua vontade, na terra, como no céu" (Mateus 6:9-10). A oração clama por Deus reinando na terra assim como reinava no céu. Na sua perspectiva, esse mundo seria transformado. Mas a mensagem de Jesus, conforme se aprofundava, revelava que esse era um tipo de Reino completamente diferente. Audaciosamente, o Nazareno afirmava que o governo divino estava invadindo a história humana e triunfando sobre o mal na sua própria pessoa. Ele demonstrava essa escandalosa afirmação ao conceder autoridade aos discípulos para curar e expulsar demônios (Lucas 9:1-2). O Reino se materializava no próprio Jesus e já estava atuando vividamente entre aqueles galileus (Lucas 17:20-21).[69]

A expulsão de demônios estava no coração do ministério de Jesus, por incrível que pareça. Por isso, os exorcismos eram tão frequentes. O Reino de Deus, por definição, deveria ser absolutamente contrastante com os reinos do mundo. E a fonte de poder desses reinos era Satanás, o Acusador, enquanto o poder de Jesus vinha de Deus, razão da sua vitória.[70] Segundo as narrativas dos Evangelhos, Jesus atacou as potestades

---

67 THEISSEN, 2008, p. 396-401.
68 WRIGHT, 2019, p. 89, 168.
69 LADD, George Eldon. *Teologia do Novo Testamento*. São Paulo: Exodus, 1997. p. 65.
70 GOLDINGAY, 2020, p. 254.

do mal e as derrotou em vários momentos: na tentação (Mateus 4:1-11), nos diversos exorcismos ao longo do seu ministério e na própria morte (Colossenses 2:15), como veremos adiante. Jesus estava lutando basicamente contra Satanás, o poder maligno por trás de Roma, Herodes e até mesmo Jerusalém.[71]

Se expulsava as potências malignas, como lidava com a força violenta do império? Como reagiria quando a espada fosse levantada contra ele? Conforme anunciara o profeta Daniel, o Reino de Deus trazia julgamento aos reinos humanos e seus regimes (Daniel 7:25-27). Justamente por esse julgamento, Jesus pregou um Reino totalmente diferente, baseado em valores contrastantes, firmados na confiança no Deus Criador. Ele não daria uma resposta violenta ao império de Augusto, como muitos judeus pretendiam, pois isso significava jogar o jogo do imperador. Ele não reagiria. "Dai a César o que é de César" porque seu tempo estava contado. César podia controlar a imagem das moedas, mas não a imaginação viva do povo de Israel, alimentada por uma tradição convicta da presença gloriosa e oculta de Deus no mundo.[72] Jesus, a exemplo de Moisés, trazia a imaginação profética de uma nova realidade em implementação.

Essa nova realidade era completamente diferente. Havia uma ideia predominante de reino baseada na conquista: os governantes vêm para dominar, os impérios ascenderam e caíram, e esse modelo encontrou seu ápice no Império Romano. Ainda pensamos em reino e poder nesses termos. A glória estava na potência da riqueza, do poder militar, da economia em crescimento contínuo. Deus e sua glória seriam assim? Os autores dos Evangelhos inverteram todas as percepções predominantes, apresentando um tipo diferente de poder e de Deus. Para eles, Iahweh assumiu de forma natural a criatura humana, portadora de sua imagem, encarnando como homem na pessoa de Jesus (João 1:1-18). Deus, depois de fazer Israel compartilhar toda dor e todo horror do mundo, também carregou a mesma dor e suportou o mesmo horror. Essa é a base do Reino que Jesus veio anunciar.[73] Por isso, ele tinha a ousadia de afirmar a presença do Reino em sua pessoa. O Emanuel, o Deus Conosco, compartilhava a miséria humana em seu sentido mais profundo. Essa era a certeza dos evangelistas.

---

71 WRIGHT, 2020, p. 157.
72 FREYNE, 2008, p. 144.
73 WRIGHT, 2019, p. 121.

O profeta Isaías olhou horrorizado para o servo destroçado e perguntou: quem poderia imaginar ser esse o braço forte de Iahweh (Isaías 53:1-3)? Seu misterioso propósito era estabelecer o reino por meio do sofrimento obediente do representante de Israel, o servo que não reage diante da violência mais absurda.[74] O reino de Deus veio destroçar os reinos do mundo, mas não para estabelecer um reino do mesmo tipo — opressor, segundo as regras violentas de Mamom. Seu Reino veio com o poder do servo e a força do amor.[75] Por isso, servir estava no centro da visão de reino de Jesus.[76] Sim, ele era o Messias, mas não o rei que vem para dominar. Como rei, ele veio para servir seu povo.

Jesus e o templo de Jerusalém

Embora Jesus não tenha tido entusiasmo com o título de Messias, não hesitou em aplicar a si mesmo o de Filho de Deus (João 9:35; 11:4). Esse título contém uma excepcional afirmação de soberania divina e, ao mesmo tempo, confere unidade com o Pai. Ele foi apresentado como Filho em dois aspectos fundamentais: colocou-se em obediência filial ao plano de Deus e manteve com ele um relacionamento especial, capaz de transmitir a homens e mulheres nada menos do que as próprias palavras e obras do Pai.[77] Usando esse termo, Jesus dava a entender ser igual a Deus (João 5:16-18). Afirmava também que trabalhava como o Pai; comparou a honra prestada a Deus à honra prestada ao Filho (João 5:23); e chegou a dizer que ele e o Pai eram um, levando muitos judeus piedosos a tomarem em pedras diante de tamanha blasfêmia (João 10:31-32). No julgamento do Sinédrio, diante dos estudiosos das Escrituras, descreveu a si mesmo com as tintas do Filho do Homem profetizado por Daniel, vindo sobre as nuvens em poder e glória (Marcos 14:60-62).[78]

Não há como escapar das afirmações de Jesus. Não foram apenas os seus discípulos e a posterior igreja a afirmar sua divindade; ele mesmo falou nesses termos. Usou diversas metáforas — novamente os

---

74 WRIGHT, 2019, p. 204.
75 WRIGHT, 2019, p. 219.
76 WRIGHT, 2019, p. 240.
77 CARSON, Donald Arthur. *Introdução ao Novo Testamento*. São Paulo: Vida Nova, 1997. p. 199. Embora os Evangelhos sinóticos não apresentem tal posição com clareza, foi no Evangelho de João e em suas cartas que essa filiação divina foi amplamente explorada e explicitada (João 1:1; 1João 4:14-15). CULLMANN, Oscar. *Cristologia do Novo Testamento*. São Paulo: Hagnos, 2008. p. 395.
78 MCDOWELL, Josh. *Mais que um carpinteiro*: a história deste livro pode transformar a história da sua vida. São Paulo: Hagnos, 2012. p. 23-30.

símbolos — para convidar seus ouvintes a uma relação de confiança com ele, assim como Iahweh propusera a Israel no passado. Comparando a água fornecida por Jacó, Jesus afirmou trazer uma água superior, que jorrava "para a vida eterna", a vida no Reino de Deus (João 4:14). Ao falar do maná recebido pelos israelitas no deserto, comparou a superioridade do que ele mesmo oferecia dizendo-se o "pão da vida", cuja promessa trazia nada menos do que viver para sempre (João 6:48-51). Finalmente, "Eu sou o caminho, a verdade e a vida; ninguém vem ao Pai senão por mim" (João 14:6). Seu exclusivismo era assombroso.

As reivindicações cada vez mais contundentes sobre o encontro com Deus na sua pessoa eram uma extravagância. Na tradição de Israel, havia um local em que o povo encontrava Deus: primeiro, no tabernáculo, local em que Iahweh se manifestava a Moisés e que simbolizava a presença divina (Números 9:15); depois, no templo de Salomão, onde refulgiu a glória (2Crônicas 5:14). Como já tratei no capítulo dos monarquistas, o templo era o lugar mais sagrado do mundo, o lugar em que céu e terra se encontravam. Deus governaria as nações desde aquele lugar, o grande símbolo da encarnação de Deus no mundo. Jesus, entretanto, se comportava como se fosse o templo em pessoa. Certa vez, afirmou: "Derrubem este templo e em três dias o levantarei", falando de seu próprio corpo (João 2:19-21).[79] Mas Jesus ia além. Não era apenas o espaço sagrado a ser redefinido, mas também o tempo sagrado. O sábado era o dia em que os tempos de Deus e dos homens coincidiam. Segundo Jesus, tal momento seria um tempo de libertação, razão pela qual realizava tantas curas em pleno sábado (Lucas 13:11-16). Era como se anunciasse um grande Ano do Jubileu para a libertação dos escravos, o cancelamento das dívidas e a recondução da vida para o caminho certo. Simbolicamente, a carreira de Jesus significava que ele era um templo e um sábado vivo e ambulante.[80]

Os evangelistas apresentaram um episódio sensacional para descrever o encontro de céu e terra na pessoa de Jesus — a transfiguração testemunhada por Pedro, Tiago e João (Lucas 9:28-35). Nesse episódio, Jesus demonstrou toda a sua conexão com a glória quando o Filho de Deus refulgiu todo o esplendor divino, falando com Moisés e Elias, conectando seu próprio corpo à Torá e aos profetas. No corpo de Jesus

---
79 WRIGHT, 2020, p. 171-173.
80 WRIGHT, 2020, p. 177-179.

transfigurado, a matéria da nova criação de Deus se conectava com a realidade presente da história.[81] Para seus discípulos, céus e terra estavam unificados na pessoa do Nazareno. Com essas afirmações, era de se esperar o enorme problema quando Jesus fosse ao templo em Jerusalém, com toda a sua estrutura de poder montada sob o olhar atento dos romanos. Como se daria esse encontro?

A escandalosa morte na cruz

Jesus propunha uma teocracia radical. O Deus Uno e Único iria governar universalmente, e tudo o que se opusesse iria sucumbir: Satanás, o pecado da humanidade — tudo seria superado e nada dependeria de ação humana. Ele confiaria totalmente na ação de Deus. O domínio divino começaria de maneira oculta, mas decisiva. Em vez do poder imposto pela violência, Jesus optou por ser vítima dessa violência, sem exercer esse tipo de poder.[82] Invertendo a pompa dos orgulhosos, trouxe a humildade, a verdadeira virtude de um rei. Chegou a Jerusalém para assumir o reino, não montado em um orgulhoso cavalo de batalha, mas em um jumento, um simples animal de carga (Zacarias 9:9; Mateus 21:5). O rei ideal viria para o serviço; o Filho do Homem não veio para ser servido, mas para servir e entregar a vida pelo seu povo (Marcos 10:42-45). A autoridade maior é a do menor servo, exemplificado no próprio Nazareno, que, voluntariamente, renunciou ao seu status. Jesus produziu uma completa revolução de valores.[83]

As duas propostas de reino colidiram quando se encontraram em Jerusalém. A entrada triunfal de Jesus precisa ser vista sob a perspectiva da tensão real que representava. A cidade era o centro do poder imperial, apoiada pela aristocracia judaica, preocupada em evitar distúrbios durante a Páscoa, a mais tensa de todas as festas judaicas (Marcos 14:2). O povo que preocupava as autoridades não eram os moradores de Jerusalém, sempre às voltas com esse tipo de poder e bem mais fáceis para controlar. O problema eram os peregrinos, aumentando significativamente a população com elementos imprevisíveis. Aquela massa popular do interior, especialmente da Galileia, chegava com Jesus sob o olhar desconfiado das autoridades (Marcos 14:70).[84] O contraste era evidente: Jesus não teve a recepção tradicional das autoridades, com os

---

81 WRIGHT, 2020, p. 184-185.
82 THEISSEN, 2008, p. 270-271.
83 THEISSEN, 2008, p. 380-382.
84 THEISSEN, 2008, p. 264.

moradores se deslocando para fora dos muros a fim de receber seu rei e conduzi-lo ao trono; tampouco chegou como o prefeito, cercado de legiões e pompa imperial. Jesus não praticou qualquer ato régio, nem foi recepcionado pelas autoridades, tampouco pela população de Jerusalém. Ele foi festejado pelos peregrinos que o acompanhavam, a maioria composta de seus seguidores.[85] Imagine o constrangimento das autoridades do templo, tendo a guarnição romana às suas costas, observando do alto das torres da fortaleza Antônia, e o povo à sua frente gritando: "Salva-nos, te rogamos!" (*Hosana*).[86] Salva-nos do que e de quem?

Ironicamente, a revolução proposta por Jesus não era compreendida nem mesmo pelo povo que o acompanhava, os oprimidos e esperançosos no Messias. Como já vimos ao longo deste livro, havia uma série de profecias e expectativas em relação ao Reino de Deus. Os judeus aguardavam diferentes personagens escatológicos, sem necessariamente estabelecer relações entre eles, embora ocasionalmente alguns sábios fizessem essa especulação. O mais aguardado era o Messias, o rei descendente de Davi, que assumiria o trono em Jerusalém e construiria a verdadeira casa para Deus, onde ele reinaria eternamente (2Samuel 7:12-13). Jesus evitou usar esse título, embora não o recusasse. A razão não residia no fato de ele desempenhar ou não esse papel, mas na imaginação de seus discípulos. Até os próprios seguidores mantinham a ideia do Salvador na dimensão do poder conhecido e desejado. Eles esperavam um Messias com o comportamento de Augusto. A essa proposta, Jesus respondia com "Arreda, Satanás", porque tratava-se da vontade humana mais decaída possível (Mateus 16:22-25).[87] Jesus implodiu a ideia de um Messias conquistador, quebrando o paradigma e deslocando a missão para outro lugar, para uma figura igualmente misteriosa: a do *Ebed Iahweh*, o *Servo Sofredor de Iahweh* (Isaías 53). O Servo é o que sofre no lugar dos outros. Seu caráter substitutivo era marcante, pois essa figura foi descrita por Isaías como a coletividade do próprio povo de Israel e, ao mesmo tempo, como um "remanescente", o indivíduo que representava o todo.[88] Esse conceito não foi lançado

---

85 VOIGT, Emilio. *Contexto e surgimento do movimento de Jesus*: as razões do seguimento. São Paulo: Loyola, 2014. p. 365-366.
86 *Hosana* tem em sua raiz "salvar" e "orar", um pedido de socorro do aflito cercado pelos exércitos das nações (Salmos 118:25; Mateus 21:15). DAVIS, 2005, p. 585.
87 CULLMANN, 2008, p. 149-175.
88 Há um caráter de redução progressiva e de substituição na história da salvação. Da criação total, é extraída a humanidade; desta, passa-se ao povo de Israel; deste, ao "remanescente"; e, do remanescente, a um único homem, Jesus. CULLMANN, 2008, p. 73-80. Todos estão representados em um único homem.

ao final do ministério de Jesus, mas já marcava o centro desde o início. No batismo, Jesus foi apresentado como o "cordeiro de Deus que tira o pecado do mundo" (João 1:29,36). Ele afirmava ser o pastor que doava a vida pelas ovelhas (João 10:11).

O que Jesus fez, segundo a narrativa dos Evangelhos, foi unir as tradições do Messias e do Servo Sofredor em uma única linha. O rei, como representante de Israel, substituiria seu povo em um intenso sofrimento que o levaria à morte. Por isso, na sua última noite, Jesus voltou a usar símbolos para demonstrar o que estava fazendo: reuniu seus apóstolos, as doze tribos redivivas, para uma refeição. Nada de explicações teológicas, apresentação de doutrina ou invocação de profecias. Jesus apenas comeu com eles o cordeiro imolado, o sacrifício celebrado pelos israelitas na saída da escravidão do Egito, ato rememorado entre os judeus desde os tempos perdidos, na aurora da nação. A escolha da Páscoa não foi aleatória — estava na hora de um novo êxodo! Jesus posicionou a sua experiência exatamente nessa festa e embutiu nela um novo significado, tomando pão e vinho e dizendo: "Isto é meu corpo e meu sangue, dados por vocês" (Lucas 22:19-20).[89] Os dois elementos são carregados de simbolismo: o pão é produzido a partir do grão de trigo morto e triturado, e o vinho provém das uvas esmagadas, apontando para um novo sacrifício, fundador de uma nova nação.

O evangelista João deixou muito claro qual era a intenção de Jesus. Ao encontrar estrangeiros poucos dias antes, Jesus afirmou que o mundo seria julgado, e seu príncipe, expulso, quando Jesus fosse levantado da terra (João 12:31-32). A referência à cruz era explícita. Ela simbolizava o encontro dos opostos, a colisão de dois reinos: todo o poder de Roma, ancorado na traição dos líderes de Israel, encontrava o amor divino entregando-se para morrer, conquistando um governo sem violência (João 18:36).[90] A luta do Messias não era contra a manifestação visível do mal nos impérios humanos, de Roma, Antioquia, Persépolis, Babilônia ou Jerusalém, mas contra o verdadeiro poder que os conduzia. Se no Egito a luta de Iahweh fora contra os falsos deuses sustentadores do poder do faraó, em Jesus a luta era contra as potestades por trás dos reinos do mundo. Os governantes romanos e os aristocratas judeus eram apenas ferramentas involuntárias de Satanás. O *Acusador*, aquele

---

89 WRIGHT, 2020, p. 226-227.
90 WRIGHT, 2020, p. 228-229.

que expõe o caso contra a raça humana por ter falhado em refletir a imagem de Deus, era o verdadeiro inimigo. Ele esteve ativo contra Jesus ao longo do seu ministério, acusando-o de todo tipo de pecado: glutão, farsante, mentiroso, endemoninhado, blasfemo, conspirador contra o templo e contra o império, autodenominando-se o rei dos judeus — acusações de todos os lados até ser levado a Pilatos. Como um duelista dos antigos exércitos, ele era um Davi representando Israel diante de Golias, como substituto da nação.[91] Na narrativa dos Evangelhos, Deus venceu o mal violento e acusador com o maior ato de amor da história: entregando o Filho para receber a pior e mais mortal flechada de Satanás (João 3:16; Gálatas 2:20). Jesus era "representante de Israel e o próprio significado de Israel traduzido em uma pessoa".[92] Esse sofrimento no lugar do mundo inteiro era a missão de Israel, o *Ebed Iahweh*, e foi representado pelo Messias, levando o chamado histórico daquele povo ao ápice do seu significado.

Jesus foi levado a julgamento, sendo flagelado e morto da pior maneira possível (Marcos 15:15-39). Julgado como um rebelde contra o império, foi condenado por ser o "rei dos judeus", em uma morte desonrosa e pública. A cruz foi o lugar de encontro de dois tipos de paz completamente opostos. De um lado, a *pax romana*, a interrupção da violência por meio de atos violentos, a paz imposta na Judeia em nome da qual Jesus foi crucificado; de outro, a paz e reconciliação por meio da supressão das contradições e da inimizade pela verdadeira interrupção da violência, negando os valores e as ações daqueles reinos impiedosos.[93] Tão absurdo, tão escandaloso, que o cristianismo é a única das grandes religiões a ter como ponto central da fé a humilhação suprema de seu Deus.[94]

A grande virada: a ressurreição e o Reino de Deus

Jesus venceu a violência ao não reagir, mas as narrativas não terminaram em sua morte vicária. Na verdade, seus seguidores jamais esperavam sua crucificação nem o que viria a seguir.[95] A reviravolta, a

---

91 WRIGHT, 2020, p. 233-236.
92 JUSTER, Daniel. *Raízes judaicas*: entendendo as origens da nossa fé. São Paulo: Impacto, 2018. p. 80.
93 WENGST, 1991, p. 13.
94 SHELLEY, Bruce L. *História do cristianismo*: uma obra completa e atual sobre a trajetória da igreja cristã desde as origens até o século XXI. Rio de Janeiro: Thomas Nelson Brasil, 2018. p. 17.
95 WRIGHT, 2017, p. 187.

supremacia do Reino de Deus, ainda estava por vir. Três dias depois, começaram a "pipocar" entre seus seguidores testemunhos de que Jesus fora visto vivo. Foram diversas experiências em momentos e locais distintos, esparsas e até mesmo confusas, pois eram aparições. As testemunhas do Ressuscitado afirmavam que ele tinha corpo, tocava e movia objetos sólidos e até mesmo comia (Mateus 28:9; João 21:15), mas também atravessava paredes ou aparecia em ambientes fechados, da forma como imaginamos um fantasma fazer (Lucas 24:31-37). Elas parecem retratar alguém em duas esferas diferentes da realidade, tanto física como celestial. O corpo de Jesus demonstrava um novo estado de existência. O poder da morte fora derrotado, o poder maligno fora quebrado. Depois de sofrer o mais duro golpe das trevas, ele ressurgiu e vivia para sempre. Voltou como um protótipo da nova criação, uma nova forma humana motivada e vitoriosa pelo amor.[96] Nesse novo corpo glorificado, Jesus fez questão de carregar as marcas da cruz, levando para a eternidade as cicatrizes da redenção.

O fato de Jesus estar vivo mudava tudo. A vitória sobre a morte só podia ser oriunda do poder divino da vida. As ousadas afirmações que ele fizera eram verdadeiras; todos os acontecimentos daquele final de semana trágico ganharam sentido. Até o significado da sua morte na cruz consolidou os contornos definitivos após a ressurreição, como transparece no diálogo do Ressuscitado com dois discípulos a caminho de Emaús. Transtornados com a morte de seu mestre, ele apareceu ao lado deles explicando por que "era preciso que o Messias sofresse isso tudo", segundo as Escrituras (Lucas 24:26). Até então, apesar de Jesus ter reiteradamente falado sobre a cruz, eles não haviam entendido. A sua morte tinha um significado ainda mais profundo do que podiam imaginar, pois, ao mesmo tempo que recebia os ataques do Acusador, Jesus estava realizando a expiação como um ato de amor de Iahweh. Mas como? Por causa do problema sempre reiterado pela tradição profética a respeito do pecado. As Escrituras apresentam Deus como um marido traído e, portanto, irado. Entretanto, apesar de expressar essa ira pela palavra dos profetas, geralmente Iahweh não a colocava em ação, mas a continha com paciência (Êxodo 34:6-7). O castigo nunca correspondia à gravidade do crime. Na relação com o desdém de Israel, Deus muitas e repetidas vezes absorveu a ira em si mesmo. Iahweh não

---

96 WRIGHT, 2020, p. 240-241.

agia dessa forma porque os humanos mereciam, mas pelo comprometimento consigo mesmo. Segundo os apóstolos, Jesus repetiu o Pai: sem culpa, ele carregou a maldade humana; inocente, absorveu a transgressão do mundo, aceitando a responsabilidade por ela (1Pedro 2:24). Essa era a noção de justiça de Deus: corresponde à sua fidelidade, um ato de comprometimento com a bondade. A justiça é a própria misericórdia de Deus (Romanos 3:25-26; 5:8-11).[97] A morte de Jesus tinha um sentido substitutivo a todo o Israel: ela perdoava os pecados do povo que haviam levado ao exílio na Babilônia, e todas as demais vicissitudes vividas desde então. O exílio finalmente terminou, o silêncio de Deus acabou. Ele voltou para Jerusalém.[98]

Depois da ressurreição, seus seguidores passaram a reconhecer e chamá-lo, de maneira plena e consciente, de Messias. O termo passou a ser vinculado de tal maneira ao Nazareno que a tradução grega de seu título, *Christos*, passou a ser praticamente um sobrenome. Emergia *Jesus Cristo*, reunindo em si todas as profecias e esperanças daqueles judeus oprimidos e piedosos do antigo Israel.[99] Jesus Cristo, crucificado pelos poderes deste mundo, "fora feito Senhor" justamente por esse ato de amor (Atos 2:36). *Senhor* era *Kyrios*, o termo grego para a palavra hebraica *Adonai*, usada nas Escrituras hebraicas para designar o próprio Iahweh. Seus discípulos passaram a usar o termo, comum também em Roma ao fazer referência ao seu imperador, como uma expressão impregnada de poder. O poder do ressuscitado, glorificado como Filho de Deus e assentado à direita do Pai, governando o mundo.[100] Então, eles faziam tudo *em nome de Jesus*.

A vida, a morte e a ressurreição de Cristo deixaram um desafio aos seus seguidores: a questão não era proclamar Jesus como o verdadeiro rei diante das autoridades de Roma ou de Jerusalém, mas anunciar o tipo de rei que ele era. Não como os governantes, exercendo domínio, mas agindo como servo de todos (Mateus 20:25-26). Os meios da pregação deveriam corresponder à mensagem do amor sacrificial, jamais anunciar a paz por meios violentos, como Roma fazia.[101] Aquele pequeno grupo de judeus oprimidos compreendeu Jesus como o cumprimento das antigas esperanças de Israel. O Messias finalmente havia

---
97   GOLDINGAY, 2020, p. 330-338.
98   WRIGHT, 2017, p. 162-163.
99   CULLMANN, 2008, p. 150.
100 CULLMANN, 2008, p. 285.
101 WRIGHT, 2020, p. 247.

chegado, mas era um escandaloso Messias crucificado, virando de cabeça para baixo os padrões do mundo e da própria esperança judaica. Tratava-se de outro tipo de poder, um poder de serviço e amor do qual os apóstolos maltrapilhos eram os novos ícones.[102] Toma a tua cruz e me segue. E eles seguiram.

Os Evangelhos terminam com a ascensão de Cristo glorificado, com a promessa de um dia voltar e dar fim à história, consumando o Reino. A terra e os céus estavam ligados para sempre. Essa era a verdadeira teocracia, centralizada no próprio templo em pessoa, Jesus Cristo, o Ressuscitado.[103] Sem outros intermediários humanos ou materiais, o templo e seu aparato foram ultrapassados. Um dia, o Senhor voltaria em glória para consumar esse reino. Enquanto isso, havia uma grande notícia a proclamar aos irmãos de Israel.

A comunidade dos judeus messiânicos

As parábolas do Reino afirmavam o crescimento dado por Deus, mas sempre incluíam o ser humano. Jesus comparou o Reino à semente plantada, demonstrando quanto a semente e o semeador cooperavam (Marcos 4:26-29). O Reino de Deus era inevitável, ele cresceria por si somente, pois Deus o faria crescer. Mas isso não significava passividade humana; as pessoas plantavam e viviam esse Reino.[104] Havia uma grande notícia a ser dada para o restante do povo de Israel: o Messias finalmente havia chegado, o Reino estava em andamento, Iahweh havia voltado para Jerusalém. Mas como homens e mulheres dariam continuidade à proclamação desse Reino? Seria preciso contar com a ajuda do alto.

É por isso que o livro de Atos apresenta a "descida" do Espírito Santo à comunidade dos seguidores de Cristo. Cerca de 120 discípulos estavam reunidos em Jerusalém durante a festa do Pentecoste, comemorada cinquenta dias depois da Páscoa (Atos 2:1), pouco depois da ressurreição. Onde eles estavam? Em uma casa? Talvez no templo? As narrativas não respondem. Pentecostes era uma festa muito importante, uma das três principais de Israel, e muitos judeus piedosos peregrinavam até Jerusalém. Por isso, estavam reunidos judeus de toda a diáspora, pessoas

---

102 WRIGHT, 2018, p. 281.
103 WRIGHT, 2019, p. 259.
104 THEISSEN, 2008, p. 394.

falando os idiomas dos povos no meio dos quais residiam. A manifestação do Espírito Santo, segundo o autor de Atos, distribuiu "línguas de fogo" sobre os seguidores de Jesus, dando-lhes a capacidade de falar os mais diversos idiomas do mundo (Atos 2:2-6). A perplexidade tomou conta das pessoas ao redor. Pedro assumiu a liderança da comunidade e explicou o que acontecia: aquele evento era o cumprimento da profecia de Joel, quando o Espírito seria derramado sobre todos (Joel 2:28-32). Jesus era o Messias prometido, e suas morte, ressurreição e ascensão comprovavam tudo o que ele tinha anunciado em seu ministério. Pedro convocou os ouvintes a também se arrependerem — o perdão divino sempre no começo do Reino! — e a participarem daquela grande revolução (Atos 2:7-40). Muitos aceitaram o convite, e o grupo de discípulos galileus teve um acréscimo de 3 mil judeus ao caminho do Nazareno.[105]

Nascia uma congregação de judeus crentes em Jesus, a emergência de uma nova identidade na história bíblica: a dos judeus messiânicos, anunciadores da vinda do Messias na pessoa de Jesus. Os demais judeus viriam a chamar esse novo grupo de *natzratim* ou *notzrim* ("nazarenos"), remetendo ao fato de serem seguidores do homem de Nazaré.[106] Essa nova identidade era baseada na crença na ressurreição de Jesus e no derramamento do Espírito Santo. Esses judeus acreditaram que o tempo do fim havia chegado, como Joel havia anunciado, uma época marcada pela completa intensificação do poder do pecado e da morte no próprio Império Romano, vencido pelo novo tempo, em que a graça e a fé seriam as marcas fundamentais. A vitória sobre a morte foi conquistada na ressurreição do representante de Israel. Tais acontecimentos estavam em pleno andamento e ainda teriam a grande consumação na volta de Jesus.[107]

Jerusalém, Roma e os reinos do mundo seguiam seu curso natural, ignorando aqueles acontecimentos, mas, para aquela comunidade de nazarenos, ou de judeus messiânicos, o Reino de Deus estava disponível para Israel. Os poderosos deste mundo podiam até matar seus corpos, mas o poder da morte fora esvaziado desde a ressurreição do primeiro judeu. Eles não mais pertenciam ao reino de Roma ou de qualquer outra potestade, mas ao Reino dos Céus. As boas-novas profetizadas por

---
105 JUSTER, 2018, p. 89.
106 STERN, David H. *Comentário judaico do Novo Testamento*. São Paulo: Didática Paulista; Belo Horizonte: Atos, 2008. p. 291.
107 GOLDINGAY, 2020, p. 264.

Isaías estavam cumpridas. Por isso, eles acreditavam tratar-se de uma libertação plena, material e espiritual. Nas Escrituras e na experiência histórica israelita, nunca houve um dualismo que separasse tais esferas.[108] Eles entenderam que seus pecados estavam perdoados, Iahweh voltara ao seu povo e a vida nova teve início. O exílio terminou e havia uma sociedade a construir depois de desfeitas as amarras da discórdia. A comunidade de Jerusalém passou a se perceber como parte de uma nova realidade. Eles viviam unidos, encontrando-se todos os dias para celebrar o Messias, dividindo seus bens, auxiliando-se mutuamente e tendo novos salvos acrescidos à comunhão (Atos 2:42-47).

Segundo os relatos de Atos, os milagres acompanharam os apóstolos como ocorrera com o Messias (Atos 3:1-10). Logo instaurou-se o conflito com as mesmas autoridades de Jerusalém, e o comportamento dos apóstolos perante a oposição foi o mesmo de Jesus: suportaram o sofrimento (Atos 4:23-31). Eram eles, agora, signos do próprio *Ebed Iahweh*. Diante da perseguição, muitos nazarenos fugiram de Jerusalém para outras regiões, espalhando-se por toda a Judeia e chegando à região da Samaria. Ali, um discípulo chamado Filipe anunciou o Reino aos samaritanos (Atos 8:4-8), ocasião em que Jesus Cristo foi aceito por muitos deles como o Messias de Israel. Uma barreira de ódio e preconceitos mútuos, estabelecida havia séculos entre os dois povos, foi transposta pela comunidade do Nazareno. Seria a reunião das tribos de Israel, tão aguardada pelos antigos? De qualquer maneira, a identidade dos judeus messiânicos era sensivelmente ampliada com a inclusão dos samaritanos.

A integração dos samaritanos foi o primeiro rompimento de barreira, mas havia outra ainda mais severa, a qual nem mesmo os apóstolos pensavam em transpor: a dos gentios. Atos relata um episódio no qual Pedro foi chamado a pregar a um centurião romano (Atos 10:1-48). Um sonho foi a maneira pela qual Deus mostrou a Pedro que mesmo o gentio — um opressor romano! — poderia ser alvo do perdão divino e da presença do Espírito Santo. A revelação era surpreendente: o perdão não estava sendo concedido apenas a judeus e israelitas, mas às nações, permitindo a todas elas o escape do cativeiro de seus ídolos.[109] Mesmo assim, o movimento de Jesus ainda precisaria de algum tempo para assimilar o que isso significaria na prática.

---

108 BRUEGGEMANN, 2014, p. 258.
109 WRIGHT, 2017, p. 163-166.

A proclamação da notícia do Messias de Nazaré atingiu as regiões da Fenícia, de Chipre e até a grande metrópole de Antioquia, antiga sede do Império Selêucida e capital da província romana da Síria. Até então, os nazarenos comunicavam a boa-nova apenas a outros judeus, pois a eles eram destinadas as profecias do Reino de Deus (Atos 11:19). Por isso, seguiam o caminho da grande diáspora judaica. Mas na cidade síria aconteceu um fato novo: alguns judeus messiânicos cipriotas e cireneus explicaram sobre o Messias de Israel aos gregos — gentios que não faziam parte das comunidades judaicas (Atos 11:20-21). Eles, então, aceitaram Cristo e passaram a segui-lo também como o seu rei. Eram estrangeiros de fato, um elemento realmente inovador na experiência das comunidades. A notícia foi dada aos apóstolos em Jerusalém, os quais enviaram um representante para verificar o que acontecia ali. Encontraram em Antioquia o mesmo tipo de manifestação carismática e o mesmo tipo de comunhão dos discípulos de Jerusalém (Atos 11:22-24). O enviado pelos apóstolos era certo Barnabé, também judeu cipriota. Ele não sabia muito bem como lidar com essa turma mista de gregos e judeus, então buscou Paulo, um judeu messiânico de Tarso, para auxiliar no ensino da comunidade antioquena.

A pregação em Antioquia progrediu tanto que veio a se tornar um novo centro do judaísmo messiânico. Mais do que isso, trouxe inovações para o movimento de Jesus. Em primeiro lugar, eles não se viam como uma comunidade distinta de Jerusalém, mas como participantes da mesma comunhão. Isso era bastante incomum na época, embora os judeus da diáspora se vissem como membros de uma mesma comunidade centrada em Jerusalém. Mas o fator realmente novo foi a convivência fraterna de judeus com gentios. Antioquia foi o primeiro lugar em que ocorreu um esforço no sentido de criar um tipo de vida comunitária transétnica e mesmo translocal, com noções de responsabilidade mútua. Esses judeus messiânicos, somados aos gentios convertidos, se entendiam como parte de uma comunidade mundial.[110] Isso significou mais uma mudança radical na própria identidade dos discípulos de Cristo, pois em Antioquia eles foram pela primeira vez chamados de *cristãos* (Atos 11:26). O termo certamente era uma chacota dos vizinhos, talvez porque aquelas pessoas só falassem no Cristo, o seu rei e senhor. O fato é que ali emergia uma nova identidade,

---
110 WRIGHT, 2018, p. 115.

inclusive descolada do próprio judaísmo como nacionalidade e cultura. "Cristão" provavelmente era um termo aplicado basicamente ao gentio convertido e seguidor do Messias de Israel.

Os procuradores da Judeia e os diversos messias

A comunidade dos nazarenos proclamava ser ele o Messias de Israel. Entretanto, muitos judeus — na verdade, a maioria — não aceitaram o escândalo contido na ideia de um rei crucificado. Novos messias no modelo de guerreiro libertador continuaram surgindo. Um deles apareceu ainda no mandato de Pôncio Pilatos (26-36 d.C.). Pilatos era incapaz de perceber a sensibilidade judaica em relação à Torá e ao templo, provocando o povo em atos como confiscar os recursos do templo para obras civis ou entrar em Jerusalém com estandartes romanos. Ostentar a imagem da águia imperial, símbolo do culto ao imperador e de seu poder, era uma afronta direta ao segundo mandamento. Confiscar os tesouros do templo significava roubar os símbolos sagrados da presença divina. As atitudes de Pilatos provocavam frequentes agitações em Jerusalém e estenderam-se até Samaria, onde um novo messias, chamado "o Samaritano", anunciou o seu reinado no monte Gerizim. Pilatos repreendeu o movimento com a brutalidade habitual, chacinando os seus seguidores sem qualquer julgamento.[111] Como Tibério não gostava de contratempos, chamou seu procurador para prestar contas em Roma. Pilatos acabou optando pelo suicídio.

Novos problemas surgiram em 39 d.C., quando Calígula era imperador. Ele removeu Herodes Antipas da tetrarquia da Galileia, colocando Agripa I em seu lugar. Depois, Calígula ordenou que sua estátua fosse colocada no templo em Jerusalém. Mais uma vez, um governante estrangeiro era incapaz de perceber quanto a piedade judaica seria afetada com uma decisão desse tipo. A ordem quase provocou um levante, o que não ocorreu apenas porque Calígula foi assassinado antes de impor sua decisão. Agripa I, apoiador do novo imperador Claudio, recebeu o reinado sobre todas as jurisdições a partir de 41 d.C., reunificando o território como fora com seu avô, Herodes Magno. Ele ainda contou com a simpatia das elites judaicas, talvez por ser um descendente legítimo dos asmoneus por parte da avó. Procurando demonstrar ser um judeu piedoso, mandou executar o galileu Tiago, filho de Zebedeu (Atos 12:1), um dos doze apóstolos de Jesus. Agripa morreu inesperadamente, em 44 d.C.[112]

---
111 MAIER, 2005, p. 181.
112 KOESTER, 2005, p. 397.

Depois da morte de Agripa I, Roma reorganizou a província e procurou estabelecer um controle mais rígido com o procurador Fado (44-46 d.C.). Este suprimiu outro movimento messiânico liderado por Teúdas, profeta que se afirmava ser capaz de abrir o Jordão como Moisés. Fado mandou cavaleiros sobre ele e seus seguidores, matando muitos e decapitando o novo messias. Depois, houve outros procuradores até a nomeação de Félix, cujo mandato não está esclarecido (talvez de 52 a 60 d.C.). Félix enfrentou o início das atividades terroristas dos sicários com atentados contra os colaboradores de Roma. Reprimiu duramente uma insurreição de um profeta conhecido como "o Egípcio", o qual talvez tenha levado milhares de seguidores ao monte das Oliveiras, esperando ver o monte rachar ao meio, conforme a profecia de Zacarias (Zacarias 14:4). Ainda lidou com as acusações contra o apóstolo Paulo (Atos 23:23—24:27). Corrupto e incompetente, Félix acabou substituído pelo novo procurador Festo (60-62 d.C.), famoso pelo diálogo com Paulo e seu envio a Roma (Atos 25—26). Festo morreu em 62 d.C., ainda no cargo, e foi sucedido por Albino (62-64 d.C.), outro corrupto, assim como seu sucessor, Géssio Floro (64-66 d.C.).[113]

Os relacionamentos entre as autoridades de Jerusalém e a comunidade messiânica de Jesus seguiam tensos até essa época. No final do mandato de Festo, o líder da igreja em Jerusalém, Tiago (irmão de Jesus) foi morto por apedrejamento em uma conspiração do sumo sacerdote e de um grupo de fariseus. Algum tempo depois, boa parte dos judeus messiânicos de Jerusalém deixou a cidade para se estabelecer em Pela, uma localidade do outro lado do rio Jordão, sendo então liderada por outro irmão de Jesus, chamado Simeão. É bem possível que eles tenham deixado Jerusalém em função das tensões que se avizinhavam, já que eram uma comunidade messiânica liderada por irmãos do Nazareno, da mesma linhagem davídica reivindicada pela família — um problema danado aos olhos dos romanos.[114] Roma continuava às voltas na Judeia com a temática do Messias, mesmo depois da crucificação do Nazareno. Eventualmente, precisavam lidar com as acusações contra os seus seguidores, em outras ocasiões, com novos messias emergentes, os quais eram chacinados com a brutalidade típica da paz romana.

---

113 KOESTER, 2005, p. 398-400.
114 GONZÁLEZ, Justo L. *História ilustrada do cristianismo*: a era dos mártires até a era dos sonhos frustrados. 2. ed. São Paulo: Vida Nova, 2011(b). p. 30.

O judeu para todas as gentes

Apesar da importância dos doze primeiros apóstolos, talvez a mais determinante personalidade do movimento de Jesus tenha sido Paulo de Tarso. É preciso dar uma atenção especial a essa figura. A cidade de Tarso era um caldeirão de especulação lógica. Paulo ouvia as ideias filosóficas, políticas e religiosas de seu entorno, absorvendo tudo como evidência da tolice pagã, mas também como sinal de que o Deus Único atuava no mundo e na vida humana.[115] Era um estudioso talentoso: lia hebraico bíblico com fluência, falava aramaico como língua materna e grego como língua franca, idioma em que escrevia muito bem. É bem possível que também dominasse algo de latim.[116] Paulo era um fariseu extremamente zeloso e considerava a seita dos nazarenos um perigo para a fé de Israel. Entretanto, segundo ele mesmo testifica em suas cartas, teve um encontro com o Ressuscitado no caminho para Damasco, de quem ouviu a seguinte pergunta: "Por que me persegues?" (Atos 9:4). Saiu desse encontro temporariamente cego, até ter a visão recuperada e ser convocado a pregar o nome de Cristo para gentios e reis (Atos 9:15). Para Paulo, a conversão a Cristo e o chamado ao ministério estavam intimamente ligados. Desse encontro, veio sua convicção do apostolado: como os outros, ele também viu o Senhor, embora tardiamente (1Coríntios 9:1).[117]

A contribuição de Paulo para a identidade cristã em formação foi aquilo que ele chamou de grande *mysterion*, algo de importância vital e inimaginável, antes desconhecido e agora revelado. A grande surpresa: a obra do Messias não beneficiava apenas os judeus, mas também os gentios, sendo coerdeiros e participantes das mesmas promessas (Efésios 3:6). A novidade não estava na vinda dos gentios para a congregação de Israel — afinal, Isaías já profetizava sobre as nações que afluíam para Jerusalém (Isaías 2:2-4) e Zacarias usava a figura de gentios agarrados às roupas de um judeu para conhecer Iahweh (Zacarias 8:23). Isso foi verdade em boa parte da história de Israel, quando estrangeiros eram considerados membros plenos da família dos israelitas e participantes da comunhão ao firmarem compromisso com Deus (Êxodo 12:43-49). A novidade era a participação sem qualquer tipo de subserviência. Não seria mais um gentio sendo admitido como membro do povo de Israel

---

115 WRIGHT, 2018, p. 93.
116 WRIGHT, 2018, p. 31.
117 CARSON, 1997, p. 246-247.

ao tornar-se judeu, como acontecia com os prosélitos no judaísmo; com Jesus Cristo, a noção de Povo de Deus foi admiravelmente ampliada, passando a abranger tanto os judeus como os gentios, sob o mesmo fundamento e em termos igualitários. A única regra seria confiar em Jesus como o Ungido de Deus. A distinção entre eles não foi abolida, mas não implicava mais qualquer tipo de relação de superioridade ou inferioridade.[118] Com isso, a comunidade dos seguidores do Nazareno estabelecia um novo tipo de relacionamento, uma família mundial. Eles eram múltiplos em termos étnicos e culturais, mas debaixo do mesmo Reino — a unidade na diversidade.[119] Um verdadeiro império sob um rei realmente bondoso.

Era um princípio revolucionário. Cristo venceu o poder das trevas na cruz e, com isso, o perdão de Deus foi estendido a todas as nações da terra, atraídas para o Reino de Deus. Emergiu um modelo diferente de raça humana. Havia acesso ao Deus vivo, uma presença divina, mas igualmente humana, que mudava a vida das pessoas. Os deuses velhos e falsos deviam ser abandonados, e entre eles estava César. Paulo sabia exatamente como soaria no coração do império a expressão *"Kyrios Iēsous Christos"* — Jesus, o Messias, é Senhor.[120] O apóstolo não teve receio de usar uma linguagem muito semelhante à utilizada na propaganda imperial de Roma, aplicando os mesmos termos a Cristo. Expressões como *euangelion* (boa-nova do salvador Augusto), *pistis* (lealdade a Roma), *dikaiosyné* (justiça de César) e *eirene* (a paz e a boa ordem romanas), usados como parte da teologia política de Roma, foram exaustivamente explorados pelo apóstolo em toda a sua obra. Jesus foi "constituído Filho de Deus com poder" (Romanos 1:3-4), Cristo era o verdadeiro representante da humanidade e regente do mundo. Talvez a forma mais explícita de Paulo demonstrar sua ojeriza ao poder imperial estivesse em seu foco no Messias crucificado: "Foi diante de vossos olhos que Cristo foi publicamente exibido como crucificado!" (Gálatas 3:1). Esse Jesus, exposto e humilhado publicamente na cruz, voltaria na *parusia* (termo usado para a entrada imperial em uma cidade conquistada), a fim de assumir o trono e submeter todas as coisas, inclusive os regentes romanos, ao seu domínio (1Coríntios 15:24-28).[121]

---
118 GOLDINGAY, 2020, p. 291-293.
119 WRIGHT, 2018, p. 464-465.
120 WRIGHT, 2018, p. 131-134.
121 HORSLEY, 2004(b), p. 143-145.

Pense no significado de tais afirmações para os coríntios, moradores da cidade destruída pelo império, abandonada por mais de um século e reconstruída segundo os moldes romanos. Em cidades assim, Paulo pregava a fundação de algo completamente novo, uma nova pólis, uma comunidade diferente no coração do sistema mundano. Sua marca seria o sofrimento dos cristãos, especialmente de seus líderes, a exemplo do próprio Cristo, o Servo (Gálatas 6:14-17).[122] O evangelho de Iahweh não era um poder bélico a derrubar os demais poderes do mundo, pois isso significaria colocá-lo no mesmo nível. Jesus era o verdadeiro Senhor, e um tipo diferente de Senhor.[123] Ele veio para servir, o que demandava um comportamento totalmente diferente de seus seguidores.

Paulo, como um bom judeu, entendia a nova situação dentro das experiências comunitárias da diáspora, razão pela qual partia sempre das sinagogas para anunciar o Messias. O principal termo por ele usado para tratar das novas comunidades mistas de judeus e gentios era *ekklésia* ("assembleia"), referindo-se à reunião de Israel no *qahal yhwh* (assembleia do Senhor), mas também como conceito usado no mundo grego para a assembleia dos cidadãos de uma pólis. A reunião dos cristãos em Tessalônica ou Corinto não era apenas um "culto nas casas", mas o encontro de uma verdadeira comunidade alternativa vivendo o Reino de Deus. A participação de banquetes públicos nos templos não era aceitável, muito menos as honras ao imperador. A busca da autoridade jurídica romana era absurda (1Coríntios 6:1-6), e os cristãos deveriam viver como se nada tivessem a desfrutar neste mundo, pois ele passará (1Coríntios 7:29-31). Diferente das sinagogas, Paulo não buscava uma sociedade autorizada pelo governo, como os judeus haviam conquistado, mas uma cidadania oriunda do céu, de onde se espera a volta do rei (Filipenses 3:20-21). Paulo imaginava um reino alternativo com um imperador alternativo para uma sociedade alternativa.[124] Por isso, realizava coletas das ofertas entre as igrejas, a fim de suprir os necessitados de outras comunidades cristãs. Todos estavam sob o governo do mesmo Senhor.

Paulo carregou seu sonho às últimas consequências. Passou por todo tipo de sofrimento, tortura e preocupação (2Coríntios 11:23-30),

---
122 WRIGHT, 2018, p. 129.
123 WRIGHT, 2018, p. 360.
124 HORSLEY, 2004(b), p. 205-209.

tudo considerado como glória na fraqueza, imitar a Cristo e carregar sua cruz (Gálatas 6:14) até ele também experimentar o martírio: "Combati o bom combate, terminei a minha carreira, guardei a fé" (2Timóteo 4:7). Há bons indícios para afirmar que Paulo e Pedro foram mortos em Roma na perseguição de Nero, provavelmente em datas próximas.[125] A morte do apóstolo das gentes talvez tenha sido por volta de 67 d.C., tempo em que os judeus estavam novamente rebelados em sua terra pátria.

A Guerra Judaica (66-70 d.C.)

A Judeia era governada pelo prefeito romano Géssio Floro desde 64 d.C. Floro era um procurador completamente incompetente, além de favorecer os setores gregos da comunidade, causando irritações constantes nos judeus. Em 66 a.C., a inimizade atingiu o ápice: ele foi a Jerusalém e se apossou de parte do tesouro do templo, provocando os protestos da população. Como resposta, o inepto mandou os soldados saquearem a cidade e a rebelião estourou.[126] Uma vez controlados os ânimos, os presos foram crucificados. Diante de novos protestos, as tropas partiram para o ataque, mas, dessa vez, a reação popular foi intensa. Nesse estado de coisas, Floro voltou para Cesareia, deixando uma coorte para os sacerdotes resolverem o problema. Eles tentaram pacificar a população convidando Agripa II para intermediar as negociações, mas a insistência dele na submissão aos romanos e no imediato pagamento de impostos arrefeceu ainda mais os ânimos. Mais ao sul, rebeldes tomaram a fortaleza de Massada, enquanto populares e alguns sacerdotes atacaram a fortaleza Antônia em Jerusalém, chacinando a guarnição romana e matando os líderes do sacerdócio. Então, a aristocracia sacerdotal e os herodianos apelaram a Floro e Agripa para enviar soldados a fim de esmagar a revolta, dando início a conflitos generalizados em todo o território. Ao fim do verão, os judeus haviam expulsado as tropas romanas. Entretanto, logo em seguida, uma junta ligada ao sumo sacerdote, fingindo liderar a rebelião, conseguiu controlar Jerusalém, pacificou a cidade e deu início às negociações com os romanos. Mas a rebelião continuou firme e avançando no interior.[127]

---
125 CULLMANN, Oscar. *Pedro*: discípulo, apóstolo, mártir. 2. ed. São Paulo: Aste, 1964. p. 120-121.
126 KOESTER, 2005, p. 400.
127 HORSLEY, 2010, p. 48-49.

Então, Roma entrou em ação. Vespasiano foi o general destacado pelo imperador Nero para pacificar a província. Ele reuniu três legiões com tropas auxiliares e iniciou a campanha em 67 d.C., começando pela Galileia. A fortaleza de Jotapata foi conquistada após algumas semanas, ocasião em que Josefo, um dos líderes rebeldes, foi encarcerado e mantido como conselheiro dos romanos. Um líder chamado João de Gíscala fugiu para Jerusalém, onde prosseguiu com a revolta com outros comandantes judeus. Vespasiano continuou a conquista da província até a primavera de 68 d.C., quando também atacou a comunidade de Qumran, aliada dos rebeldes.[128] Durante a invasão romana apareceram os zelotas. Conforme as legiões avançavam, tomando a Galileia, devastavam sistematicamente cidades e aldeias, massacrando ou escravizando seus moradores. Muitos camponeses fugiram e ficaram sem opção para sobreviver, restando a eles a formação de bandos de resistência. À medida que as legiões romanas se aproximavam, esses bandos foram se deslocando para a Judeia, a fim de encontrar uma fortaleza mais segura. Chegando em Jerusalém, os zelotas formaram uma coalizão. A cidade era controlada pelo sacerdócio, mas os rebeldes decidiram organizar um governo alternativo, escolhendo o próprio sumo sacerdote por sorteio entre as famílias zadoquitas dos próprios zelotas. O sacerdócio oficial reagiu, convocou seus apoiadores e os atacou, restando aos zelotas o refúgio no templo e na fortaleza. Nesse momento, chegaram novos bandos oriundos da Idumeia e tomaram o controle de Jerusalém, matando o sumo sacerdote Anano e deixando a cidade imersa em um caos. Enquanto isso, nas colinas da Judeia, despontou outro líder chamado Simão bar Giora. Ele afirmava ser o Messias e prometeu liberdade aos escravos e recompensas aos livres que o acompanhassem. As vitórias de sua milícia contra os romanos lhe deram fama, trazendo muitos judeus piedosos para o grupo — como fizera no passado o memorável Davi. Simão entrou em Jerusalém na primavera de 69 d.C., a pedido do sacerdócio desesperado, tentando retomar as rédeas da situação.[129] Mas ele assumiu a liderança da rebelião, tanto pelo seu carisma como pelo fato de trazer o maior número de guerreiros: comandava 10 mil judeus e 5 mil idumeus, enquanto João de Gíscala contava com 6 mil galileus e os zelotas eram 2.400 homens.[130]

---

128   KOESTER, 2005, p. 402.
129   HORSLEY, 2010, p. 50-51.
130   HORSLEY, 1995, p. 189.

Vespasiano iniciou o cerco de Jerusalém logo após a chegada de Simão bar Giora. Alguns meses depois, precisou voltar para Roma, a fim de assumir as rédeas do império, em franca guerra civil naquele ano de quatro imperadores. Seu filho Tito recebeu o comando das legiões, iniciando as conquistas de Jerusalém durante o ano de 70 d.C. até a destruição e o incêndio do templo, onde os últimos sobreviventes estavam aquartelados. Tito levou os tesouros para Roma, entre eles o famoso menorá ostentado no Arco que leva seu nome. Simão foi preso e também conduzido a Roma, onde seria executado cerimonialmente no triunfo do imperador. Ainda houve uma resistência dos rebeldes sobreviventes na fortaleza de Massada até a invasão e a destruição, em 73 d.C.[131]

O resultado da guerra selou o destino do segundo templo de Jerusalém. A construção havia sido terminada apenas em 64 d.C., tamanhas eram a dimensão e a riqueza de sua estrutura. Não era sem sentido que os discípulos de Jesus apontavam e exclamavam: "que pedras e que construções!" (Marcos 13:1-2). A joia dos judeus foi completamente destruída apenas seis anos depois de suas obras terem sido concluídas. A comunidade dos messiânicos fugira havia muito tempo, pois acreditava nas profecias de Jesus a respeito da destruição do templo e da cidade. Os demais judeus viram essa fuga com maus olhos, pois a julgaram um ato de traição. Alguns anos mais tarde, as sinagogas passariam a proibir a fé do Nazareno em seu meio. As comunidades em torno da pregação cristã ganhariam cada vez mais contornos gentílicos.[132]

Entre um Messias aguardado e o Cristo revelado

O final do livro de Atos traz a crise estabelecida a respeito de Jesus na comunidade da diáspora. Preso em Roma, Paulo recebeu uma comitiva de judeus ali residentes, a quem anunciou a "boa notícia" do Messias crucificado. Repetiu a mensagem apresentada em todas as sinagogas pelas quais havia passado: o Reino de Deus havia chegado na pessoa de Jesus. Alguns aceitaram, mas a maioria rejeitou essa ideia (Atos 28:23-31). Paulo respondeu citando o profeta Isaías: eles estavam com o coração endurecido a fim de que a salvação fosse estendida aos gentios (Isaías 6:9-10). A tônica do final de Atos ressalta a intenção do

---
131 KOESTER, 2005, p. 402.
132 SHELLEY, 2018, p. 38.

registro de Lucas: demonstrar como o evangelho veio a ser livremente pregado a todos os povos bem no coração de Roma.[133]

A comunidade cristã seguiu se expandindo entre os gentios no Império Romano e para além dele. Não cresceram mais a partir das sinagogas, como antes, tampouco em escolas filosóficas, teatros ou fóruns. Sua mensagem era transmitida nas cozinhas e oficinas das *villae* romanas e nos bairros pobres das grandes cidades. Havia alguns sábios entre os cristãos, mas eram a minoria. A grande massa era composta por escravos e trabalhadores como carpinteiros, pedreiros e ferreiros. A mensagem de Jesus sobre o Reino ser dado aos "pobres de espírito" era bastante impactante aos oprimidos dos impérios (Mateus 5:3). Suas reuniões celebravam a ressurreição do rei Jesus, dando-lhes a certeza do novo mundo do qual já eram participantes. Por isso, os encontros da igreja cristã em modestas residências tinham o caráter de celebração. Eram uma comunidade alternativa em andamento; Cristo estava entre eles, e isso significava tudo.[134]

Já em Jerusalém, a destruição da cidade e do templo não significou o fim da existência de judeus na Terra Santa. A Judeia foi a mais devastada pela guerra, mas a Galileia e o litoral tiveram melhores possibilidades para o reassentamento. Foram essas as regiões em que muitos judeus puderam construir casas e sinagogas. Ali surgiu um novo tipo de "sinédrio" regulamentando a vida judaica, porém informal e clandestino, constituído pelos Tanaim, os herdeiros dos sábios escribas e fariseus. Esses estudiosos fundaram a Academia de Jâmnia, onde o rabi João ben Zacai incentivou o treinamento de novos mestres na Torá. Segundo a tradição judaica, foi nessa academia, sob a liderança dos mestres Akiva ben Jossef e Gamaliel II, que a Bíblia hebraica foi definitivamente encerrada, após um longo debate, por volta de 90 d.C.[135] Nascia o cânon sagrado formado pela antologia dos escritos preservados depois da destruição do segundo templo. Eles usaram o termo *Tanakh* para identificar o documento, formado pelas iniciais de *Torá*, *Neviim* e *Ketuvim* (Pentateuco, Profetas e Escritos), divisão usada até hoje.[136]

---

133 GONZÁLEZ, 2011, p. 330-331.
134 GONZÁLEZ, 2011(b), p. 96.
135 BORGER, 2015, p. 232, 244-245. O cânon bíblico judaico corresponde ao Antigo Testamento protestante. O Antigo Testamento católico possui os livros incluídos pela tradição cristã na Septuaginta, usada pela igreja primitiva na pregação entre os gentios.
136 SCARDELAI, 2012, p. 15-16.

A diáspora, por sua vez, teve um forte incremento com a fuga em massa de judeus após a Guerra dos Judeus. Algumas comunidades judaicas receberam sensíveis afluxos de refugiados e deportados, complicando as relações locais. Com o tempo, novos conflitos explodiram entre essas comunidades e o Império Romano. Em 114 d.C., Trajano atacou a Pártia, ainda um problema na fronteira oriental. O imperador chegou a anexar a Mesopotâmia, mas enfrentou um levante sério na Babilônia, o qual contou com o apoio de milhares de judeus lutando contra os destruidores do seu templo. Os romanos conseguiram exterminar a revolta, mas outras comunidades judaicas também se rebelaram. Na Cirenaica, um judeu chamado Lucas proclamou-se rei dos judeus e promoveu levantes contra Roma em todo o litoral africano; depois, o conflito passou ao Egito e a Chipre. Em Alexandria, os judeus tramaram um embargo de trigo, o que seria um desastre para Roma. As legiões romanas fizeram o que melhor sabiam fazer: exterminaram os rebeldes, matando cerca de 220 mil judeus na Cirenaica e outros 240 mil em Chipre.[137] A paz romana foi restabelecida de maneira clássica.

O início do segundo século não foi um tempo muito propício para os adoradores de Iahweh. Se os judeus sofreram forte revés por Trajano, os cristãos também foram alvo de perseguição na região da Bitínia, na costa norte da Turquia, durante o governo de Plínio, o Jovem. Quando chegou à região, esse procurador encontrou os templos pagãos abandonados e os açougues sem compradores. O motivo era a grande quantidade de cristãos na cidade. Tentou extrair deles a invocação dos deuses, a adoração ao imperador e a maldição ao nome de Cristo, mas descobriu que era impossível obrigá-los à prática de qualquer um desses atos. Na verdade, não havia qualquer tipo de crime praticado, mas ele levou a julgamento os cristãos delatados por pagãos inconformados. Os cristãos não se retratavam e sofriam o martírio — não por algum crime específico, mas pelo ato de desobediência ao tribunal em sua ordem de prestar o culto ao imperador.[138]

Logo depois, *Adriano* (117–138 d.C.) voltou à carga contra os judeus. Ele reconheceu o Eufrates como fronteira oriental e retirou as legiões da Mesopotâmia, pois não queria comprometer seu império no

---
137 BORGER, 2015, p. 240-241.
138 GONZÁLEZ, 2011(b), p. 45-48.

conflito com os partas. Depois, percorreu as províncias a fim de reconstruir ou embelezar antigas cidades, chegando a Jerusalém em 130 d.C., e encontrando a cidade ainda em ruínas. Como pretendia ter um posto avançado para a proteção contra os partas, decidiu reconstruir a cidade. As esperanças judaicas se renovaram — talvez ele fosse um novo Ciro! Imagine a euforia. Mas foi um terrível engano. Adriano, como outros antes dele, não compreendia a fé judaica. Ele quis construir uma cidade helenista: o novo nome de Jerusalém seria *Aelia Capitolina*, e no monte Sião ele construiria um santuário dedicado a Júpiter Capitolino, o deus supremo de Roma. Obviamente, tal projeto provocou um novo levante na Judeia.[139]

Grupos guerrilheiros voltaram a se formar no interior e destruíram parte da base militar em Cesareia. Nesse contexto, surgiu um comandante de muita habilidade, chamado Simão bar Koziba, conduzindo os rebeldes em ações cada vez maiores e bem-sucedidas. A lenha fora posta na fogueira: o importante rabi Akiva ben Jossef, da Academia de Jâmnia, afirmou que Simão era o cumprimento profético e o proclamou Messias e rei, mudando seu nome para Simão bar Kochba ("filho da estrela"). Simão conseguiu vitórias contra a Décima Legião e conquistou a supremacia na Galileia e na Transjordânia, até ocupar Jerusalém em 132 a.C. Ali assumiu o título de príncipe e proclamou a independência da Judeia, passando a cunhar moedas com inscrições como "primeiro ano da redenção de Israel", "segundo ano da liberdade de Israel" e "Simão, príncipe de Israel". A resposta romana foi avassaladora. Adriano convocou doze legiões e tropas auxiliares, algo em torno de 100 mil soldados comandados pelo seu principal general, Júlio Severo. Os romanos conquistaram cinquenta fortalezas dos judeus, atacaram quase mil cidades e vilarejos e destroçaram Simão com seus últimos combatentes na fortaleza de Betar, a sudoeste de Jerusalém. As mortes judaicas somaram acima de meio milhão. Tantos foram os judeus escravizados nessa guerra que o preço de um escravo caiu abaixo do valor de um cavalo.[140]

Terminava a história judaica em sua terra pátria. Adriano decidiu colocar um ponto-final em qualquer futura possibilidade de revolta. Mudou o nome *Judeia* para *Palestina* e confirmou Jerusalém como

---
139 BORGER, 2015, p. 246.
140 BORGER, 2015, p. 246-248.

Aelia Capitolina. Ainda proibiu a presença de judeus na cidade definitivamente helenizada. Outras medidas antijudaicas foram tomadas, como a dissolução das escolas de rabinos, executando muitos deles, e a proibição da circuncisão, entre outras. Para alívio dos judeus, Adriano faleceu em seguida e o imperador *Antonino Pio* (138-161 d.C.) relaxou essas imposições. Muitos judeus puderam voltar a viver na sua terra, escolhendo novamente a região menos devastada, a Galileia.[141] Nesse distrito, os rabinos fundaram academias em Séforis no final do século II e em Tiberíades no início do século III d.C., dando origem a uma comunidade bastante viva e atuante. Nesse século, sob a liderança de Judas, o Príncipe, os rabinos começaram a registrar por escrito a Mixná, a tradição oral.[142]

Começava uma nova jornada do judaísmo, agora sem o templo como identidade centralizadora. A Torá voltava a ser o único ponto focal de seu desenvolvimento, embora Jerusalém continuasse pulsando em suas aspirações. E os cristãos? Bem, nesses séculos eles seriam reconhecidos pelos romanos como uma fé distinta dos judeus, incompreendidos e duramente perseguidos, especialmente no século III d.C. Mas essa é outra história.

Conclusão

A experiência de Israel sob o Império Romano foi nefasta. As agitações do tempo dos revolucionários ficaram marcadas na memória e na cultura de um povo cansado de tanta opressão. A revolução de poucos séculos antes reacendera esperanças reiteradamente frustradas. A identidade nacionalista, reforçada no século anterior, produzia novas rebeliões justamente quando estavam debaixo do mais potente e avassalador império já surgido. A maneira de lidar com a situação vivida, tão distante das profecias bíblicas, foi variada, fragmentada em diferentes pensamentos e reações. Houve judeus colaborando com Roma e outros tantos se rebelando em silêncio ou com violência. Nessa convulsão política e social, permanecia a esperança em Iahweh, o Deus que os libertara do Egito. Ele não estivera distante durante quatrocentos anos

---

141 BORGER, 2015, p. 249-250.
142 HORSLEY, 2000, p. 61.

antes de entrar em ação contra o faraó? Essa era a memória do passado construindo o sonho para o presente. Ao mesmo tempo, a expectativa do Messias trazendo o Reino de Deus movia os judeus em direção ao futuro. Sempre havia esperança, razão pela qual muitas rebeliões também estouravam, a despeito da gritante inferioridade diante de Roma. Deus iria intervir a favor dos oprimidos.

Nesse contexto, chegou a "plenitude dos tempos", mencionada por Paulo a respeito da vinda do Filho (Gálatas 4:4). Para ele, o fato de os tempos terem chegado à condição de completude não era uma ideia idílica do "tempo perfeito", organizado para facilitar a propagação do evangelho. Não; ele falava da crise total antes da irrupção de algo verdadeiramente novo. Estava tratando da dor de um parto. Na mensagem de Jesus, o Reino de Deus veio não apenas contra os reinos do mundo representados por Roma, mas contra as propostas e os métodos desses reinos. Nada há de comunhão entre luz e trevas. E, por meio de sua obra escandalosa na cruz, ele restabeleceu todos os relacionamentos: de Deus com os homens e as mulheres e destes entre si. Na proclamação de seus seguidores, Iahweh voltou em Jesus Cristo. O Emanuel, o Deus Conosco, estava tão completamente com eles que se fez um deles. Nascia uma nova identidade judaica, a dos *nazarenos*. Da compreensão universal desse Reino, envolvendo todos os povos — como prometido a Abraão —, desdobrou-se a experiência gentílica traduzida no nome *cristão*.

Escândalo para os judeus, loucura para os gentios. A expressão paulina resume a revelação de Jesus Cristo. As respostas foram variadas: a maioria dos judeus continuava esperando a vinda de um Messias; os cristãos o receberam e, desde então, aguardam a sua volta. No final das contas, continuamos a ser, todos nós, um povo que espera.

Conclusão
AQUELES ENTRE NÓS

    Procurei demonstrar como o povo de Israel foi constituído em um longo processo que envolveu inúmeros encontros culturais, produzindo diferentes identidades como resultado de amplas experiências históricas. A partir do relacionamento com outros povos, aqueles da Bíblia constituíram uma cultura vasta e em constante elaboração, passando por muitas transformações durante sua trajetória milenar. Essas mudanças aconteceram no reconhecimento das semelhanças e assimilações de elementos aceitáveis dos povos vizinhos, mas também na marcação de suas diferenças, tão claramente exemplificadas na alimentação. A linguagem também passou por uma contínua evolução, desde a língua desconhecida dos pais até o surgimento do hebraico e o seu desenvolvimento. Vimos também como eles sofreram com o poder conquistador das potências vizinhas, geralmente resultando na submissão aos impérios, porém, em alguns momentos, impondo sua própria fé sobre outros povos subjugados. Finalmente, vimos como esse povo testemunhou a invasão da história pelo Deus Único, refletindo e reagindo a respeito da maravilha desse mistério.

    Utilizei o modelo teórico do hibridismo cultural para entender o processo. Esse modelo é apenas um entre outros potencialmente válidos para o propósito deste livro. O povo da Bíblia foi extremamente híbrido, assumindo diversos elementos culturais de outros povos, às vezes acriticamente, outras, pesando a conveniência dentro da fé revelada de Iahweh. Vimos como esse jogo de negociação forjou uma grande variedade de situações, reações e resultados culturais. Aqueles da Bíblia talvez tenham sido um dos povos mais híbridos de que temos notícia na Antiguidade: aprenderam a administração com os egípcios, o governo com os cananeus, a construção civil com os fenícios, os calendários com os mesopotâmios, a escrita com os fenícios, a espiritualidade com os persas, a filosofia com os gregos, a política com os romanos, entre outros. Isso tudo sem perder a originalidade de sua própria experiência, constituída a partir do chamado divino aos pés do monte Sinai.

Utilizei ferramentas narrativas para auxiliar na compreensão da evolução da identidade do povo bíblico de Israel, tentando promover uma *nova imaginação* para essa história. A intenção foi provocar estranhamento e, assim, estimular novas percepções. Comecei pelo capítulo dos *migrantes*, analisando como uma família deu origem a Israel, família sobre a qual pouco sabemos a não ser a disposição de partir pelo mundo, peregrinando pelas pastagens de Canaã, em busca de uma promessa divina até finalmente se estabelecer no Egito. O capítulo dos *escravos* demonstrou como aquela família veio a se tornar um povo dividido em tribos e clãs com influências de egípcios e de outros povos semitas estabelecidos no Delta do Nilo, profundamente oprimida pelo poder faraônico e alvo de uma magnífica história de libertação. Os *anarquistas* conquistaram seu espaço e viveram espalhados em Canaã sem organização estatal, formando identidades diversas, como efraimitas, danitas, gaditas, judaítas, levitas e outras tribos unidas no culto a Iahweh e nas disputas contra os inimigos externos. O tempo dos *monarquistas* mostrou a maior das assimilações culturais, quando passaram a ser governados por um rei segundo o modelo cananeu, tendo uma força estatal a centralizar a identidade cultural e religiosa no entorno de Jerusalém e do novo templo. Essa experiência terminou no desastre do cisma, dando origem ao tempo dos *separatistas*, quando duas forças políticas monocêntricas disputaram o poder em Canaã, uma centralizada em Jerusalém e outra em Samaria, tentando forjar as identidades israelita e judaíta. Foi um tempo de oscilações econômicas e religiosas, marcadas pelo constante abandono de Iahweh e dos mandamentos, até a tragédia suprema da destruição de Israel e do exílio de Judá. Dessa narrativa de decadência, sobreviveram os *exilados*, os judaístas espalhados pelo Mundo Antigo, quando uma identidade nova emergiu do resto de Israel, ganhando o nome de "judeu", uma etnia marcada por duas tendências claras que dariam as tonalidades de uma espécie de cultura nacional: uma baseada nas prescrições da Torá e outra com foco no segundo templo reconstruído em Jerusalém. No capítulo dos *revolucionários*, procurei demonstrar a identidade do templo como condutora de uma época de grande piedade e zelo na luta pelo direito de cultuar a Deus e na retomada da autonomia. Essa época terminou na mais absoluta decepção sob o poder romano, detalhado no último capítulo, os *oprimidos*, tempo de profundas crises, levando à emergência da nova identidade dos nazarenos e cristãos, e ao trágico fim da existência da Judeia como nação territorial.

Muitas identidades ficaram pelo caminho nessa longa jornada, tragadas pela tempestade da história. Perderam-se os antigos israelitas e suas variadas tribos, emergiram os samaritanos e galileus; foram-se os antigos judaítas, simeonitas e benjamitas e levantaram-se os judeus. Dessa monumental história, saíram forjadas basicamente duas grandes e distintas identidades no mundo contemporâneo: os judeus e os cristãos. Ambos cultuam o mesmo Deus Uno revelado no êxodo, mas divergem sobre a forma como as promessas proféticas seriam cumpridas na figura do Messias de Israel. Dois mil anos estão registrados nos textos da Bíblia. Dessas narrativas, derivaram outros dois mil anos de grandes transformações.

Cristãos e judeus: duas identidades multiplicadas

Da crise dos oprimidos do primeiro século de nossa era, romperam duas correntes oriundas do judaísmo bíblico, fundamentais para o futuro da história das religiões: o judaísmo rabínico, normatizado no século II d.C., e o cristianismo, que foi bem além do judaísmo.[1] Darei algumas pinceladas sobre essas duas linhas de fé tão diferentes, embora baseadas no mesmo livro sagrado, para entendermos quão voláteis e complexas são a cultura e a identidade cultural.

---

1 MAIER, 2005, p. 152.

A emergência do judaísmo rabínico

O judaísmo bíblico teve continuidade no judaísmo rabínico. O dramático fim do segundo templo foi o evento determinante para o desaparecimento definitivo da maioria das correntes sectárias judaicas daquela época. Sumiram saduceus, herodianos, essênios e demais movimentos. Os sobreviventes foram os fariseus.[2] O maior elo entre o Israel bíblico e o judaísmo rabínico está na "cultura do livro". A religião bíblica é o patrimônio social, cultural e religioso indissociável do povo judeu, embora sua etnicidade e nacionalidade tenham passado por muitos ajustes ao longo da história. Essa identidade foi possível pelo fato de a experiência do exílio ter sido fixada definitivamente, criando uma comunidade judaica sem templo, sacrifícios, sacerdotes ou rei. Foram os rabinos que operaram a substituição dos sacrifícios e peregrinações a Jerusalém pelo estudo contínuo das Escrituras, tirando-as do controle sacerdotal e assumindo-as definitivamente em suas mãos. Sem um santuário único, amadureceram o culto, a piedade e as obras de devoção, atividades ligadas às comunidades nas sinagogas. Como já vimos no final do capítulo dos oprimidos, esse judaísmo rabínico teve desenvolvimento intelectual sob a influência da Mixná e dos Talmudes de Jerusalém e da Babilônia até o século XVIII d.C. Os rabinos impulsionaram a religião bíblica de Israel e tornaram-se a pedra angular do judaísmo atual. Toda a estrutura de culto da sinagoga, todo o estudo das Escrituras e todo o patrimônio cultural no qual os judeus se movem derivam deles.[3]

Aqui vale uma pausa para um conselho: jamais associe diretamente "fariseu" a "hipócrita". É como dizer que toda a base do rabinato está posta na falsidade. Paulo era fariseu e se referia a esse fato como uma virtude (Atos 23:6; Filipenses 3:5-6). Provavelmente Jesus também o fosse, já que fazia parte de um movimento mais amplo de piedosos. Tanto Jesus como Paulo tinham divergências com determinados fariseus dentro de sua sociedade, mas não com o grupo como um todo. Os fariseus tornaram-se discípulos de Jesus (vide o caso de Nicodemos e José de Arimateia), e muitos deles não poderiam ser acusados das mesmas delações apontadas por Cristo nos Evangelhos.[4] Portanto, os

---
2 SCARDELAI, 2008, p. 161-162.
3 SCARDELAI, 2008, p. 162-166.
4 HOVESTOL, Tom. *A neurose da religião*: o desastre do extremismo religioso! São Paulo: Hagnos, 2009. p. 34-36.

cristãos precisam ser mais cuidadosos ao tratar do movimento dos fariseus, pelo bem do diálogo com o judaísmo.

Ressalva feita, voltemos à cultura judaica. O hebraico passou por uma revisão na Idade Média, quando os massoretas — escribas judeus que cuidavam das Escrituras — incluíram vogais no texto consonantal dos escritos mantidos desde o segundo templo. Foi um processo longo, iniciado no século VII e concluído no X d.C., resultando naquele que é considerado o texto oficial da Bíblia Hebraica até hoje. Segundo especialistas, a vocalização executada pelos massoretas representa a pronúncia do tempo em que eles viveram, dos judeus que falavam o aramaico como língua cotidiana. Ou seja, a versão atual reflete a língua hebraica usada nos serviços litúrgicos da sinagoga medieval.[5] Claro, estamos falando de pronúncia, não de conteúdo — este está comprovado desde o achado dos manuscritos de Qumran, datados do primeiro século antes de Cristo.

Quanto à diáspora judaica, ela se tornou uma realidade permanente do povo judeu. Durante muito tempo, houve um forte judaísmo na Palestina. Nunca deixou de haver judeus vivendo naquele território. Mas as leis impostas por cristãos bizantinos levaram muitos deles a migrar para a Europa, onde formaram comunidades na Espanha, Inglaterra, França e Alemanha. A chegada dos muçulmanos do Marrocos à Península Ibérica, no século VIII d.C., abriu um tempo muito produtivo para os judeus espanhóis, período considerado o de maior desenvolvimento e liberdade da história judaica. Esses judeus falavam um idioma que misturava espanhol antigo com hebraico, dando origem ao "ladino", e eram chamados *sefarditas*. A reconquista espanhola pelos cristãos, concluída no século XV d.C., terminou com essa liberdade, ocasião em que muitos judeus foram obrigados a se batizar, dando origem aos "cristãos novos", enquanto os mais resistentes foram expulsos. No caso da Alemanha, muitos judeus fugiram para a Polônia durante o século XI d.C., em função de ataques dos cruzados, onde desenvolveram a cultura e a língua "iídiche", uma mistura do alemão com o hebraico, sendo chamados *asquenaze*. Esses judeus do leste foram a origem da grande migração judaica para os Estados Unidos a partir do século XIX d.C. Além dessas duas grandes vertentes, de sefarditas e asquenazes, havia judeus

---

5 FRANCISCO, p. 15.

no Iêmen, judeus negros na Etiópia, judeus indianos indistinguíveis dos hindus, judeus chineses na China, entre outras relações cordiais consolidadas no mundo inteiro.[6]

Não foram apenas as manifestações culturais dos judeus marcadas pela variedade. O pensamento do judaísmo também operou em vertentes distintas. Surgiram muitos filósofos judeus, desde Fílon de Alexandria, no século primeiro, passando por nomes importantes, como Saadia da Babilônia, no século X d.C., Judá HaLevi, na Espanha do século XII d.C., e o grande Moisés Maimônides, no Egito do século XII d.C.[7] Nem vou mencionar os filósofos contemporâneos. Desenvolveu-se também um forte misticismo na cabala medieval, tendo como maior obra o *Zohar*, na Espanha do século XIII d.C., com grandes especulações místicas sobre as emanações divinas na criação, lembrando bastante o gnosticismo. Essa ideia das emanações de Iahweh redundou em controversos estudos sobre os significados ocultos nas letras do alfabeto hebraico.[8] Daí emergiu uma numerologia em torno da escrita hebraica, fascinando místicos até hoje.

Em termos de doutrina, o judaísmo moderno pode ser dividido em algumas vertentes. Os *judeus ortodoxos* são fiéis à lei judaica clássica, além de manterem os costumes codificados desde a Idade Média, como o uso do quipá e a separação de homens e mulheres nas sinagogas. Os ortodoxos possuem também seitas como o *hassidismo*, versões radicalizadas em torno de mestres famosos, por vezes com opiniões opostas sobre teologia e o atual Estado de Israel. Esses são os que usam ternos e chapéus pretos e não cortam as bordas do cabelo e a barba. O *judaísmo reformado* surgiu depois do Iluminismo, buscando um monoteísmo ético e negando os aspectos sobrenaturais da revelação a Moisés. Rejeita a ideia de um Messias literal e busca uma sociedade fraterna com o mundo inteiro. Esse judaísmo permite mulheres como rabinos, por exemplo, entre outros aspectos liberalizantes. O *judaísmo conservador* é um movimento típico dos Estados Unidos, menos meticuloso nas observações da tradição, permitindo que mulheres e homens estejam juntos nos cultos, uma espécie de meio-termo entre os ortodoxos e os reformados. Finalmente, o *Reconstrucionismo* é um movimento de

---

6 ROSENBERG, Roy A. *Guia conciso do judaísmo*: história, prática, fé. Rio de Janeiro: Imago, 1992. p. 73-79.
7 ROSENBERG, 1992, p. 109-114.
8 ROSENBERG, 1992, p. 117-123.

esquerda fundado em 1983, o qual vê o judaísmo como uma cultura popular predisposta à espiritualidade, com ampla atração de feministas radicais, vegetarianos e outros movimentos sociais. O último movimento é o *sionista*, o nacionalismo judaico de caráter laico. Sobre ele, tratarei na parte final deste capítulo.[9]

Enfim, o judaísmo tornou-se, ao longo de dois mil anos, uma ampla e vasta cultura, com múltiplas raças e identidades, as quais não devem ser reduzidas ao rabino que você talvez conheça na sinagoga da sua cidade. Além disso, há o aspecto da secularização predominante, fazendo com que a maioria dos judeus contemporâneos tenha pouco interesse na fé tradicional, o que traz ainda maior diversidade à nação de Israel.

A emergência do cristianismo

Os povos antigos tinham uma visão cíclica da história, cujos eventos estavam vinculados a um arquétipo primordial ao qual sempre retornavam. Persas e judeus compreendiam a história de maneira linear, com o início na criação do mundo e o fim na vinda do Reino de Deus. Os cristãos, derivados dos judeus, seguem o mesmo princípio, mas se diferenciaram no "meio do caminho". Se os judeus aguardavam a realização messiânica no final dos tempos, com a esperança posta no porvir, os cristãos situaram a concretização suprema na morte e na ressurreição de Cristo, colocando a esperança do porvir na certeza do passado. A batalha decisiva já aconteceu e foi vencida. Assim, Cristo não criou um novo tempo, mas uma nova *divisão do tempo*. O ato decisivo escatológico está posto no passado, na cruz e na ressurreição; o Reino de Deus está em realização, aguardando a consumação final. Assim, o aspecto histórico da fé bíblica das narrativas cristãs foi plenamente realizado em Cristo.[10] Judeus e cristãos partiram das mesmas esperanças escatológicas, mas chegaram a pontos distintos.

Como vimos no capítulo dos oprimidos, Jesus de Nazaré não foi aceito como Messias pela maioria dos judeus. Essa rejeição foi um problema teológico na igreja primitiva. O apóstolo Paulo explicou o fenômeno como um segundo *mysterion* acerca de Israel (Romanos 11:25). Segundo ele, foi decisão divina abrir o evangelho aos gentios por meio

---

9 ROSENBERG, 1992, p. 133-157.
10 CULLMANN, Oscar. *Cristo y el tiempo*. Barcelona: Editorial Estela, 1968. p. 67-77.

da incredulidade dos judeus, para então, por meio da fé dos gentios, reconquistar o povo original. Enciumado com o que o seu Deus fez no mundo, no fim Israel retornará para o Messias Jesus de Nazaré. Assim, de forma astuta, Deus inverteu a intenção primeira: em vez de atrair o mundo ao abençoar Israel, abençoa o mundo para atrair Israel. No final das contas, Deus o resgatará juntamente com os crentes em Jesus (Romanos 11:11-26).[11] Por isso, a conversão dos judeus no final dos tempos é a esperança de boa parte dos cristãos protestantes em relação à segunda vinda de Cristo, tema sob intenso debate em variadas linhas de interpretação do milenismo escatológico.

De qualquer maneira, foi Jesus de Nazaré o ponto de partida da identidade cristã, oriunda do judaísmo, mas distinguindo-se totalmente deste no desenrolar da história. Essa distinção começou pela vocação gentia da pregação cristã. O primeiro elemento bem perceptível dessa diferença foi o documento usado como texto-base da proclamação. Os judeus fixaram suas Escrituras em hebraico no primeiro século da nossa era, enquanto os cristãos usaram a Septuaginta em grego, assumindo a continuidade dessa tradição. A opção pelo texto grego do Antigo Testamento também revelava a transição pela qual a igreja cristã passaria, partindo do mundo semita de Jerusalém para o mundo helenista do Império Romano. Daí também deriva sua vocação ainda mais universalista. Dessa característica multinacional, surgiu, entre os escritos cristãos, o termo "Igreja Santa e Católica (universal)", a convicção de que todos os cristãos espalhados pelo mundo, com todas as suas diferenças, fazem parte do mesmo corpo.[12]

O cristianismo, apesar dos relatos entusiasmados sobre as muitas conversões, teve um crescimento relativamente modesto, mas progressivo e constante. Durante três séculos, a maioria dos cristãos era pobre e inculta, embora não exclusivamente, pois a fé cristã cresceu em todas as direções, conquistando seguidores para Jesus também entre as classes eruditas. Foram elas que auxiliaram a igreja na constituição dos dogmas e defenderam a fé diante dos opositores. Antes de apontar o dedo criticamente para a palavra "dogma", lembre-se de que *dogmata* nada mais era do que o corpo de doutrinas específicas que distinguia as escolas filosóficas uma das outras. Os cristãos fizeram o mesmo, de-

---
11 GOLDINGAY, 2020, p. 278-279.
12 SHELLEY, 2018, p. 43.

finindo e explicando seu pensamento para posicionar as crenças diante das demais filosofias circulantes. Esses líderes cristãos combateram interpretações equivocadas na própria igreja, procurando proteger a substância original da mensagem bíblica, baseada na confissão de Jesus como o Filho de Deus, por mais paradoxal que fosse. Também entre esses filósofos cristãos, levantaram-se os apologistas, basicamente os defensores do cristianismo em duas vias: afirmando não representarem ameaça ao império diante das suspeitas das autoridades, e defendendo a base racional contra as acusações de tolice intelectual.[13] Mas não confunda essa atuação como um aparelhamento eclesiástico; esse era um processo orgânico, com debates em comunidades espalhadas, sem uma força unificadora. Daí as intensas disputas teológicas regionais que marcaram todo o período.

A suposta conversão de *Constantino* (306–337 d.C.) significou uma grande transformação na igreja cristã. Depois de três séculos de informalidade e estatuto ilícito, redundando muitas vezes em perseguição, o cristianismo passou a ser considerado uma religião permitida pelo Estado e, mais do que isso, apoiada pela família imperial. O imperador tornava-se patrono também do cristianismo, como era em toda a sociedade romana. Isso foi determinante para o futuro da fé cristã, havendo reações de aprovação e desaprovação. Entre os apoiadores, significou a possibilidade de desenvolver uma teologia oficial e contar com uma sanção legal para os dogmas já formulados no passado, mas ainda carente de um centro de regulamentação. Nesse sentido, foi possível um alto desenvolvimento intelectual, fazendo despontar pensadores exuberantes como Agostinho de Hipona. Entre os opositores, podem ser contados os decepcionados com o luxo e a opulência que se manifestaram na construção de templos cristãos, a mais completa novidade dessa fé, que, até então, era celebrada em residências. A principal dessas reações foi o incremento do movimento monástico, já existente, com os cristãos se retirando para a vida contemplativa no deserto ou em comunas. A radicalização da oposição veio com os cismáticos — pequenos grupos se separando da igreja, geralmente por discordarem das doutrinas fixadas nos credos — entre eles os donatistas do norte da África. O fato é que, depois de Constantino, a igreja nunca mais voltaria a ser a mesma, para o bem e para o mal.[14]

---
13 TILLICH, Paul. *História do pensamento cristão*. 5. ed. São Paulo: ASTE, 2015. p. 20-21, 44-45.
14 GONZÁLEZ, 2011(b), p. 133-138.

Obviamente, não posso detalhar essa história aqui; são dois milênios abrangendo o mundo inteiro. Os cristãos compartilhavam o mesmo Senhor, a mesma fé e o mesmo batismo, mas produziram as mais diversas divisões e subdivisões. A primeira delas aconteceu ainda na Antiguidade, quando se estabeleceu uma igreja oficial e foram formulados os principais credos do cristianismo, ainda no século IV d.C. Tínhamos então apenas a Igreja Católica, embora não idêntica em cada canto do mundo. *Católico* resume a unidade na diversidade, sempre é bom lembrar. A primeira ramificação aconteceu com as igrejas pré-calcedonianas (ou monofisitas), compostas pelas comunidades armênia, ortodoxa síria, copta e etíope, as quais aceitaram os primeiros três concílios gerais, mas rejeitaram alguns detalhes da doutrina cristológica de Calcedônia (451 d.C.). Parte dessas igrejas é, hoje, a "igreja perseguida" nas regiões de predomínio muçulmano. A segunda divisão veio no século XI d.C., quando a ortodoxia grega do Oriente rompeu com o catolicismo latino de Roma, dando origem à Igreja Ortodoxa, bastante vinculada às tradições dos antigos patriarcados históricos de cidades como Constantinopla, Antioquia e Alexandria, sem contar com uma liderança universal como o Papa romano. A terceira grande divisão aconteceu na Reforma Protestante do século XVI d.C., dando origem a diversas denominações com elementos clássicos da base reformada: anglicanos, luteranos, presbiterianos, congregacionais e, mais tarde, metodistas. Desse movimento reformador, veio a quarta grande divisão cristã, partindo da facção menos tradicional da Reforma, manifesta em grupos como os batistas no século XVII d.C., mas principalmente no movimento pentecostal a partir do século XX d.C., quando foi rejeitada boa parte da estrutura consolidada pelas igrejas históricas, em busca de maior espontaneidade no Espírito Santo.[15] Depois disso, talvez até pela liquidez e o individualismo do mundo contemporâneo, vimos esse processo de fragmentação protestante cada vez mais intensificado em novos movimentos e igrejas, assim como o retorno de muitos cristãos às tradições mais antigas. Enfim, hoje, o cristianismo é um vasto cardápio com muitos, mas muitos pratos à disposição, alguns sabores tradicionais, outros requentados do passado, novas combinações e até mesmo ingredientes de outras religiões e espiritualidades. Isso sem fa-

---

15 CHADWICK, Henry; EVANS, Gillian. *Igreja Cristã*. Grandes livros da religião. Barcelona: Folio, 2007, p. 222.

lar no caráter amplamente cultural, social e político do colosso chamado *cristandade*.

Nessa vasta experiência, prevaleceu o Reino de Deus proclamado por Jesus? Creio que sim. Não sempre, nem de uma forma explícita, pois nós continuamos pecadores — e como continuamos! *Simul justus et peccator*, como dizia Lutero. Não foram poucos os pecados do cristianismo nesses dois mil anos. As cruzadas, inquisições e intolerâncias que o digam! Mas também não foram poucas as virtudes. Os primeiros complexos hospitalares foram criação de cristãos; foram eles os criadores de orfanatos e asilos para cuidar dos desamparados deste mundo; as grandes universidades mundiais nasceram no coração da igreja, assim como a ciência moderna foi nelas gestada. Mas não são os grandiosos feitos que me dão tal certeza; são as pequenas ações de mulheres e homens cheios do Espírito Santo trazendo luz em meio às trevas. Essa é a beleza. O Reino é subversivo e explode sua potência em nossa cara toda vez que vemos um cristão agindo conforme a ordem divina; sempre que vemos pessoas resgatadas de uma vida desgraçada; quando a misericórdia suplanta a ira. Enfim, tenho me deparado constantemente com esse Reino espelhado no rosto de gente parecida com Jesus.

O diálogo entre os filhos de Abraão

Acabei de mencionar os pecados do cristianismo. Um deles, talvez o pior, tenha sido contra os judeus. Muitas vezes, os cristãos assumiram posturas bastante severas contra eles. Essa oposição nasceu da ideia de que a igreja era a substituta de Israel no plano divino de salvação, ou o "verdadeiro Israel". A oposição foi tão séria que podemos até mesmo falar em uma "história do antissemitismo". Muitos pais da igreja, mesmo piedosos, foram demasiadamente críticos, acusando os judeus do crime inaceitável de rejeitar o Messias. Quando a igreja se associou ao poder estatal, essa oposição foi sentida bem além das palavras. Concílios regionais condenavam as práticas judaicas dos judeus messiânicos, os judeus crentes em Jesus. Essa condenação foi confirmada no Concílio Geral de Niceia (787 d.C.), praticamente impossibilitando o culto dos judeus devotos do Nazareno. Mas o pior mesmo aconteceu nas cruzadas do século XII d.C., quando judeus foram massacrados como inimigos da fé, e na inquisição espanhola, quando cristãos zelosos queimavam na fogueira os judeus messiânicos que celebrassem a Páscoa judaica. Mesmo na Reforma, Lutero foi inicialmente simpático aos judeus, mas passou a atacá-los com virulência quando não se converteram a Cristo. O ápice desse antissemitismo cristão ocorreu nos *pogroms* russos do século XIX d.C., tomando os judeus como bodes expiatórios nos tempos de crise. Enfim, a história dos cristãos em relação aos judeus foi péssima, e a ponte possível entre igreja e sinagoga — o judaísmo messiânico — praticamente foi extinta.[16]

Essa relação teria outro desenrolar a partir do século XIX d.C., com uma mudança na posição cristã, manifestada no apoio de muitos protestantes ao movimento sionista. O sionismo emergiu como uma inspiração no nacionalismo romântico dos Estados Nacionais na Europa, organizados depois de Napoleão.[17] O antissemitismo europeu atingira proporções inaceitáveis e a única resposta encontrada pelos judeus para tamanho ódio foi o nacionalismo, o projeto de constituir um país segundo os moldes modernos.[18] Eles aproveitaram uma noção relativamente recente, a qual entendia nação como um "Estado ou corpo político que reconhece um centro supremo de governo comum", e "o território constituído por esse Estado e seus habitantes, considerados como um todo". Esse conceito apareceu nos discursos políticos emergentes na Europa a partir de 1830 e, depois de muitas especulações sobre a organização política dos povos, fixou-se naquilo que se entende como nação até hoje: para ela existir, é preciso haver um *Estado*, um *povo soberano* e uma *terra* habitada por esse povo.[19] Isso não era claro até então, porque muitos povos migrantes, como os ciganos, os berberes e até mesmo os judeus, eram entendidos como nações, embora sem Estado burocrático e sem território com fronteiras demarcadas. O sionismo enquadrou-se exatamente na definição de nação moderna e começou a pleitear uma terra para os judeus viverem de forma unida e independente, com condições de se proteger contra os ataques aos quais estavam, infelizmente, acostumados.

Essa é uma história fascinante, envolta em incontáveis controvérsias, o que não cabe relatar aqui. A empreitada foi concluída com o impres-

---

16 JUSTER, 2018, p. 183-190.
17 ROSENBERG, 1992, p. 80-81.
18 ARENDT, Hannah. *Origens do totalitarismo*. São Paulo: Companhia das Letras, 1989. p. 143.
19 HOBSBAWM, E. J. *Nações e nacionalismo desde 1780*: programa, mito e realidade. Rio de Janeiro: Paz e Terra, 1990. p. 27-32.

sionante retorno dos judeus para a Terra Santa desde o final do século XIX d.C., chegando ao ápice com a organização do Estado de Israel, em 14 de maio de 1948, logo depois do holocausto, o pior e mais sórdido crime cometido contra as comunidades judaicas. A escolha do nome "Israel" para o novo país, em vez de "Judá" ou "Judeia", nomes usados na Antiguidade, teve o propósito de afirmar que os judeus eram o "verdadeiro Israel".[20] Não deixa de haver aí uma mensagem para os cristãos. Com a fundação de um estado laico formado por judeus, nasceu uma nova identidade, a dos *israelenses*, uma noção de cidadania aberta a qualquer etnia ou religião, vinculada a um Estado de caráter moderno, com bandeira, hino, mitos fundadores e todo o aparato simbólico típico de países contemporâneos. Esse fato caiu como uma bomba na jornada de fé tanto de judeus como de cristãos do mundo inteiro, pois Israel, mais uma vez, revive na Terra Prometida. Para quem vinculou o fato ao cumprimento de profecias, ficou o vácuo de não ser um reinado messiânico. Além disso, havia um problema incontornável: a presença de palestinos habitando o antigo território de Israel. Essa disputa acabou envolvendo o imenso mundo muçulmano, também com suas crenças e esperanças.

Temos, portanto, uma configuração extremamente complexa, na qual operam o cristianismo e o judaísmo com suas facções, muitas delas reivindicando a pretensão de ser a fé original dos tempos bíblicos; o islamismo, também multifacetado e com o discurso de ser a terceira revelação divina depois dos profetas do judaísmo e do cristianismo; e finalmente o Estado de Israel, de matriz laica, com as questões religiosas sendo postas de lado — pelo menos em tese. Juntando as esperanças de todos os lados, temos um caldo no qual as questões políticas e sociais estão postas sob o signo da fé tanto de cristãos como de judeus e muçulmanos em uma severa e, muitas vezes, injusta disputa pela Terra Santa. Como uma grandiosa ironia, são três religiões reivindicando ter o mesmo pai: Abraão. Somadas, elas significam mais da metade da população mundial. Indiscutivelmente, o migrante de Ur teve incontáveis filhos.

Enfim, acabamos penetrando em amplas discussões que envolvem a teologia pública. Não posso dizer nada sobre como os judeus e os muçulmanos devem lidar com esse problema. Eu sou — ou tento ser

---
20 ROSENBERG, 1992, p. 20.

— um seguidor de Jesus, e minha posição se desenvolve dentro dessa perspectiva. O que mais desejo como cristão e "ser político" é a paz. Nesse sentido, recorro a Miroslav Volf, cuja reflexão defende a paz em dois aspectos. O primeiro está no âmago da fé cristã, a insistência de que Deus amou o mundo pecaminoso e Cristo morreu por nós ainda na condição de ímpios (João 3:16; Romanos 5:6). Ou seja, a exemplo de Jesus, devo amar a todos, sem necessariamente concordar com seus pressupostos, mas sempre buscando ser benevolente. O segundo aspecto está na dimensão da identidade, assunto tratado no primeiro capítulo. As identidades são definidas em relação aos outros por meio de fronteiras que marcam as diferenças. Mas essas fronteiras são permeáveis, permitindo intercâmbios e trocas, incluindo elementos considerados aceitáveis e excluindo outros inaceitáveis. Isso significa que as fronteiras não servem apenas para demarcar nossos territórios, mas para ser atravessadas, permitindo a verificação de novas possibilidades e descobrindo como outras comunidades solucionaram seus problemas, enriquecendo os próprios caminhos. Isso demanda uma atitude positiva com os outros, concordando com o mandamento de amar ao próximo — e até mesmo os inimigos.[21]

Então, tratando da relação entre judeus e muçulmanos como cristão, minha expectativa é sempre a do diálogo, de ouvir mais do que de falar nesse oceano de expectativas no qual navegamos. Meu desejo é que esses incontáveis autodeclarados filhos de Abraão aprendam a conversar. O meu caminho, como cristão, é imitar a Cristo, o Príncipe da Paz, aquele que entregou a si mesmo por nós. Dedico minha oração, confiando que o mesmo Deus Salvador de outrora confirmará o Seu Reino para todo o sempre. Não sei como as coisas se resolverão. A única certeza é que o Deus Conosco continua operando entre nós como agiu entre os antigos. Aprendemos com aqueles da Bíblia, em seus erros e acertos, e damos continuidade ao seu legado.

Que o Deus deles — e nosso! — abençoe esta jornada!

---

21 VOLF, Miroslav. *Uma fé pública*: como o cristão pode contribuir para o bem comum. São Paulo: Mundo Cristão, 2018. p. 158-159.

REFERÊNCIAS

AGOSTINHO, Bispo de Hipona. *Comentário ao Gênesis*.

ALT, Albrecht. *Terra prometida*: ensaios sobre a história do povo de Israel. São Leopoldo: Sinodal, 1987.

ARENDT, Hannah. *Origens do totalitarismo*. São Paulo: Companhia das Letras, 1989.

ARENHOEVEL, Diego. A era pós-exílica: época do anonimato. p. 314-329. In: SCHREINER, Josef. *O Antigo Testamento*: um olhar atento para sua palavra e mensagem. São Paulo: Hagnos, 2012.

BERLESI, Josué. *História, arqueologia e cronologia do Êxodo*: historiografia e problematizações. São Leopoldo: Sinodal; EST, 2008.

BLOCH, Marc. *Apologia da história, ou, O ofício de historiador*. Rio de Janeiro: Zahar, 2001.

BOECKER, Hans Jochen. *Orientação para a vida*: direito e lei no Antigo Testamento. São Leopoldo: Sinodal, 2004.

BORGER, Hans. *Uma história do povo judeu*: volume 1: de Canaã à Espanha. 5. ed. São Paulo: Sêfer, 2015.

BRACKEMEIER, Gottfried. *A autoridade da Bíblia*: controvérsias — significado — fundamento. 2. ed. São Leopoldo: Sinodal; Centro de Estudos Bíblicos, 2003.

BRANDT, Leonardo. *O poder da cultura*. São Paulo: Peirópolis, 2009.

BRAUDEL, Fernand. *Memórias do Mediterrâneo*: pré-história e antiguidade. Lisboa: Terramar; Rio de Janeiro: Multinova, 2001.

BRIGHT, John. *História de Israel*. 7. ed. São Paulo: Paulus, 2003.

BRUEGGEMANN, Walter. *A imaginação profética.* São Paulo: Paulinas, 1983.

_____. *Teologia do Antigo Testamento.* Santo André: Academia Cristã; São Paulo: Paulus, 2014.

BURKE, Peter. *Hibridismo cultural.* São Leopoldo: Unisinos, 2009.

CAHILL, Thomas. *A dádiva dos judeus.* Rio de Janeiro: Objetiva, 1999.

CAMPBELL, Jonathan G. *Deciphering the Dead Sea Scrolls.* 2. ed. Oxford: Blackwell, 2002.

CARDOSO, Ciro Flamarion. Etnia, nação e Antiguidade: um debate. In: *Fronteiras e etnicidade no Mundo Antigo*: V Congresso da Sociedade Brasileira de Estudos Clássicos, Pelotas, 15 a 19 de Setembro de 2003. Pelotas, RS: UFPEL; Canoas, RS: Editora da ULBRA, 2005.

CARDOSO, Ciro Flamarion. *O Egito Antigo.* São Paulo: Brasiliense, 1982.

CARSON, Donald Arthur. *Introdução ao Novo Testamento.* São Paulo: Vida Nova, 1997.

CERTEAU, Michel de. *A escrita da história.* Rio de Janeiro: Forense Universitária, 1982.

CHADWICK, Henry; EVANS, Gillian. *Igreja cristã.* Grandes livros da religião. Barcelona: Folio, 2007.

CHAMPLIN, Russel Norman. *O Antigo Testamento interpretado*: versículo por versículo. Volume 1: Gênesis, Êxodo, Levítico, Números. 2. ed. São Paulo: Hagnos, 2001.

_____. *O Antigo Testamento interpretado*: versículo por versículo. Volume 2: Deuteronômio, Josué, Juízes, Rute, 1 e 2 Samuel, 1 Reis. 2. ed. São Paulo: Hagnos, 2001.

_____. *O Antigo Testamento interpretado*: versículo por versículo. Volume 3: 2Reis, 1Crônicas, 2Crônicas, Esdras, Neemias, Ester, Jó. São Paulo: Hagnos, 2001.

_____. *O Antigo Testamento interpretado*: versículo por versículo. Volume 6: dicionário. 2. ed. São Paulo: Hagnos, 2001.

_____. *O Antigo Testamento interpretado*: versículo por versículo. Volume 7: dicionário. 2. ed. São Paulo: Hagnos, 2001.

_____. *O Novo Testamento interpretado versículo por versículo.* Volume 1: artigos introdutórios, Mateus, Marcos. Guaratinguetá: A Voz Bíblica, s.d.

CHEILIK, Michael. *História antiga*: de seus primórdios à queda de Roma. Rio de Janeiro: Zahar, 1984.

CORNELL, Tim; MATTHEWS, John. *A civilização romana.* [Grandes civilizações do passado]. Barcelona: Folio, 2008.

CROATTO, José Severino. *História da salvação*: a experiência religiosa do povo de Deus. 2. ed. São Paulo: Paulinas, 1968.

CUCHE, Denys. *A noção de cultura nas ciências sociais.* Bauru: EDUSC, 1999.

CULLMANN, Oscar. *Cristologia do Novo Testamento.* São Paulo: Hagnos, 2008.

_____. *Cristo y el tiempo.* Barcelona: Estela, 1968.

REFERÊNCIAS

CULLMANN, Oscar. *Pedro*: discípulo, apóstolo, mártir. 2. ed. São Paulo: Aste, 1964.

DAVIS, John D. *Novo Dicionário da Bíblia*. Ed. ampliada e atualizada. São Paulo: Hagnos, 2005.

DAY, John. *Iahweh and the Gods and Goddesses of Canaan*. Sheffield: Sheffield Academic Press, 2000.

DILLARD, Raymond B; LONGMAN, Tremper. *Introdução ao Antigo Testamento*. São Paulo: Vida Nova, 2006.

DOBBERAHN, Friedrich Erich. O destino do escravo José: observações sobre a escravidão no Antigo Egito. Estudos Bíblicos (Vozes), n. 18, p. 27-36, 1988.

DONNER, Herbert. *História de Israel e dos povos vizinhos*. Volume 1: Dos primórdios até a formação do Estado. 5. ed. São Leopoldo: Sinodal, 1997.

_____. *História de Israel e dos povos vizinhos*. Volume 2: Da época da divisão do reino até Alexandre Magno. São Leopoldo: Sinodal; Petrópolis: Vozes, 1997.

DREHER, Carlos A. Escravos no Antigo Testamento. Estudos Bíblicos (Vozes), n. 18, p. 9-26, 1988.

_____. *Os exércitos no início da monarquia israelita*. Ensaios e Monografias, 11. São Leopoldo: EST, IEPG, 1996.

ELIADE, Mircea. *O sagrado e o profano*: a essência das religiões. 2. ed. São Paulo: Martins Fontes, 2008.

ELLUL, Jacques. *Anarquia e cristianismo*. São Paulo: Garimpo Editorial, 2010.

_____. *Política de Deus, política do homem*. São Paulo: Fonte, 2006.

ESHEL, Hanan. *The Dead Sea scrolls and the Hasmonean state*. Cambridge: Eerdmans, 2008.

FARACO, Sérgio. *Urartu*. Porto Alegre: Editora da UFRGS; Instituto Estadual do Livro, 1978.

FELDMEIER, Reinhard. *O Deus dos vivos*: uma doutrina bíblica de Deus. São Leopoldo: Sinodal/EST, 2015.

FINKELSTEIN, Israel; SILBERMAN, Neil Asher. *A Bíblia não tinha razão*. São Paulo: A Girafa, 2003.

FINKELSTEIN, Israel. *O reino esquecido* — arqueologia e história de Israel Norte. São Paulo: Paulus, 2015.

FLOR, Gerson Luis. *A fé em Israel a partir da monarquia*. Ensaios e Monografias, 24. São Leopoldo: EST, IEPG, 2000.

FLORENZANO, Maria Beatriz B. *O mundo antigo*: economia e sociedade (Grécia e Roma). 4. ed. São Paulo: Brasiliense, 1984.

FLUSSER, David. *O judaísmo e as origens do cristianismo*. Volume 1. Rio de Janeiro: Imago, 2000.

FRANCISCO, Edson de Faria. *Língua Hebraica*: Aspectos Históricos e Características. Disponível em: <www.academia.edu/3324909/Lingua_Hebraica_-_Aspectos_Historicos_e_Caracteristicas>. Acesso em: 26 nov. 2019.

FREYNE, Sean. *Jesus, um judeu da Galileia*: nova leitura da história de Jesus. São Paulo: Paulus, 2008.

Fronteiras e etnicidade no Mundo Antigo: V Congresso da Sociedade Brasileira de Estudos Clássicos, Pelotas, 15 a 19 de Setembro de 2003. Pelotas: UFPEL; Canoas: Editora da ULBRA, 2005.

FUNARI, Pedro Paulo. *Grécia e Roma*. 3. ed. São Paulo: Contexto, 2004.

_____; OLIVEIRA, Maria Aparecida de (orgs.). *Política e identidades no mundo antigo*. São Paulo: Annablume; Fapesp, 2009.

GALVÃO, Antônio Mesquita. *O antigo Israel*: dos apiru à dominação romana (2000 a.C.-135 d.C.). Porto Alegre: EST, 2000.

GARELLI, Paul. *O Oriente Próximo Asiático*. São Paulo: Pioneira; EDUSP, 1982.

GERSTENBERGER, Erhard S. *Israel no tempo dos persas*: séculos V e IV antes de Cristo. São Paulo: Loyola, 2014.

GLANVILLE, Mark R. 'Festive kinship': Solidarity, responsibility, and identity formation in Deuteronomy. *Journal for the Study of the Old Testament*, vol. 44, Issue 1, p. 133-152, September 2019. Disponível em: <journals.sagepub.com/doi/10.1177/0309089218778582>. Acesso em: 21 fev. 2019.

GOLDINGAY, John. *Teologia bíblica*: o Deus das escrituras cristãs. Rio de Janeiro: Thomas Nelson Brasil, 2020.

GONZÁLEZ, Justo L. *Cultura & Evangelho*: o lugar da cultura no plano de Deus. São Paulo: Hagnos, 2011.

_____. *História ilustrada do cristianismo*: a era dos mártires até a era dos sonhos frustrados. 2. ed. São Paulo: Vida Nova, 2011(b).

GOTTWALD, Norman K. *As tribos de Iahweh*: uma sociologia da religião de Israel liberto, 1250-1010 a.C. São Paulo: Paulinas, 1986.

GRIMAL, Pierre. *O império romano*. Lisboa: Edições 70, 1999.

GUARINELLO, Norberto Luiz. Império romano e identidade grega. In: FUNARI, Pedro Paulo; OLIVEIRA, Maria Aparecida de (orgs.). *Política e identidades no mundo antigo*. São Paulo: Annablume; Fapesp, 2009.

GUNNEWEG, Antonius H. J. *História de Israel*: dos primórdios até Bar Kochba e de Theodor Herzl até os nossos dias. São Paulo: Teológica; Loyola, 2005.

GUSSO, Antônio Renato. *Panorama histórico de Israel para estudantes da Bíblia*. 2. ed. Curitiba: A.D. Santos, 2006.

HARDEN, Donald. *Os fenícios*. História Mundi. 9º Volume. Lisboa: Verbo, 1971.

REFERÊNCIAS

HASSON, Nir. *Ancient place of worship found near Jerusalem challenges assumptions about first temple*. Disponível em: <www.haaretz.com/archaeology/.premium--temple-found-near-j-lem-challenges-archaeologists-assumptions-on-first-temple-1.8492874>. Acesso em: 8 abr. 2020.

HERÓDOTO. *História*.

História geral da África, II: África antiga. 2. ed. Brasília: UNESCO, 2010.

HOBSBAWM, E. J. *Nações e nacionalismo desde 1780*: programa, mito e realidade. Rio de Janeiro: Paz e Terra, 1990.

HORSLEY, Richard A. *Arqueologia, história e sociedade na Galiléia*: o contexto social de Jesus e dos rabis. São Paulo: Paulus, 2000.

_____. *Bandidos, profetas e messias*: movimentos populares no tempo de Jesus. São Paulo: Paulus, 1995.

_____. *Jesus e a espiral da violência*: resistência judaica popular na Palestina romana. São Paulo: Paulus, 2010.

_____. *Jesus e o império*: o Reino de Deus e a nova desordem mundial. São Paulo: Paulus, 2004.

_____. *Paulo e o império*: religião e poder na sociedade imperial romana. São Paulo: Paulus, 2004(b).

HOVESTOL, Tom. *A neurose da religião*: o desastre do extremismo religioso! São Paulo: Hagnos, 2009.

JOSEFO, Flávio. *História dos hebreus*. 8. ed. Rio de Janeiro: CPAD, 2004.

JUSTER, Daniel. *Raízes judaicas*: entendendo as origens da nossa fé. São Paulo: Impacto, 2018.

KAEFER, José Ademar. *A Bíblia, a arqueologia e a história de Israel e Judá*. São Paulo: Paulus, 2015.

_____. *Arqueologia das terras da Bíblia II*. São Paulo: Paulus, 2016.

KAISER, Walter C. *Teologia do Antigo Testamento*. 2. ed. São Paulo: Vida Nova, 2007.

KELLER, Timothy. *Deuses falsos*: eles prometem sexo, poder e dinheiro, mas é disso que você precisa? Rio de Janeiro: Thomas Nelson Brasil, 2010.

KELLER, Werner. *E a Bíblia tinha razão*. 10. ed. São Paulo: Melhoramentos, 1979.

KESSLER, Rainer. *História social do antigo Israel*. São Paulo: Paulinas, 2009.

KLEIN, Ralph W. *Israel no exílio*: uma interpretação teológica. São Paulo: Paulinas, 1990.

KOESTER, Helmut. *Introdução ao Novo Testamento*. Volume 1: história, cultura e religião do período helenístico. São Paulo: Paulus, 2005.

KONZEN, Léo Zeno; WALKER, Décio José. "Noventa cabeças por um talento...": sobre a escravidão no tempo dos Macabeus. *Estudos Bíblicos* (Vozes), n. 18, p. 45-52, 1988.

KRÜGER, René. *A diáspora*: de experiência traumática a paradigma eclesiológico. São Leopoldo: Sinodal/EST, 2009.

LADD, George Eldon. *Teologia do Novo Testamento*. São Paulo: Exodus, 1997.

LARAIA, Roque de Barros. *Cultura*: um conceito antropológico. Rio de Janeiro: Zahar, 2006.

LASOR, William S.; HUBBARD, David A.; BUSH, Frederic W. *Introdução ao Antigo Testamento*. São Paulo: Vida Nova, 1999.

LEICK, Gwendolyn. *Mesopotâmia*: a invenção da cidade. Rio de Janeiro: Imago, 2003.

LÉVÊQUE, Pierre. *As primeiras civilizações*: Volume 1: Os impérios do bronze. Lisboa: Edições 70, 1990.

_____. *O mundo helenístico*. Lisboa: Edições 70, 1987.

LEVI, Peter. *A civilização grega*. Grandes civilizações do passado. Barcelona: Folio, 2008.

LIBERATI, Anna Maria; BOURBON, Fabio. *A Roma antiga*. Grandes civilizações do passado. Barcelona: Folio, 2005.

LIVERANI, Mario. *Antigo Oriente*: história, sociedade e economia. São Paulo: EDUSP, 2016.

LOHSE, Eduard. *Contexto e ambiente do Novo Testamento*. São Paulo: Paulinas, 2000.

LONGMAN III, Tremper. *O mundo perdido do dilúvio*: teologia, mitologia e o debate sobre os dias que abalaram a terra. Rio de Janeiro: Thomas Nelson Brasil, 2019.

LORETZ, Oswald. O romance e o conto em Israel. p. 368-387. In.: SCHREINER, Josef. *O Antigo Testamento*: um olhar atento para sua palavra e mensagem. São Paulo: Hagnos, 2012.

MAIER, Johann. *Entre os dois Testamentos*: história e religião na época do Segundo Templo. São Paulo: Loyola, 2005.

MAZAR, Amihai. *Arqueologia na terra da Bíblia*: 10.000-586 a.C. São Paulo: Paulinas, 2003.

MAZZINGHI, Luca. *História de Israel das origens ao período romano*. Petrópolis: Vozes, 2017.

MCDOWELL, Josh. *Mais que um carpinteiro*: a história deste livro pode transformar a história da sua vida. São Paulo: Hagnos, 2012.

MCEVEDY, Colin. *Atlas da História Antiga*. São Paulo: Verbo; EDUSP, 1979.

MILLER, Stephen M.; HUBER, Robert V. *A Bíblia e sua história*: o surgimento e o impacto da Bíblia. Barueri: Sociedade Bíblia do Brasil, 2006.

MONTET, Pierre. *O Egito no tempo de Ramsés*. São Paulo: Companhia das Letras: Círculo do Livro, 1989.

NASCIMENTO, Fernando; SALLES, Walter. *Paul Ricoeur*: ética, identidade e reconhecimento. São Paulo: Loyola; Rio de Janeiro: PUC-Rio, 2013.

REFERÊNCIAS

NEWMAN, Hillel. *Proximity to power and Jewish sectarian groups of the Ancient Period*: a review of lifestyle, values, and Halakhah in the Pharisees, Sadducees, Essenes, and Qumran. Boston: Brill, 2006.

OHLER, Annemarie; MENZEL, Tom. *Atlas da Bíblia*. São Paulo: Hagnos, 2013.

PAUL, André. *O judaísmo tardio*: história política. São Paulo: Paulinas, 1983.

PIXLEY, Jorge. *A história de Israel a partir dos pobres*. 7. ed. Petrópolis: Vozes, 2001.

PROVAN, Iain; LONG, V. Philips; LONGMAN III, Tremper. *Uma história bíblica de Israel*. São Paulo: Vida Nova, 2016.

RANDALL, Price. *Manual de arqueologia bíblica Thomas Nelson*. Rio de Janeiro: Thomas Nelson Brasil, 2020.

REIMER, Haroldo. *O antigo Israel*: história, textos e representações. São Paulo: Fonte, 2017.

REINKE, André Daniel. *Atlas Bíblico Ilustrado*. 2. ed. São Paulo: Hagnos, 2018.

_____. *Os outros da Bíblia*: história, fé e cultura dos povos antigos e sua atuação no plano divino. Rio de Janeiro: Thomas Nelson Brasil, 2019.

RICHARDSON, Don. *O fator Melquisedeque*: o testemunho de Deus nas culturas através do mundo. São Paulo: Vida Nova, 1995.

RICHELLE, Matthieu. *A Bíblia e a arqueologia*. São Paulo: Vida Nova, 2017.

RICOEUR, Paul. *Ideologia e utopia*. Lisboa: Edições 70, 1991.

_____. *Tempo e narrativa*. Volume 3: o tempo narrado. São Paulo: WMF Martins Fontes, 2010.

RIOS, César Motta. O que é e não é judaísmo helenístico? *Revista Caminhos* — Revista de Ciências da Religião, Goiânia, v. 15, n. 2, 0. 234-248, jul./dez. 2017. Disponível em: <seer.pucgoias.edu.br/index.php/caminhos/article/view/4492>. Acesso em: 8 jul. 2020.

ROAF, Michael. *Mesopotâmia*. Grandes civilizações do passado. Barcelona: Folio, 2006.

ROGERSON, John. *Terras da Bíblia*. Grandes civilizações do passado. Barcelona: Folio, 2006.

RÔMER, Thomas; MACCHI, Jean-Daniel; NIHAN, Christophe. *Antigo Testamento*: história, escritura e teologia. São Paulo: Loyola, 2010.

ROSENBERG, Roy A. *Guia conciso do judaísmo*: história, prática, fé. Rio de Janeiro: Imago, 1992.

SALES, José das Candeias. Em busca do touro Ápis pelos caminhos da mitologia do antigo Egipto. *Revista Lusófona de Ciências das Religiões*, ano X, 2013, n. 18-19, p. 61-82. Disponível em: <revistas.ulusofona.pt/index.php/cienciareligioes/article/view/4479>. Acesso em: 25 fev. 2019.

SAND, Shlomo. *A invenção do povo judeu*. São Paulo: Benvirá, 2011.

SAULNIER, Christiane. *A revolta dos Macabeus*. Coleção Cadernos Bíblicos, 41. São Paulo: Paulinas, 1987.

SAYÃO, Luiz. *O problema do mal no Antigo Testamento*: o caso de Habacuque. São Paulo: Hagnos, 2012.

SCARDELAI, Donizete. *Da religião bíblica ao judaísmo rabínico*: origens da religião de Israel e seus desdobramentos na história do povo judeu. São Paulo: Paulus, 2008.

_____. *O escriba Esdras e o judaísmo*: um estudo sobre Esdras na tradição judaica. São Paulo: Paulus, 2012.

SCHMID, Konrad. A formação dos últimos profetas (história da redação), p. 388-400. In: RÖMER, Thomas; MACCHI, Jean-Daniel; NIHAN, Christophe. *Antigo Testamento*: história, escritura e teologia. São Paulo: Loyola, 2010.

_____. Os primórdios da religião politizada: a teologização de conceitos políticos imperiais no Israel antigo. *Estudos Teológicos*, São Leopoldo, v. 58, n. 2, p. 483-496, jul./dez. 2018. Disponível em: <periodicos.est.edu.br/index.php/estudos_teologicos/article/view/3499>. Acesso em: 19 jun. 2020.

SCHMIDT, Francis. *O pensamento do templo de Jerusalém a Qumran*: identidade e laço social no judaísmo antigo. São Paulo: Loyola, 1998.

SCHMIDT, Werner H. *A fé do Antigo Testamento*. São Leopoldo: Sinodal, 2004.

SCHNIEDEWIND, William M. *Como a Bíblia tornou-se um livro*: a textualização do antigo Israel. São Paulo: Loyola, 2011.

SCHREINER, Josef. Abraão, Isaque e Jacó: a interpretação da época dos patriarcas em Israel. In.: SCHREINER, Josef (org.). *O Antigo Testamento*: um olhar atento para sua palavra e mensagem. São Paulo: Hagnos, 2012.

_____. *Forma e exigências do Novo Testamento*. São Paulo: Teológica, 2004.

_____ (org.). *O Antigo Testamento*: um olhar atento para sua palavra e mensagem. São Paulo: Hagnos, 2012.

SCHULTZ, Samuel J. *A história de Israel no Antigo Testamento*. 2. ed. São Paulo: Vida Nova, 2009.

SCHWANTES, Milton. *Israel — Tel Arad*. Disponível em: <portal.metodista.br/arqueologia/artigos/2012/israel-tel-arad>. Acesso em: 6 set. 2019.

_____. *Sofrimento e esperança no exílio*: história e teologia do povo de Deus no século VI a.C. 3. ed. São Leopoldo: Oikos, 2009.

_____. *Projetos de esperança*: meditações sobre Gênesis 1-11. Petrópolis: Vozes; São Leopoldo: Sinodal, 1989.

SHELLEY, Bruce L. *História do cristianismo*: uma obra completa e atual sobre a trajetória da igreja cristã desde as origens até o século XXI. Rio de Janeiro: Thomas Nelson Brasil, 2018.

SILIOTTI, Alberto. *Egito*. Grandes civilizações do passado. Barcelona: Folio, 2006.

SILVA, Tomaz Tadeu da. A produção social da identidade e da diferença. In: SILVA, Tomaz Tadeu da (org.). *Identidade e diferença*: a perspectiva dos estudos culturais. Petrópolis: Vozes, 2000.

REFERÊNCIAS

SILVA, Tomaz Tadeu da (org.). *Identidade e diferença*: a perspectiva dos estudos culturais. Petrópolis: Vozes, 2000.

SKINNER, John. *Jeremias*: profecia e religião. São Paulo: Aste, 1966.

SMITH, Wilfred Cantwell. *O sentido e o fim da religião*. São Leopoldo: Sinodal, 2006.

STEGEMANN, Ekkehard W. *História social do protocristianismo*. São Leopoldo: Sinodal; São Paulo: Paulus, 2004.

STERN, David H. *Comentário judaico do Novo Testamento*. São Paulo: Didática Paulista; Belo Horizonte: Atos, 2008.

TAYLOR, George. Identidade prospectiva. p. 127-148. In: NASCIMENTO, Fernando; SALLES, Walter. *Paul Ricoeur*: ética, identidade e reconhecimento. São Paulo: Loyola; Rio de Janeiro: PUC-Rio, 2013.

TERRA, Kenner Roger Cazotto; ROCHA, Abdruschin Schaeffer. Judaísmo enoquita: pureza, impureza e o mito dos vigilantes no Segundo Templo. *Horizonte* — Revista de Estudos de Teologia e Ciências da Religião, Belo Horizonte, v. 17, n. 52, p. 148-166, jan./abr. 2019. Disponível em: <periodicos.pucminas.br/index.php/horizonte/article/view/P.2175-5841.2019v17n52p148>. Acesso em: 8 jul. 2020.

THEISSEN, Gerd. *O movimento de Jesus*: história social de uma revolução de valores. São Paulo: Loyola, 2008.

The Life with God Bible: New Revised Standard Version. New York: HarperCollins, 2005.

THIEL, Winfried. *A sociedade de Israel na época pré-estatal*. São Leopoldo: Sinodal; São Paulo: Paulinas, 1993.

THIESSE, Anne-Marie. A criação cultural das identidades nacionais na Europa. Tradução de Sérgio A. Souza. *Mimeo*. (s.d.). Disponível em: <www.scribd.com/doc/44700319/2-Anne-Marie-Thiesse-A-Criacao-Cultural-Das-Identidades-Nacionais-Na-Europa-Www-gtehc-pro-Br>. Acesso em: 31 out. 2019.

_____. Ficções criadoras: as identidades nacionais. *Anos 90*, Porto Alegre, v. 9, n. 15, 2001, p. 7-23. Disponível em: <seer.ufrgs.br/anos90/article/view/6609/3932>. Acesso em: 31 out. 2019.

TILLICH, Paul. *História do pensamento cristão*. 5. ed. São Paulo: ASTE, 2015.

TOGNINI, Enéas. *Geografia da Terra Santa e das terras bíblicas*. São Paulo: Hagnos, 2009.

_____. *O Período Interbíblico*: 400 anos de silêncio profético. São Paulo: Hagnos, 2009.

TRAUNECKER, Claude. *Os deuses do Egito*. Brasília: Universidade de Brasília, 1995.

TREBOLLE BARRERA, Julio. *A Bíblia judaica e a Bíblia cristã*: introdução à história da Bíblia. Petrópolis: Vozes, 1995.

VASCONCELLOS, Pedro Lima; SILVA, Rafael Rodrigues da. *Como ler os livros dos Macabeus: memórias da guerra*: o livro das batalhas e o livro dos testemunhos. Série Como Ler a Bíblia. São Paulo: Paulus, 2004.

VAUX, Roland de. *Instituições de Israel no Antigo Testamento*. São Paulo: Teológica, 2003.

VOGELS, Walter. *Abraão e sua lenda*: Gênesis 12,1—25,11. São Paulo: Loyola, 2000.

VOIGT, Emilio. *Contexto e surgimento do movimento de Jesus*: as razões do seguimento. São Paulo: Loyola, 2014.

VOLF, Miroslav. *Uma fé pública*: como o cristão pode contribuir para o bem comum. São Paulo: Mundo Cristão, 2018.

WALTON, John H. *O mundo perdido de Adão e Eva*: o debate sobre a origem da humanidade e a leitura de Gênesis. Viçosa: Ultimato, 2016.

WEBER, Max. *Ensaios de sociologia*. 5. ed. Rio de Janeiro: LTC, 2002.

WENGST, Klaus. *Pax Romana*: pretensão e realidade: experiências e percepções da paz em Jesus e no cristianismo primitivo. São Paulo: Paulinas, 1991.

WOLTERS, Albert M. *Creation Regained*: Biblical Basics for a Reformational Worldwiew. 2. ed. Grand Rapids: Eerdmans, 2005.

WON, Paulo. *E Deus falou na língua dos homens*: uma introdução à Bíblia. Rio de Janeiro: Thomas Nelson Brasil, 2020.

WOODWARD, Kathryn. Identidade e diferença: uma introdução teórica e conceitual. In.: SILVA, Tomaz Tadeu da (org.). *Identidade e diferença*: a perspectiva dos estudos culturais. Petrópolis: Vozes, 2000.

WRIGHT, Nicholas Thomas. *Como Deus se tornou rei*. Rio de Janeiro: Thomas Nelson Brasil, 2019.

_____. *O dia em que a revolução começou*: reinterpretando a crucificação de Jesus. Brasília: Chara, 2017.

_____. *Paulo*: uma biografia. Rio de Janeiro: Thomas Nelson Brasil, 2018.

_____. *Simplesmente Jesus*. Rio de Janeiro: Thomas Nelson Brasil, 2020.

ZABATIERO, Júlio Paulo Tavares. *Uma história cultural de Israel*. São Paulo: Paulus, 2013.

ZENGER, Erich. *O Deus da Bíblia*. São Paulo: Paulinas, 1989.